Bebe Dòk

Enpòtans san ki koule yo, 2zyèm pati

Janklod Divalye

(1971-1986)

Bernard Diederich

Tradiksyon kreyòl, J. Bernier Pierre

ISBN-13: 978-1539912644
ISBN-10: 1539912647

MATYÈ LIV LA

Remak otè a

Apre kantite gè sivil, revolisyon, dezas natirèl mwen riske vi mwen pou m al wè ak je mwen ann Amerik Santral ak nan Karayib la, mwen te konprann anyen pa t ap ka ebranle mwen ankò, mwen te gen tan pare pou nenpòt ki kalamite. Se te anvan apre midi 12 janvye 2010 la.

Mwen konn Pòtoprens kou fon pòch mwen, pi byen menm pase kèk vil nan Nouvèl Zeland (Nouvelle Zélande) mwen an, kote m te fèt la. Mwen viv la soti 1950 rive 1963, enpi, depi 1986, mwen toujou al pase bon kou tan la, chak ane. Ravaj ki fèt sou tè d Ayiti a se yon gwo moso nan kè mwen ki rache 12 janvye, mwen te an dèy plizyè santèn milye fwa. Mons sa a ki te frape jou sa a, li t ap liyen peyi a, li t ap gwonde anba tè a depi 240 an, li t ap fè pwovizyon enèji pou l kraze brize chak ane, chak dizan.

Ak moun sou moun, bidonvil moun rich, bidonvil moun pòv tribò babò, kapital peyi d Ayiti a pa t ka siye kajou sa a. Se pa de ni twa malere ki pèdi lavi yo. Si lòt vil ki frape yo pa t sibi menm sò a, se san dout paske yo gen mwens moun.

An de tan twa mouvman, televizyon nan tout peyi t ap pase imaj lanmò, pousyè, grenn je timoun ki òfelen yon sèl kou, imaj paran ki pèdi tout pitit yo yon sèl kou. Kantite moun estwopye, janm koupe, bra koupe, ki pote nan chè vyann yo tras maleng ki pi grav toujou, anpil ladan yo nou pap fouti janm bliye kri krèvkè k ap soti nan sal operasyon ki pa gen yon gout anestezi.

Kominote entènasyonal la kouri vant ba vin pote kole ak Ayiti, ak Ayisyen. Erezman anplis bèl jès solidarite sitwayen nan plizyè peyi gen gouvènman ki vin pwomèt fon ki depase lwen lwen sa ayiti te mande kòm èd okòmansman. Men, daprè mwen, moun ki chape anba tranbleman d tè a, yo bezwen plis pase lajan kòm don. Se sèten, pou wete yon malere anba flanm dife k ap devore l, premye bagay pou fè se vlope l nan rad. Men, si moun ki boule a gen yon tandans danjere li pa sa kontwole tèt li nan pran plezi jwe ak alimèt apre li fin benyen ak esans, ou gen enterè chache wete vye abitid sa a nan san li, san sa, ou pa te menm bezwen sove l.

Noumenm nan dyaspora a, li fasil pou nou pretann gen solisyon pou tout pwoblèm ki pa janm fini yo nan peyi a e menm lage kò nou tankou pap k ap bay responsab yo sou tèren an dikte. Reyalite a la devan nou trè senp : vide kèk milya dola sou Ayiti pandan de ane k ap vini yo ta kapab pa reprezante anyen si nou gade menm ankadreman ki abitye vire lòlòj peyi a pou l pa janm fè yon pa nan chimen pwogrè. Plis pase desan mil kretyen vivan ta mouri pouryen si akote moun k ap dyaye yo nou pa tande vwa moun k ap denonse valè moral yo k ap desann byen ba a, vye reflèks kiltirèl y ap pote bay moun yo san kritike pwòp tèt yo, konpòtman abitrè, medyokrite, kòripsyon san vègòy, egoyis ki pa janm satisfè, patizan klan.

Se pa tou plede pale san fen sou swasant dènye ane diktati ki sot pase yo, sou fo lidèchip, jesyon tèt chat, amatè ki kont kò yo. Men fòk nou pase pa la, pa gen wout pa bwa, fòk nou fè fas kare ak reyalite a ki lèd. Li lè pou nou mete yon bout nan fè rizib pou nou rann moun tris, wete mas yo nan figi nou pou nou sispann favorize kèk klik arivis anndan kou deyò, pandan ti kounouk ap moute sou ti kounouk.

« Sa peyi a bezwen, jounen jodi a, se yon lòt Papa Dòk ki rèd, otoritè, tout moun respekte. »

Pami zanmi m, Ayisyen kou Etranje ki konnen peyi a byen, pi fò ladan yo estomake lè yo tande mòd rezònman debil sa yo. Moun ki nòmal yo pa fouti konprann kouman Ayisyen yo fè kwè sèl jan pou fè sosyete a pran ekilib li se pa enstriksyon, se pa pwogrè, men menas lanmò, menas pinisyon, presyon lapèrèz tout tan. Maladi anvi tounen nan divalyeris ak janklodis sa a, daprè mwen, se yon fè reyèl, nou pa gen dwa pa pale de li sitou. Pouki sa mazochis sa a (tandans renmen sa k ap fè w mal), poukisa yon kalite lanmou kon sa pou rigwaz?[1] Nan ti tèt pa mwen, repons kesyon an n ap jwenn li nan zouti egzistans sosyal la ki pi ansyen an : nan tradisyon an. Ak silans, pridans, iyorans, tolerans ak yon ti soupson atirans pou jwèt mètdam gwo bacha yo, nou tout nou pote kole yon jan pou diktati gwo soulye (ubuesque),[2] patizan fènwa sa yo pèsiste san tras yo pa janm efase. Nou pa sa pase tout tan nou ap repwoche tèt nou sa. Men fòk nou pran konsyans de sa seryezman menm si sa fè nou mal, menm si kè n ap senyen. Gen ijans pou sa depi 12 janvye 2010.

Nan moman detrès sa yo, Ayiti bezwen tout pitit fi li yo, tout pitit gason li yo pou l aprann mache ak bekiy li yo nou swete ki pwovizwa. Li bezwen aprann drese kò li byen drèt menm jan li te fè l de twa zè anvan premye janvye 1804 la. Klòch la sonnen pou l reveye. Li fèt pou l repase tèt li san bri san kont, san li pa plede chache tout kòz malè li yo lòt kote, san li pa chache mete reskonsablite pa li yo sou do kèk gwo zotobre politik ki t ap dominen pa gen twò lontan de sa.

Ak espwa ou pap bliye sa m di w la a yo, mwen envite w li yon istwa ki pap vin ranfòsi anvi w genyen ni pou krisifye ni pou glorifye yon nonm mwayen sosyete l la te pwodui.

Bernard Diederich, Frères,

Ayiti, avril 2010.

---

[1] Rigwaz se yon fwèt ki fèt ak très po bèt solid pou bay moun pinisyon. Yo te konn sèvi avèk li lontan nan kèk fanmi ayisyèn.

[22] Not tradiktè a: mo "ubuesque" sa a sèvi an franse pou deziyen yon pèsonaj diktatè gwo soulye.

Anvan bri defann kont

Eritye a kòm temwen

Bernard Diederich

Pou m ekri liv sa a, paj pa paj, se tankou mwen t ap fè yon travay psikanaliz ak tèt mwen. Pandan lontan, nan travay mwen kòm jounalis, mwen kouvri gè sivil, masak, leve kanpe nan geriya, revolisyon nan Amerik Latin ak nan Karayib la. Mwen te asiste kèk dram politik ki te fè anpil san koule epi plis moun te mouri pase ann Ayiti. Men, pou tout moun ki te grandi nan lanmou pou chaman tè sa a nan Karayib la ak tout pèp li a, tankou mwen menm nan ka sa a, Ayiti pa fouti pa reveye lan nou yon santiman konpasyon espesyal.

Liv sila a sitou vin apre Papa Dòk (1968, McGraw Hill), ki chaje ak emosyon, mwen siyen ak kòrespondan Miami Herald la, Al Burt. Pèsonaj prensipal premye liv sa a, diktatè Franswa Divalye, « Papa Dòk », mouri twazan apre liv la te fin parèt, apre li te fin mete sou pouvwa a pitit li Janklod Divalye ki te gen 19 an. Pitit la pral rete pandan prè de 15 an, jiskaske yo jete l an 1986. Kidonk liv sa a vini tankou yon pwolonjman ki konsantre li sou istwa Janklod Divalye, Bebe Dòk, yo pa fin konnen byen, nan anbyans dramatik tankou nan pyès teyat Chespi yo (Sheakspear) yon dinasti soti nan papa rive nan pitit k ap kontinye aji sou Ayiti jouk jounen jodi.

Travay sa a se pa yon mannèv pou anbeli imaj Janklod Divalye oubyen banalize aspè otoritè rejim bout di a oubyen enjistis ki fèt sou gouvènman l lan. Pandan 14 an mwen t ap travay kòm jounalis ann Ayiti, soti 1949 rive 1963, mwen te kreye yon jounal ki parèt chak senmenn ann anglè, *Haiti Sun*, an menm tan tou mwen te kòrespondan sou plas pou *New York*

Times, AP (Associated Press), kèk magazin tankou *Time* epi *Life*, *NBC News* ak kèk lòt ankò. Rechèch mwen te fè pou m ekri liv sa a sou Bebe Dòk la te oblije mwen vwayaje pou m al kontakte kèk sous enfòmasyon ni sa ki nouvo yo ni sa ki ansyen epi pou m al fè entèvyou pèsonèlman ak Janklod Divalye.

Apre yo te fin arete m epi mete mwen deyo nan peyi a an 1963, mwen te kontinye swiv evennman yo pandan mwen Sendomeng; apre sa se te Meksiko kote m te demere 15 an kòm chèf biwo sèvis nouvèl *Time-Life*. Tèritwa pa m nan te kouvri apa Karayib la, Amerik Santral, Panama, Kolonbi. Mwen te toujou sou lis moun ki te sou entèdiksyon antre ann Ayiti, epi non mwen te sou lis nwa nan Ayewopò Entènasyonal Franswa Divalye.

Bout pou bout, mwen te rive retounen ann Ayiti an 1977. Kòm kòrespondan *Times*, mwen te fè pati yon gwoup jounalis ki te akonpaye anbasadè Djimi Katè (Jimmy Carter) nan Nasyonzini, Anndwou Young (Andrew Young) nan yon vire won li t ap fè nan Karayib la. Young ki te yon militan Dwa tout moun genyen yo te gen pou li fè prezidan Janklod Divalye chonje nan Pòtoprens enpontans Wachintonn bay kesyon Dwa tout moun genyen yo. Mesaje Katè a te mande nan vizit li a pou yo lage prizonnye Fòdimanch yo. Yo te lage 104 ladan yo. Se kon sa 104 moun sa yo te rive sove vi yo.

Janklod Divalye te pèmèt mwen tounen an 1980 epi li te ban mwen yon entèvyou twazè d tan pou magazin *Time*. Nan seyans sa a nou te sèl pou kont nou nan mezon d akèy gouvènman an. Mouche te koul, kè li te kontan. Li te fenk marye ak Michèl Benèt (Michèle Bennett). Maryaj la se te yon kokenn evennman monden. Bebe Dòk te moutre li fyè de pwogram liberalizasyon rejim nan. Men yon mwa pa pase apre piblikasyon deklarasyon li yo nan edisyon kontinantal *Time*, li ranmase plis pase yon trantèn jounalis ak aktivis sosyal li espedye yo ann egzil. Dapre rankont mwen te genyen ak madanm li, se yon bagay ki te klè, pou mwen, dèyè rido a, madanm nan te gen yon gwo enfliyans men pa nan bon direksyon an.

Depi lè sa a, mwen te kapab rantre regilyèman ann Ayiti pou m swiv evolisyon fòs patizan chanjman yo. An 1984, lè te gen kraze brize Gonayiv ak Kap Ayisyen poutèt grangou, mwen te rive konkli Bebe Dòk pa la pou lontan ankò nan pouvwa a. Dezan apre, nan seremoni premye janvye, lapolis an sivil fòse pitit gason mwen ki fotograf ansanm avèk mwen kite zòn nan. Seremoni sa a te pral dènye seremoni gran panpan makout yo t ap fè ak gran jan inifòm sou yo. Yon mwa apre, Janklod Divalye ak tout fanmi li te oblije kite pouvwa a, kite peyi a tou. Janklod Divalye sou volan BMW li kite palè a 7 fevriye 1986 o pipirit chantan pou l al nan ayewopò a kote yon avyon fòs ayeryèn ameriken t ap tann li pou mennen li an Frans.

An 1989, mwen pran kontak ak Janklod Divalye ki te nan sid Lafrans (pa lwen kay Graam Grin, gran womanye ki te ekri « Les Comédiens », ki te premye fè dekouvri nan Papa Dok pèsonaj yon tiran gwo soulye, malfèktè. Lè sa a, Janklod te twò okipe, li pa te ka wè mwen. Men apre plizyè esèy pou m kontakte li ann apre, mwen reyisi jwenn nan men li yon seri entèvyou ki parèt nan premye chapit liv sa a.

Nan dènye randevou sa yo ki fèt Pari, mwen te sezi tande Janklod k ap di mwen li pa wete posiblite pou l tounen nan pouvwa a epi se poutèt sa li mete pwòp òganizasyon politik pa li a, « Le Conseil National d'Action Jean-Claudiste » (Conajec) de kote pou l reprann sa papa l te fonde a, « Le Parti Unité Nationale ». Se kon sa pitit la rive boukle bouk la. Bout pou bout, li te deja pitit papa li, epi li vin tounen pitit papa li toujou.

Men ki jan kesyon an poze. Èske malè pandye Ayiti a soti nan Divalye yo, papa a ak pitit la? Paske gen faktè ki soti pi lwen pase yo, ki gen rasin yo pi lwen pase Endepandans lan. Jis ki bò nou ka rive di abitid kraze zo a ak psikoloji kiltirèl pa siye ansanm. Se pa avèk yo bagay lèd yo koumanse. Lè w al pi lwen pase yo ou jwenn kèk bagay k ap plede rekoumanse nan istwa sosyopolitik la ki gen movèz efè sou yon pèp fyè, atis, travayan. Men, fòk nou di tou, yo kraze tout limit ki genyen nan simen laterè, epi nan fè piyay.

Ane yo ki vini apre diktati a gen yon pakèt enpòtans. Men, apre ventan pase, bagay yo vin pi mal. Peyi a pa rive jwenn wout pou l rekonstwi tèt li, reyalize yon pwojè kolektif. O kontrè, olye yo soti nan yon katastwòf, gouvènman yo, yonn apre lòt, pwovizwa sou pwovizwa, se yon sèl bagay yo ka fè, pwolonje mizè pèp la, rann li lavi di, toujou tounen tout tan nan britalite, nan kontra anba chal, nan enbesilite nan jesyon pwoblèm yo. Eritye makout yo pran lari pou yo nan fè pledman pou destriksyon ak sovajri.

Eleksyon Jan Bètran Aristid la 16 desanm 1990 te reprezante yon ti moman espwa byen kout. Men ti moman kout espwa ak solidarite jeneral sila a kote tout bòn volonte yo te mete yo ansanm nan, li pa te dire lontan. San pèdi tan, yo pwofite moman popilis fòlklorik la, pou yo tounen byen vit nan menm vye wout kòripsyon ak vyolans yo. Kriz la ki toujou pèsiste o moman n ap ekri liy sa yo, li rann lavi a pi difisil nan yon anbyans kote popilasyon an double chak 20 ane epi anviwònman an ak patrimwàn nasyonal la ap detwi pi vit.

---

[3] Not tradiktè a: mo "ubuesque" sa a sèvi an franse pou kalifye yon pèsonaj diktatè gwo soulye nan Pyès teyat.

Men se pa de sa liv nou an pral pale. Nou vle prezante an detay sa ki dèyè rido a nan koulis yon trajedi, istwa yon papa ki plonje nan fè mechanste epi ki kite eritay sa a nan men yon jennonm 19 an ki pa fouti soti ladan, k ap repete leson li te aprann, men li pa ka libere tèt li.

Se te yon bagay byen klè, nan moman nou t ap fè entèvyou yo, omwen nan mwayen sibzistans li, li te pèdi kapasite pou li ofri tèt li tout fasilite li te genyen okòmansman yo. Men li pa janm moutre okenn siy emosyon, pa menm yon ti moman konpasyon pou pwòp tèt li. Li gade yon kontak vizuèl avèk moun l ap pale a, san distraksyon, kòm yon moun k ap seye kapte yon makònay sekrè dèyè kesyon yo. Fòk nou di sa, li pa bay tèt li manti sou medya yo ak reprezantan yo ki pa te dou avèk li epi ki pa te rate okenn okazyon pou yo pase li nan betiz, prezante li kòm yon gwo pleboy nyè.

Men pètèt sa te gen dwa pèmèt li gade tèt li enpe epi rekonèt ki moun li ye. Sa ki klè nèt sè ke li te viv sitiyasyn yon ti moun yo fèmen depi li gen sizan nan yon palè kote mès moun yo ak aktivite yo plis ke dwòl. Ti moun sa a ki entwovèti (ranfèmen) nan dènye degre, limenm tou li te prizonnye nan yon chato peple ak brigan, menm jan ak lòt sitwayen yo nan pwòp peyi yo. Demistifye diktati yo nan yon peyi, se pa bagay ki fasil. Ayiti gen yon tradisyon solid pou li selebre vyolans ak pouvwa. Fòk omwen nou te eseye di bagay yo jan yo ye a nan lavi toulejou a, nan kriyote yo epi fè konnen tray yon pèp ap pase anba yo. Sou sijè sa a, Janklod Divalye te genyen epi li toujou genyen yon istwa detaye pou li rakonte.

Bernard Diederich

Pòtoprens, Ayiti, 2007.

CHAPIT 1

Èske Eritye a se ta yon moun ki pòv?

> « Une tendance nouvelle visant à inculper les responsables de pays du monde pourrait changer le cours de la politique dans une dizaine de pays. Exemple : ...Haïti »
>
> « Jean-Claude Duvalier, dictateur incompétent d'un régime sanguinaire,
>
> vit en France » :
>
> Time Magazine, 14 décembre 1998.[4]

Nan mitan lari a li t ap goumen pou l ouvè pòt yon taksi. Chofè yo nan katye rich sa a nan Paris, fobou Sentonore (Saint-Honoré), t ap pete nan po yo sou volan machin yo. Yon lòt epòk nan vi li yon sèvitè oswa yon èddekan t ap gen tan ouvè pòt pou li ak anpil reverans. Li pa t okipe pòtye otèl Bristòl la. Fòk li ta bay poubwa. Pa t gen anyen nan mesye byen abiye sa a, tèt li byen fèt, cheve li koumanse grizonnen, ki ta lese soupsonnen se te limenm egzile tout moun konnen an, mil e mil fwa milyonè ki soti nan yon peyi karayib lamisè fin malmennen, Ayiti. Kounye a se yon senp vizay pami lòt yo nan yon ri Pari ki chaje moun ki soti dènye kote nan monn nan ; gen dwa se yon negosyan ki soti o Mwayennoryan. Imaj mouche dènye moun te gen nan tèt yo a, yon jenn gason boufi, figi pouf, prezidan avi antoure gaddiko, imaj sa a te vin chanje menm jan ak yon ansyen foto d fanmi. Sou volan machin yo chofè yo te about ak « enbesil sa a » ki kanpe nan mitan lari a li pa menm ka ouvè yon pot machin. Bout pou bout, taksi a dekole anba yon konsè klaksòn.

Men alafen 1998, medya yo ansanm ak piblik la tounen ouvè je toujou sou Janklod « Bebe Dok » Divalye omoman tout yon mobilizasyon t ap fèt ann Espay pou mande ekstradisyon ak jijman ansyen diktatè Chili a, Awougousto Pinochè (Augusto Pinochet) ki te ann Angletè. An reyalite se te yon adon, se pa sa yo t ap chache. Asireman Janklod Divalye kòm diktatè te plis moutre li pa alawotè pase li sanginè. Li te rete an Frans depi 7 fevriye 1986 epi Kè d Òse (Quai d'Orse) afimen li pa retrase mouche, l ap viv an Frans san otorizasyon ofisyèl byen defini. Sitou li t ap mennen yon tren d vi byen òdinè; li pa t fè menm jan ak kèk ansyen chèf d Eta ki te antoure ak fanm epi souflantchou k ap fè salamalèk. An reyalite li t ap viv sèl pou kont li san gwo mwayen finansye. A tèl ansèy moun te ka di Bebe Dok te yon sètèn fason yonn nan victim pi trajik diktati eredità pèr an fis papa li, Franswa, Papa Dòk, Divalye te planifye a.

Taksi sa ki t ap fofile nan fil vwati yo nan kòmansman mwa d ete 1997 la, kote li te prale a, se te yon bagay sekrè. Adrès li te bay chofè a, se siman pa adrès apatman avni Fòch la kote li te rete yon lè ak manman l lan. Se yon lòt manm fanmi an ki te vin rete ladan. Janklod te rekonèt zafè l pa t bon. Li pa t posede ni lojman, ni pèmi pou kondi machin, ni kont labank, ni kat kredi, ni paspò ayisyen valid. Pratikman yon apatrid. Men, gen moun ki te pretann aparans moun pòv sila a se te yon fent pou li ka bwouye pis yo pou envestigatè k ap chache tras demi milya dola yo panse limenm ak madanm li Michèl Benèt (Michèle Bennett) te pote soti Ayiti a. Lòt moun ki te pretann yo konnen yo byen te di li pa t gen lajan ankò paske li pa gen okenn metòd serye pou l byen jere lajan. Ann Ayiti li te toujou gen lajan disponib. Nan ka sa a li ta viktim pwòp enkapasite li pou li limite epi òganize depans li.

Nan milye parizyen sa a li pa t kadre ditou ak imaj yo kapab genyen de yon pov. Li t ap viv ak manman li ki gen katrevenzan kom sèl konpayèl epi malgre tout rimè k ap fè konprann zafè li pa bon, li pa gen domisil fiks, li fè tout sa li kapab pou li kenbe prestij li epi kontinye eseye sanble yon prezidan. Men pa te près rete anyen nan imaj jenn gason boufi 19 an ki te ranplase papa li Franswa, Papa Dok Divalye, yon dezagreman, an 1971, pou li vin chèf d Eta ki pi jèn omonn.

Janklod Divalye avèk mwen nou te fèk fini ak yon seri antrevi nou te fè nan Bristol la, kote Michèl avèk li ak de pitit yo a yo te rete pandan yon sèten tan. Jou sa yo li te pase nan otèl 5 etwal sa a dwe sètènman reveye kèk move souvni nan tèt li. Men, pou ki rezon li te chwazi ban mwen randevou otèl Le Bristol? Li pa di mwen anyen sou sa. Mwen sipoze se paske se yon kote li abitye vini. Te gen restoran an tou kote li pa te konn peye fakti yo.

Sa te fè ennan depi nou te koumanse pale ansanm. Anfen Janklod Divalye te deside pale lib e libè. An wetan yon antrevi avèk Babara Waltèz (Barbar Walters) an 1986 pou chèn televizyon ABC, kote se Michèl ki te plis pale pou yo de a, epi yon mo ou de Figawo (Figaro) konn pibliye yon lè kon sa, li te refize fè okenn komantè piblik jis 1996 kote li te aksepte patisipe nan yon chita pale jounalis fotograf Nikola Jalo (Nicholas Jalot) te byen prepare epi televizyon fransèz te retransmèt. Nan pwogram sila a li te esprime enkyetid li pou sò pèp ayisyen an. Alafen ou vin wè li k ap mache nan yon ri dezè arebò dwat La Sèn (la Seine), ak yon vizaj tris ki admèt li pa sanble moun ki ka defann enterè peyi a, tèlman imaj li dyabolize.

---

[4] « Yon nouvo tandans k ap chache rann moun ki reskonsab peyi yo nan monn nan koupab ta ka chanje fason politik la ap dewoule nan kèk dizèn peyi tankou Ayiti, pa egzanp. »
« Janklod Divalye, diktatè san konpetans yon rejim sanginè, ap viv an Frans »

Li di pi gran rèv li « se patisipe nan rekonstriksyon peyi li ». Li pa t ekate posiblite pou li jwe yon wòl politik lè li di li obsève avèk tristès jis nan fon kè li « la détérioration du pays et de tout ce que nous avons accompli en trente ans. »[5] Li te klè si Janklod Divalye te chanje, sa pa t vle di li sispann divalyeris pou li vire demokrat. Li pa t fè okenn analiz kritik sou ventnevan dinasti soti nan papa rive nan pitit yo pase sou pouvwa a.

Li te di si li aksepte ouvri bouch li se poutèt « la dégradation du pays, la misère et la souffrance de la population »[6]. Se pa te sa ditou. Konstitisyon 29 mas 1987 la te wete « divalyeris » yo nan vi politik la pou dizan. Dizan an te vin bout. Yon ti gwoup patizan Miyami an Florid t ap mennen kanpay pou Janklod Divalye tounen nan peyi a paske yo di pèp ayisyen vle li tounen, y ap tann li. Janklod Divalye pa t rete endiferan devan pwojè tounen sa a yon piblik t ap akeyi ak bravo lakontantman. Men nan ti pale televizyon fransèz te pase a epi tou nan divès seyans rankont nou te fè ansanm, li pa t moutre li antiche pale de esplandè bon tan lontan yo, men li te plis dominen ak maladi tounen nan peyi li, sa yo rele nostalji a.

Pa tanperaman, li pa t renmen pale anpil ni founi agiman nan diskisyon. An reyalite li te aksepte tout sa jounalis di sou li e an jeneral se kòmantè moun ki kont li. Pa rapò kenzan li pase nan pouvwa a, li pa te santi li ni blamab ni koupab. Men li te rann li kont sistèm diktati li jwenn kòm eritay la epi li soutni li pandan kenzan an, li te difisil pou li defann li epi fè yo pran li oserye.

---

[5] Peyi a ki dekonstonbre epi tout sa yo te reyalize pandan trantan.
[6] Peyi a k ap depafini, mizè ak soufrans popilasyon an.

Sa te pran mwen plizyè ane pou mwen rive fè li aksepte resevwa mwen. Lè mwen te rive Pari fen avril 1996, te vin gen reta nan dènye minit yo. Mwa d avril la se te anivèsè lanmò Papa Dòk, 21 avril 1971 epi tou anivèsè masak makawon ki te fèt 26 avril 1963 apre atanta manke yo te fè kont Janklod Divalye devan nouvo kolèj Bèd la (Nouveau Collège Bird)

Yon fanm mistè

« Èmans » (« Hermance »), se kontak misterye mwen ki te mennen tout demach sekrè sa yo avèk anpil ladrès.

Nan finisman me 2005 lan, Èmans debake ann Ayiti. Yo te pran li pou konpayèl, mètrès, madanm ou ankò fiyanse Janklod Divalye. Sou foto a li sot depoze yon jèb flè devan estati Nèg Mawon an. Vewonik Wa (Véronique Roy) te sipoze vin Ayiti pou li fè kèk aranjman pou retou Janklod Divalye apre 20 an egzil.

Foto Toni Belizè (Tony Bélizaire)

Li fè mwen yon entèwogatwa an règ. Mwen pa kwè se veritab non li. Pèsonn pa t sanble konnen anyen sou li. Lè w poze li kesyon sou vi li, li reponn ou misyon li se ede Ayiti ak « Prezidan an », se kon sa li konn deziyen li. Gen yon jounalis franse ki fè santi li gan lè fè pati sèvis espyonaj franse yo.

Gen yon mèt otèl sou Kot d Azi (Côte d'Azur) ki soufle bay yon fransè, jounalis radyo, manzè te san dout yon « lady of night », ki vle di yon jamè dodo.[7] Antouka, si te gen relasyon fanm ak gason ak « Prezidan an » anvan, pou lè nou t ap pale a pa te gen sa ankò. Kèlkeswa sikonstans yo nan vi li oparavan, kèlkeswa idantite li, li te moutre li konn politik ayisyèn nan fen, li konn tout detay yo, non moun yo, sikonstans yo, pou yon moun ki pretann li pa janm mete pye li ann Ayiti. Li te menm konnen kèk mo kreyòl.[8] Lè m te fini pa rankontre li, son vwa li te fè mwen wè se yon fanm ant dezaj, trè bèl, je gri ble, trèzentèlijant, cheve long tou nwa. Li konn abiye, li chèlbè, li mete li alamòd san egzajerasyon.

Nou te kontre nan yon ti kafe trankil nan Pari kote li te chwazi poze mwen yon dividal kesyon. Yon seyans ki te dire prèske dezè. Ki kalite liv mwen vle ekri, èske se jefò serye k ap fèt pou dekri epi evalye prezidans Janklod Divalye a oubyen se yon lòt vèsyon tripotay, radotay sou Janklod Divalye? Paske se manti ase yo pibliye sou « Monsieur le Président »… Ki kalite manti mwen pral mete toujou sou lòt yo fwa sa a? Ayisyen yo t ap viv pi byen lontan sou prezidans Janklod pase kounye a. Dapre sa li tande nan bouch Ayisyen, gen anpil moun ki regrèt « bon tan » ki te ganyen sou Janklod. Apre diskou flanm dife sila a, li jemi… Li pa nan griyen dan. Li pouse yon son angòje tankou bil lè k ap glouglou nan dlo. Èske lide mwen te ganyen sou Franswa Divalye yo vin

---

[7] Dapre sa doktè ayisyen sila a, Jozèf Kasis (Jojo) (Joseph Cassis) di zanmi li yo, se limenm ki ta prezante Janklod Divalye Vewonik Wa (Véronique Roy) nan yon diskotèk Rivyera fransèz (Riviéra française)

chanje alalong?   Mwen mande li « pou ki sa pou yo ta chanje? » Li reponn « Paske ensekirite ak vyolans ki enstale depi Divalye yo pati a fè nou wè bagay yo pa te mal lè yo te la. ». Mwen fè li wè tout peyi yo nan zòn Karayib la gen menm pwoblèm nan: peryòd vyolans ak enstabilite lè yo fin debarase ak zo reken yo. Èmans refize admèt se tiran yo ki reskonsab twoub ak divizyon ki mete pye, lè yo fin elimine yo, byen ke bagay la ap kreve je nou. Lè nou konsidere sa ki te pase an Repiblik Dominikèn, Twouyilyo yo an 1961, Nikaragwa an 1979 apre Somoza yo, Kiba, Salvadò, Panama, eks. Nan ka Ayiti a, ventan apre depa Divalye yo, gen yon long lit ki kontinye pou eritay la ant eritye doub diktati papa a ak pitit la. Avèk pridans mwen rive chanje sijè.

Mwen rakonte li kèk ti istwa sou divès konvèsasyon mwen te konn genyen ak Franswa (Papa Dòk) Divalye nan ane 50 ak 60 yo jiskaske li rive fè arete mwen epi mete mwen deyò nan peyi a. Sa pa te menm sanble ebranle li. Li te tounen pi rèd nan poze kesyon sou enterè mwen genyen nan rankontre Bebe Dòk: « Quelles sortes de questions voulez-vous demander au « Président »? Li kòm lese mwen konprann li ta gen dwa poze veto. Mwen move. Mwen reponn li mwen pa gen lide mete plis toujou sou sa yo pibliye deja sou Ayiti.

Si se pou sa depi 10 an mwen ta gen dwa pibliye yon bann bagay, mwen pa ta bezwen fè tout demach sa yo, tout depans sa yo pou mwen chache pye verite a.

Sa pa te rive konvenk li. Li sispèk tout moun ki vle mennen envestigasyon sou 30 an pouvwa Divalye yo. Li klase agiman li yo avèk yon ton serye menm jan ak yon avoka angle ki mete perik, epi pou li, tou sa lòt moun di se zen, se rimè, se tripotay. Li pa jennen li pou l al chache nan fòlklò ayisyen an lè l ap pale de lòt manm fanmi an yo. De tout fason, desizyon sila a li pran pou li defann epi redore imaj prezidans a vi a, Divalye yo ak divalyeris la, sa pral tounen yon anpechman ki pa p pèmèt yo rekonèt ni yo responsab, ni yo koupab.

Le landemen, Èmans telefone mwen nan otèl mwen y ap tann mwen pou entèvyou a. Fòk mwen te pran metwo (tren anba tè), desann Bastiy (Bastille), tann devan opera a. Y ap vin kontakte mwen. Randevou sekrè sila a, estil Djonn le Kare (John le Carré) ak yon ti touch Woudi Alenn (Woody Allen), se te 18 avril. Li soti nan metwo a. Yon ti van frèt t ap jwe ak lanvè manto a. Li di mwen « Ça va?, pandan li prale nan estasyon taksi a. Esplikasyon li bay pou tout prekosyon sa yo sèke laprès ki soti nan tout peyi devan pòt Janklod. Ofon, se te lekontrè. Tan li te pase. Li rete jis dèyè. Èmans menm li te ka bon mànken ak kostim elegan li yo ak zansèt tik (turc) e italyen li di li genyen yo. Nou fè eskal nan yon patisri sou wout la. Li achte kèk gato.

Pentad ak ti pwa

Se yon plak an bwonz ki anonse kote nou pran randevou a, *Le Claridge Hôtel, Champs Élisées*. Nou travèse lòbi a (lobby), nou pran asansè ki dèyè a. Gan lè se fanmi arab ki prensipal kliyan nan apatman sa yo nan otèl la. Lè nou rive nan apatman 504, li fè yon ti frape nan pòt la yon fason ki sanble yon kòd sekrè, apre sa, li mete kle a nan pòt la. Janklod Divalye parèt menm moman an ak men li lonje. Yon ponyen men fèm. Li resevwa mwen ak koutwazi, politès, men, ak yon ti lakrentif.

Mwen fè sa mwen kapab pou mwen mete li alèz. Li mande mwen nouvèl pitit mwen an ki te pran pòtre li nan yon entèvyou mwen te fè avèk li an 1980. Konvèsasyon an koumanse pandan mwen t ap di li tou ki kote entèvyou sa a ka mennen li. Li te pèdi pwa depi dènye foto li mwen te wè yo. Kou li t ap flote nan kole chemiz blanch li, epi kostim lenn koulè gri chabon an se te yon bèl koup, men li te bezwen yon ti ajisteman. Li te fè plis ke 44 an li an. Son wannen wannen li te pran bò kote papa li a te mwen parèt. Li pran yon chèz anba fenèt ki nan ti salon an. Chak fwa li vire tèt li se tout kò a ki vire tou. Sa te fè di. Kou li ki rèd la se rezilta yon chòk li te resevwa nan yon match foutbòl. Li di mwen: « Ça va, ça va », lè mwen te konseye li deplase chèz li a poutèt solèy la ki te glise kò li nan salon an epi ki ta riske chofe kou a. Sa te ka ba li yon souf. Li te dizè kenz nan maten. Konvèsasyon an te dewoule an kreyòl e an fransè. Li di mwen: « J'arrive juste de province. Je dois faire attention. Je ne voudrais avoir aucun problème avec les services secrets français. »,[9] pou li eskize li pou tout prekosyon li pran pou rankont lan rete sekrè. Li te gen rezon paske kòm egzile li pa te gen dwa fè okenn deklarasyon ki gen koulè politik. Men, mwen te konnen tou apre plis pase dizan an Frans, Janklod Divalye pa te oblije al rapòte li bay lapolis oubyen pran prekosyon li ak jandam. « Les Renseignements Généraux » (menm bagay ak FBI ameriken) pa te okipe li de vire tounen li ankò. Tan li pase, sòv pètèt pou sèten òmdafè fransè li gan lè te dwe lajan toujou nan sid Lafrans lan. Se poutèt sa prekosyon limenm ak Èmans yo t ap pran an yo te parèt mwen yon ti jan egzajere.

Sèzan anvan sa, ann Ayiti, lè li te ban mwen yon antrevi, li pa t gen okenn pwoblèm pou m anrejistre konvèsasyon mwen avèk li. Fwa sa a toujou li pa t gen pwoblèm pou sa, sèlman, gen de moman, li mande m sispann anrejistreman an. Men pi fò nan konvèsasyon nou yo te anrejistre. Èmans menm bò pa li pa te dakò pou mwen pran foto sou pretèks :

« Cela pouvait révéler le lieu de notre entretien. »[10] Men ane apre a, li dakò enpi limenm tou li pran foto nou toude pandan dènye seyans lan nan Bristòl la.

---

[9] Mwen fenk soti an pwovens. Fòk mwen fè atansyon. Mwen pa ta vle gen okenn pwoblèm ak sèvis sekrè fransè yo.

[10] Sa te ka fè yo dekouvri ki kote nou te rankontre

Apre yon kafe ayisyen fò epi anmè, nou tanmen senk èdtan nan pale epi Èmans pa te sispann antre nan koze yo. Kreyòl mele ak franse, lè bagay yo kòse sitou. Menm jan ak anpil jenn gason nan laj li Janklod te konn sèvi ak franse devan paran li yo epi li te lekòl kay frè enstriksyon kretyèn yo. (Les Frères de l'Instruction Chrétienne). Anpil nan yo soti an Bretay (Bretagne).

Nan Kolèj Sen Lwi de Gonzag (Saint-Louis de Gonzague), se franse ki te lang pou fè lekòl. Premye jou rankont lan Èmans pa te sispann entèwonp nou pou li oryante ni kesyon, ni repons. Li menm koupe pawòl nan bouch Janklod, pafwa. Sou anrejistreman an se plis entèjeksyon li yo ak soupi li yo ou tande. Yon lòt pa, nan sal la te gen de anplifikatè son ki konekte nan yon toundis. Mwen te gen enpresyon materyèl sila a t ap anrejistre konvèsasyon an. Sitou Èmans te di mwen li gen lide ekri yon liv avèk Janklod.

Apatman an sanble te gen moun ladan, men kòm Bebe Dòk t ap chante li pa gen mwayen finansye, se èd li te resevwa nan men zanmi ann Ayiti ak Etazini, mwen sipoze se yon moun ki te prete li apatman an pou sikonstans lan. Te gen yon koleksyon liv. Pi fò ladan yo se sou Ayiti. Men, rive yon lè, mwen santi gen yon katriyèm moun pa dèyè, nan kuizin nan. Èske se te « manman Simòn Ovid Divalye » (Simone Ovide Duvalier). Gen yon jounalis ki te rakonte manman Janklod, vèv Papa Dòk ki gen 82 zan, Premyè Dam ki te bat rekò Premyè Dam de La Repiblik pou pi lontan, li t ap viv ak pitit gason li, li t ap ede li pou kuizin, lesiv, repasaj. «Maman Simone, la gardienne de la torche sacrée de la Révolution (duvaliériste) », èske se li ki te prepare kanape yo ak akra yo te sèvi nou ak ponch o wòm ayisyen an? Moun ki te nan kuizin nan se pa te fouti jenn fi ki te travay ak mesye dam yo depi okòmansman an. Michèl dezagreman te pati avèk li apre divòs yo a. Pandan Janklod avèk mwen nou te chita pou nou dejene sou yon ti tab ki kole sou mi an, Èmans t ap fè vayevyen, mwen t ap poze tèt mwen kesyon sou madanm nan, manman an. Men se te yon kesyon twò delika pou m te poze.

Pou dejene a yo te sèvi yon pentad ak ti pwa, ak diri blan. Se nòmal pou yo fè chwa sila a piske papa li te chwazi pentad la ki soti ann Afrik kòm senbòl gouvènman li an. Pentad la jouke sou yon kokiyay lanbi, li te dominen drapo revolisyon divalyeris la. Li te vin tounen imaj laterè ki parèt sou kat idantifikasyon ak inifòm milis sivil la, VSN, volontè sekirite nasyonal.

Gwoup pentad t ap sèkile sou gazon palè nasyonal la pandan trant an pouvwa Divalye yo. Yo di lè Divalye yo fin ale, militè yo prese ba yo santans yo. Anvan Divalye, zwazo ki te rezide nan palè a se te yon gwoup flanman wòz byen banda. Janklod remake mwen ezite. Li grate gòj li tou piti, li siyale mwen ak pwent kouto li piman k ap naje nan sòs la : « Faites attention, les piments sont très forts »[11] Epi li rakonte mwen ki jan li te renmen al chase ranmye, kanna ak pentad mawon.

Nan ka sa yo se yon sèl zanmi Janklod ki te ka akonpaye li ak yon fizi tou chaje. Premye seyans lan dire jis nan koumansman sware a. Epi mwen te toujou atann mwen madanm defen an pral soti nan kizin nan sanzatann. Pandan tout ane sa yo li pase nan palè a, li pa janm bay yon entèvyou. Li te dominen mari a ak grann tay li a, lè kon sa li rete fiks, vizaj li mòksis, pòtre yon estati. Èske li t ap soufri an silans oswa li te patisipe rèd chèch nan zak represyon sanglan mari l la te konn fè yo? Èske li te konplis oswa viktim menm jan ak pitit gason l lan? Mwen pa janm wè « maman Simone » parèt ni fwa sa a, ni lòt fwa yo. Mwen poze Janklod kesyon sou rimè ki t ap sèkile sou « maman Simone » yo di ki te pran bagay yo sou kont li apre lanmò mari li. Repons Janklod la te dirèk: « Maman vivait dans l'ombre de mon père, elle n'a jamais eu à dire un seul mot. Elle n'a jamais participé à mes décisions d'ordre

---

[11] "Fetatansyon, piman yo pike anpil."

20

politique. Toutes les histoires que l'on raconte sont des fabrications de l'entourage du palais dans leur lutte continuelle pour avoir une certaine influence. Elle n'avait aucun pouvoir. Peut-être quelque influence, pas de pouvoir.»[12].

- Men, èske enfliyans lan se pa deja yon pati nan pouvwa a?

- Pas dans l'entourage de mon père ».[13]

Mwen fè li remake, moun yo deyò a di « maman Simone » te sèl chèf « dinozò yo » (darati kòn siye yo) ki te toujou rete patizan Papa Dòk.

On a dit beaucoup de choses concernant Maman, mais je puis vous dire que ce n'est pas la vérité. Quand je suis devenu président à vie, c'est moi qui prenais les décisions. »[14]

Epi, lè li te fin lanbe dènye gout diven an ak yon plezi evidan, mwen sigjere ke se yon bagay mwen te vle wete sou konsyans mwen nan pwochen entevyou a. Janklod pa di ni wi ni non, men ou santi li pa te gen okenn entansyon repanti pou tout ane li fè ap egzèse pouvwa otokrat li.

Dezyèm randevou a nou te fikse li pou 21 avril. Èmans anonse mwen nan telefòn prezidan an te gen yon randevou bonè nan maten jou sa a. Li mande mwen voye rankont lan pou 10 zè 30 di maten, jou sa a. Tout lide mwen di mwen se prezidan an ki te gen difikilte pou li leve bonè. Gan lè li te toumante lannuit sa a. Kòm de rezon, nan premye rankont lan li te mande eskiz yon sèl fwa, nan dezyèm nan l al nan twalèt san rete. Epi lè Èmans vin sèvi yon Senzano anvan dejene a, li siwote li ak soulajman evidan menm jan li te fè ak diven an

---

[12] « Manman m t ap viv nan lonbray papa m, li pa t janm oze di yon sèl mo. Li pa janm patisipe nan desizyon politik mwen pran. Tout istwa y ap rakonte yo se envansyon moun nan antouray palè a k ap goumen san rete pou yo gen enfliyans. Li pa t gen okenn pouvwa, kèk enfliyans pètèt. »

[13] « Pa bò kote papa m. "

[14] Yo rakonte anpil bagay sou manman m, men mwen ka di w se pa laverite. Lè mwen te vin prezidan a vi a, se mwen menm ki te konn pran desizyon mwen yo.

pandan dine a. Èske se chagren ki ta fè li lage kò li nan bwè? Lè nou pral chita apre dejene li di: « Mon père était un bon acteur, parfois, un grand comédien. »[15] Mwen te gen bon kè, mwen pa reyaji ditou, menm gòj mwen mwen pa te grate. Pwobableman san li pa fè espre li sèvi ak tit woman Graam Grin (Graham Green) te pwodui ann Ayiti a sou reny Papa Dòk, « Les comédiens », ki te fè anpil dega.

Y ap bouche je w

Nou fè twazyèm rankont nou an 7 me. Li dire soti dezè senkant rive setè kenz nan aswè. Èmans sèvi nou kafe ak byè. Pandan li pral nan dènye chita pale sa a pou ane 1996 la, li mande mwen ki lè mwen kwè mwen ka fini liv la. Mwen di li sa depan. Sa ka pran kèk ane ankò. Li di : « Mon Dieu, autant que ça? » Ou santi sa te trakase li. Li pale de sa tousuit avèk Janklod ki moutre limenm tou li sezi. Mwen esplike yo mòd travay sa yo pran tan, premyèman pou ankete sou sa ki pase yo, sou sa ki rive yo, apre sa pou ekri epi pibliye. Mwen esplike yo tou kouman li vin difisil Ozetazini pou jwenn yon editè pou liv dokimantasyon. Anplis de sa, nan moman sila a, enterè mezon edisyon yo pou Ayiti vin bese. Li reponn mwen: « Si vous êtes d'accord, je pourrais trouver un éditeur en France et le livre serait publié dans les plus brefs délais. »[16] Mwen refize ak tout jantyès mwen lè m ap chonje tout lajan papa li te oblije peye pou liv li yo pibliye an Frans. Epi, kouman li fè rive fè pwopozisyon sila a alòske li pretann li pa gen lajan ankò e ke li depann de èd kèk zanmi?

---

[15] Gen de lè, papa m se te yon bon aktè (blofè), yon bon komedyen.

[16] Si w dakò pètèt mwen ta ka jwenn yon bon editè pou ou an Frans epi liv la t ap soti brèf san dèle.

Pou antrevi a te gen vid pou konble. Li te difisil pou dokimante sou kote imen Janklod, santiman pèsonèl li sou vi li nan palè a, pwoblèm gouvènans ki poze pou li, kapasite li pou li gouvènen. An tan ke jèn prezidan li te reyisi rete an vi nan milye chen manje chen politik ayizyèn nan.

Sa te fasil pou wè, men 15 è anrejistreman an yo founi inikman yon dividal bagay raz sou wout pou konstwi, estad pou espò, epi poutèt yo te oblije sèvi ak kont non fiskal pou jwenn milyon dola sa yo ki ekipe lame a, makout yo, fòs sekirite yo, yon bann lòbèy yo pa t prevwa nan bidjè a.

Se kon sa li t ap esplike kouman lajan peyi a te disparèt. Èske maryaj li ak Michèl Benèt (Michèle Bennett) pa te yon giyon pou prezidans a vi li a? Janklod te evite reponn kesyon sila a. Li admèt sèten nan zanmi li yo te twouve li nayif, li kwè twò fasil. Li pa te prezante okenn siy yon moun brital, men an menm tan tou li pa admèt li koupab. Li pa rekonèt okenn erè. Konfesyon pa sanble yon pratik ki antre nan relijyon pa l la.

Ane apre a

Ane apre a, entèvyou a manke pa fèt. Kòm de rezon, mwen te an Florid, mwen t ap prepare depa mwen, lè mwen resevwa kout telefòn Èmans 18 avril 1998. Li pa wè okenn enterè pou   rann piblik konsiderasyon pèsonèl sou vi Jankolod Divalye. Li di sa ki enpòtan se prezante rejim politik li jwenn kòm eritay la. Byennantandi mwen fè li konprann touswit mwen pa dakò paske yon pwopozisyon kon sa ka rann rechèch mwen yo initil. Mwen ta pito fè lòt travay. Se lè sa a mwen resevwa yon lòl apèl, fwa sa a se Janklod Divalye ki mande mwen eskize Èmans ki dezire ede kòz Ayiti a. Li pwopoze mwen yon lòt dat: 25 me. Mwa pwochen, se yon Èmans ki resevwa mwen ak tout dan li deyò. Li deklare medya yo ap chalante Janklod Divalye pou mande li entèvyou. Yo pa kite li trankil. Se poutèt sa li te oblije pran tout prekosyon sa yo. Èmans evidamman t ap fè yon gwo jwèt avèk mwen pou li fè mwen santi se favè yo fè mwen. Dapre li Janklod t ap viv toujou sou Rivyera fransèz enpi li oblije pran avyon pou li vin rankontre mwen. Men, se pa te sa ditou. Li t ap viv Pari ak manman li. Li t ap mawon pou tout moun li dwe lajan yo. Lè nou te rankontre 25 me, li afimen li toujou rete Mougins, nan zòn Kàn (Cannes).

Fwa sa a, randevou a te fikse nan Restoran Le Créole nan Monpanas (Monparnasse), pa lwen Lakoupòl (La Coupole). Pandan n ap tann Janklod ki vin rive kenz minit apre, Èmans t ap fè ti komeray, l ap rakonte *Chirac* abitye frekante restoran sila a Antiyè nan Pari yo konnen fen an. Premye bagay Èmans mande li, èske li pa te gen pwoblèm ak medya yo nan ayewopò a. Mouche pase vit sou sijè a, li fè yo sèvi l yon Campari epi yon boutèy diven pou akonpaye krab yo ak lanbi yo. Mwen te deja konnen anvan li fini li t ap kòmande yon sòbè ak yon boutèy byè *Carlisle*. Mwen te mete yon kòl ble e wouj. Janklod pa fè okenn kòmantè. Nan anbyans pèzib sila a gen lè se sèl elegans Èmans ki te fè kèk moun vire gade nou.

Mwen mande li si dat 25 me a te fè li chonje yon bagay. Li di mwen « Anyen ». Mwen esplike li ane a se te karantyèm anivèsè yon jounen ki an 1957 te jwe yon gwo wòl nan dewoulman kanpay elektoral la. Jou sa a te genyen prèske kòmansman gè sivil. Wi, Janklod chonje sa byen. Li te gen sizan lè sa a. Li chonje kouman limenm ak sè li Simòn yo te oblije kouri kite kay la, travèse lari a pou y al sere nan vwazinay. Janklod fè kòmantè sila a : « Ce jour-là fut pour moi un baptême de feu. »[17]. Èmans soti pou yon ti moman l al rele yon taksi. Li peye dejene a. Li te vle chita devan, chofè a pa t dakò. Kounye

---

[17] Jou sa a se te jou mwen te rantre nan batay.

a nou koumanse apante lari yo nan Pari pandan mesye dam yo ap diskite sou ki kote ki pi bon pou fè entèvyou a. Yo pa manke mansyonnen apatman otèl *Claridge* la. Alafen nou rete nan *Saint James Club* nan 16e awondisman direksyon kontrè ak Neuilly kote Michèl abite ak de pitit li yo nan 21 bis rue de la Ferme, bò Bwa d Bouloy. Se te yon espès chato ki an menm tan restoran epi otèl, kote plizyè ran liv relye moute jis nan plafon, ou ta di yon klib anglè.

Beny solèy pou bwonze

N al chita nan yon bon ti solèy nan jaden an. Èmans koumanse soti liv sou Ayiti nan yon gwo sak a men nwa pou li siyale erè ak vye koze lèd ki gen ladan yo, an patikilye akizasyon sèten otè "en mal d'exotisme", pretann yo te konn fè seremoni vodou nan palè nasyonal la.

Li mare kat pli nan fwon li pou li moutre mwen liv yon Kanadyen ekri: « Ceci est tiré de l'ouvrage d'une Canadienne, Élisabeth Abbott. »[18] Madam Abbott te marye ak Djo Nanfi (Joe Namphy), frè jeneral Nanfi (Namphy). Li deklare Divalye yo t ap okipe yon houngan ki t ap viv nan palè a. Pi rèd madam Abbott deklare jenn marye laprezidans yo te fè yon seremoni kote yo te sakrifye yon moun epi li menm fè konprann se bagay kouran ann Ayiti menm jan ak si w t ap kòmande yon pizza (pwononse pitza). Pandan l ap kouri kite Ayiti an katastwòf ansanm ak Janklod ak tout sèvitè yo, 7 fevriye 1986, Michèl ta egzije yo fè yon seremoni pou moute kabann prezidan an pou moun ki pral vin kouche sou li apre a ka trape yon maladi ki pou kòz lanmò li apre gwo soufrans. Li di toujou mesye dam yo sakrifye yon ti bebe san batize yo te kidnape lopital jeneral.

---

[18] The Duvaliers and their legacy, éd. MCGraw-Hill, New-York, 1988.

Tout moun konnen Michèl te meprize vodou a. Dapre limenm kil sa a se bagay digdantan pou moun aryere nan gwo pèp la, yon atitid boujwa kont fòlklò peyi a. Dayè tou nan ane 80 yo Michèl ta egzije pou TNH (Télévision Nationale d'Haïti) sispann pase emisyon k ap pale de prè ou de lwen de kesyon vodou.

Janklod fè yon sèl kòlè, li di pa te gen divinò nan palè a, limenm li pa te janm wè okenn seremoni kon sa. Tout bagay sa yo se gwo manti yo envante. Li di: « Men, ki jan moun yo fè kwè de bagay kon sa? » Mwen reponn li : « Se sèten, gen moun nan piblik la ki pare pou yo aksepte tout bagay ki konsènen Ayiti ak Divalye yo, menm jan tou gen otè ki pare pou yo envante nenpòt bagay pou yo rive atenn piblik la. »

Kounye a, Èmans soti nan sak li liv mwen an ki te ekri an 1968 avèk Al Burt, Papa Doc epi li pran site nan paj 362 istwa ki rakonte kriz ki te pete nan fanmi an apwopo akizasyon ki te tonbe sou tèt mari Mari Deniz Divalye a (Marie-Denise Duvalier), Maks Domink (Max Dominique), epi mesye dam yo ki pati aletranje a. Istwa a pale de yon kriz raj ki pran Divalye kote li te rive frape madanm li. Lè sa a Janklod Divalye ta rive pouse papa li nan yon chanm tou pre a epi li ta fèmen pòt la a kle. Divalye ta rete twazèdtan fèmen jiskaske li sonnen alam epi gad palè yo vin delivre li.

Nan entèvyou 1997 sa a, 29 an apre, Janklod Divalye pwoteste : « Je n'ai jamais poussé mon père pour l'enfermer à clef dans une chambre. »[19] Pwotestasyon l lan te gen yon ti koulè lakrentif jis lide ke li te kapab rive touche papa li. Li esplike Divalye te konn fè tès pafwa sou sèvis sekirite a, li fè kèk kou ak zam li te genyen nan apatman li an : 2 revòlvè magnum, yon M-1, yon mitrayèt Tomsonn (Thompson) nan sal de beny lan, akote twalèt la, pou li verifye ak ki rapidite y ap reponn. Li fini an dizan : « Avec « le padre », on avait

---

[19] Mwen pa janm pouse papa m pou mwen fèmen li ak kle nan yon chanm

intérêt à connaître ses propres limites ».[20] Lè sa a mwen mande li si li te konn kale li. Janklod kanpe debou yon sèl kou, li mare karaktè li, li gade m fiks, li mete dwèt bouwo li anba po je li, li desann li ti kras. Ki vle di Papa Dòk nèke gade li yon jan pou li fè li antre nan kokiy li. Li admèt li te pè papa li. Se te yon moman chaje emosyon nan rankont lan.

Alafen, Èmans soti liv Nikola Jalo (Nicolas Jalot) ak Loran Lesaj (Laurent Lesage) la nan sak li a : Haïti, Dix ans d'histoire secrète, yo te pibliye an 1995. Èmans te make bon valè pasay nan liv la, sòv pasay kote Janklod Divalye te di li gen espwa tounen ann Ayiti a, e menm jwe yon wòl politik. Liv la rapòte deklarasyon sa a: « Mon plus grand désir est de retourner en Haïti avec ma mère, et de permettre à mes deux enfants, Nicolas et Anya, de connaître leur terre natale »[21]. De otè yo menm lese antann li ka kandida nan eleksyon pou plas prezidan an nan ane 2000 lan. Obsèvatè politik yo pa te twouve se yon bagay fezab menm si n a n kondisyon moun ap v iv yo, kondisyon sekirite moun pa te janm sispann bese depi 1986. Pa te sanble gen anpil chans pou diktatè a fè yon retou politik.

Gen yon liv Èmans pa te oze mansyonnen, se temwayaj Patrik Lemwàn (Patrick Lemoine) te pibliye a : « Fort Dimanche, Fort-la-Mort » ki rakonte sis ane, 1971-1976, li pase nan prizon Kazèn Desalin ak Fò Dimanch, yon kwonik makab, tòti, mizè, maladi, lanmò. Lemwàn se te yonn nan moun yo te lage yo granmesi entèvansyon anbasadè Nasyonzini an, Anndwou Youg (Andrew Young), pandan yon vizit li te fè ann Ayiti.

---

[20] Ak nèg sa a ou te gen enterè konn limit ou.
[21] Tout rèv mwen se tounen ann Ayiti ak manman mwen epi pèmèt 2 pitit mwen yo, Nikola ak Anya, konnen peyi kote yo fèt la.

Lè mwen mande Èmans enpresyon li lè li fin li liv Lemwàn nan, li di yon sèl pawòl : « Livre dur ». Janklod eseye wete reskonsablite pa li an palan de difikilte pou li kontwole patizan papa l yo. Oubyen ankò li site non kék ansyen ofisye ki te komèt krim pou pwòp enterè pa yo. Men li pa al pi lwen nan sijè sila a ki ta riske fè l admèt reskonsablite li nan krim yo pandan li te prezidan an. Nan seyans senkèdtan sila a, li te gen anpil pasyans.

Lè n ap soti nan Klib Sen Djems (Saint James) lan, nou separe. Nou chak pran taksi bò pa nou. Mwen te rann mwen kont fòk mwen te gen dè zè e dè zè pou mwen poze kesyon. Mwen te prepare yon lis ki te gen plis pase 90 kesyon sou tout kalite sijè, te menm gen yonn yo te konseye mwen poze sou metòd pou moun blanchi po yo. Mouche reponn mwen estomake : « Mais enfin, ce n'est pas possible; alors que quand je vais dans le sud de la France, je prends des bains de soleil pour bronser! »[22]

Dezyèm rankont lan an 1997 te ranvwaye pou yon lòt dat paske li te okipe. Nou te rive antann nou pou 29 me. Èmans rele. Li te move kou kong poutèt kèk kesyon nan 90 yo. Li sispann plenn. Nan dènye rankont lan Janklod Divalye te koupe pawòl nan bouch li plizyè fwa. Li te menm kontredi li ak pridans epi li koule sou sijè ki delika yo. Janklod Divalye te rele tou pou li mande eskiz pou chanjman dat la. Li twouve gen kesyon ki sanble antre nan domèn politik, se nan bouch kèk ofisyèl gouvènman l lan sèlman yo te ka jwenn repons.

29 avril 1997, Janklod Divalye te voye sou radyo yon mesaj politik ki dire plis pase 4 minit. Plizyè estasyon radyo ann Ayiti te pase li. Èmans mande mwen si m te tande mesaj la epi tou si mwen te tande kòmantè sou sa.

---

[22] Men, se pa posib; lè m ale nan sid Lafrans, mwen benyen nan solèy pou po m vin koulè bwonz ... »

Pou sèten moun se anonse li anonse l ap tounen. Bagay la mande pou klarifye li. Se yon estasyon radyo nan Miyami (Miami), Towo Bèf (Taureau Bœuf), ki premye pase mesaj la. Gen jounal ki te pibliye enpe ladan li. Ondirè li di sa fè yon bon bout tan depi li pa te pale. Li fè konnen li anvi patisipe nan transfòmasyon peyi li, nan kad yon demokrasi pliralis (opliryèl) nan yon klima tolerans chak bò, yonn padonnen lòt mechanste li te fè l yo, pou yon renesans nasyonal nan yon peyi divize, kraze miyèt moso, yon peyi yo fin migannen.

Li pa t esplike rezon ki te fè li voye mesaj sila a. Men, sa te fasil pou devinen. Sitiyasyon politik ak ekonomik peyi a te an feblès enpi Konstitisyon 1987 la te voye reskonsab rejim Divalye yo ak tout patizan zele ki t ap soutni l yo, nan kanpe lwen koze politik pandan dis ane. Miyami, te gen yon ti sèk ansyen divalyeris ki te antoure Liknè Kanbwòn (Luckner Cambronne), premye minis enteryè ak defans nasyonal Janklod Divalye. Yo te fè kont tapaj yo tèlman yo te kontan. Kanbwòn ki te depanse yon fòtin nan jwèt aza te pare pou li jwe ankò sou kat sila a.

Te gen yon bri ki te kouri tou sou yon kantite lajan yo ta dispoze an Swis. Tout moun sa yo te konnen ki jan Janklod pa te chè nan depanse lajan li.

Men, nan lòt milye politik yo se yon lòt efè mesaj nan radyo a te pwodui. Rene Preval ki te ranplase Aristid nan tèt peyi a depi ennan pa t mete dlo nan bouch li pou li di li byen kontan wè tout pitit peyi a reyini ansanm lib e libè, men tou, gen ladan yo ki te pwofite fè lajan Leta a fè wout kwochi nan enterè pa yo, yo fèt pou y al nan prizon. Sou menm ribrik la, minis jistis la fè chonje lajistis lage koukouwouj dèyè Janklod Divalye ak yon bann asosye pou vòl nan Trezò piblik. Yo pwomèt y ap pouswiv yo. Byennantandi Janklod Divalye te sou lis la. Yo te bloke kont li an Swis ak lòt kote. Men, lakontantman li te genyen dèske li te pale ak tout sitwayen yo menm pou kat minit la, sa pa t ap dire lontan.

Mesaj ki pase nan radyo yo soulve anpil kòmantè ak tout kalite kritik. Kouman li fè ap plenyen sò sitwayen yo ki pòv la lè se limenm ankò yo akize ki fè plizyè santèn milyon dola fè wout kwochi? Anpil moun te kwè l ap viv toujou sou Rivyera Fransèz la kòm milyonè. Yo te kwè tou li ka menm chanje bagay yo ak pwòp lajan pa li, men sou plan politik sa pa ta fè sans pou moun ta tounen ankò nan Divalyeris la. Mesaj Janklod la nan radyo a, yo wè li kòm yon egzanp an plis moun ki atake maladi nan tèt egzile yo trape, tankou ansyen chèf d Eta yo k ap reve yo tounen nan peyi yo.

Yonn nan kesyon mwen te voye ba li pa ekri yo gen rapò ak reskonsablite li ta kwè li ganyen nan mizè sal sila a peyi a tonbe ladan l lan. Janklod Divalye pa wè li kon sa. Li reponn li bezwen plis tan pou li reponn yon kesyon kon sa ak lòt toujou mwen te voye bay Èmans.

Yon manto d fouri kay Givenchi

Èmans te pran taksi pou li vin nan otèl mwen an. Li pa te bay okenn esplikasyon sou ki kote nou prale, men yon moman nou t ap antre nan ri di Sant Fobou Sentonore (rue du Centre du Faubourg Saint-honoré).

Avoka Sovè Vès (Sauveur Vaisse) yo te peye 450 mil dola pou sèvis li, dapre ajennda Michèl, fè apèl nan nivo jistis la ki pi wo a, nan Kou Kasasyon, li ganyen pwose a. Kou Kasasyon deside lajistis fransèz pa gen konpetans nan ka sila a. Tout bagay te fini. Leta ayisyen pa t ap kapab rekipere fon lajan Divalye yo ak konplis yo te detounen an. An reyalite demach Leta ayisyen an yo pa te ase solid akòz chanjman ak enstabilite ki make peryòd ki vin apre divalyeris la, tou kòm konplisite ak movèz fwa sèten dirijan nan gouvènman ki vini apre yo epi ki te patisipe nan transfere byen sa yo. Rechèch yo te koute chè, enpi tou yo pa te rapòte anpil. Pa egzanp nan vant chato Temerikou

(Téméricourt) la andeyò Pari oubyen apatman Twoump tòwèz yo (Trump Towers), Nouyòk ki te koute 2 milyon edmi dola ou ankò yon kont Michèl Benèt (Michèle Bennett) 200 000 dola nan yon bank nan Nouyòk. Yatch (yacht) Niki (Nicky) yo te achte an Florid pou 650, 000 dola, li rapòte apèn 250,000 dola. Anketè yo pa t kapab jwenn yon kay madan Divalye te achte an Kalifòni (Californie).

Men, Michèl Divalye, nan anbyans boutik gran liks nan Fobou Sentonore komèt yon enpridans ki, pandan yon sèten tan pral remete anketè yo sou yon pis. Òdinèman Divalye yo konn peye kach. Fwa sa a Michèl Divalye sèvi ak yon kat kredi pou l achte yon manto d fouri « Chez Givenchy ». Kat sa a mete anketè yo sou pis yon kont 21 milyon dola sou non « Michèle Duvalier » nan yon sikisal Bakle (Barklay), a Lond (Londres). Otorite ayisyèn yo nan Pòtoprens te tèlman pran tan pou yo mande jele li (bloke l), yo gen tan transfere lajan an nan yon lòt Bank nan Liksanbou (Luxembourg), twa jou anvan demann ofisyèl la rive.

Kanè nòt koulè poup woz Michèl Divalye ofisye polis yo te sezi nan pèkizisyon 11 fevriye 1988 la nan rezidans Mougins lan, ou ka li li kòm yon gid pou moun k ap achte djetsèt mondyal. Se yon enfòmasyon tribinal « Grasse » la ki t ap chache dokiman finansye gouvènman ayisyen an te reklamen, ki te pèmèt yo fè pèkizisyon an. Michèl Dtvalye te rele anmwe, li trete polisye yo de « makout ». Kanè sa a te bay yon eta depans kach moun pa te fouti imajinen. Pa egzanp yon fakti 1987 nan yon bijoutri nan Pari koute 455 000 dola, ladan li gen 200 000 dola pou yon pè zanno. De sèl pou timoun yo moute chwal pou 9 000 dola. Yon senmenn nan otèl Bristòl pou 13 000 dola, epi anplis, 10 000 dola restoran, 700 dola poubwa pou chofè. Gen toujou: yon lis lajan kontan yo bay moun nan fanmi an ak zanmi, san konte 30 000 fran (6,000 dola) yo peye pa semèn pou « Tonton » (Janklod Divalye), lòt ti fantezi toujou, yo prete mesye Bennett, papa a, kòb pou li lanse yon nouvo mak kafe nan Pari.

Machin nan rete anba balkon fleri otèl Bristòl la. Mwen pa te ka pa sezi pou chwa sila a. Dokiman Mougins yo moutre mesye dam yo te depanse yon fòtin nan otèl sila a nan yon semèn. Michèl te menm sèvi ak papye ki gen antèt otèl la pou li drese lis depans li nan Pari, lis kat Nwèl li voye bay zanmi ann Ayiti. Dokiman sa yo te nan men lapolis fransèz. Lè mwen antre nan lòbi otèl la avèk Èmans, mwen apèsevwa Janklod Divalye k ap tann nou. Li vin resevwa nou, enpi l al chita sou yon sofa wouj. Li rete byen serye pou l di : « Nous sommes restés ici quelque temps à notre arrivée à Paris ».[23] Kounye a li difisil pou li pase yon nuit nan otèl sa a.

Antouka, ni moun k ap travay la yo ni kliyan yo, yonn pa moutre anyen.

Anbyans sa a pa te gen anyen pou li wè ak kesyon grangou nan Nòdwès Ayiti ni okenn sousi reyèl pou mizè ki genyen nan peyi a. Nan yon gran kare dore, gen yon gran Dam ki twaze nou avèk fwadè (pou di se Mari Antwanèt (Marie-Antoinette)? Janklod Divalye kòmande yon Americano, Campri avèk Soda. Èmans mande kafe, menm bagay pou mwen tou. Janklod Divalye te gen yon kostim gri byen taye ak yon chemiz ble, yon kòl klasik. Li pa te gen mont ni braslè ou bag ann ò, ryenk bouton manchèt byen senp. Ponyèt li yo te fen anpil. Mwen te konnen li te gen pwoblèm sikilasyon epi difikilte pou li deplase.

Apre innè pou l reponn kesyon, nou rann nou nan sal a manje a. Èmans soufle yon non nan zòrèy mèt otèl la ki mande li repete li pou li ka verifye rezèvasyon an epi li kondi nou nan sal a manje a. Pa gen moun ki moutre yo rekonèt Janklod Divalye, ansyen prezidan a vi d Ayiti a. Èmans chwazi

---

[23] Nou te rete kèk tan isi a lè nou te fenk rive Pari.

yon tab nan jaden enteryè a. Yo sèvi dejene a, enpi, pandan n ap chita li mande : « Ça vous va ici, Président? » Janklod reponn li ak kont respè li : « Oui, très bien ». Sa fè yon lòt antretyen toujou yon dejene vin entèwonp. Sanble Janklod te pwofite de rankont nou yo pou li fè tou restoran li pi renmen yo.

Li pa te janm pran fakti yo. Li te demoutre mwen li pa tc gen kat kredi. Èmans te degaje l li peye fakti a san sa pa parèt. Li toujou peye lajan kontan san kite tras. Kote lajan sa a te soti? Se sa mwen ta bezwen konnen.

Non Èmans te bay pou fè rezèvasyon an nan dejene a, se non gran papa Janklod Divalye, bò kote manman, Jil Fèn (Jules Faine) nou konnen ki fè etid sou filoloji kreyòl (philologie créole) e anvan sa li te fè yon etid sou Endyen Sann Blas yo (San Blas) nan Panama. Sanble Janklod pa te kite sigarèt la. Te gen yon pake Dunhill sou tab la. Èmans menm li te prefere Benson & Hedges. Tanzantan gen yon ti boufe lafimen ki moute.

Kapitèn gason tab yo esplike jou sa a se yon jou espesyal. Otèl la t ap fete fèt lakwizin. Pi meyè chèf lakwizin yo nan Pari te reyini nan Bristòl la pou yo vin fè gam pou ladrès yo genyen. Mèt otèl la pran yon ton solanèl pou li deklare : « Les richesses gastronomiques de nos provinces demeurent les véritables ambassadeurs du goût et de la qualité. »[24] Pa te gen pi bon mwayen pase sa pou bòykote antrevi a. Sèvitè yo pa te sispann fè laviwonn ak gwo pla ti dekorasyon tou piti, kwizin modèn, Diven wayal domèn Borie de Maurel 1993 (Minervois rouge). Fèt kwizin sila a pa te an pàn mwayen, men, fòk nou rekonèt se meyè anbyans pou byen mennen yon entèvyou. Kòm d abitid Janklod klotire ak yon sòbè epi byè danwa.

---

[24] Richès gastwonomik pwovens nou yo rete pi meyè anbasadè bon gou ak kalite.

Chato Temericou (Château de Thémericourt)

Chato Temerikou (Thémericourt) ki la depi 12yèm syèk, 40 kilomèt distans
ak Pari nan Val d Waz (Val d'Oise)
Janklod te achte li 15 jen 1984, 19 mwa anvan li pati kite Ayiti,
pou 12 milyon fran (de milyon twasan mil dola).

Men, se te yon bon kote pou nou abòde kesyon Chato Temerikou a mesye
dam yo, Janklod ak Michèl, te achte an 1984, 19 mwa anvan yo pati an fevriye
1986. Tout bagay te vin konkli 15 jen 1984 pou 12 milyon fran ($2,
300,000).

Li bò kote yon vilaj ki gen 209 abitan, nan Val d Waz (Val d'Oise), 40
kilomèt distans ak Pari. Se te yon chaman chato douzyèm syèk la avèk pyebwa,
pak, yon lak, tèren tenis ak pisin, yon veritab kat postal nan mitan yon peyizaj
plen valon kote yo kiltive ble, sèg. Se la Van Gogh te penn ti mòn yo ak jaden
yo. Limenm ak frè li Théo, yo antere tou pre a nan yon ti simityè « Auvergne-

sur Oise ». Mwen poze Janklod Divalye keyon sou rezon ki fè li achte an 1984, yon chato an Frans, ki bwòdè, ki chè kon sa. Li oblije ranje kò li pi byen sou chèz la devan kesyon sila a li pa t atann nan, epi li pran tan li pou li chache mo li yo : « Il fallait choisir entre un appartement et un château. J'aime la campagne. En ville, je me sens à l'étroit ».[25]

- Wi, men lè nou fè acha sa a, nou t ap viv ann Ayiti? Pou ki sa nou fè yon kalite depans kon sa an Frans? Èske depi lè sa a nou te anvizaje vin rete isit?

- Non!

Li peze sou repons lan. Mwen fè li chonje avoka l la Sovè Vès (Sauveur Vaisse) (jounal yo te site li) ki deklare Janklod Divalye te anvizaje kite Ayiti lontan anvan yo jete li. Bebe Dòk reponn yon ti jan enève : « Vaisse ne sait pas de quoi il parle » : En fait, l'idée était que si j'allais en Europe ou en France d'y avoir un pied-à-terre.[26]

- Men pouki sa ou vann 5 milyon yon bagay ki te koute w 12 milyon, se pa pri sa a w te achte li?

- Oui, je pense. Une bonne partie de l'argent servit à payer les taxes. C'est certain que le prix initial avait été largement gonflé par les courtiers. Le prix, en fait, devait être moins de 10 millions de francs. »[27]

Ou santi sijè a te anbete li epi li pa t anvi mele Michèl nan koze a. Li pa te vle pale de wòl Michèl te rive jwe nan tranzaksyon yo. Li kenbe tenn fas se desizyon pa li ki achte chato a.

---

[25] Fok mwen te chwazi ant yon apatman ou yon chato. Mwen renmen lakanpay. Lavil la mwen santi mwen kwense.

[26] Vès (Vaisse) pa konn sa l ap di. Lide a se te pou mwen genyen yon lojman pwovizwa lè m al ann Ewòp ou an Frans.

[27] Wi, mwen kwè sa, Bon kou nan lajan sa a te sèvi pou peye taks yo. Se vre, pri a o kòmansman koutye yo te gonfle li anpil. An reyalite li te dwe mwens ke dis milyon fran.

Mesye dam yo te deside renove chato a. Yo te koumanse fè travo pou reyamenaje tout estrikti enteryè batiman prensipal la ak kaj eskalye a, yon travay ki pa janm fini. 23 desanm 1985, yo achte yon mezon prive pou yon bèl lajan, 1,950 000 fran. Alafen yo sispann kraze estrikti enteryè kay la. Chantye a rete tèl kèl. Janklod Divalye te ann egzil nan sid Lafrans, epi nouvo gouvènman ayisyen an fè rekonèt dwa li genyen sou chato a pou 15 milyon fran, valè lajan ki reprezante sa Divalye yo te depanse pou pwopriyete a. Woje Bènenka (Roger Bernenca), majistra Temerikou a te fenk soti Pari kote li travay la lè mwen te rankontre li. Li fè ale retou chak jou. Li pa te konnen detay finansye yo byen sou chato a paske li te fenk pran djòb majistra a. Men li di tout moun nan zòn nan okouran dega mesye dam Divalye yo fè mèvèy douzyèm syèk sa a ak travo yo kòmande yo. Kounye a chato a ak pak la fè pati domèn piblik sou reskonsablite Konsèy rejyonal epi yo transfòmen yo an mize e pak rejyonal. Pak la gen yon gazon byen antretni epi chatenye wouj desann dousman jis arebò lak la nan kèk platbann ki gen jonkiy ap fleri. Mwa d me 1997 sa a li mete de men nan tèt, l ap plenyen : « Ils ont tout cassé. » Prefekti Cergy konfimen Leta franse pa antremiz Konsèy Rejyonal la negosye ak mesye dam yo pou li pran chato a, piske Leta ayisyen pa janm fè swivi demann li an. An reyalite 5 milyon fran yo pwopoze a taks yo te deja vale l, a tèl ansèy sa ki rete a tèlman ensiyifyan li pa te menm ase pou peye antrepriz ki te fè premye faz destriksyon anndan kò batiman prensipal la ak gran eskalye a, ni fakti dlo, elektrisite ak antretyen ki pa ko peye. Yo pèdi tou sa ki te envesti epi Leta ayisyen pèdi 15 milyon fran. Chato a rete ouvè pou touris epi yo espoze foto anndan batiman prensipal la anvan travo demolisyon yo e apre demolisyon ki pa fini yo. Janklod Divalye avwe li vizite chato a yon fwa sèlman. Ti kras pi lwen ou jwenn kay diktatè Afrik Santral la, anperè Jan Wobè Bokasa (Jean-Robert Bocassa). Se te vwazen li.

Lè mwen poze li kesyon sou milyon yo di li te ranmase epi yo jele yo nan bank swis yo, Janklod Divalye reponn yon ti jan enève: « Il n'y a pas d'argent en Suisse. La seule chose que les autorités ont gelée, c'est mon nom. »[28] Kounye a li tonbe bay yon bann esplikasyon san ke ni tèt ki di lajan yo di li fè fè wout kwochi a li te sèvi pou peye frè defans peyi a ak lòt frè toujou ki pa figire nan bidjè a. Apwentman li kòm chèf d Eta te moute 24 mil dola plis frè.

Tandiske ane anvan an li te di li anvi tounen ann Ayiti, fwa sa a li sanble an balan, l ap pale de ale Miyami (Miami). « J'ai là-bas de la famille que je n'ai pas vue depuis des années ».

Pou kounye a e menm pou pi devan, se sèten, l ap rete an Frans. Lè mwen mande li si li gen yon mètrès, li reponn mwen : « Je n'ai qu'une seule maîtresse, c'est Haïti et ce le sera toujours », yon mo paspatou.

Otè a k ap vizite Chato Temerikou a

---

[28] Pa gen lajan an Swis, sèl bagay otorite yo jele se non mwen.

Yo sèvi avèk li anpil, yo abize li tou. Èmans pwofite pou l deklare anvan lontan li gen pou li marye, l ap sispann fè efò pou li ede Ayiti ansanm ak Prezidan an. Li di yon lòt fwa ankò pa gen okenn rapò espesyal ant limenm e Prezidan an. Li te sizè di swa nou te a tab toujou nan Bristòl. Se lè sa a Èmans panche sou tab la ak kè sote pou li di tou ba : « Ne regardez pas, mais il y a un photographe dans la roseraie »,[29] epi li fè yon siy ak tèt li nan direksyon pou n pa gade a. Li kouri kite tab la. Janklod menm li byen alèz ak tout pwa li sou chèz li; li fè yon ti mouvman ak kò li pou li fè yon ti gade tanspe tanspe.

Pandan mwen leve, mwen mache sou pòt sòti restoran an ki te mwatye vid la mwen pa wè pesonn ak aparèy foto k ap tire pòtre. Èmans retounen pou l fè nou konnen fotograf la se yon moun otèl la anplwaye pou li pran foto jaden an. Se te bri sapat.

Ofisyèlman Janklod di li fè fayit.

Pandan Janklod kite otèl la l al rete yon taksi deyò a, Èmans vire gade m, li di mwen ak yon ton sevè: « L'exil a quand même de bons côtés. Il a pu être débarrassé de tous ces parasites vaseux qui s'intéressent uniquement à son argent. Ils ont disparu maintenant qu'il est sans le sou. »[30] Apre sa li mande m si mwen te tande emisyon Radio France-Inter la sou Janklod Divalye.

- Non. Je n'étais pas au courant.

---

[29] « Pa gade non, gen yon fotograf nan jaden woz la. »

[30] Kanmèm egzil la gen bon kote li. Li rive debarase ak tout parazit pye sal sa yo, se sèlman lajan li ki enterese yo. Kòm kounye a li pa gen senk kob, yo disparèt.

- Le reporter avait été méchant. Il est venu demander une entrevue à « Monsieur le Président », mais quand je me suis rendu compte de la direction que prenait son reportage, nous avons refusé. »[31] Kòm de rezon, 25 avril, jou randevou pa mwen pou entèvyou a, Radio France-Inter te pase yon emisyon inèdtan ki sipoze komik sou Janklod Divalye. M al nan biwo France Inter kote Thierry Sharft ki te ale a la rechèch Janklod Divalye nan sid Lafrans lan. Granmèsi limenm, mwen te ka koute yon anrejistreman pwogram nan.

Sharft rakonte oditè yo kouman li rive jwenn ansyen prezidan a vi a nan ale vini li yo. Li poze kreyansye msye yo kesyon oswa kèk ansyen vwazen li. Ton emisyon an mi serye mi blagè avèk detay sou lavi di ansyen prezidan milyonè a te vin tonbe an menm tan tou li fè chonje Divalye te piye « le pays le plus pauvre de la terre ». Jounalis la rakonte ki jan li rive jwenn tras kote ansyen prezidan an te pase soti Rivyera fransèz jouk nan dènye rezidans li, yon otèl 2 etwal, *Eden Bleu*, bò otowout Nis (Nice) lan. Men Sharft pa t janm ka rive jwenn Janklod Divalye pou li fè entèvyou avèk li. Pwopriyetè restoran yo nan rejyon Mougins ak Cannes, an patikilye Woje Vèj (Roger Verge) ak madanm li Deniz (Denise), toude pwopriyetè moulen Mougins lan, yo rete nan yon moulen oliv sèzyèm syèk. Yo chonje toujou meni yo, diven yo, poubwa tèt chaje. Men Patrik Biday (Patrick Budail), manadjè *Eden Bleu* a chonje tou pwoblèm kòb refijye a ak manman li te ganyen. Yo te kite otèl la an kachèt ak yon dèt 113 000 fran yo pa janm jwenn ranbousman malgre plent yo fè nan tribinal.

---

[31] « Jounalis la te mechan. Li vin mande « Monsieur le Président » yon antrevi, men lè mwen rann mwen kont direksyon repòtay la ap pran, mwen refize. »

Yo te anrejistre Divalye nan *Eden Bleu* 4 jiyè 1995 sou non « monsieur Vallère », manman li te avèk li. Apre 15 jou, malgre li te rele yon sèten M. Pyè Frank (Pierre Frank) Miyami, nòt otèl la pa te peye enpi pwopriyetè yo rele lapolis pou yo. Se lè sa a, apre verifikasyon li aprann se ansyen prezidan an ak manman li, vèv Franswa Divalye li t ap resevwa. Yon mesye dwòl Feluicudi pwente, li soti pwobableman an Swis, li peye fakti a epi li pwomèt sa pap rive ankò. Biday pa te rive konnen ki konpayi ki okipe zafè prezidan an. Gen yon tan te gen tout kalite alevini limouzin ak plak imatrikilasyon swis.

Janklod Divalye ak manman li kontinye viv nan otèl la, men anvan lontan yo te oblije pataje menm chanm nan kote se yon sèl bagay yo te ka wè pa lòt bò otowout la, yon izin eletrik. Pri chanm nan se te 284 fran ($ 56,80 US), manje ladan. Men anvan lontan pap gen telefòn ni aksè nan restoran an ak ba a. Biday fini ak yon ton vwa ki gen pitye: « Une telle déchéance d'une personne aussi importante! », 14 novanm 1995, li mande peye li. « Monsieur Duvaler refuse de nous accompagner à la gendarmerie. Il prétexte un randez-vous urgent. Trois jours plus tard, ils avaient disparu de l'hôtel laissant la facture non payée. »[32] Manadjè a te depoze yon plent. Yo mande li si moun nan pa gen mwayen egzistans ditou. « Officiellement il se dit ruiné, mais je sais que maintenant il a de quoi subvenir à ses besoins. »[33] Men plent lan rete san rezilta. Li klè gen yon kote k ap pwoteje li. « C'est incompréhensible. Si tous les créanciers à qui ce monsieur doit de l'argent allaient témoigner, il y aurait de quoi écrire un sacré livre »[34]

---

[32] Mesye Divalye refize ale avèk mwen nan jandamri an. Li pran pretèks li gen yon randevou ijan. Twa jou apre, yo disparèt nan otèl lan san peye.

[33] Ofisyèlman li di afè l pa bon men mwen konnen li gen mwayen pou l achte sa li bezwen.

[34] Se yon bagay moun pa sa konprann, si tout moun mesye sa a dwe t al temwaye, ta gen mwayen ekri yon liv.

Janklod Divalye pa te kite manman li konnen si l tonbe nan bwè. Tanzantan li fè yon soti ak zanmi li an », Veronique. Thierry Sharft rakonte nou de Divalye yo pase tout tan yo nan chanm yo y ap gade televizyon. Yo di jou yo disparèt la yo pase tout yon nuit kouche sou planche yon ajans vwayaj Cannes. Ennan apre, manman Simòn mouri nan Pari, lavèy Nwèl. Pitit li te nan tèt kabann li. Pandan twa peryòd dis ane li te viv ann Ayiti sou tèt flèch pouvwa a, li di volonte manman li se pou l te antere nan peyi li lè li mouri. Sa pa t posib. Yo boule l.

Men, an desanm 1998 nou aprann gen yon gwoup Ayisyen egzile an Frans, lè yo tande yo arête ansyen diktatè Awougusto Pinochè a Lond (ann Anglètè), yo pwofite fòmen yon komite nan Pari, 5 desanm pou fè jije Janklod Divalye pou « krim kont limanite. »

Lè yo mande ministè enteryè franse a ki kote Janklod Divalye demere, li reponn li pa byen ranseye sou sa. Gen yon pòtpawòl ministè a ki menm di li pa konnen li, men li kwè mouche sou tèritwa franse a. Pòtpawòl ministè Afè Etranjè a, François Rivasseau avwe li pa gen ide ki kote adrès kay li ye epi, menm si li te genyen li, sa pa t ap sèvi anyen piske Janklod Divalye pa te gen estati refijye politik an Frans malgre li te mande azil politik lè li te rive an 1986.

Yon lòt pa, li pa te gen okenn demann ekstradisyon kont li ni menm manda arestasyon.

13 desanm, Janklod Divalye fè yon antrevi nan telefòn avèk kòrespondan Radyo Galaksi ki nan Nouyòk. Li niye li ta yon moun k ap kouri pou lajistis an Frans pou li reponn minis jistis gouvènman ayisyen an kif è konprann viktim rejim nan ka pouswiv li lajistis.

Janklod deklare : « Je n'ai pas peur, ma conscience est claire. C'est juste une manière de me discréditer alors qu'il n'y a jamais eu de plaintes déposées contre moi. » Pou li defann ane li pase sou pouvwa a yo li di toujou : « Durant cette période, il n'y avait ni cette insécurité, ni cette misère du peuple. »

Diran trant èdtan sa yo mwen pase ap pale avèk li a, Janklod Divalye rive kache dezespwa, lapenn, chagren; li pa nan fè santiman, plenyen sou ensekirite lavi ann egzil, peripesi li depi li tonbe sou pouvwa a, li pèdi pouvwa, enfliyans, richès pou li redui nan eta prèske sanble pòv an Frans. Men sa pa anpeche li pa cho pou li reponn kesyon presi sou relasyon dinasti soti nan papa a rive nan pitit la.

Endiskresyon rapid epi fòse sa yo konfimen byen pwovèb ki di se mal ki soti nan mal. Janklod Divalye pa t janm rive libere anba pouvwa madichon sa a papa li kite pou li a. Sa parèt klè epi divès chapit liv sa a pral konfimen dènye viktim Papa Dòk la se pwòp eritye politik li a, Bebe Dòk, pitit gason l lan, ki soti nan chè li, ki soti nan san li.

CHAPIT 2

Li fèt nan anbyans politik la.

S e te yon ti kay twa chanm ki kouvri ak zenk yo te lwe nan ri Kapwa, tou pre kwen Laflè di Chèn : « C'est là que je suis né, le 7 juillet 1951 ». Se sa Janklod Divalye deklare mwen (pwòp ministè enfòmasyon li bay dat 1952). Manman li te èd enfimyè nan matènite *Isaie Janty* Ministè Sante t ap opere. Men se lakay akouchman fèt. Nan ti kay sila a plis pase yon douzèn granmoun ak timoun pil sou pil. Papa a doktè, li absan souvan, li pa nan kay la. Manman an ak twa pitit fi yo. Te gen gran papa a tou, Duval Duvalier, de demi sè manman li, Clelia ak madam Adée.

Janklod batize nan legliz pè redanmtoris yo, *Saint Gérard*, anwo tèt mòn nan ki dominen ri Kapwa. Pi gran sè a, Mari Deniz (« Dede ») ak yon zanmi doktè Divalye depi lontan, doktè Orèl Jozèf (Dr Aurèle Jozeph) te marenn ak parenn. Bebe a te rele Janklod (Jean-Claude), men medam nan kay yo te ba li ti non « Tonton ». Se sou non sa a yo deziyen yon monnonk osinon yon vye granmoun. Men, nan ka sa a, se yon ti non afeksyon pou yon ti gason nan kay la.

Pou papa Franswa Divalye, yon pitit gason ki vin fèt apre twa pitit fi, se tout yon evennman. Ane a te trankil. Peyi a te viv yon bèl sezon touristik. Konplote ak fè politik te pèdi tout ijans. Prezidan Maglwa ki te bay tèt li grad jeneral la, yo te wè li kòm yon moun otorite, men ki gen bon kè.

Popilasyon an te reziyen li aksepte li kòm moun ki jete gouvènman sivil prezidan Estime a. Men se pa te ka Divalye. Kòlè, fristrasyon, te rann sitiyasyon an pi grav. Kòm dyabetik, selon Janlod, sa pral rann li depandan de ensilin pandan tout vi li.

Doktè Divalye ki te minis sante ak travay te pami moun ki te soutni jefò Estime pou li jwen nan men asanble nasyonal la yon amannman nan konstitisyon an ki ta pèmèt li al chache yon dezyèm manda. Se tantativ Estime fè a ki founi Maglwa, òm fò nan lame a, pretèks pou li jete prezidan 10 me 1950 lan epi voye 1 ann egzil Nouyòk, kote l al mouri twazan apre. Nan antouray Estime gen moun ki pretann se Divalye ki ta pwovoke kou d Eta a lè l al fè sèkile rimè nan sèk ofisyèl yo Maglwa gen lide debarase li ak Estime. Lè yo mande ofisye yo nan lame a yo te konvoke nan palè a kilès y ap soutni, tout reponn Estime, men sa pa t anpeche lè yo tounen nan pòs yo, y al jwenn Maglwa. Yo di Divalye plede di Estime : « Donnez-moi des armes et nous liquidons Magloire; nommez-moi ministre de l'Intérieur et de la Défense nationale. »[35] Prezidan Estime ta reponn li : « Ces mains noires ne sauraient être plongées dans le sang d'un autre homme noir. »[36]

Sepandan Divalye pran inisiyativ òganize yon manifestasyon vyolan an favè Estime. Militans li ak Fiyole te mete li an kontak ak aktivis yo nan lari a. Yo antre nan lokal Palman an, yo sakaje biwo Sena a yo. Kon sa ti doktè dou a bay yon avangou sou teknik fachis li pral devlope pi devan jis nan dènye limit tèworis la.

Divalye te jwenn yon kòb prete labank pou l achte yon kay pou fanmi li. Kou Estime pati, li pèdi pòs minis lan. Li te blije kite pwojè a l al lwe yon kay nan Ri Kapwa a. Mwayen fanmi an te mèg, yo te prèske pòv. Yo pa t gen refrijeratè. Lè gwo chalè ete yo, Divalye yo te redui nan al chache ti glas kay zanmi nan vwazinay la, an patikilye kay Jimèl yo.

---

35 Ban mwen zam, epi n ap likide Maglwa. Mete m minis enteryè ak defans nasyonal."
36 « Men nwa sa yo pa gen dwa plonje nan san yon lòt nèg nwa.

Depi nan bèso politik antre nan vi li. Poutèt li pa t sanble moun ki pè politik demezire, sa fè moun wè li gan lè te devlope depi nan piti yon karapas ki pwoteje li. Piske mezon Divalye yo t ap viv yon kriz san bout, papa a pa janm la, konsekans opozisyon li ak rejim Maglwa a fasilite.

« Ce sont des années qui nous ont marqués. » Se sa Janklod avwe m pandan li souliyen nan ki pwen twoub ane 50 yo make moun. Men li te renmen wè ki jan papa li te kontwole kòlè li ak pèn konsantre li.

Poutan, Maglwa, militè a, nèg ki gen anpil enfliyans lan, pa te swiv tras sa ki te konn fèt pandan plizyè dizèn ane, sa chèf Leta yo abitye fè lè yo rive nan pouvwa a. Li pa t fè sezi byen Estime yo ni li pa t fè atak piblik kont li. Maglwa te menm envite sèten minis Estime antre nan gouvènman 1 lan. Divalye te refize, men kòlèg li Kleman Jimèl te aksepte. De mesye sa yo ta pral fè konkirans nan politik enpi yo menm vin lènmi mòtèl.

Moun yo nan boujwazi lokal la te kirye pou yo konnen ki moun Divalye sa a te ye, ki kote li soti. Yo pa te konn anpil bagay sou li a tèl ansèy menm jounal yo te pran tan anvan yo te rive ekri non li kòm sa dwa. Papa Divalye soti nan yon fraksyon nan klas mwayèn nwa lavil la ki t ap chache bay tèt li yon plas nan yon sosyete ki bay non ak orijin anpil valè.

Gwoup sa a ki pa tèlman gen lontan depi li egziste, pa gen kras pwoblèm pou li pase sou tèt 85% mas peyizan ak sa lavil yo pou li rive anwo nèt. Divalye te jwenn travay nan pwogram dechoukay pyan Ameriken te finanse a.[37] Alaverite Divalye te travay sitou nan pwogram konbat pyan an doktè Masyal Pawouyot (Martial Pauyot) ki, kòm Divalye, te pase nan inivèsite Michigan, t ap

---

[37] Gen jounalis ki ekri epi yo repete doktè Divalye te patisipe nan kanpay derasinen malarya. Pwogram sa a se M.S.A. (MISYON SANITÈ AMERIKEN) ki te lanse li. Jounalis sa yo te prezante yon imaj fòlklò de « medsen moun pòv yo » ki travèse peyi a sou do chwal ak yon sakòch sereng ipodèmik. Sa se te travay 72 enfimye ki rive fè bay plis pase 2 milyon malad piki penisilin.

dirije. Pyan se yon enfeksyon sou po, sitou nan janm ak nan pye. Pwogram nan te kòmanse an 1924 li te fini an 1942.

Li t ap travay nan biwo yo Gresye sou wout Leyogàn. Sa te pèmèt laprès etranjè ba li tit « tranquille médecin de campagne ». Bon ti doktè andeyò. Maglwa te soupsonnen « ti doktè andeyò sa a » te gen nan li yon michan politisyen epi li pa te twonpe li. Divalye te oblije lage kò li nan kache ou ankò jan yo abitye di « mete li a kouvè » pandan prè de de ane ap rekrite, pami tout aktivite li yo, pami patizan li yo, yon goup ki espesyalize nan fabrikasyon bonm.

Janklod Divalye chonje li te wè papa li yon sèl fwa nan epòk sa a.

« C'était en 1956. Il se planta devant moi et dit : C'est qui ce bonhomme? », en me tandant une boîte de shewing gomme. Il resta seulement dix minutes et s'en alla.»[38] Bagay yo pa te dous pou madan Divalye ak kat pitit li yo pandan Divalye ak pozè d bonm li yo t ap eseye destabilize gouvènman Maglwa a. Yo kanonnen kay la ak kout wòch, ata tire pafwa yo konn tande. Janklod Divalye te gen sis ane lè sa a epi li chonje moman sa yo. « Alors qu'on vivait sur la rue Capois, les hommes de Magloire se mirent à tirer des coups de feu sur la maison. On dût se réfugier sous le lit. Ma mère décida de nous envoyer dormir chez des amis parce que nous étions en danger.»[39] Li gade yon gwo souvni de papa li ki brav. « Savez-vous qu'il était caché dans une maison juste à côté du Quartier Général de la Police? »[40]

---

[38] Se te an 1956. Li vin kanpe devan mwen li di mwen « se ki moun sa a? », Li lonje yon bwat chwin gòm ban mwen. Li rete dis minit sèlman epi l ale »
[39] Lè sa nou t ap viv nan ri Kapwa, nèg Maglwa yo te vin tire sou kay la. Nou te oblije kache anba kabann Manman m te oblije voye nou al dòmi kay zanmi paske vi nou te an danje.
[40] "Èske w konnen l al kache nan yon kay jis a kote katye jeneral lapolis

Ann out 1956, Maglwa dekrete amnisti, sa te pèmèt Divalye soti nan kache. Li te pwofite rann madan Estime vizit, lè vèv prezidan Estime a te retounen lakay li tou. Jan Foucha (Jean Fouchard) te la. Li rakonte cheve Papa Dòk te long. Yo te ba li yon aparans masif alòske li pa t grann tay. Li te di Divalye : «Vous ne pouvez pas rester comme cela au moment de commencer la campagne électorale.» Divalye fè l wè li pa gen lajan. Foucha ki te fenk sot vann yon ti tè Bòlòs ba li 200 dola. Divalye pa dakò, li di lajan an twòp. Se sa ki fè Foucha di Divalye pa te gen okenn konesans nan kesyon lajan.

Yon senmenn apre 15 septanm 1956, yon vwati Buik gri ak tout chofè rete devan biwo Haiti Sun, yon ebdomadè mwen t ap dirije. Pasajè ki desann nan se pa lòt moun ke doktè Franswa Divalye ki gen 49 an, kostimen, vès sèj gri, ne papiyon. Kou l fin chita, li esplike se yon vizit koutwazi li vin fè nan moman li pral anonse kandidati li pou plas prezidan la Repiblik. Nou te pou kont nou nan biwo a. Ak vwa wannen li an, an zanmi trankil, chapo fet nwa li sou tèt li, linèt epè li yo ki gen monti ann ekay, li poze m kesyon sou kesyon. Li pa ban m tan pou m poze li kesyon tou. Li gan lè te plis enterese konnen « ki sa Ameriken yo panse de li », kesyon nòmal epi lojik, depi 1915, lè Ameriken yo te okipe peyi a. Mwen reponn li kòm jounalis endepandan, mwen pa nan sekrè moun yo sou koze kandidati ki kapab fè Ameriken plezi oswa deplè yo. Li fè yon ti souri satisfaksyon ki dekouvri yon dan lò, lè mwen di li Ameriken k ap travay nan pwogram èd Point 1V yo gan lè gen yon bon opinyon de limenm.

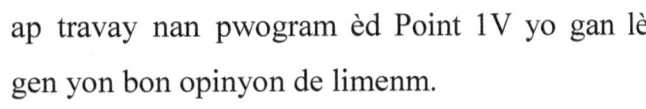

Doktè Franswa Divalye apre eleksyon
22 septanm 1957 yo ak pitit gason li
Janklod sou balkon lakay li nan riyèl Wa.

Janklod rakonte mwen kouman a sizan li te vle akonpaye papa li ak manman li nan yonn nan aktivite kanpay elektoral la andeyò Pòtoprens.

« Au moment où Papy allait sortir, je suppliais qu'on me pemette de l'accompagner. Papy était au salon avec quelques-uns de ses partisans et se préparait à partir.

- Est-ce que je peux aller avec toi?

- Non.

C'était sa réponse

- Si tu ne m'emmènes pas avec toi, tu vas m'entendre. Quelques minutes plus tard je me mis à crier : « Vive Déjoie! » Il m'envoya aussitôt m'habiller. C'est ainsi que pour la première fois je pus l'accompagner et c'était la première fois aussi que j'allais en province, et je me rappelle, c'était la route du sud, une route très poussiéreuse.[41]

Janklod Divalye gade yon souvni vivan sou batay samdi 25 me 1957 la, lè patizan Dejwa ak Fiyole afwonte patizan Divalye yo. Kat mwa anvan sa mwen te tounen soti nan yon egzil tou kout, 2 semèn, rezilta yon dekrè espilsyon gouvènman kolejyal la, Max Bòlte te siyen sou demann Louis Dejwa ki te jije ofansan yon atik ki te parèt nan Time Magazine. Divalye t ap pale tou dousman. Li te gen de gaddikò dèyè do li, akote yon gwo penti Desalin. Vwa

---

[41] O moman papi m t ap pral sòti, mwen sipliye li pou l mennen m avèk li. Papi te nan salon an avèk kèk nan patizan l yo, li t ap prepare li pou li pati - Mwen mèt ale avèk ou? - Non. Se Te repons li. – Si w pa mennen mwen avèk ou, w ap tande mwen. Kèk minit apre mwen pran kriye : « Viv Dejwa. Menm moman an li voye m al abiye m. Se konsa pou premye fwa mwen te kapab akonpaye li. E pou premye fwa tou mwen te ale nan pwovens epi mwen chonje se te wout sid la, yon wout ki chaje ak pousyè.

wannen wannen an ou te apèn ka tande li ak bwouhaha ki soti nan lari a. Woje Dòsenvil ki te jwe yon wòl kapital nan kanpay la, antre nan sal la, li panche sou tab la pou li di de mo. Divalye kite sal la san bri san kont.

Yon lòt ti moman ou te ka tande yon vwa k ap rele yon bagay, li soti sou galri deyò a. Se te Divalye ki t ap egzòte foul la, li lonje bra li sou anba lavil la. Yon revòlvè otomatik kalib 45 parèt anba vès li. Ak tout fòs li, li mande patizan l yo rann yo anba lavil la kote li di patizan Dejwa yo ap eseye achte vòt yo, alòske yo konnen limenm Divalye li te deja ganyen nan Nò ak nan Lwès. Yon kòtèj machin t ap dirije li sou katye Lasalin nan kote yo swadizan ap eseye achte vòt yo. Erezman lapolis ak lame entèvni pou yo bloke kòtèj la. De tout fason yo deklare Divalye ranpòte laviktwa. Apre vòt la kote fanm yo te patisipe pou premye fwa, Divalye jwenn tan pou l al fè foto ak fanmi li nan dezyèm etaj ti kay la. Yon okazyon ra pou yo tout te rasanble. Divalye te menm aksepte wete mòd chapo fet nwa a sou tèt li.

Divalye pa t pran tan pou l espedye moun ki t ap dirije kanpay la yo. Komèsan yo te eseye timidman òganize yon grèv, men yo toufe sa rapidman. Pandan vennsèt an pèsonn pa t oze pale de grèv ankò. Yo fèmen bouch près tout opozisyon an byen vit. Yo boule lokal yo. Manm opozisyon koni yo pran chimen egzil oubyen yo mete yo nan prizon, oswa yo disparèt.

E poutan 22 oktòb 1957 nan sal bis yo nan Palè Nasyonal la, nan prestasyon sèman Divalye kòm 40yèm Prezidan de la Repiblik, ti Janklod Divalye ki depi twa mwa te gen sizan, te kapab wè papa li ak kòl blanch, cheve grizonnen, pwononse ak tout fòs e konviksyon premye diskou li, ki chaje pwomès demezire pou demokrasi ak respè dwa moun.

CHAPIT 3

Yon timoun sizan nan Palè a

L è lekòl ouvè ann oktòb 1957, nan lekòl Janmari Giyou (Jean-Marie Guilloux) bò katedral la, nan bouch Bèlè, pitit prezidan an, Janklod Divalye, te yonn nan 40 nouvo yo an mayo blanch pantalon kaki. Lekòl Frè Enstriksyon kretyèn sa te gen bon repitasyon poutèt disiplin li. Tout elèv bra kwaze t ap resite tèks ak ti vwa pike yo anba mayèt yon « Très cher Frère », se kon sa yo te oblije rele yo.

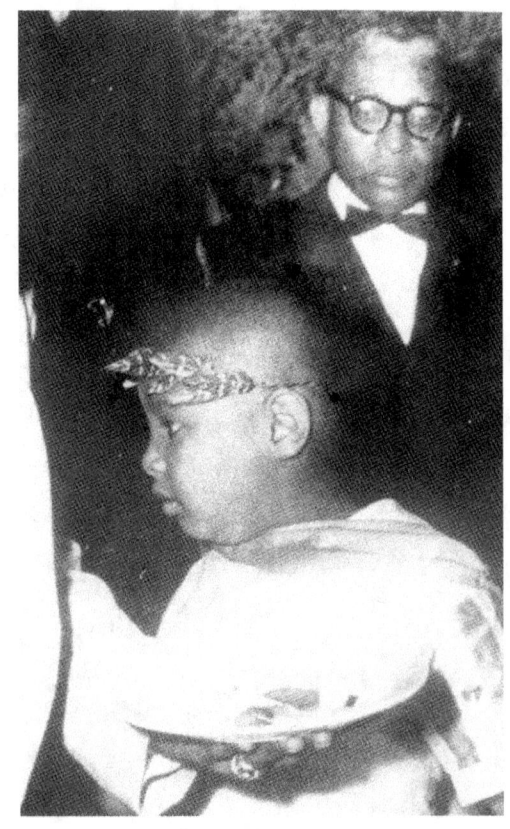

Tren d vi moun yo te chanje nèt ale. Se nan Palè Nasyonal yo rete kounye a. Non sèlman yo twouve yo an pèmanans an plen sant ajitasyon politik epòk la, men yo moute yon sèl kou nan nechèl sosyal la, nan sèk dirijan yo, nan sèk yon pouvwa ki fè yon prezidan tounen yon veritab seyè feyodal. Pou yon timoun sizan menm, li jwenn tout fasilite ak konfò yon vi eze.

Men, lokal ki te rezève pou fanmi an te gen yon aspè sevè tankou epòk Espat (Sparte) yo, pi fò nan espas yo te rezève pou biwo, sal gran

lodyans ak sal resepsyon. Yo pa sa fè l tounen sal rekreyasyon. Janklod di : «
Sur ce, mon père était très strict. Lui-même avait son bureau, un secrétariat, une
petite salle de bain, une grande salle à manger et au bout, l'appartement de la
famille. Il y avait une petite chambre pour mes sœurs. Quand elles reviennent de
leurs études en Europe, une chambre fut aménagée pour elles dans une
mezzanino. Ma chambre à moi était à côté de celle de mon père.[42] Lè sè
Janklod la vin sot ann Ewòp li te pote yon kado espesyal pou frè li : yon ti bèje
alman yo te rele « Champion ».   Lavi nan ti espas kwense sa a pa t fouti
repozan. Chak kriz politik te vin yon kwa pou yo. Babo, madanm li ak twa pitit
li yo, Lisyen Domèk, mari Lucia Ovide, demi sè madan Divalye, tout te nan
kolonn nan.

Anpil fwa Divalye pa parèt sou tab fanmi an, li manje nan apatman li
avèk sekretè li Franseska Sen Viktor (Francesca Saint-Victor) oubyen li envite
Babo ak kèk ofisye nan lame a vin bò kote li. Piti piti nan koridò yo ak nan ale
yo, yon bann moun koumanse parèt, yo fè pati gwoup yo bay ti non « Tonton
Makout » la.

Konpayèl Janklod pou l jwe se te gad yo ak jenn ofisye lame yo. Li jwe
foutbòl ak baskètbòl avèk yo nan lakou a. Jamè andedan. Te konn gen jwèt kat
ak domino tou. « Jamais pour de l'argent. Ils m'ont appris beaucoup de
choses. J'avais un tricycle et plus tard, un petit cheval. Mais j'adorais les motos.
Ma première motocyclette, en 1959, a été une Victoria, deux vitesses achetée
chez Luciano au Cap-Haïtien. Quand j'ai été plus grand, le soldat qui amenait le

---

[42] Sou plan sa a papa m te trè sevè. Limenm li te gen biwo li, yon sekretarya, yon ti sal de
ben, yon gran sal a manje epi nan dènye bout la apatman fanmi an. Sè mwen yo te gen yon ti
chanm pou yo. Lè yo soti ann Ewòp yo ranje yon chanm pou yo nan yon mezzanino. Chanm
pa mwen te akote pa papa m nan

courrier au Palais m'a appris à monter sa Harley-Davidson. J'ai toujours raffolé de moto. »[43]

Anvan twa mwa Duvalye te fè palè a tounen yon fò. Pou sa fèt li fè transfere tout zam ak minisyon Kazèn Desalin yo ak lòt depo lame a nan Palè.

Zam ki te sèvi pou antrènman yo, fòk yo te pote yo tounen menm jou a epi konte yo grenn pa grenn. Chak ofisye ak sòlda yo te regle kantite katouch ki nan men yo. Pesonn pa t bliye dezas 2 out 1912 la, lè pale a te sote a. Prezidan Sensinatis Lekont (Saint-Cinnatus Leconte), pitit pitit li ak 300 sòlda gad la te peri. Yon lòt pa, 25 me 1957, 2 ti gwoup nan lame a ki te an dezakò ansanm ak patizan divès kandida. Divalye te panse li jwenn yon solisyon pou ris sa yo lè li mete tout bagay anba kle nan premye etaj (redchose) Palè Nasyonal la.

Fò Dimanch: Franswa Divalye, ann inifòm militè ap antrene nan tire.

Fizi M-1 li an gen yon chajè an plis. Soti a goch al a dwat Janklod Divalye,

kolonèl Grasya Jak, Majò Klod Remon epi kapitèn Jan Tasi.

---

[43] Se pa janm pou lajan. Yo moutre mwen anpil bagay. Mwen te gen yon trisik epi pi ta, yon ti chwal. Men mwen te fou pou moto. Premye motosiklèt mwen an 1959, se te yon Viktorya de vitès nou te achete kay Luciano Okap. Lè m te vin pi gran jandam ki konn pote komisyon nan palè a te konn moutre m moute moto Harley Davidson li an. Mwen te toujou fou pou moto.

Pandan 13 ane apre yo, Janklod Divalye te pral plonje nan jwèt makab, makyavelik politik totalitè papa l la ki make regilyèman ak kèk seri eliminasyon, disparisyon, egzekisyon. Se te menm bagay tou pou sè li « Ti Simòn » anrejistre nan kolèj mè Sen Jozèf de Klini (Saint-Joseph de Cluny).

Simòn ki limenm tou te gen tandans obèz, te yon ti jan trankil, byennelve, pa twò fò nan klas.

Chak maten, tandiske lòt elèv yo antre apye, yo ouvè baryè vèt kolèj la pou limouzin nwa Palè Nasyonal la antre avèk Simòn epi gaddikò li. Kèk zanmi vin kenbe li konpanni, ladan yo te gen Malèn Kebwo (Marlène Kébreau), pitit fi jeneral Antonyo Kebwo (Antonio Kebreau), Mariz Fawo (Maryse Fareau), yonn nan uit pitit kolonèl Andre Fawo (André Fareau) yo. Malèn toukòm Mariz pa t pran tan pou yo swiv papa yo ann egzil.

5 desanm 1957, gran papa « putatif » Janklod, Dival Divalye mouri. An 1924, sou prezidan Bòno, Dival te pèdi pòs li kòm enstititè nan yon lekòl primè, paske li fèt Matinik, li te gen nasyonalite fransèz. Yon gwoup zanmi te plede kòz li devan minis lan, Auguste Scott ki remete li nan pòs li. Kèk ane apre yo nonmen Dival jij de pè Granbwa. Prezidan Estime transfere li Kalfou. Li te menm pase kèk jou nan prizon nan fen manda Maglwa. Yo lage li lè Maglwa pati. Divalye fè yo fè fineray nasyonal pou li, men, pami moun ki t ap swiv kòtèj solanèl la, genyen ki t ap mande si li se veritab papa Franswa Divalye. Woje Dòsenvil te di otè a : « La question de la naissance de François Duvalier est un paquet bien ficelé dont on ne connaît pas le contenu. » Janklod bò pa li fè kòmantè sila a : « Mon grand-père pour moi, c'est quelqu'un de spécial. Nous avons passé beaucoup de temps ensemble. »

Nan antouray li te genyen tou Filip Pridom (Philippe Prudhomme), sèvitè ki te swiv li tout kote. Nan antouray manman l, manman Simòn, te genyen medam ki nan mouvman « Le faisceau féminin ». Pami yo te genyen Rosalie Bosquet, moun Mibalè (Mirbalais) ki te vin yon divalyeris wouj.

Lè l tounen soti an Frans kote li t al fè yon estaj an bibliyotekonomi, yo vin konnen li pi byen kòm madanm Max Adòlf (Max Adolphe) chèf Tonton Makout ki danjere nan Fò Dimanch.

Koumansman 1958, fanmi an separe pou premye fwa ak depa de gran sè yo, Mari Deniz (Marie-Denise) (Dédé), 15 an, marenn Janklod Divalye epi sè li pi renmen an, Nikòl (Nicole), 14 an pou Ewòp abò yon vòl SS Flandres pou y al nan kolèj an Swis. Janklod chonje sware yo t ap pale a, 1e janvye 1958 lè papa ak manman Ti Simòn epi limenm y al moute abò pou y al di de vwayajèz yo orevwa epi swete yo bòn vwayaj.

CHAPIT 4

29 jiyè 1958, yo atake kazèn nan ansanm ak palè a

Madi 29 jiyè 1958. « J'ai été réveillé par les coups de feu. Ce ne fut pas un réveil agréable. J'ai été littéralement jeté hors du lit par le vacarme. Le bruit des coups de feu était si fort qu'il avait l'air de venir de l'autre côté de la chambre et non des Casernes. » Se kon sa yonn nan esperyans pi di e efreyan Bebe dòk di li te viv nan piti, yon dwòl tantativ finalman swisidè uit anvayisè te moute pou yo pran Palè nasyonal la epi jete Papa Dòk.[44]

Li difisil pou konprann lojik aksyon twa ansyen ofisye lame a ki te okipe pòs enpòtan nan gouvènman Maglwa a epi senk sitwayen ameriken an Florid ki t al jwenn yo a. Èske se te efè « sendwom egzaltasyon imajinasyon » egzil la ta lakòz? De tout fason menm si yo te reyisi pran Divalye an pèsòn, ki moun yo panse ki ta pral sipòte an plèn nui, swa ansyen kamarad anti divalyeris ak sistèm telefòn ki fonsyone apèn nan. Kèk ane apre epizòd sila a, nan diskisyon li avèk otè a, Janklod Divalye pa t kache emosyon li te santi lè li reveye britalman, panik moun yo nan Palè a. Pesonn pa t konnen ki moun ki t ap atake yo a ni konbe yo te ye. Men kòmantè Janklod Divalye sou sa : « Il faut bien comprendre qu'à cette époque il n'y avait pas de garde présidentielle. La sécurité était assurée par les sòldats des Casernes Dessalines.

---

[44] « Kout zam te fè m sote nan dòmi. Se pa t yon bagay ki dous. Bri yo kòm voye m jete pandan m sou kabann nan. Bri zam yo te tèlman fò ou ta di se nan lòt chanm akote a li soti, non pa nan kazèn nan »

Les attaquants avaient réussi à s'emparer des Casernes, éliminer deux ou trois responsables, enfermer les soldats surpris en sous-vêtements. Puis ils avaient téléphoné au Palais pour demander la reddition du Président.»[45]

Se kon sa apre plizyè esè «bagay moun fou ki pa rehyisi tabli kontak ak kèk alye ou patizan kon sa kon sa, yo pase yon apèl nan palè epi gen yon moun ki reponn. Se te kaptenn Anri Nanfi (Henry Namphy) ki fèmen aparèy la touswit. Divalye pran dezyèm apèl la « Ici Alix Pasquet, je vous demande de décliner votre nom, votre titre et votre rang. » Triyo ofisye yo se te kaptenn Aliks Paskèt (Alix Pasquet), lyetnan Filip Dominik (Philippe Dominique) epi lyetnan Anri Pèpiyan (Henri Perpignan) ki te anbake an Florid sou yon bato 55 pye, le Mollie avèk Jozèf D.J.

Walkè (Joseph D.J. Walker) ki t ap kondi. Te gen 4 lòt Ameriken abò bato a: Ati Pèn (Arthur Payne), 34 an yon ansyen asistan cherif (Dade County), Dey Djòns (Day Jones), 30 an asistan cherif (Dade County) ak de lòt avantirye pi aje, WOBÈ T. IKE (Robert T. Hickey), epi Levant Kestèn (Levant Kestern). Apre eskal Bahamas, yo fè 900 kilomèt yo anba gwo lalin epi yo debake Delije (Délugé), 70 kilomèt nan Nò Pòtoprens, 28 jiyè 1958 nan apre midi. Yo banke ak yon patwouy 3 sòlda, yo touye yo. Payne blese. Djip yo te pran nan men sòlda yo pran pàn tou pre Akayè (Arcahaie). Yo lwe yon taptap ble ki te gen deviz ekri « Malgré tout Dieu seul Maître » epi sou kote li yon enskripsyon: « ma douce Clairemène. » Lè yo rive Pòtoprens, yo antre pa fòs nan Kazèn nan, yo touye ofisye an chay la, Lyetnan Chanpay Konstan (Champagne Constant), ansanm ak yon sèjan. Li te près senk è nan maten, dapre sa Janklod Divalye rakonte :

---

[45] Fòk ou konprann epòk sa a pa te gen gad prezidansyèl. Se sòlda Kasèn Desalin ki te asire sekirite a. Asayan yo te pran Kazèn Desalin, yo elimine de o twa reskonsab, yo pran sòlda yo pa sipriz yo fèmen yo an kalson, apre sa yo telefònen palè a pou yo mande prezidan an rann tèt li.»

« Il était presque 5 heurres, nous étions en bas, dans la salle de garde, prêts à quitter le Palais. Ti-Simone et moi, sous les coups de feu, on a pu grimper dans une voiture qui nous amena près du Pont-Morin, au domicile du colonel Pierre Merceron, alors chef de la Police. Là se trouvaient madame Clément Barbot, madame Maurice Flambert, la femme du chef d'État-Major. »[46] Lè Divalye vin konnen ki moun anvayisè yo ye epi konbe yo te ye, li òdone aso jeneral ak ofisye, sòlda, milisyen. Otè a te rive akonpaye kolonèl Pyè Mèswon (Piere Merceron) lè tout bagay te fini. Se pa t yon bèl espektak. Janklod Divalye di nou : « Le défilé des voitures à travers la ville, au milieu de la journée, était le signe que tout était terminé et nous avons repris le chemin du palais. »[47]

Nan foul la, sivil ki kouri vini pou defan palè a te fè yon sèl. Dat 29 jiyè konsakre kòm fèt milisyen ak makout ki gen non ofisyèl « VSN », *Volontaires de la Sécurité Nationale*. Sou foto jounen an Divalye abiye an sòlda, kas sou tèt, de revòlvè bò kote l, li t ap souri pou viktwa li. Janklod fini istwa li a an dizan tout minisyon, fizi, pyès atiri pa te nan Kazèn Desalin ankò. Depi jou sa a jiskaske li pati 7 fevriye 1986, yo fèmen ri Kazèn Desalin pou machin pa pase la ankò.

---

[46] Li te près senkè di maten lè Simòn avè m, anba bal k ap tire, nou rive moute nan yon machin ki mennen nou bò Pon Moren, kay kolonèl Pyè Mèswon (Pierre Merceron) ki te chèf polis lè sa a. Te gen madan Kleman Babo, madan Moris Flanbè, madanm chèf d etamajò a.

[47] « Nan mitan jounen an machin te koumanse sèkile nan lari, ki vle di tout bagay te fini, epi nou retounen nan palè a. »

CHAPIT 5

Maladi prezidan an

Sèl pitit gason prezidan Divalye te genyen an, Janklod Divalye, grandi nan yon lye kote papa li dominen nèt ale. Li kwè di kou fè papa li te toujou gen rezon nan tout sa li te fè, nan tou sa li gen lide fè. Menm apre plizyè ane ann egzil epi piblikasyon atik pa santèn, liv pa dizèn sou « foli diktatoryal » Papa Dòk, Janklod Divalye pa te chanje lide. Nan antrevi mwen gen avèk li yo li kontinye chache prezante papa li kòm yon

« papi » kòdyal epi janti, viktim trayizon alòske li t ap fè yon travay nòb e lejitim pou li pèmèt klas mwayèn ayisyèn nan jwenn yon plas anba solèy la.

Figi di kou blòk glas papi a ak silans li yo, se te teyat, dapre Janklod. An reyalite se te yon aktè menm si se te yon aktè tou senp. Akizasyon fonksyonè kòwonpi, ti chèf peyizan san manman, delenkan nan bidonvil, vòlè vyolan, sadik, « Tonton Makout », tout antre nan sa Janklod rele « La machine », yon trik pou fè moun mache tèt bese. An reyalite Papa Dòk paranoyak, psikopat, megalomàn, mefyan sitou ak pwòp kolaboratè l yo li lage nan panyen rad sal kou li gen mwenn ti soupson yo anvi fè konkirans avèk li. Timoun nan, apre sa, jennonm nan te konn konstate kèk « monnonk » ki swadizan fè pati fanmi an oswa kondisip klas, kanmarad jwèt, disparèt san yo pa di sa. Palè a se te yon sant fil areye, yon nich entrigan malfèktè danjere.

Janklod te konn parèt raman an piblik. Yonn nan okazyon yo se te fèt drapo a, 18 me 1959, yo te konn selebre Akayè kote jenn ti gason gwo figi a ki koumanse gen gwo vant lan, kostimen an blan menm jan ak papa li. Antouray prezidansyèl la travèse plas yo te fenk refè nan mitan bouk la. Otè a t ap fè travay jounalis li, pran foto defile a ak fiston prezidansyèl la abiye tout an blan nan tèt defile a.

Men, senmenn apre a, lendi 24 me 1959, lavil la te chaje ak rimè, Divalye te sibi atak kè. Dapre sa nou te rive konnen, lavèy, Divalye te tonbe nan koma ipoglisemi. Yo te ba li yon gwo dòz ensilin san li pa te ko manje ki lakòz oklizyon kowonè ki fè li tonbe nan koma.

Nan palè a se te panik nèt. Madan Divalye tanmen lapriyè byen fò. Janklod di nou : « À regarder ma mère, je pouvais craindre le pire. » Erezman pou Divalye yon ekip medsen espesyalis marin ameriken pran bagay yo an men. Yo kite Janklod rann malad la vizit pandan li koumanse refè. Men, pandan nou t ap pale a li pa te fè okenn remak sou vizit sa yo.

Mi out menm ane a, Divalye te refè ase pou l reprann mayèt la epi entèvni nan de sektè, nan Inivèsite a epi nan Legliz katolik. Li wete mas la nan figi li epi li pa sèvi ak gan. Li pran yon dekrè pou li mete « L'Union des membres de l'enseignement secondaire » (UMNES) ofisyèlman hòlalwa sou pretèks ideyoloji kominis fofile ladan li. UMNES ki te gen pou li selebre kongrè li pou ane a, kòm li pa te jwenn lokal, li te mande Siperyè *Petit Séminaire Collège Saint-Martial* la, pè espiriten yo ki te dirije li epi se pè siperyè dinamik lan, pè Etyèn Grinennbèje (Étienne Grienenberger) ki te aksepte pou kongrè UMNES la fèt nan lokal kolèj la. Divalye pase lòd mete l deyò nan peyi a. Li pase men pran pè Jozèf Marèk (Joseph Marec) kire Senmak (Saint-Marc) ki te nan gwoup pè breton Senjak (Saint-Jacques) yo. Sou menm elan an, Divalye pran yon dekrè pou li deklare *Université d'Haïti* a, *Université d'État d'Haïti* pou li fè li tounen yon enstitisyon ki anba men pouvwa a nèt.

18 out 1959 nan apre midi, plizyè santèn fidèl, layik, relijyez, pè, reyini nan katedral Nòtredam nan lè yo te fin voye pè yo ale. Sa ki te sipoze

yon seyans lapriyè prèske an silans vire ann eskalad kri, hèl, lè makout ak militè fonse anndan an, yo bourade moun, yo tire, yo frape san mizerikòd tribò babò tou sa yo jwenn an fas yo. Panik total. Lè m rive nan Katedral la pou m fè repòtay sou evennman yo, se yon tablo sovaj, efreyan mwen wè devan je mwen. Lari a te konble ak soulye. Yon pòsyon nan fidèl yo te kouri wete kò yo, mè yo ak pè yo al pran refij anba galri acheveche a. Sa ki te refize pati ak sa ki te okipe syèj chanwàn yo ak pè yo resevwa règ kout baton yo. Yo arete yon karantèn moun, bwote yo jis nan katye jeneral lapolis.

Achevèk Franswa Pwarye (François Poirier) soti yon nòt pwotestasyon imedyatman ki denonse zak sakrilèj militè yo ak makout yo fè nan katedral la epi espilsyon de pèsonaj nan klèje a, Siperyè Sen Masyal la epi kire Senmak la, pè Marèk. Monseyè Pwarye lanse touswit yon lèt pastoral li adrese bay tout pè nan achidyosèz la ki pibliye mèkredi 19 out 1959 nan jounal katolik *La Phalange* lan. Achevèk la pa kache kòlè li lè li denonse yon lòt fwa ankò lòd espilsyon de pè yo. Li siyale yo pa bay okenn rezon epi yo pa konsilte otorite legliz yo. Li deklare aksyon sila a ale kont lespri konkòda 1860 lan. Nan lèt pastoral la li mande tout fidèl yo lapriyè pou 2 potorik pè sa yo yo pase lòd voye ale enjisteman an. Li mande yo priye pou pè etranje yo ki rete ann Ayiti epi ki pa fouti konte ankò sou pwoteksyon gouvènman an.

Lèt pastoral la daprè kèk sous nan palè a, mete Divalye an kòlè. Li pase Minis enfòmasyon an, Pòl Blanchè (Paul Blanchet), lòd reponn li. Blanchè afimen nan repons li an de pè yo jwenn espilsyon yo « parce qu'ils avaient donné un support moral et matériel aux ennemis du gouvernement ». Le gouvernement avait réagi pour préserver l'unité spirituelle de la nation alors que les deux prêtres travaillaient à la désintégration sociale du pays. »[48]

---

[48] Paske gouvènman an te reyaji pou l sove inite espirityèl nasyon an alòske de pè yo t ap travay pou yo detdwi peyi a sou plan sosyal.

Arete Monitè te pibliye a te afimen yo te pase lòd espilsyon an « pour maintenir la sécurité de l'État et la paix du continent. »

Kounye a Papa Dòk pase komisè gouvènman Pakè Pòtoprens lan, Maks K. Diplesi (Max C. Duplessis) lòd lanse yon manda pou òdone achevèk Franswa Pwarye konparèt nan biwo komisè a pou l reponn akizasyon dèske li vyole an tan ke minis yon kil, kòd penal la lè li sansire epi kritike zak ofisyèl gouvènman an. Achevèk la pa okipe konvokasyon an. Divalye pase lòt enstriksyon epi Diplesi chanje manda konparisyon an an lòd arestasyon. Lapolis pwente nan rezidans evèk la pou l arete monseyè Pwarye sou chèf akizayn r ime contre l'État ». Achevèk la

reponn li pa kapab resevwa yon lòd kon sa san li pa konsilte reprezantan pap la, Nons apostolik la.

Pè Etyèn Grinennbèje, siperyè pè
Sentespri yo kolèj
Sen Masyal, Divalye espedye li lakay li an 1959.

Polisye yo wete kò yo, lè yo tounen vè pi ta, yo di yo Nonsiyati apostolik la pa pèmèt monseyè a konparèt. Yon pè ki te la di, an plis se sèl minis jistis la epi minis enteryè a ki kapab konvoke achevèk la. Kounye a, yo mete lapolis siveye rezidans evèk la.

Menm jou sa a, Kleman Babo rann li nan Petit Séminaire kolèj Sen Masyal ak yon eskòt polisye, li mennen de pè yo nan ayewopò a epi li mete yo nan yon vòl Pan American. Lè yo rive Nouyòk pè Étienne Grienenberger deklare nan konferans pou laprès « Il est difficile de croire qu'un prêtre qui comme lui avait connu les horreurs de la 2e guerre mondiale puisse être accusé d'avoir participé à une opération de fabrication de bombes. »⁴⁹

De jou apre, kadinal Frannsis Spèlmann (Francis Spellman), achevèk Nouyòk la envite yo vin dejennen lakay li.

Monseyè Franswa Pwarye, achevèk Pòtoprens depi 1955. Li fè pati kominote pè Senjak yo an Bretay. Divalye mete l deyò nan peyi a.

---

[49] « Moun pa fouti kwè yo ka akize yon pè tankou mwen ki viv kochma 2yèm gè mondyal yo kòm moun k ap patisipe nan operasyon fabrike bonm. »

Pandan laprès etranjè koumanse mobilize, *New York Time* pibliye 21 out yon depèch mwen te voye konsènan yon pinga Vatikan bay ki parèt nan premye paj Observatore Romano. Avi sila a fè nou chonje sanksyon Dwa kanon prevwa kont moun ki ofanse karaktè sakre ak libète yon evèk e ke si yo te arete Monseyè Pwarye, tout moun ki patisipe nan zak sila a, eskominyen la pou la.

22 out 1959, Le Nouvelliste anonse Maks K. Diplesi sispann lòd arete monseyè a, sa Pòl Blanchè rele « signe de la volonté de collaborer avec le clergé. » Monseyè Pwarye konsidere li prizonye nan rezidans li kòm monseyè vi ke se sispann yo sispann lòd arestasyon an sèlman, se pa anile yo anile li. Senk pè pibliye yon nòt ki kalifye pozisyon gouvènman an « totalitè ». Nòt la di : « Personne sur terre ne peut exiger obéissance absolue. » Yon lòt pa, senk pè yo demanti ke pè yo patisipe nan aktivite tèworis kont gouvènman an. De nan pè yo ki te Ayisyen, Antwàn Adriyen (Antoine Adrien) ak Èns Vèdye (Erns Verdieu) envite otorite gouvènman yo pran tèt yo lè y ap sèvi ak kòd penal la nan kesyon relasyon Legliz ak Leta.

An novanm 1960 lè li gade li wè yo pral enstale John F. Kennedy, yon katolik, kòm prezidan Etazini 10 janvye 1961, Divalye deside regle pwoblèm li ak Inivèsite a epi Legliz. 22 novanm 1960, li pwoklamen lwa masyal epi li disoud tout asosiyasyon etidyan. Li bay etidyan inivèsite yo 12 èdtan pou yo sispann grèv la ki dire depi 4 mwa, san sa y ap mete yo deyò imedyatman nan inivèsite a. Trak ap sèkile pou mande jete Divalye. Wachintòn pa reyaji.

Pou Legliz katolik menm, jedi 2 novanm 1960, Divalye pase lapolis ak gad prezidansyèl lòd anbake achevèk la ak tout fòs nan yon avyon san pèdi tan. Polisye anvayi acheveche a kou lesen myèl. Yo kite li pran paspò li sèlman. Li pa t menm gen posiblite chanje rad pou l vwayaje. Brevyè li nan men li, yo anbake li nan yon machin polis. Yo kondi achevèk la nan ayewopò a pandan yon ofisye gad prezidansyèl t ap fè tikè ale senp pou Miyami. Vatikan, timidman, fè konnen tout moun ki te mele nan espedye achevèk la eskominyen. Sa pa te fè Divalye ak akolit li yo ni cho ni fwa. Nons apostolik la yo te prese avèti a, li te jis gen tan wè avyon an ki t ap dekole.

Pòtoprens, manm gouvènman an yo rakonte achevèk la bay etidyan yo, yon bann kominis, ki mele nan yon konplo pou jete gouvènman an, 7 000 dola. Lè li aprann akizasyon sa yo Miyami, monseyè Pwarye pa te ka kontwole endiyasyon li devan jounalis yo : « Tout cela est archi-faux, je n'ai jamais fait aucune contribution à un mouvement étudiant. » Li pibliye yon kominike Nouyòk pou li demanti kareman sa gouvènman an repwoche li a, pandan etidyan yo nan Pòtoprens demanti ak tout fòs yo tou ke mouvman yo a se yon bagay ki gen pousad maksis anba li.

Nan kapital la yo te pwograme fèmen magazen ak antrepriz pou 24 novanm a midi. Pa te gen chat nan lari. Se lè sa a gouvènman an anonse yo depòte achevèk la epi radyo pran pibliye akizasyon kont li yo san rete.

Se kon sa legliz katolik peye yon pri fò nan atak Divalye fè pou li reprann kontwòl pouvwa a apre kriz maladi ki te kloure li nan kabann nan.

Plis moun enstwi ap kite peyi a. Teknisyen, espesyalis tout kalib pati al ofri konpetans yo lòt kote. Plis pase 400 pwofesè reponn prezan nan yon apèl Nasyonzini lanse pou al travay o Kongo. Depi lè sa a mouvman pati a pa janm sispann, li drennen deyò yon dyaspora ki te rive plis pase 2 milyon edmi moun, yon tyè popilasyon peyi a an 2007.

CHAPIT 6

Foli lapèrèz (psikoz)

Mwa d oktòb 1960 lekòl te pral ouvè. Tèt Divalye te chaje ak pwoblèm ki nan peyi a epi ijans politik etranjè a. Li pa gen tan pou l okipe ti detay nan vi fanmi an. Men, li te konsyan pwoblèm sekirite ki te poze pou Janklod kontinye al lekòl Janmari Giyou.

Jan Tasi, nèg sinik lan

Li fè transfere li nan kolèj *Saint-Louis de Gonzag*, kay frè Enstriksyon kretyèn yo ki soti an Bretay. Se te yonn nan pi bon lekòl segondè nan peyi a. Li bò lanmè a, ant Granri e Ri di Sant. Se pitit boujwa ak moun klas mwayèn yo ki te konn al ladan. Apre mès dimanch nan chapèl la, chak moun resevwa kanè nòt li. Pi piti pou yo aksepte se 20 sou 25. Janklod Divalye rive nan kolèj la nan machin palè a. Li pote liv li ak kaye li nan yon sèvyèt an kui ki gen pòtre papa l sou li. A midi, chofè a vin chache li pou l al dine nan palè.

Solisyon sa a pa t dire lontan. Kou li fin geri de atak kè a, Divalye rekòmanse goumen kont etidyan inivèsite yo ak legliz katolik. Janklod pa tounen Senlwi ankò. Yo pran yon pwofesè adomisil ki vin nan palè chak maten : « J'ai quitté Saint-Louis lors de la grève des étudiants. C'est le professeur Weber Alexandre qui venait me donner des leçons. » Se sa Janklod Divalye rakonte.

Epòk sa a, otè a te remake plizyè fwa anbyans palè a te dwòl, sonm. Pa egzanp te gen epizòd sa a kote mwen te ka pèdi vi mwen. Se te jedi 20 janvye 1961. Jou sa a, anba lavil la bonm t ap pete, yo t ap simen panik. Bènye Senjan (Bernier Saint-Jean) ki te okipe ranmase kòb abònman epi distribiye jounal la, te di mwen li tande zam ap tire bò mache Kwa Bosal.

Nou pran direksyon Kwa Bosal. Reyèlman vre te gen yon veritab *pandemonium* nan zòn nan. Sanble gen yon milisyen ki ta touye yon ansyen ofisye lame a. Machann yo panike, yo kouri kite mache a. Magazen yo desann rido metalik yo oubyen yo fèmen pòt yo. Milisyen yo gade nou ak raj, yo mennase nou ak fizi yo. Yo fè nou siy deplase. Nou fè yon jan nou travèse kòdon an. Syèl la te gri, nyaj yo t ap gonfle tou nwa.

Solèy la te disparèt, yon bagay ki pa nòmal pou epòk sa a, nan ane sa a. Nou pran tout prekosyon pou nou pa atire atansyon sou nou. M al poste kò m nan yon ang pou m ka fotografye espektak sinis lan nan lari a ak milisyen, makout poste nan tout kwen.

Omoman mwen t ap retounen nan djip la, je mwen tonbe sou yon milisyen figi won, figi di mwen konnen depi plizyè ane, yon psikopat. Mwen fè plizyè akwochay avèk li deja. Li fè yon siy bay kat makout epi li fè jès tranche gòje ak men li an kan. Twa nan malveyan l yo, mitrayèt yo, tonmsonn yo nan men yo kwense m sou twotwa a. Yonn ladan yo eseye pran aparèy foto *Leica* m nan. Mwen kenbe aparèy mwen byen di pandan l ap rale l la. Li oblije lage l, men kwòs fizi l la vin frape bò kòt mwen lè li resi lage aparèy foto a. Chèf makout la, yon nèg tchak mwen pa konnen di li fout foure blan kaka sa a nan oto a. Yo pouse mwen dèyè Land Wovè a, Bernier ak de tonton makout vin jwenn mwen. Mitrayèt yo pwente byen vizib sou nou. Nou te viv anpil move moman ansanm. Mwen atire atansyon li epi mwen fè li siy pe bouch li. Nou pa t bezwen eksite gadyen yo san rezon. Nèg ki chimè a pran volan an, li mete vire won nan lari yo, l ap diskite sou sò nou byen fò ak lòt yo. Yo deside kondi nou bò Bolòs, yon kote gan lè gan yon prizon nan zòn simityè a. Men nèg k ap kondi a, chèf gwoup la panse kòm se yon blan kaka, yo pap mennen nou ni Bolòs ni fò dimanch, men dirèk direk nan palè. Li sispann vire won pou l pran direksyon palè nasyonal.

Pandastan, mwen pa t fouti pa remake Thompson ansyen yo te pwente sou nou yo. Se te zam dezyèm gè mondyal e makout yo gen lè pi pa konn sèvi ak yo pase mwen. Zam yo te chaje, pare pou tire. Yon kokenn chenn enpridans anndan yon machin. Lè m wè zam sa yo nan men nèg ki pa gen okenn esperyans, san mwen t ap bouyi anndan paske se rezilta misyon kolonèl Robert Debs Hein, USMC, ann Ayiti. Paske akò ou non yo te distribiye zam sa yo bay lame d Ayiti sèlman, men yo bay milisyen ak makout sa ki pi ansyen yo tankou mitrayèt Thompson yo. Se sa ki mete nou an fas mitrayèt ki pare pou krache dife. Nan palè a te fè cho. Koridò yo te chaje ak moun ak aktivite. Yo tout te bezwen moutre jan yo brav, yo fidèl. Atmosfè a lou. Odè a pa agreyab. Pa t gen elegans ni pwotokòl ankò. Anbyans penyen lage. Pak bèt kote se dezòd ak foli k ap dominen. Se la mwen rive jwenn non chèf la, patwon kidnapè m yo, yonn nan bawon makout yo. Nan bri k ap fèt yo mwen tande moun yo k ap salye « Justen ». Li sèvi ak Thompson nan pou l fè wout nan foul la.

Nou rete devan biwo majò Klod Remon (Claude Raymond), yon fiyòl Papa Dòk, kòmandan gad prezidansyèl. Li gen milis la sou kont li tou. Jisten fè nèg li yo siy kenbe pòt la pandan l ap kreye yon chimen nan biwo Remon an. Frè Remon an, doktè Adriyen Remon (Adrien Raymond) mwen te konnen depi lontan, lè li te nan Afè Etranjè, t ap soti nan biwo frè li, majò a, li salye m epi li mande mwen « Qui voulez-vous voir? ». Mwen reponn li « Personne » epi mwen kontinye an kreyòl « Mesye sa a yo arete m paske mwen t ap pran foto ». Lè sa a Adriyen Remon ajiste rega li sou zam yo ki pwente sou mwen an, li ezite kèk segond epi li di m « Vous savez que vous ne devriez pa prendre des photos ». Apre sa li wete kò l. Jisten soti nan biwo Klod Remon an. Yonn nan makout yo al pale avèk li nan zòrèy. Jisten gade mwen, l ap poze tèt li kesyon. San dout nèg la dwe di li mwen pale kreyòl epi mwen te fè yon bon ti koze ak doktè Adriyen Remon. Jisten mwen te tande ki di anvan an yo mennen m paske mwen t ap pran foto, gen tan prese chanje motif arestasyon an lè li deklare pou tou sa ki vle tande : « Le Blanc est un poseur de bombes ». Vin gen yon moman silans nan foul la ki te antoure nou an. Jisten pase lòd « Allons-y ». Pandan n ap pase ak difikilte nan foul la pou n al nan lòt zèl palè a, moun yo chanje karaktè sou nou. Nou santi nou mennase. Yon nèg ki t ap travay nan biwo enpo leve vwa li : « M te konnen salòp la pa te divalyeris ». Yon lòt reponn « Fout kraze grenn Blan an! » Jisten kontan jan foul la reyaji a. Li souri.

Li fè nou antre nan biwo kapten Jan Tasi (Jean Tassy), li di sòlda ki de sèvis la kèk pawòl epi li soti. Li bliye nou nèt.

Sòlda a fè nou siy chita sou sofa a nan zòn akèy la. Se pandan m ap chita a mwen rann mwen kont kominike etidyan an yo nan pòch mwen. Èske m pral oblije vale tout papye sa a yo ak tout agraf? Tasi pa t nan biwo li. Pandan n ap tann nan nou wè yon sèn kote y ap bat yon ansyen militè yo akize dèske li te yon ofisye nan lame epi l ap poze bonm. Yo bat li jistan li pèdi konesans epi li tonbe. Yo mennen l ale.

Alafen yon ofisye nan lame a ki gen ensiy gad prezidansyèl antre li mande m woulo fim nan mwen gen konsyans mwen te espoze l nan limyè. Mwen ba li l. Pandan l ap soti a li panche sou biwo sòlda a nan resepsyon an li di li : « Pa bat Blan an. » Ak sa sòlda a gade m yon lòt jan kòm ak respè. Apre ennè d tan apeprè, tan pou l devlope fim nan, ofisye a tounen, li di mwen mwen mèt ale. Mwen di l mèsi. Mwen vire gade Bernier, mwen di li « Nou prale ». Ofisye a reyaji : li te resevwa lòd pou yon sèl moun. Mwen reponn li nan ka sa a, èske w ta kapab, silvouplè chache gen pèmisyon pou chofè m nan tou? » Mwen te konnen fòk Bernier te soti la pou la si pou l ta rete an vi. Alafen nou jwenn pèmisyon an, etan done fonksyon ofisye a, se sèl Divalye ki te ka bay pèmisyon sa a.

Sòlda ki t ap eskòte nou an ofri nou soti nan yon pòt pa dèyè. Mwen refize. Fòk nou te soti nan gran pòt la pou moun ki te bezwen fè fen nou yo wè nou soti lib nan bouch twou a. Pandan m ap mache akote sòlda a pou m al nan gran pòt la, mwen fè kòm si pa t gen anyen, mwen fè ti pale avèk li. Foul la rekonèt nou. Li chanje minwa yon sèl kou. Yonn nan sa ki t ap di nou gwo mo yo vin bat do m an zanmi. Si nou te kapab soti lib kote nou soti a, sa vle di nou gen gwo relasyon. Yo te byen konprann jwèt pouvwa a.

An reyalite makout ki te mennen mwen nan bouch twou a nan palè a se te yon chèf makout tout moun konnen. Li rele Jisten Bètran. Li travay kòm chèf ekip nan ministè Travo Piblik. Brital, malelve, demi iletre, li te konprann Divalye te ka fè l vin minis Travo Piblik. Rèv sa a pa janm reyalize poutèt l al fini rès vi li nan vèmin ak pouriti Fò Dimanch. Li trennen yonn nan pitit li yo nan menm sò enfam sa a, paske li te asasinen Pyè Novanm (Pierre Novembre) yon nonm ki te o sèvis Divalye ak fanmi li pandan lontan. Nan liv li a « Fort Dimanche, Fort-La-Mort », Lemoine ki te nan menm selil avèk li rakonte kalvè epi lanmò fetid Jisten Bètran, ki benyen poupou, 27 out 1975, yon sèn ou ta konprann ki soti nan Lanfè (L'Enfer) Dante Alighieri a : « Recroquevillé dans son coin, le corps souillé de merde, Justin Bertrand se grattait souvent furieusement. Une multitude de poux noirs et de hareng semblaient lui ronger le cuir chevelu. J'eus l'impression qu'ils allaient lui percer le crâne. Justin Bertrand, le serviteur de Carrefour-Feuille se barbouillait le visage et le corps de ses excréments et rendit le dernier soupir. » loc. cit. p. 162-163.[50]

Pandan tan sa a, nan ane 60 yo peyi a t ap vejete nan yon anbyans tansyon jeneralize yo dekri kòm yon « psychose de peur.»[51] Kèk tan apre Divalye deside enskri Janklod ak Simone nan « Le Nouveau Collège Bird » ki te sou kont legliz metodis. Janklod antre nan premyè ane segondè a dizan. Dwòl kowensidans yonn nan elèv yo te rele Michèle Bennett. Janklod te konn al antrene nan tire Fòdimanch ak papa l (sou tèren antrènman an). Ann apre li pratike chas epi li te gen pwòp tèren antrènman pa li pou l tire nan Ranch Kwadèboukè (Croix-des- Bouquets). Yon esplozyon yon transfòmatè ki te plonje peyi a nan fènwa epi ki te kreye panik nan mitan makout yo, te konvèti plas an fas palè a an zòn pou tire mezi w vle kont yon lènmi ki pa gen non. Pral gen menm kalite sèn sa a toujou lè kolonèl Chal Tunye (Charles Turnier) yo te arete 14 avril 1963, soti nan selil li 15 avril nan maten. Janklod rakonte : « A l'aube ce jour-là des tirs furent déclenchés du côté des Casernes. » L al jwenn papa l pou yo rasanble kèk fizi epi pare yo pou tou sa ki ka rive. Sa pa t nesesè. Tunye ki te rive sove nan selil li ak yon zam (yo di se kolonèl Oktav Kaya (Octave Cayard) ki te ba li l). Yo touye l la pou la nan lakou a.

---

[50] « Akokiye nan yon kwen, Jisten Bètran, bade poupou, t ap grate kò li avèk raj. Yon koloni pou nwa ak aran t ap wonje po tèt li. Mwen te gen lenpresyon yo t ap pèse zo tèt la. Jisten Bètran sèvitè Kalfoufèy la te badijonnen vizaj li ak kò li ak poupou epi li mouri. »

[51] Nòt tradiktè a. Laperèz anpare moun yo jis nan sèvo, li tounen maladi mantal.

Atanta 26 avril 1963

2 6 avril 1963 byen bonè nan maten, kèk minit anvan uitè mwen t ap pase devan palè nasyonal pou m al nan biwo mwen lè mwen remake gen bagay dwòl k ap pase. Sòlda yo an chat pent dèyè pyebwa yo an fas katye jeneral lapolis la, fizi pwente nan tout direksyon. Rejiman Gad Palè mele ak makout bloke ri Nouvo Kolèj Bird la. Mwen reyalize gen yon lòt kriz ankò, sanglan fwa sa a, ki vize Janklod an patikilye. Anvan yo voye m yon lòt kote mwen te gen tan anrejistre sèn makab sa a ki te devan je m nan.

Kadav yon makout te blayi a tè kote l abitye fè pòs la, anba galri yon vye kay bwa lòt bò lari a, an fas kolèj la. Sèjan majò Polen Monlwi (Paulin Montlouis) ki te konn eskòte Janklod ak Simòn nan, chofè a, sèjan Moril Mivil (Morille Mirvile), toulede resevwa bal mòtèl.

Yo t ap leve kadav yo. Yo fè m konnen Janklod ak Simòn rive chape. Drapo te deja moute. Elèv yo t ap tann pwofesè yo kòm d abitid. Janklod ak Simòn toujou rive kèk minit apre drapo fin moute. Janklod di : « Du palais au collège Bird, c'est un trajet d'à peine cinq minutes. En passant devant le palais des ministères, j'ai remarqué qu'une voiture se tenait tout près derrière nous. Je n'y attachais pas tellement d'importance. J'avais pris l'habitude de sauter parfois hors de la voiture avant qu'elle soit entièrement arrêtée. [52]

C'est ce qui me sauva la vie ce jour-là. Quand l'autre voiture arriva tout près de la nôtre, j'étais déjà à l'intérieur de l'école. C'est alors que j'ai entendu des coups de feu. Je revins sur mes pas car Simone était toujours dans la voiture. Ce fut à ce moment-là que je vis Paulin Monlouis notre sergent major saisir un des hommes. Il le pressait contre lui pour l'empêcher d'arriver jusqu'à Simone.

Lyetnan Franswa benwa
(François Benoît)

Paulin était trop collé au type pour pouvoir dégainer. L'autre lui tira dessus. Mais Simone avait eu le temps de faire le tour de la voiture et de s'engouffrer dans l'allée menant au batiment du collège. Mes copains étaient en train de hurler : « Jean- Claude, dépêche-toi, reviens! Reviens! »

« Les quatre attaquants étaient vêtus de vert-olive. Les officiels du gouvernement déclarent qu'il s'agissait d'une tentative pour kidnapper Simone et moi et exercer un

chantage sur mon père. Je vois encore Paulin et comment il s'accrochait au type. Je me posai à moi-même toutes sortes de questions. Le directeur de l'école grimpa précipitamment l'escalier pour nous abriter dans les locaux occupés par les

---

52 Soti nan palè rive nan Kolèj Bèd, se yon trajè sen minit apèn. An pasan devan palè ministè yo, mwen remake yon machin ki te ret tou pre dèyè nou. Mwen pa te bay sa tèlman enpotans. Mwen te toujou pran abitid sote pafwa anvan li rete nèt. Se sa ki te sove m. Lè lòt machin nan rive tou pre pa nou an, mwen te dejan anndan lekòl la. Se lè sa mwen tande tire a. mwen tounen sou pa mwen paske Simòn te nan machin nan toujou. Se lè sa mwen wè Polen (Paulin), sèjan majò nou an ki kranponnen yon nonm. Li sere I sou li pou I pa rive sou Simon. Polen te twò pre li pou I te rive degennen. Lòt la tire I, men Simòn te gen tan fè tou machin nan pou I kouri antre nan ale ki mennen anndan kolèj la. Zanmi m yo t ap plede rele « Janklod, fè vit, tounen, tounen! »

professeurs étrangers. »[53]   Atakan yo kouri y ale. Yo pa fè okenn lòt tantativ kont Janklod oswa Simòn. Anpil elèv te pran bri zam yo pou yon bri motè machin, men lè bagay yo rekòmanse pete, yo prese fèmen fenèt yo. Se sa Iv Saven (Yves Savain), yon elèv kolèj la chonje. Orezime gan lè yo t ap chache kidnape pitit prezidan an yo pou yo egzije Papa Dòk demisyone. Janklod Divalye rakonte m se majò Sèj Kwakou (Serge Coicou) ki te mennen yo tounen nan palè a. Atakan yo touye senk moun an tou, ladan yo te gen chofè a ak èddekan an. « Mon père était dans un état de fureur. Quand je retournai au palais, c'était un vrai charivari. J'ai dû raconter des centaines de fois ce qui s'était passé, alors que j'avais une envie terrible d'aller dormir. »[54]

Lyetnan Franswa Benwa (François Benoît) k ap resevwa yonn nan meday li te ganyen nan konkou tire entènasyonal nan zòn Panama.

Jounen sa a te make Janklod pou tout vi li. Pa gen dout nan sa. Nan ti pale nou yo li toujou ap chache rezone sou konduit papa l, politik li poutèt li grandi nan mòd anbyans sa yo sou kontwòl papa l. Bagay sa yo antre nan li. Reyalite laterè, matirize moun, asasinen moun, disparèt moun. Ale vini se te sa. Nan sikonstans sa yo, atanta ki manke frape l la te soti nan « monnonk li » Kleman Babo (Clément Barbot) yo pral touye kèk mwa apre tandiske yo pral egzekite mari demi sè madan Divalye a, Lisyen Domèk (Lucien Daumec) ak kouzen li Dato Domèk (Dato Daumen) ann

---

[53] «Kat atakan yo te abiye an vè oliv. Otorite gouvènmantal yo deklare se yon tantativ pou kidnape Simòn avèk mwen epi fè chantay sou papa mwen. Mwen wè Polen toujou ki kwoke nan kò nèg la. Mwen t ap poze tèt mwen tout kalite kesyon. Direktè lekòl la prese moute eskalye a pou l al sere nou kote pwofesè etranje yo ye a. »

[54] «Papa m te an kòlè depase. Lè mwen tounen nan palè a, se te yon vrè bouhaha. Mwen te oblije rakonte istwa sa plizyè santèn fwa, alòske dòmi te nan je m. »

atandan ke finalman 19 ofisye pwòch palè a, pratikman konpayèl jwèt pitit Divalye yo masakre nan yon litiji malad mantal ki gen foli touye moun. Men, jou sa a, 26 avril 1963 rete jou ki bay rejim Divalye a koulè li jiska la fen: pouvwa san limit, laterè san limit. Plis pase 60 ofisye Divalye voye a la retrèt pase pa lèzam san pitye, yon kantite sivil, fanm, granmoun, timoun piti, sa fè anpil bagay pou bliye oubyen pou pa konprann. Kidonk sa pa etonan Janklod Divalye deklare : « Après cette affaire, je fus malade. J'avais une tendance à dormir énormément. Ce fut réellement un choc. »[55] Li te dekouvri kote li t ap viv la, nan palè nasyonal la, nan mitan fanmi li menm, se te yon sant aksyon Levyatan (leviathan) e chèf la se papa li.

Reyaksyon Franswa Divalye se bagay efreyan nèt ki fè 26 avril yon jou k ap make listwa pou krim kont limanite. Ansyen zanmi li, chèf polis sekrèt Divalye a, Kleman Babo (Clément Barbot), nan yon entèvyou 19 me yo pibliye nan *Washington Star* revandike reskonsablite li nan atanta Kolèj Bèd la. Li di se te yon avètisman yo te voye bay Divalye pou l kite pouvwa a. Jou sa a Divalye te deside atakan an yo se espè yo ye nan tire epi li lonje dwèt sou lyetnan Franswa Benwa (François Benoît). De jou anvan, lapolis te debake Bwa Vèna nan kay estil pen d epis paran Benwa yo, yo t ap chache jwenn lyetnan an ki te sou lis militè Divalye te deside wete nan lame a, men pretèks ofisièl la se te reklamen yon fizi M-1 Benwa te itilize pou li ganyen konkou uit moun ekip ayisyèn nan nan Panama nan yon konkou ant espè nan tire Ozetazini ak nan Amerik Latin. Lè yo te frape nan pòt la lyetnan Benwa te gen tan glise kò li pa dèyè pwopriyete a, li rive Petyonvil epi li refijye nan anbasad Dominikani tou pre otèl El Rancho a. Apre atanta kolèj la, Jisten Bètran,

---

[55] Apre bagay sa, mwen te malad. Mwen te anvi dòmi tout tan. Se te reyèlman yon chòk.

kontremèt Travo Piblik ki te arete m nan, yon chèf makout tout moun konnen kòm gwo asasen san pitye lage kò li nan chase Benwa a yo, nan tèt yon gang sanzave, malveyan ak yon kontenjan rejiman gad prezidansyèl. Nan fanmi an, yo egzekite jij retrete a Jozèf Benwa (Joseph Benoît), madanm li, kat sèvitè, yon vizitè ak twa sèvant a bou pòtan san yo pa di yon mo. Yo mete dife nan kay la. Yonn nan ofisye yo pran Jeral (Gérald Benoît), yon timoun 18 mwa, pitit Franswa Benwa ak madanm li Jaklin Edlin (Jacqueline Édeline).

Kadav yo rete kouvri anba dekonb kay la yo boule a. Malgre tout rechèch yo pa janm jwenn timoun nan. Nan vil la se menm sèn yo kote se swa moun yo te deja ap chache tankou ansyen ofisye retrete yo, swa lòt moun ki te gen malè la nan move moman an.

Nan biwo *Haiti Sun* mwen t ap travay san pran souf pou m rann kont de evennman yo, sitou bagay la t ap pran yon dimansyon entènasyonal. Militè ayisyen yo te antre sou tèren ak nan lokal chansèlri dominiken enpi yo te sènen rezidans anbasad la ak twoup ak zam lou. Wann Bòch (Juan Bosch) te reyaji ak vyolans kont vyolasyon souverènte sa a. Li te menm mennase anvayi Ayiti. Relasyon diplomatik ant de peyi yo te koupe ofisyèlman. Anvan li kite Ayiti, Chaje d Afè dominiken an Frank Bobadilla, konsyan de menas ki sou tèt 21 moun ki te pran azil nan anbasad la, li remèt lyetnan Benwa yon revòlvè Browing 9 mm epi li di li : « Lieutenant, défendez-vous et défendez les autres. » Dizuit nan venteyen refijye yo jwenn sovkondui yon ti bout tan apre pou yo kite peyi a. Twa lòt yo, lyetnan kolonèl Alvarez majò Pyè Oli (Pierre Holly) ak lyetnan Franswa Benwa te vin gen otorizasyon pati 22 mwa apre sèlman, a kondisyon yo pa ale nan okenn peyi ki pre nou tankou Bahamas, Kiba, Jamayik.

Ann atandan, Kolonbi te reskonsab enterè dominiken yo ann Ayiti. An desanm 1964 twa dènye refijye yo pati Bogota. Pa lontan apre yo konvoke yo nan chansèlri Kolonbi a pou di yo, selon sous nou ka fè konfyans Divalye pare pou li voye atoufè al anpwazonnen yo.

Kriz avril 1963 a pwovoke entèvansyon OEA jiskaske lame dominikèn nan jete Juan Bosch an septanm menm ane a.

Mwen te santi menas ki peze sou aktivite mwen yo kòm jounalis sitou kòrespondan laprès yo te ra, sa ki te kapab transmèt nouvèl yo bay laprès etranjè oubyen rete kòm senp temwen. Se te yon anbyans laterè. Lari yo kadriye ak machin makout k ap fè sirèn yo fonksyone, paran, anba panik, kouri al chache pitit yo lekòl, prese antre lakay yo. Sanzatann gen baraj. Sivil ak figi yo byen mare, militè ak ansgan fizi yo pwente, rete yo sou pwent fizi. Si w gen malè te militè oswa ou te gen yon sèten non ou ka pèdi lavi w.

Janklod Divalye te gen onz an an 1963. Li te nan kè evennman sa yo. Yo te ba li kèk esplikasyon vag an palan de trayizon oswa yo mete briganday sa yo sou do patizan twò zele, oubyen sa k ap chache regle pwoblèm pèsonèl yo :

> « Il y a des choses qui se sont passées sous le regard de mon père qui étaient motivées par l'intérêt personnel, l'argent ou d'autres facteurs. Oui, on a mis sur le dos de mon père un tas de choses. Je suis resté confiné au palais pendant les cinq mois qui ont suivi. Une fois, mon père nous a tous réunis. Il avait en main une bible. Il nous demandait de jurer qu'aucun membre de la famille n'abandonnerait la maison, que si on devait disparaître, on disparaîtrait tous ensemble. » [56]

Mesaj la te klè : pinga y al mande azil politik. Palè a se ta tonm yo.

---

[56] Gen bagay ki te pase anba je papa m e motif yo se te enterè pèsonèl, lajan ak lòt bagay ankò. Wi, yo te mete yon bann bagay sou do papa m. Mwen rete konfinen nan palè a senk mwa apre yo. Yon lè, papa m reyini nou tout. Li te gen yon bib nan men l. Li mande nou sèmante pou okenn moun nan fanmi an pa kouri kite kay la, si nou ta gen pou n disparèt, pou n disparèt tout ansanm. »

Pandan peryòd konfinman sa a, Janklod pase tan li l ap gade fim. Sa te pèmèt li bliye reyalite a. Li te konn wè kat ou senk fim pa jou oubyen menm fim nan kat ou senk fwa. Poutan li pa t fouti chanje tit yo. Sepandan paran l yo te konn ba li presyon pou l rekòmanse etidye : « Ma mère faisait venir des professeurs pour s'occuper de me faire étudier. » An fen d kont, li fè remake sa a : « J'ai passé mes examens de bacchalauréat au palais. »

Le landemen maten atanta 26 avril la, olye mwen rete nan biwo mwen pou m espedye depèch, mwen retwouve mwen chita nan yon selil nan Penitansye nasyonal kò touni ak yon slip sèlman, m ap chonje sa ki ka rive madanm mwen ak pitit mwen ki te gen 40 jou. Mwen t ap enkyete m pou yo. Mwen te konnen Papa Dòk pa t ap chanje yon may nan plonjon li nan monn paranoyak la ak lanfè laterè a. Byennantandi, mwen tapral pèdi jounal mwen an ak travay enprimri yo. Men mwen te gen fyète lè m konsidere travay mwen akonpli, lè mwen konnen mwen toujou eseye di laverite. Byenke mwen te toujou pridan nan sa ki konsènen diktati a, mwen te toujou sènen de prè lavi ki otou mwen. Le landemen, nan avyon ki t ap mennen mwen ann egzil la mwen te konstate mòn Lasèl ki t ap disparèt lè solèy t ap kouche. *Time Magazine* te ofri mwen yon pòs o Brezil. Mwen pa t vle al twò lwen. Mwen te pito ale an Repiblik dominikèn.

Kleman Babo, chèf polis sekrèt
Divalye a. mitrayèt M-1 li byen rèd
nan men l.

CHAPIT 8

Yon elèv lekòl ki sèl poukont li

Si gen yon elèv lekòl ki byen kontan chape anba leson patikilye lakay pou l al lekòl, se Janklod Divalye. Ann oktòb 1963, apre senk mwa kazènen nan palè a, Papa Dòk deside voye Janklod ak sè li Simòn lekòl. Li deside voye l Senlwi d Gonzag ankò, tandiske sè li Simòn pral kontinye kay mè Lali yo, Sent Woz de Lima.

Byennantandi sistèm pwoteksyon pitit prezidan an ranfòsi seryezman. Li rive lekòl la nan yon Sitwoyenn nwa, Samyèl Jeremi (Samuel Jérémie), yon sòlda ki te vin chofè konfyans Papa Dòk t ap kondi. Kat ofisye nan lame ankadre Janklod ak mitrayèt depi nan machin nan rive jis anndan lekòl la. Yon sèjan poste nan antre Senlwi a sou ri di Sant. Sou kote Granri a nèg ak linèt nwa avyatè ak refleksyon espesyal, sèvyèt an kui anba bra ap veye sou lekòl la sou kòmannman yon makout ki rele Zakari (Zacharie).

Janklod abiye tout
an blan, li te ale avèk papa l Akayè, pou fèt drapo a, 18 me 1958.

Frè yo te fè yon jan pou yo pa bay elèv espesyal sa a pinisyon kòporèl ki konn tonbe sou do lòt kolejyen yo. Janklod rakonte mwen lè li te nan klas senkyèm li te avèti Trè chè Frè a. Gen yon manm nan kongregasyon an ki t ap plede bay plizyè elèv gwo kalòt.

« Alors, je l'ai averti : « Mon visage est sacré. Si vous avez le malheur de me frapper une seule fois à la figure, je vous assure que vous aurez de sérieux problèmes ». [57]

Pwofesè a te resevwa mesaj la byen resevwa. Manman l te konn kale li ak sentiwon, men li pa t janm ba li kou nan figi. Papa li menm te gen metòd pa li, li nèk gade l yon jan, li pa bezwen al pi lwen. Pandan l ap di mwen sa a mwen santi li vapore. Poutan li di m tou li te toujou pi pre papa l pase manman l.

Kondisip klas li yo ki te gen paran yo viktim nan dènye vag vyolans yo pa pwoche kote pitit prezidan an menm. Si mouche te fè emosyon lè li wè yo twonse chofè l la ak gad di kò l la ak bal, lòt jèn yo menm yo te wè yo pran papa yo osinon paran yo yo pati avèk yo, yo disparèt yo. Kidonk te genyen, menm kay jèn laj sa yo, yon fose silans, doulè, kesyon san repons. Men ak senplisite, Janklod rive kreye yon ti klik zanmi ki rekonèt li pa t yon move gason, okontrè, « Li menm ka fè w kado Il de Lagonav » (kon sa). Avèk le tan, li reyisi rantre nan yon ti gwoup, yon demi douzèn zanmi ki solidè nan etid yo. Yo chak gen espesyalite pa yo: Ogis Douyon (Auguste Douyon) (« Ti Pouch »), Ti Jòj Makintòch (Ti George McIntosh), Danyèl Siplis (Daniel Supplice), Bòbi Mak Chal (Bobby Marc Charles), Pyè Sentalben (Pierre Saint-Albain). Janklod te debwouye l nan angle a epi literati ak istwa te enterese l.

Pandan sèt ane ki vin apre yo, gwoup la rete soude. Yo tout te konn fè espò. Lekòl la se te yon faktè estabilite, yon refij lwen psikodram familyal k ap

---

[57] «M ap fè w konnen figi m se bagay ki sakre. Si w gen malè ban m kou yon sèl fwa nan figi, wap gen pwoblèm serye. »

dewoule nan palè a. An reyalite, nan gwoup la li te bay enpresyon yon moun ki bezwen èd ak ankourajman. Li santi yo aksepte li lè yo ba li ti non « Dato » tandiske nan palè a se toujou « Tonton ». Men pou li pa gen koze asiste fèt anivèsè zanmi ni frekante sine « drive-in » (pwononse drayv-in). Pa gen afè asiste match volebòl vandredi ak dimanch. Sèl sa Divalye te pèmèt, li te ka jwe foutbòl sou tèren Senlwi a. Se espò sa a li te pi renmen. Pou sa ki regade surboums yo, se tande l a tande lòt yo k ap pale de sa. Li te oblije geri bosko li ak fim epi televizyon. Yo te enstale yon ekran sinema sou mi pa dèyè chapèl palè a. Epòk sa a se kèlkezè sèlman televizyon te konn bay pa jou.

Alòske le lendi se te yon move jou pou pi fò nan kanmarad li yo, pou limenm okontrè, se yon bon okazyon pou l chape poul li anba anbyans tèt chaje ki nan palè a. Li pa t konn gen bèl nòt nan klas la, men li te gen bon jan omwen. Ak konkou jiri a, li toujou chanje klas. Dayè papa l te telefone Frè Direktè a pou l di li kèlkeswa nòt li pouvi Janklod chanje klas chak ane. Jera de Katalòy (Gérard de Catalogne), ki te vin pre Divalye kòm konseye epi redaktè diskou l yo, chonje yon sèn ki te pase devan li. Papa Dòk k ap pale ak Janklod : « Où sont tes notes? » Li rele sou li « Regardez-moi ces notes! An kòlè, li mete Janklod deyò nan biwo l la : « Crétin, fout ou deyò! ». Divalye vire li gade de Catalòy, li di li :
« Regardez-moi cet imbécile! » De Katalòy byen jennen, li di : « Mais non, Excellence, les enfants sont comme ça aujourd'hui, nous tous nous avons des enfants comme ça! ». Kounye a Divalye tonbe sou do manman an ki toujou ap bere timoun nan, li kalifye l « Elle n'a rien dans la tête! »

Janklod menm li deklare : « Sur la question des notes, mon père ne plaisantait pas! » Kèk dizèn ane apre, lè li fin pati 7 fevriye 1986, yo jwenn nan papye yo jete sou wout la, tou pre « Petit Rocher », vila Janklod nan Fèmat la, kèk kanè nòt mouche nan Senlwi. Sa moutre nou atachman li pou kolèj sa a ki te sèvi l refij pandan sèt an, ki te pèmèt li viv yon vi nòmal konplètman diferan ak dezòd politik ki nan palè a.

Te gen mizik la tou :

> **« Je préférais le jazz, le bossa nova et l'instrument que je préférais était la guitare. J'ai même pris des leçons avec notre fameux chanteur et musicien, Guy Durosier ».**

A en moman done, li te parene yon gwoup mizik. Li te menm achte enstriman pou yo.

Poutan evennman yo kontinye pouswiv li tankou jou yon avyon te pase sou tèt palè a an 1968, li lage kèk bonm ki pa pete. Yonn nan zanmi l yo, Aliks Bètran (Alix Bertrand), te prese chache kote li ye pou l fè li konn sa. Li jwenn Janklod nan klas la. Li te soti yon revòlvè kalib 45 ak kwòs ann ivwa. Pasaj avyon an te deklanche yon seri rafal nan paraj palè a. Lè Janklod ak zanmi l yo te tande tire yo yo t ap mande si se pa lekòl la yo atake.

« C'est pourquoi j'avais sorti mon pistolet, car depuis 1963, j'avais appris à manier les armes à feu de façon à pouvoir me défendre moi-même ».

Li sere zam nan nan katab lekòl li. Pou l demanti sèten rimè, li afimen m li pa janm distribiye zam bay kondisip li yo. Alafen, Ti-Pouch ak lòt zanmi kanmarad akonpaye li pou y al sere li nan enfimri lekòl la yon bann mè te okipe. Lè kèk ofisye rive pou yo eskòte Janklod, Douyon pran prekosyon rele nan palè a pou li verifye idantite yo. Kèk jou apre Divalye mande Janklod non kanmarad sila ki te gen prezans d espri sa a.

Batèm Natacha a (Natasha), pitit Lik Albè Foucha (Luc-Albert Fouchard) avèk Nikòl (Nicole) la, se te yon moman kè kontan. Se Janklod yo te chwazi pou parenn. Yo te rive nan fen dènye ane lekòl la. Genyen nan zanmi Dato yo ki t ap pare pou yo pati al kontinye etid yo aletranje. Nan premye foto klas la, Janklod te parèt byen abiye, kostim ak kravat, alòske koutim lekòl la pa t mande tou sa. Men gan lè desizyon an te soti nan palè.

Mari Deniz Divalye (Dede) ak mari li, Maks Dominik, nan Kamino Real, Meksiko, lè yo te fin konnen Janklod te revoke bòfrè li nan pòs anbasadè nan Pari.

Koleksyon Bèna Didrich (Bernard Diederich)

Lòt ane, tout moun parèt ak vès, ak kravat. Apa anbyans lekòl sa a, timoun nan, ti jèn jan Janklod te ye a, t ap grandi anba lonbray papa l, an prezans li; yon prezans konplike, dwòl souvan menm tris. Sèn ki pase apre midi 8 jen 1967 la ap rete nan listwa kòm chantiyon foli pouvwa divalye. Yon diktatè paranoyak, psikopat, an teni konba, revòlvè l nan senti l, fizi M-1 li nan men li, li te fenk fin regle tout detay yon evennman majè mwa d ete sa a, li touye 19 ofisye, sila ayo menm ki te pi pre l yo, ki te konn al egzekite lòd li yo, ranpli misyon l yo. Gen dis ladan yo ki te manm gad prezidansyèl la. Se moun ki te la ki esplike nou sèn nan, antwòtman gen yon manm brigad Ponpye yo li te mobilize nan sikonstans lan pou l vin pwòpte lye a.

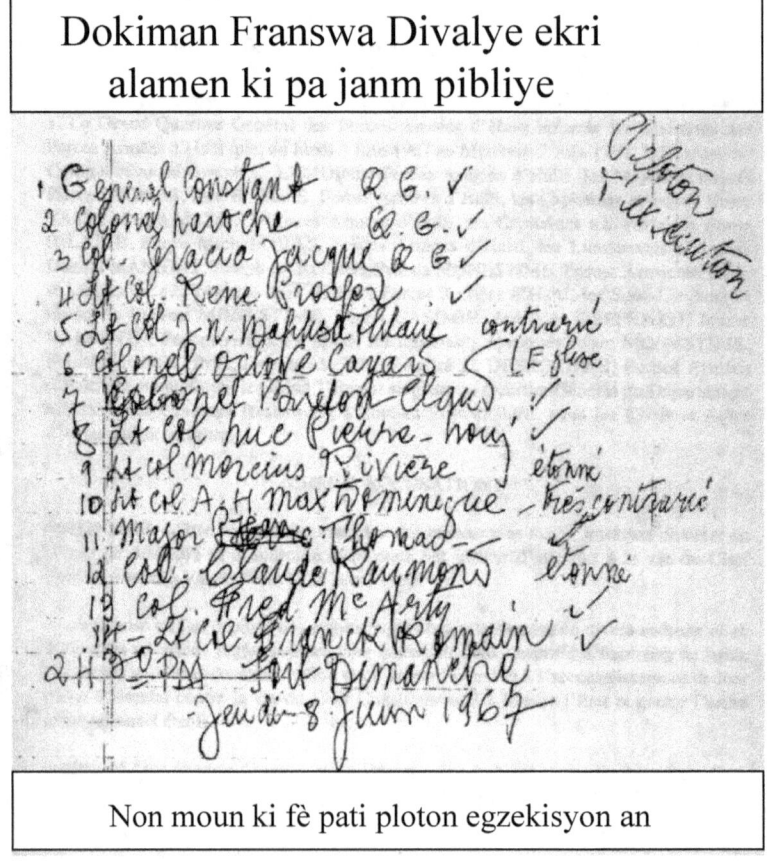

Sèn nan ap pase Fòdimanch, yon pòs militè nan nò Pòtoprens, bò lanmè a, tou pre izin sik Asko a (Hasco). Se doktè Franswa Divalye, prezidan Larepiblik ki prevwa pèsonèlman tout ti detay yo, sanble li pa t kache gwo satisfaksyon li te genyen. Diznèf ofisye yo te mare depi nan maten yo chak nan yon poto anba gwo solèy cho. Prezidan pou lavi a te okipe mete chak moun an fas moun li pral gen pou l egzekite a. Dèyè yo chak gen yon gwoup milisyen byen ame. Preparasyon teyat sa a rive pi lwen pase tou sa nou te kapab imajinen; bagay sadik makawon nèt nan tout ti detay.

Men ak tou sa te manke yon moun, sa Divalye te bezwen elimine pase tout lòt yo a, Maks Dominik, ofisye ki te marye ak Mari Deniz lan, pi gran pitit fi li a ki te mete ak manman li pou yo sipliye, fè menas menm pou sove lavi li, anpeche li vin nimewo 20 an. Men Maks Dominik te la kan menm epi non li te sou lis Divalye te kenbe nan men l lan. Li te gen pou l fè pati yonn nan ploton egzekisyon yo. Li te gen limewo 10. Se li ki te gen pou l egzekite yonn nan pi meyè zanmi li yo, majò Ari Tasi (Harry Tassy). Tout gwo chèf yo nan lame a te la, depi chèf d eta majò a, chèf lapolis la jiska chèf ponpye a yo.

Dapre sa Janklod rakonte otè a, major Tassy te di Max Dominique : « C'est toi qui nous a mis là, c'est toi! Si je suis là aujourd'hui, c'est à cause de toi! » Gen lòt nan kondane yo ki t ap moutre devosyon yo pou Divalye. Li pase yo lòd fèmen bouch yo. Yo bay chak manm nan ploton egzekisyon an yon fizi M-1 ak uit bal. Divalye bay lòd yo, men li retade dènye « Feu! » a. Yo chak nan diznèf yo afese devan poto a. Divalye voye al bay yo chak kou d gras la. Konsènan epizòd sa a ki fè moun fremi an, Janklod kontinye defann papa l. « Tous ces officiers étaient impliqués » oubyen « Max Dominique conspirait depuis 1966 ». Lè m mande l si pa aza li te la, li reponn « Non, non, je n'y étais pas ».

Nan kè dram familyal sila a, te gen Maks Dominik nou te toujou wè nan seremoni ofisyèl yo, yon lyetnan grann tay, nan yon gadavou enpresyonan. Gen yon bagay ki te devlope ant limenm ak Mari Deniz, premye pitit fi a. Maks te divòse pou li te ka marye avèk li. Papa Dòk pa t dakò ak sa, men li te oblije bat ba devan presyon manman an ansanm ak pi gran pitit fi l la. Janklod fè otè a konfidans sa a, Divalye te an kòlè pou li wè pitit fi li a ap marye ak yon « voyou » (tèlkèl). Mari Deniz te toujou mache ak politik papa l la epi li te toujou espere li t ap rete fidèl. Nan ti pale otè a fè ak Janklod yo, li ann egzil kounye a an Frans, sèl moun li te sanble deteste vre se te Maks Dominik li akize ki te trayi papa l. Pou reyaksyon li osijè egzekisyon diznèf ofisye yo ki te nan sèk moun ki pi pre l yo, jwe avèk l,i pale avèk li, fè plezantri avèk li chak jou, Janklod pa t moutre li gen okenn lapenn ni chagren. Li te konsidere evennman makawon sa a kòm yon lòt epizòd nan tout boulvès lavi dwòl li a. Tèt frèt, li reponn mwen san okenn emosyon.

Yon ti bout tan apre kochma sa a, Maks ak madanm li, Dede, pran chimen Espay. Toulede te twouve yo nan kè yon gwo konfli nan fanmi an ki te koumanse ak yon tantativ pou y asire yon zòn enfliyans nan sèk pouvwa a. Yon bò se te Mari Deniz ak mari li Maks Dominik, yon lòt bò se te Nikòl, dezyèm pitit fi a ak mari li, agwonòm Lik Albè Fouka. Kòm kado maryaj, prezidan an, bòpè Maks, te ba li kòmannman Depatman Lwès la. Pozisyon li, lyen d fanmi li ak Divalye yo epi palè nasyonal te mete l nan kè yon rezo enfliyans devan kòlèg li yo nan lame a.

Kòm pa aza, otè a te gen chans resevwa yon temwayaj dwòl sou Franswa Divalye epòk sa a. Lè sa a mouche te yon vye darati bout di ki malad. Yo konvoke Wilyam, (Tison) Makintòch, yon Ayisyen, manadjè lokal Pàn Amerikann Èrweyz (Pan American Airways), nan palè epi li vin twouve l sanzatann nan yon wòl terapet, konseye familyal prezidan an.

Men istwa sèn nan san wete san mete, jan Tison Makintòch rakonte li pèsonèlman an 1987.

« Madame Saint-Victor avait appelé. Elle me demanda d'être à la barrière ouest du Palais à trois heures de l'après-midi. Du poste de réception, on m'escorta jusqu'au bureau du Président. L'officier qui est à la porte pressa une sonnette et la porte s'ouvrit. Assis derrière son bureau, se trouvait Duvalier, dans une robe de chambre noire et rouge. Il portait une casquette militaire du genre de celle que le général Montgomery portait quand il se trouvait à la tête de la huitième armée anglaise pendant la deuxième guerre mondiale. Cette casquette était cerclée d'une bande rouge. La robe de chambre laissait apparaître un T-shirt blanc. Des sneakers jaunes complétaient son accoutrement hétéroclite tandis qu'un énorme Magnum 357 posé sur la table faisait office de presse- papier.

J'étais là debout quand il me dit : »Venez ici » et il me fit signe de contourner le bureau. Il me désigna une chaise près de lui où je m'assis. Duvalier prenait un soin particulier concernant les détails d'organisation de voyages pour les officiels et les militaires qu'il envoyait en mission. Par-dessus ses lunettes, il se mit à lire les tickets que nous avions préparés et demandant des explications sur les routes qui avaient été choisies. Il s'agissait de deux officiers partant à destination de l'Afrique et l'itinéraire comprenait New York, Rome, Le Caire et Addis Abebas. Il parlait à voix basse, il fallait faire un effort pour le comprendre. Il mit alors sa main sur mon genou et me demanda : Quel jour sont-ils supposés rentrer? »

Mdame Saint-Victor entra et vint lui murmurer quelque chose à l'oreille. Il se leva et entra à l'intérieur de l'appartement. A ce moment, je demandai à Madame Saint-Victor si je pouvais utiliser la toilette. Elle m'indiqua la chambre du président dans laquelle elle me fit entrer. Une mitraillette Thompson était accrochée au lit; la même arme se trouvait aussi dans le coin de la toilette. A mon retour je demandai à Madame Saint-Victor si je pouvais m'en aller car il me semblait que nous avions terminé. « Non, répondit-elle, il vous faut attendre le Président. » Quelques minutes plus tard, il était de retour (c'est alors, en fait, que je remarquai ses souliers de tennis de couleur jaune). Madame Saint-Victor lui demanda si M. MacIntosh pouvait s'en aller. « Non, répondit-il, je dois lui parler. » J'avais l'habitude de le rencontrer car il s'intéressait particulièrement aux travaux du nouvel aéroport, son projet favori. Mais, cette fois-ci, j'étais déconcerté, ne sachant pas ce qui allait venir.

Il s'assit, puis se mit debout et il commença à faire lentement les cent pas dans la salle. J'avais fait mine de me lever, mais il me fit signe de m'asseoir. « Comment va la Pan American? Et votre femme, comment va-t-elle? » Ensuite, après une pause : « Comment ça marche pour votre fille qui étudie à Madrid? » Je reçus un choc. Comment pouvait-il savoir que l'une de mes filles étudiait la gestion des affaires et les langues à Madrid? Ma tête se mit à travailler à toute vitesse cherchant à comprendre où il voulait en venir. Je ne pus que murmurer : « Ma fille se débrouille très bien, elle a d'excellentes notes. Je dois dire que je suis satisfait ».

Il arrêta sa promenade et passa devant moi. « Vous avez de la chance d'avoir une fille qui vous donne toute satisfaction. Je n'ai pas cette chance-là. Je n'ai que des problèmes avec ma fille. Quand elle était petite, je la tenais dans mes bras, et je la berçais ». Ce disant, il plia ses bras en faisant le mouvement de bercer un bébé. Il continua sa promenade et je m'aperçus alors qu'il passait sous la lumière, qu'il avait les yeux humides et qu'il pleurait. Puis il retrouva son contrôle. Il vint vers moi et mit sa main sur mon épaule. « Je suis content que vous soyez venu et que j'aie pu vous parler ». Je compris que l'entretien était terminé. Je me levai et il m'accompagna jusqu'à la porte et l'ouvrit pour me laisser passer. »[58]

---

[58] Madan Sen Viktò te rele. Li mande m pou mwen nan baryè palè a a twazè nan apre midi. An sòtan mwen nan pòs resepsyon an yo eskòte m jis nan biwo prezidan an. Ofisye ki nan pòt la peze yon bouton sonèt, pòt la ouvè. Divalye te chita dèyè biwo li ak yon wòb de chanm wouj sou li. Li te gen yon kaskèt militè menm jan ak sa jeneral Mongomeri (Montgomery)

te konn pote lè li te kòmandan jeneral uityèm ame anglèz la pandan dezyèm gè mondyal la. Kaskèt sa te sèke ak yon riban wouj. Anba wòb de chanm nan te gen yon ti chemizèt blan ki parèt. Yon tenis jòn vin konplete atiray konplike sa a alòske yon *Magnum 357 te sèvi kòm* prèspapye.

Mwen te kanpe la lè li di mwen : « Venez ici » epi li fè mwen siy fè tou biwo a. Li moutre mwen yon chèz bò kote li, mwen chita. Divalye te okipe tout detay konsènan vwayaj ofisyèl yo ak militè li voye an misyon yo. Anwo linèt li yo l ap li tikè nou te prepare yo epi li mande esplikasyon sou wout yo te chwazi suiv yo. Se konsènan de ofisye ki t ap prale ann Afrik epi itinerè yo se te Nouyòk, Wòm, Lekèr (Lecaire) epi Adis Abeba (Addis Abebas). Li t ap pale byen ba, fòk ou te fè efò pou konprann li. Kounye a li mete men li sou zepòl mwen epi li mande m : « Ki jou yo sipoze rantre? »

Madan Senviktò antre li vin pale avè l nan zòrèy. Li leve, li antre anndan apatman an. Lè sa a mwen mande madan Senviktò si mwen ka itilize twalèt la. Li moutre m chanm prezidan an, li fè m antre ladan. Lè m tounen mwen mande madan Senviktò si m mèt ale paske mwen gen enpresyon li te fini avè m. Li reponn mwen : « Non, fò w tann prezidan an. » Kèk minit apre li te tounen (se lè sa a mwen te remake tenis koulè jòn li yo). Madan Senvikt mande li si M. Makintòch (MacIntosh) mèt ale. Li reponn : « Non, mwen gen pou m pale avè l. »

Mwen te abitye rankontre l deja paske travo yo nan ayewopò a te enterese l an patikilye, se te pwojè li te pi renmen an. Men, fwa sa a, mwen te yon ti jan twouble paske mwen pa t konnen ki sa ki t ap vini.

Li chita, apre sa, li kanpe debou, li mete fè vayevyen dousman nan sal la. Mwen fè jès leve, li fè mwen siy chita. « Kouman Pàn Am ap mache? E madanm ou, kouman li ye? » Apre sa, apre yon pòz : « Kouman sa ye pou pitit fi w la k ap etidye Madrid la? » Mwen resevwa yon chòk. Kouman li fè konnen yonn nan pitit fi mwen yo t ap etidye *gestion des* affaires ak lang Madrid? Mwen fè tèt mwen travay vit pou m rive konprann ki kote l vle vini. Sèl sa mwen te ka mamote ba li: « Pitit fi m nan ap debwouye li trè byen, li gen trè bèl nòt. Mwen ka di mwen satisfè. »

Li sispann pwonmennen epi li pase devan mwen. « Ou gen chans ou gen yon fi ki ba ou tout satisfaksyon. Mwen pa gen chans sa a. Se pwoblèm ase mwen genyen ak pitit fi mwen an. Lè li te piti, mwen te konn kenbe li nan bra mwen, epi mwen bèse li ». Pandan l ap di sa a, li pliye bra li l ap fè mouvman bèse yon ti bebe. Li kontinye pwonmennen epi mwen apèsevwa anba linèt li a pandan l ap pase anba limyè a li te gen dlo nan je li, li t ap kriye. Apre sa li jwenn ekilib li. Li vin jwenn mwen epi li mete men li sou zepòl mwen. « Mwen kontan dèske ou te vini pou m te ka pale avè w. Mwen vin konprann seyans lan te fini. Mwen leve epi l al kondi m jis nan pòt la, li ouvè li pou l kite m pase. »

Makintòch te di mwen imaj vivan moman etonan sa a toujou rete grave nan tèt li. Li te konprann san okenn dout Papa Dòk t ap pale de premye pitit fi li a ki ann egzil Madrid. Epi kou l bat je l li te ka wè se yon papa k ap trakase kò li pou pitit fi li, nèg sa a ki tèlman simaye dèy ak doulè nan yon pakèt fanmi.

Pandan egzil la Dede fè yon pitit pou Maks yo rele li Aleksann. Antretan Divalye chache yon entèmedyè pou l pran kontak ak Dede epi etidye posiblite pou yon rekonsilyasyon. Bout pou bout, an desanm 1968, Dede kite Maks ak pitit la Madrid, li antre ann Ayiti pou kont li pou li wè si rekonsilyasyon an posib. Pandan twa mwa ki vini apre yo Dede deside pran wòl sekretè ekzekitif la. Li fè yon netwayaj nan palè a. Li fè wete madan Senviktò ki te sekretè Divalye pandan plis pase dizan. Ajans gouvènman an yo resevwa lòd ak enstriksyon ki siyen MDD. Li fè nonmen Maks enspektè anbasad yo avèk tit anbasadè ki gen syèj li Pari.

Bout pou bout, 18 mas 1969, Maks antre an gran jan nan ayewopò Pòtoprens lan pou li mete yon bout nan yon egzil 21 mwa. Yo te aboli dekrè kondanasyon a mò a. Li anbrase bòpè li, lènmi mòtèl li ki fin granmoun enpi ki malad. Papa Dòk te konn gade li ak gwo kè, kounye li oblije souri ba li.

Lè nan mitan ane 1969 Divalye fè yon dezyèm kriz kè, Dede foure inifòm milisyen li sou li, revòlvè li bò kote l, li pran reskonsablite gouvènman an. Medya etranje yo pran rele li "Manman Dòk". O mwa d out, Divalye te refè ase pou Dede te kapab tounen an Frans fwa sa a ak fiyòl li Janklod ki fèk fin etid segondè li a 17 an. Twa mwa vakans sa yo ak Dede epi Maks, se te yon moman rekonpans pou li, sitou Dede ak Maks te fè yon jan pou mennaj li kòm ti jèn jan, Jilbèt Salès (Gilberte Salès) ki te soti nan fanmi Aleksann Dima (Alexandre Dumas) te la tou pandan de semèn. Ann apre Janklod di zanmi l yo se te pètèt pi bèl peryòd kè kontan nan vi li; l ap file an boujwa sou wout Lafrans yo ak mennaj li nan yon Jagwa (Jaguar) sè li ak bòfrè li te fè l kado.

Lè l te tounen nan peyi a yo te koumanse fè chwichwichwi sou ranplasan Papa Dòk. Nan sektè òmdafè yo, moun yo te plis an favè Dede. Enèji li te deplwaye pandan mwa li t ap netwaye palè a yo, bon konpòtman li te fè efè. Men Papa Dòk pa t gen sa menm nan plan li, se sitou pitit gason li Janklod li te plis wè.

Nan entèvyou a Janklod chonje yon dènye epizòd : soulèvman gad kòt yo sou kòmannman kolonèl Oktav Kaya (Octave Cayard) :

> « C'était un vendredi, le 24 avril 1970. J'étais avec Ti-Pouch dans la cour du palais faisant de la moto, quand le premier obus tomba dans les parages du Ministère de l'Intérieur. Quelqu'un s'écria « Monsieur Jean-Claude il y a un bateau dans la rade qui est en train de bombarder le palais » « - Vous êtes fou! » Mais la personne avait raison. Le corps des Gardes-Côtes s'était mutiné, et, effectivement bombardait le palais. Jean-Claude se précipita à la recherche de son père qu'il trouva dans son bureau avec Ulrick Piere-Louis, président du parlement et d'autres collaborateurs.

> « Quand le bombardement recommença, on déménagea vers le petit bureau, à l'intérieur de la salle des Bustes. Je fis placer des meubles contre la fenêtre pour assurer une certaine protection ».[59]

Pandan tan sa a, Divalye te gen plizyè konvèsasyon nan telefòn avèk anbasadè ameriken an Klintonn Nòks (Clinton Knox).

> « En fait, la rébellion n'avait pas fait l'unanimité parmi les hommes des Garde-Côtes, me dit Jean-Claude. Le dimanche tout était terminé. Mon père parla avec l'ambassadeur Knox et les mutins avaient pris le chemin de Guantanamo et de Porto Rico. »[60]

Se te dènye rafal yo te tire kont diktatè a.

---

59 Se te yon vandredi, 24 avril 1970. Mwen te avèk Ti Pouch nan lakou palè a mwen t ap fè moto lè premye bonm nan sot tonbe nan paraj ministè enteryè a. Gen yon moun ki rele : « Mesye Janklod gen yon bato nan larad la k ap bonbade palè a. - Ou gan lè fou!

Moun nan te gen rezon, kò gad kòt la te revòlte epi yo te pran tire reyèlman. Janklod kouri al chache papa l, li jwenn li nan biwo li avèk Ilrik Pyèlwi (Ulrick Pierre-Louis), prezidan palman an ansanm ak lòt kolaboratè. Lè bonbadman an rekòmanse, nou bwote nan ti biwo a anndan sal bis yo. Mwen fè kore mèb sou fenèt la pou m asire yon sètèn pwoteksyon. »

60   Janklod di mwen an reyalite, se pa tout moun ki te dakò ak rebelyon an nan moun ki te nan gad kòt yo. Nan dimanch tout bagay te fini. « Papa m pale ak anbasadè Nòks (Knox) epi rebèl   yo   pran   wout   Guanntanamo   ak   Pòtoriko.   »

CHAPIT 9

Li pran yon diktati kòm eritay

« Un jour de novembre 1970, j'ai été appelé au bureau de papi. L'ancien ministre des finances, Hervé Boyer, était présent, ainsi que le major Claude Raymond et son frère, le diplomate Adrien Raymond. C'est alors que mon père annonça son choix pour la succession. Il me dit : « J'ai décidé que le moment est venu pour que je te passe le pouvoir. » J'ai répondu aussitôt : « Écoute, papa, je n'en veux pas, et comprenez-moi bien, je n'ai jamais dit que j'accepterais. »[61]

Janklod ak papa li

---

[61] « Yon jou nan mwa d novanm 1970, yo rele m nan biwo papa m. Ansyen minis finans lan, Ève Bwaye (Hervé Boyer) te la toukòm majò Klod Remon (Claude Raymond) ak frè li ki diplomat la Adrdiyen Remon (Adrien Raymond). Se lè sa a papa m anonse ki moun li chwazi pou ranplase l la. Li di mwen « Mwen deside lè a rive pou mwen pase pouvwa a ba ou.» Mwen reponn li menm lè a :
« Koute, papa, mwen pa vle l, konprann mwen byen, mwen pa te janm di mwen t ap pral aksepte l. »

« Même si vous mettiez ce pouvoir sur un plateau de diamants, je n'en veux pas.

Immédiatement après, je quittai le bureau et me réfugiai sur la terrasse. Je pleurais. A part le fait que je savais ce qui m'attendait, je ne pouvais réagir d'aucune autre façon. Pendant ce temps chacun envoyait des lettres d'adhésion. Chacun attendait la réponse du successeur.

Je savais au fond de moi-même qu'il n'y avait pas de refus possible. Pourquoi? A cause du futur du pays. Le pays devait éviter une explosion. Il fallait éviter de mettre le pays dans une impasse, pour cela j'acceptai. Bien sûr, je retardai exprès ma réponse. Il dut l'attendre plus de dix jours. Je disais que je ne suis pas intéressé. Il m'envoya des émissaires pour tout m'expliquer.

Il arriva un moment où je fus convaincu que je ne pouvais plus refuser. Je ne me rappelle pas le moment exact, ce devait être en novembre ou en décembre. A la fin de novembre 1970, je pense. Mettez-vous à ma place. J'avais seulement 18 ans à ce moment-là et j'avais vécu toutes sortes d'événements avec mes sœurs et j'avais pu voir agir tous les collaborateurs de mon père.

Tous ceux qui avaient été avec lui l'avaient trahi, sans compter tous les problèmes qu'il avait avec les communistes. Alors je me dis à moi-même que je ne pouvais pas laisser mes compatriotes dans un tel danger. Vous devez tenir compte du fait que je n'étais pas préparé. Pas d'expérience de militance dans un parti politique, pas d'expérience de la conduite des affaires de l'État ».[62]

Janklod Divalye

Nan chita pale ak otè a, Pari 1996

An me 1969, Divalye te kontinye viv apre yon dezyèm kriz kè. Moun te ka wè li sou yon foto ki moutre li nan yon fenèt palè a, li kwochte kò li sou zepòl gouvènè Nouyòk la, Nèlsonn Wòkfelè (Nelson Rockefeller). Yo te pran foto sa a pandan yon vizit Wòkfelè kòm mesaje administrasyon Niksonn (Nixon) te voye al fè yon vwayaj evalyasyon nan Amerik Latin nan epi nan Karayib la. Divalye, kòm doktè ki gen esperyans te konnen li pa te rete anpil tan ankò pou l viv. Li te konn enpòtans vizit Wòkfelè a, ki, ak non li, ak enfliyans li genyen, te ka mande otorite Wachintonn yo (Washington) rekòmanse bay èd ekonomik (se sa li te fè).

Nan mitan ane 1969 la, Divalye te rele notè Èns Aven (Ernst Avin) pèsonèlman, pou yo deside ki fason selon lalwa li kapab bay Janklod ki fèt 4 jiyè 1962, ki pa ko majè, epi k ap majè jis 1973, dwa granmoun li selon lalwa. Kon sa mouche ap soti anba otorite paran pou li kapab pran tout desizyon ki regade vi pèsonèl li.

Lòt ane, Nikòl, pitit fi Divalye a, konvoke pa telefòn prezidan Kou Kasasyon an ak Èns Aven pou yon reyinyon ak Divalye,. Yon lòt fwa ankò, de espè sa yo esplike Divalye sèl jan pou pitit li a jwenn dwa granmoun li, pou li lib aji epi pran desizyon pou kont li, sa yo rele « émancipation légale » an franse.

---

[62] « Menm si w te mete pouvwa sa a sou yon kabare a n dyaman pou mwen, mwen pa vle l. Tousuit apre mwen kite biwo a, m al kache sou teras la. Mwen pran kriye. Mwen te konnen anplis sa ki t ap tann mwen, mwen pa te ka fè lòt jan. Pandan tan sa moun t ap voye lèt pou di yo dakò. Y ap tann repons eritye a.

Nan mwen menm mwen te konnen pa te gen refi posib. Pou ki sa? A koz avni peyi a. Fòk nou te evite yon esplozyon. Fòk nou te evite mete peyi a nan yon enpas, se poutèt sa mwen te aksepte. Byennantandi, mwen fè espre mwen pran tan mwen pou m reponn. Li te oblije tann plis pase dis jou. Mwen di mwen pa enterese. Li voye mesaje vin esplike mwen tout bagay.

Vin rive yon moman mwen vin santi mwen pa fouti kontinye refize. Mwen pa chonje ki moman egzakteman, pwobableman an novanm ou an desanm. Fen novanm 1970, mwen kwè. Mete w nan plas mwen. Mwen gen sèlman 18 an lè sa a epi mwen te viv tout kalite evennman ansanm ak sè mwen yo epi mwen te gen chans wè ajisman tout kolaboratè papa m yo.

Tout moun sa yo ki te avèk li yo yo te trayi l, san konte tout pwoblèm li te ganyen ak kominis yo. Lè sa mwen di mwen pa kapab kite konpatriyòt mwen yo nan yon kalite danje kon sa. Fòk ou konnen tou mwen pa te prepare. San militans nan yon pati politik, san esperyans nan okipe zafè Leta. »

Jan pou yo fè l la se pa bagay konplike. Se jis konvoke jij de pè seksyon Ès la, palè nasyonal la depann de li. Yo rive konvenk Divalye ki pa t ko fin klè. Yo fè jij de pè a vini, men emosyon konvokasyon an fè li bliye fòm legal pou li itilize a. Se notè Aven ki dikte li tèks la. Epi, kòm pesonn moun pa te sanble gen monnen, se Aven ki te peye kat goud ki te nesesè pou anrejistre dokiman an. Kidonk, a 19 an, Janklod Divalye « émancipé », lalwa rekonèt li se granmoun.

An novanm 1970, Mari Deniz ak Maks Dominik vin sot Pari ak yon ekip doktè franse. Divalye di espesyalis yo k ap egzaminen l yo:
« Donnez-moi six mois, c'est tout ce que je demande ». Men doktè yo, menm jan ak Divalye, te konnen ki dega dyabèt la te fè, sou kè a sitou. Dayè, depi dènye kriz la li pa t ka sèvi ak yonn nan bra li yo.

Men malgre eta feblès li, li te prevwa tout ti detay ki pou pèmèt li fè pas ak pouvwa a. Li pa kite anyen sou kont chans osinon aza. Se te dènye konplo li. Li te chwazi yon ti gwoup fran « divalyeris », yo chak gen yon wòl pou yo jwe. Janklod rakonte:

> « Avant la phase officielle de transfert du pouvoir, Duvalier fit venir au palais ses collaborateurs les plus proches. Il y avait Cambronne, Luc Désyr, Le colonel Joachim Lebreton. Il avait besoin d'eux pour signer le testament politique qui faisait de moi l'héritier. Ils étaient tous hésitants. Aucun ne voulait signer. Mon père fit comme s'il se sentait très mal, sur le point de s'évanouir. Voyant qu'il était sur le point d'avoir une attaque, ils s'empressèrent de signer. Mon père se tourna vers moi avec un airentendu, comme pour dire que l'acteur les avait bien eus. »[63]

---

[63] « Anvan faz ofisyèl transfè pouvwa a, Divalye voye chache kolaboratè ki pi pre l yo. Te gen Kanbwòn (Cambronne), Lik Dezi (Luc Désfyr), kolonèl Jowakim Lebreton (Joachim Lebreton). Li te bezwen yo pou l siyen testaman politik li qui fè m vin eritye li. Yo tout t ap ezite. Yonn pa t vle siyen. Papa m fè kòm si li santi li trè mal, li pral endispoze. Lè yo wè li san lè fè yon atak, yo prese siyen. Papa m vire gade m yon jan yon jan kòm si li ta vle di mwen « Nou mare yo »

Sètifikasyon testaman politik sa a te fèmen tout pòt pou chire pit ant moun ki nan sèk kolaboratè yo. Epòk sa a te deja gen yon douzèn moun ki te kandida. Se pa te Klovis Dezinò sèlman (Clovis Désinor), te gen Ève Bwaye (Hervé Boyer) tou ak kèk lòt ankò.

« Mon père préférait me passer le pouvoir pensant que tous ceux- là se regrouperaient autour de moi. Personne n'y croyait. Ma sœur Nicole lui demanda un jour : » Est-ce que vous pensez que Jean- Claude sera capable un jour d'y arriver? » Il n'hésita pas une seconde : « Oui, il est capable. » Le député Luckner Cambronne, le général Claude Raymond, son frère Adrien Raymond ainsi que Fritz (Toto) Cinéas faisaient partie de L'équipe responsable d'organiser le changement de pouvoir. »[64]

Yo te oblije fè chanjman nan konstitisyon an poutèt kesyon laj nouvo prezidan an: 19 an nan plas 40 an. Yo te oblije òganize yon referandòm tou pou moutre popilasyon an dakò nèt al kole.

18 oktòb, jou lame a, Janklod ranplase papa li sou tribin nan pou li kòmande defile militè ki konn fèt la. Papa Dòk te chita lwen sou balkon palè a pou li asiste pitit li k ap fè premye zam li. Ann apre, nan salon vèt Palè a, Janklod te dekore plizyè ofisye nan lame a. Janklod rakonte :

> « Mon père assista à la cérémonie sur un circuit fermé de télévision. Il put ainsi noter que le chef d'État-major, Gérard Constant, avait pris de ma main sa décoration et l'avait épinglée lui-même sur sa poitrine. »[65]

---

[64] « Papa m te pito pase m pouvwa a paske li panse tout moun sa yo t ap vin gwoupe otou mwen. Pa gen moun ki te kwè sa. Sè mwen Nikòl te mande papa m yon jou : « Éske w panse Janklod ap kapab rive yon jou? Li pa ezite yon segond : « Wi, li kapab » Depite Liknè Kanbwòn, jeneral Klod Remon, frè li Adriyen Remon de mèm ke Fritz (Toto) Sineyas tout te fè pati ekip ki gen reskonsablite òganize chanjman **pouvwa** a. »

Se te dènye jès piblik Konstan (Constant). Divalye monstre, li mete mouche touswit a la retrèt epi li nonmen Klod Remon (Claude Raymond) nan tèt lame a.

« Le Nouveau Monde », jounal Jera de Katalòy la (Gérard de Catalogne), fè tout yon istwa ak aktivite Janklod Divalye yo, tandiske radyo gouvènman an menm t ap fè konnen li enskri nan fakilte Dwa. Men yo antre yon editoryal Jera de Katalòy ki t ap moutre avantay ki genyen pou se yon jennonm kou pitit prezidan an ki ranplase li nan pouvwa a. Nan palè a yo te twouve li twò bonè pou sa. Janklod fè yon vizit nan baraj Pelig la pou li ka fè yon rapò sou pwogrè k ap fèt nan enstalasyon izin idwoeletrik la.

> « Un samedi je me rendis à Péligre avec tout un groupe de motocyclistes. L'officier du poste de police me dit que mon père avait demandé qu'on me reçoive avec les honneurs militaires. Je fus obligé de m'y conformer et le Nouveau Monde parut le lundi avec un grand titre : « La pérennité de la Révolution ».[66]

Machin Janklod la ki gen koulè oranj lan pa t pase inapèsi lè li pral nan kou dwa. Gwoup ansyen kondisip li yo te fè yon sèl pou kore l epi nan fen ane a, yo tout te la nan yon gwo fèt nan otèl El Rancho nan Petyonvil.

---

[65] Papa m te asiste seremoni an nan televizyon an sikui fèmen. Kon sa li te kapab konstate chèf d etamajò a, Jera Konstan, te pran dekorasyon pa l la nan men m, li tache l pou kont li sou lestomak li.

[66] Yon samdi mwen ale Pelig ak yon ekip motosiklis. Ofisye ki nan pòs polis la di papa m te mande pou yo resevwa mwen avèk onè militè. Mwen te oblije konfòmen m epi *le Nouveau Monde* parèt lendi ak yon gran tit : « La pérennité de la Révolution ».

2 janvye 1971, Divalye voye yon mesaj bay nasyon an, dènye diskou li te pwononse. Premye bagay li fè se lonje dwèt sou tout moun sa yo ki t ap tann yon kriz nan gouvènman an, yon vid nan pouvwa a ki te ka pèmèt yo reyalize rèv yo « oubliant que j'ai toujours manifesté que je me tournerais vers la jeunesse. » Epi li fè chonje egzanp Seza Ogis (César Auguste) ki te pran pouvwa a nan Wòm a 19 an : « et son règne est depuis lors connu comme le siècle d'Auguste.» Divalye fè konnen l ap mele pwochen ranplasan l lan nan tout sa l ap fè, l ap kontinye gide li toutotan li kapab… epi l ap fè li tounen « le continuateur incontestable de la révolution duvaliériste. », nèg k ap kontinye revolisyon divalyeris la san kontestasyon.

Onz jou apre, 13 janvye, depite Liknè Kanbwòn prezante nan yon seyans Lachanm amannman konstitisyonèl ki bese laj egzijib pou pran djòb prezidan Larepiblik la, 19 an nan plas 40 an. Kanbwòn deklare :
« Le peuple haïtien a une grande chance : un Duvalier succède à un Duvalier. » Se yon gwo chans pèp ayisyen an ganyen, yon Divalye ranplase yon Divalye.

Referandòm ki fèt ann apre a bay rezilta sila a : 2 391 917 « oui », yon vòt « non », de vòt blan. Fòk nou di « oui » a te enprime depi davans sou tout bilten vòt yo. Plizyè milye afich parèt ak pòtre Janklod ak mesaj sila a : « Voici votre leader que je vous avais promis dans mon message du 2 janvier 1971. »

Yo te envite ekip foutbòl Brezil la nan yon match ant zanmi. Se te yon kado Janklod pou jèn yo. 22 janvye 1971, 2 jou apre piblikasyon tèks amannman ki ouvè wout pouvwa a bay Janklod, nan Moniteur, te gen yon gwo fèt nan palè a. Tout divalyeris ki te gen yon sèten enpòtans te prezan, minis, lame, makout, klèje. Jera de Katalòy nan le *Nouveau Monde* lage brid sou santiman li yo lè l ap dekri la « foule vibrante » ak emosyon tout manm fanmi yo :

Le Citoyen Docteur François Duvalier, Président à Vie de la République, ayant le droit, suivant les dispositions des articles 100 et 101 de la Constitution de 1964 amendée, de désigner son Successeur, a fait choix du citoyen Jean-Claude Duvalier pour Lui succéder à la Présidence à Vie de la République, selon le prescrit de l'article 102.

Ce choix répond-il à vos aspirations et vos desiderata ?

Le ratifiez-vous ?

Réponse : OUI.

« Aucune des personnes présentes n'aurait pu imaginer qu'un jour, le cœur de Papa Doc cesserait de battre et que son indomptable énergie connaîtrait le repos de la paix éternelle. »[67]

2 fevriye, kapital la te bade ak postè Divalye ki poze men li sou zèpòl Janklod ak ekrito sa a : « Voici celui que j'ai choisi ». Medya etranje yo

---

[67] « Nan moun ki te la yo yonn pa t fouti imajinen yon jou kè Papa Dok ta ka sispann bat epi enèji sa a yo pa ka donte a ta jwenn repo etènèl, »

simaye tout kote pòtre yon ti jennonm 19 an yo deklare prezidan pou lavi nan peyi d Ayiti, yon pleboy [banbochè] yo bay ti non Bebe Dòk. Byennantandi kanaval ane sila a te rezève pou « continuation de la révolution duvaliériste », epi yo bay yon rekonpans 1000 dola ameriken pou pi bèl mereng lan ki te rele : « L'étoile de la jeunesse haïtienne. »

Men, nan kanaval sila a, gen moun ki te parèt ak figi yo dekonpoze, moun sa yo ki te fè anpil pou « papadocratie » a epi ki wè enterè yo ak pwòp anbisyon yo bwè luil nan enterè yon ti jennonm 19 an ki vin prezidan pou lavi. Yonn ladan yo menm lanse espresyon « jeunesse demi-illettrée! » Piblik la menm, ou santi li pa fin kwè, men ou pa sa fin di li rayi mòd ranplasman sa a.

16 avril 1961, yo charye nan kamyon yon foul peyizan, yo estimen yo 60 000 kon sa, yo pran yo nan dènye kwen peyi a pou mennen yo nan kapital la.

Se te 64e anivèsè nesans Papa Dòk. Yo t ap chante « Papa Dòk a vi! » Men se te Janklod ki parèt nan balkon prezidans lan nan plas papa l. Li fèmen pwen li pou l salye mas moun k ap danse sou gazon an epi dèyè kloti metalik vèt la. Li fè yon gran jès ak men dwat li, pwen li fèmen, epi li voye de bra li anlè.

Milisyen yo ki te ann inifòm koton ble VSN (Volontaires de la Sécurité nationale), ansanm ak sòlda gad prezidansyèl yo epi batayon taktik Kazèn Desalin nan, ba li salitasyon bò pa yo.

Pou bon mezi, yo deplwaye pyès atiri anti ayeryèn, 37 milimèt, mak siyedwaz Bofix, ak ekip ki nan sèvis eta d alèt la. Te gen kolonèl Grasya Jak ki mete Janklod bò gòch li. A dwat te gen brigadye jeneral Klod Remon, chef d Eta Majò, kolonèl Breton Klod, kòmandan kazèn yo, ak Frank Women, chèf lapolis, yo tout te gen pou yo fè machin transmisyon pouvwa a fonksyone. *Le Nouveau Monde* 29 janvye 1971 pibliye yon lèt Jan klod voye bay papa li pou l fè li konnen li aksepte : « Je comprends que vous voulez éviter pour la nation des luttes fratricides. »

Se te yon kou di pou mas egzile yo ki t ap tann yon chanjman depi si lontan. Egzile yo ki te swete mil fwa pou Divalye mouri, te rann yo kont, nan kontak ki pran Wachintonn, OEA ak Depatman d Eta moutre yo satisfè dèske yo evite yon kriz. Sèl sa ki te nan tèt yo kounye a se te pran kontak ak Janklod, ak gwoup li a pou yo konnen sa ki nan tèt li. Yo t ap bay tèt yo manti kòm kwa yo ta kapab fè li konnen tout bon bagay ki genyen nan demokrasi. Yo te mal jije tout tan sa ta mande epi tout desepsyon ki t ap tann yo nan pèse karapas « impassibilité » ki deja nan manman an ak papa a.

Janklod te fè chonje jou sa a, kòmansman 1971 kote papa l te rele l li di li : « Souviens-toi, jeune homme, pas question de gouvernement parallèle! » Epi yon lòt jou pandan l ap tounen sot lekòl, li rele li pou li fè li konnen : « Si tu mets en doute ton autorité, passée une période de huit jours, tu n'es plus le chef!

CHAPIT 10

Lanmò papa a (21 avril 1971)

Men ki jan Janklod rakonte otè a dènye moman papa l yo:

« Ce jour-là, 21 avril 1971, j'étais à la faculté de droit quand j'ai eu subitement la sensation que quelque chose était en train de se passer. Je décidai de rentrer au palais et me dirigeai immédiatement à la chambre de mon père. Toute la famille était avec lui. Je me rappelle avoir demandé : « Quelle heure est-il? » (Divalye te gen espwa l ap mouri yon 22, chif majik li te konn itilize pandan tout tan manda li a). Il est 21 h 15 min. A ce moment, Maman s'écria : « Papa kòkòt! Papa kòkòt! » Ce à quoi Duvalier répondit : « Pa enkyete w! Manman kòkòt! Mwen la! » Mais nous savions déjà que c'était la fin. Ma sœur Nicole se tourna vers moi et dit « Tonton! L'heure est arrivée! » Nicole était commotionnée, très émue. On lui a donné ses piqûres d'insuline. Notre père aurait pu avoir une longue vie s'il avait suivi les ordres du médecin. Au moins il a eu la satisfaction d'avoir choisi et installé son successeur ».[68]

---

[68] Jou sa a, 21 avril 1971, mwen te nan fakilte Dwa a, lè mwen santi gen yon bagay k ap pase. Mwen deside retounen nan palè a epi m ale dirèteman nan chanm papa m nan. Tout fanmi an te avè l. Mwen chonje mwen mande ki lè li ye, li te 9 è 15 di swa. Lè sa a, manman m rele « Papa kòkòt! Papa kòkòt! Divalye reponn : Pa enkyete w, « Manman kokot! Mwen la! Men nou te deja konnen se lafen. Nikol sè mwen vire gade m li di : »Tonton lè a rive! Nikol te sou gwo sezisman, anpil emosyon. Yo te ba li piki ensilin li yo. Papap m ta viv pi lontan si li te swiv lod medsen yo. Omwen li te gen satisfaksyon deske li te chwazi enpi enstale ranplasan li.

Li mouri a 64 an, lavèy dat majik 22 a. Tiran fewòs, paranoyak la ta pral resi kite palè blan li te télman atache avèk li a pandan 14 an. Pèp ayisyen pa te vrèman moutre li kontan. Sa ki te plis dominen se te enkyetid. Kounye a sa k pral pase? Te menm gen moun ki pa te fin kwè li te mouri vre. Èske se ta yon vye fent movèz espri a ta fè? Lè sèkèy la ap soti nan palè a yon van vyolan soulve yon pakèt pousyè k al travèse Channmas la. Yon lòt moman se yon balkon chaje jouda ki fè fon. Yon panik jeneral kite yon pakèt soulye gaye nan yon lari ki vid. Pou rezon sekirite, Janklod pa kite palè a.

Divalye nan sèkèy li

Gen fotograf ki t ap kouri dèyè li, li di yo dènye jès tandrès li fè se Magnum 357 papa l la li depoze nan sèkèy li.

Menm jou a, nan yon seremoni kote papa li Divalye te deja ranje tout detay, li prete sèman kòm prezidan ki pi jèn peyi a konnen, kòm premye benefisyè prezidans a vi a. « J'étais là comme dans un nuage dans le chagrin de la mort de mon père, face à la tâche dont j'héritais, celle d'accélérer , selon ses directives, « la révolution duvaliériste »

Wachintonn se yon sèl bagay ki te enterese ofisyèl yo, kite bagay yo jan yo ye a devan danje pèmanan Kiba reprezante a. Sa yo te plis pè se pa te tèlman gwoup egzile yo ki te ase dezòganize men sa divalyeris yo ki lage nan pololo yo ka fè poutèt yo mekontan chwa Franswa Divalye fè a. Tout kesyon an se: « Èske Janklod Divalye ap ka kenbe? Èske yo ka espere plis tolerans, mwens laterè? An reyalite tout moun ki te gen espwa libète va tounen nan peyi a t ap gen pou yo kontante yo ak mwens tirani, nan yon sosyete tip medyeval, k ap admire yon jenn wa ki resevwa dwa diven pou gouvènen li resevwa nan men papa l, pandan peyi a bezwen seryezman yon gouvènans modèn ki ka wete li nan sistèm feyodal la pou fè l antre nan modènite. Pou moman sa a, Janklod se te chwal bwa karikatiris yo. Gwo kò, prèske gwo vant. Se te lideyal pou yo. Men tout flèch yo voye sou li glise sou yon mas endiferans jennonm nan afiche menm jan papa a te ye a. Pandan tan sa a, « machin nan » (se kon sa Janklod te rele aparèy represyon papa l te mouri kite pou li a) te byen chita l ap fonksyone, tout sikui byen uile. Obsèvatè yo t ap mande si jennonm nan te pral adopte estil paranoyak papa a. Kesyon sa a te lakòz yon klima ensètitid.

Ane sa a, gen yon egzòd masif epi regilye ki te fèt nan peyizànri ayisyen an ki vann tè li, kloure pòt vilaj yo. An dizan, plis pase 80 000 ladan yo fè chwa sa a pou avni pitit yo. E poutan, lè janklod t ap antre nan ti chanm li nan palè a ak chen li Chanpyon dèyè li ak fidèl sèvitè li Filip Pridòm (Philippe

Prudhomme), pèsonn, pa menm limenm, pa t ka imajinen li ta pral fè ennan an plis tan papa l te fè sou pouvwa a.

CHAPIT 11

Repentire kay la

> *J'avais pris le pouvoir dans des conditions exceptionnelles. Je n'avais personnellement aucune familiarité avec le système. Petit à petit, je pris le contrôle des choses. Avec un groupe de sept personnes qui avaient été des proches collaborateurs de mon père, je devais prendre les mesures qu'il fallait pour contrôler le système administratif tout entier et organiser le pays.»*[69]

> Jean-Claude Duvalier, Entretien avec l'auteur.

Nan bwouya ak bwouhaha eritay sa a li te gen pou l pran an, Janklod Divalye tankou wobo, te lage kò li nan men gid yo te chwazi pou li yo. Pou le moman, sa ki te plis dominen li, se te jiska en sèten pwen, fè yon minimòm netwayaj nan lye yo epi pase yon kouch penti fre. Laprès etranje pou kòmanse. Tout moun sa yo t ap moute desann nan koridò yo, nan lakou palè a, nan depandans yo nan palè a. Jounalis yo te brake mikwo ak aparèy foto yo, yo menm pran ris al bite sou mitrayèt Grasya Jak ki toujou prezan, dwèt li sou detant lan, bal o kanon. Le landemen lanmò diktatè a te gen yon eslogan ki t ap sèkile : « Nous n'avons rien à cacher! ». Nou pa gen anyen pou nou kache. Ki te fè ti efè li pou moman an, sitou bò kote ti nouvo yo nan

---

[69] Mwen te pran pouvwa a nan kondisyon estwodinè. Mwen pa te konn anyen nan sistèm nan. Pitipiti mwen reyisi gen kontwol bagay yo. Avèk yon gwoup sèt moun ki te pwoch kolaboratè papa m, mwen te dwe pran kèk mezi nesesè pou m kontwole tout sistèm administratif la nèt epi oganize peyi a.

ajans nouvèl yo, nan televizyon, nan jounal etranje yo ki t ap kesyone tout moun yo jwenn nan palè a. Yo te menm òganize vizit gide. Yon fotograf jounalis te menm vizite yon Fòdimanch yo te fèk sot pentire, ki pa te gen prizonye. Nouvo minis enfòmasyon an, Fritz (Toto) Sineyas, menm jan ak Adriyen Remon, t ap resevwa kat vizit jounalis yo, li t ap di yo yo kapab rele nenpòt lè. Sèl ensidan ki rive se te kolonèl Robert Debs Heinl ki vin editè chaje afè militè nan jounal The Detroit News, lè yo te fin voye li an retrèt, li rive sanzatann nan ayewopò a. Yo te rekonèt li nan ayewopò a, yo remete l nan avyon ki te mennen l lan.

Klintonn E. Nòks (Clinton E. Knox), anbasadè ameriken an te lòtbò barikad la. Nou te menm ka di li te yon manm ekip la. Nan fineray yo, li te gen yon makawon ak pòtre Janklod sou vès li. Djòb Nòks se te pa fè okenn chanjman : Business as usual. Tout bagay ap kontinye kòm dabitid. Pa egzanp Ivin Davidsonn (Irving Davidson), lòbeyis enpòtan nan mache sik t ap fè ale vini nan paraj la yo. Li t ap founi Janklod tout kalite lide sou koze demokratizasyon. Nan fineray yo te gen plis pase yon swasantèn moun laprès yo. Telegram yo te sansire toujou, men telefòn nan te lib. Nan ayewopò a gen de lè yo konn sezi liv mwen an:« Papa Doc et les Tonton Macoutes ».

Depatman d Eta ameriken t ap swiv chema apre Twouyilyo yo. Yo te kreye yon dinasti ann Ayiti. Dapre yo pito sa pase yon rejim kastris. Rès la a vini avèk le tan. Divalye te pran tout prekosyon sou plan legal, li menm envante lè li nesesè pou l ka fè pas ak pouvwa a, ak api epi konplisite anbasadè Klintonn Nòks. Yo ta kite egzile yo rele anmwe mezi yo vle. Sa pa t ap fè gwo efè. Danje kastris la se te yon lejann prezans Kastwo nouri, menm jan ak lejann braceros ayisyen yo ki nan pwovens Oriente a depi 1920. An reyalite yo te elimine veritab danje a. Plizyè santèn jèn, peyizan, etidyan, sendikalis, etidyan yo maspinen san mizerikòd, sa yo asasinen, depi 1968-1969, sa kontinye fèt toujou anba lwa pèfid kont kominis yo ki touye ata moun yo sispèk k ap li yon jounal kominis.

Bò pa li, Janklod Divalye ak laj li epi fonksyon li an ki nouvo, li te gen tandans pa bay ris pèsonèl li t ap pran yo enpòtans. Papa l te di li : « Souviens-toi bien, surveille tes arrières, il n'y a pas de place pour deux Césars! ». Men li ta gen pou li fè esperyans politik aryere k ap dewoule nan peyi a e menm pwòp fanmi li kote chak moun ap redi bò kote pa li.

Antretan, tout moun ap prese demontre respè yo genyen pou defen premye klas la. Gen yon gad d onè ki t ap veye tonm nan jou e nui. Gad sa a tou te gen rezon dèt li tou : an 1959, yo te wete kadav nèg yopretann ki papa Divalye a, Dival Divalye, nan tonm li, yo bade l ak poupou, yon jès ki an menm tan jouman, vanjans epi li gen sans mistik. Delegasyon sou delegasyon t ap soti an pwovens sitou pou yo vin pote flè anvan yo rann yo nan palè. Janklod menm, 22 jen, apre vizit rityèl li nan simityè a, l al Pelig, an gran kòtèj, a ennè edmi tan lè w kite kapital la, pou l al vire levye ak bouton izin idwoeletrik 31,444 kw papa l te tèlman anvi inogire l pou pran merit baraj sa a prezidan Pòl Ejèn Maglwa (Paul Eugène Magloire) te realize a.

Pou toutswit, Janklod te rete endiferan devan jwèt entrig entèn pou pouvwa a. Yo t ap plede di li vle ale. Li te pi fasil pou di l pase pou fè l. Paske li te deja prèske prizonye yon klik nèg ki te bezwen li pou lejitimen pouvwa yo te genyen swadizan pou yo « continuer la glorieuse révolution duvalieriste ». Ki moun ki te ka dèyè pouvwa a? Mari Deniz, premye pitit la, Era Simon (Hérard Simon), yon oungan nan Latibonit, te deklare li se veritab erityè papa l, « pitit fi espirityèl li ». Divalyeris ki pi ansyen yo te manje dan devan lide sila a. Mari li menm, Maks Dominik, yo t ap veye l pre. Janklod Divalye rakonte : « Déjà au moment de la maladie de mon père, Max avait commencé ses manœuvres. Mais Luckner Cambronne, Breton Claude, et Gracia Jacques avaient reçu des instructions formelles de mon père de mettre sous contrôle Max Dominique. »

An reyalite « machine » sila a, ki vle di aparèy represyon an te byen chita, ak Grasya Jak nan tèt Gad prezidansyèl la, ak Breton Klod, kòmandan Kazèn Desalin. Anndan sistèm nan te gen Lik Dezi (Lic Désyr), nèg sinik ki responsab sekirite a, étènèl chèf polis sekrèt la, yon swadizan pastè ki kenbe bib li byen rèd

Lik Dezi, yon reskonsab sekirite sinik, etènèl chèf polis sekrèt, swadizan pastè toujou ak bib li byen rèd nan men li.

nan men l pandan l ap matirize moun. Liknè Kanbwòn, minis Enteryè ak Defans nasyonal te fè yo mete 20% an plis sou salè anwole yo. Li te fè voye Wachintonn kòm atache militè,bra dwat kolonèl Jak Grasya a, kolonèl Sesilyo Dòse (Cécilio Dorcé). Djòb li se te fè administrasyon amerikèn nan aksepte lide fòmasyon yon kò elit « Les Léopards », fòs taktik anti kominis ki gen 567 òm epi se Ameriken ki ta ame yo epi antrene yo. Depi 31 out 1971,

karant jènjan, pi fò ladan yo soti nan fanmi divalyeris, antre nan Akademi militè Frè a. Pandan senk mwa antrènman san pran souf, yo pa t ap ba yo okenn pèmisyon.

Yonn ladan yo, Jan Wobè Dilyèn (Jean Robert Dilienne) ki te gen 19 an mouri premye jou antrènman an. Yo fè fineray nasyonal pou li. Dapre Benn Wèlès (Ben Welles) nan New York Times, yo ta pèmèt Ayiti achte zam ki nesesè pou de batayon. Biznis Kanbwòn nan Miyami t ap byen mache. Se li ki te negosye zam ak ekipman e menm fè yon jan pou li rekrite souzofisye ameriken pou antrènman Leyopa yo. Chèf gang makout ki twò koni yo, yo wete yo sou moun. Lòt ki pi efase pran plas yo epi yo pa t vizib ankò nan lari yo, ki fè touris yo te yon ti jan pi soulaje lèswa. 29 jen nan fèt Sen Pyè Petyonvil, divalyeris yo, lafanmi an tèt, te la an fòs. Gen jenn gason ki mande pou yo pale ak Janklod kay M. Eli Jozèf (M.

Élie Joseph) yon kote li t ap repose l. Alafen yo kite yo antre. Yo prezante l yon demann sou libète pou yo kite cheve yo pouse. Dapre yo menm repons lan te pozitif, men 10 out yon kominike minis Enfòmasyon an, Frits Sineyas kenbe menm entèdiksyon an, li menm ajoute dwòg ak alkòl. 4 jiyè 1971, Janklod selebre ventyèm anivèsè li ak zanmi l yo nan Vila Desprez. Malgre manman l pa t vle, te gen mizik kanmenm. Lapolis t ap veye sou wout la okazou manman l ta pèse.

Nan kèk lòt sèk Janklod konn pale de devlopman ekonomik. Twa mwa te pase. Li te la toujou. Yo vin kòmanse mamòte mo « Libéralisation… » Yo di nan palè a konseye Janklod yo se maman l ak sè li a, Deniz. Anbasadè Maks Dominik rekonèt ke Lafrans t ap pare l pou l ogmante asistans teknik li e menm ede reyòganize enstitisyon gouvènmantal yo. Li te menm afimen yo te pare pou yo voye yon santèn « coopérants », jèn Franse ki al travay nan lòt peyi olye yo fè sèvis militè. Kanbwòn ak Adriyen Remon te pran anbasadè Nòks bò pa yo pou tout kalite èd, sitou founiti materyèl militè.

Men, dimanch 8 out, gen yon konfli ki devlope nan palè a ant manm fanmi Divalye a; Mari Deniz ki gen trant an, oblije kite peyi a ansanm ak mari li, sou lòd Janklod. « Il y avait toujours quelqu'un à vouloir se faufiler auprès de mon père comme une éminence grise. C'était pareil pour moi. Mais il n'était pas question que quelqu'un s'imagine pouvoir me dicter mes décisions. J'avais définitivement ma conscience à moi ». Kidonk Dominik yo te pèdi. Maks Dominik anbake pou Lafrans 12 out 1971 avèk Dede epi Simòn, ak pitit gason yo a, Aleksann epi de pitit li te ganyen nan yon maryaj anvan. Minis Frits Sineyas, nan konsèy kabinè 12 la deklare pandan Janklod t ap koute pafètman enpasib, fòk yo mentni inite kòmannman an kout ke kout. Li di: « Il faut , pour le future de notre communauté, un front uni, le sort de la patrie en dépend. On veut nous diviser et provoquer notre désintégration ». Sineyas klotire an dizan : « Celui qui lèvera la tête contre cette unité sera balayé par la révolution.»

Nan yon atik yo pibliye 16 fevriye 1971 jounalis Teri Djonnsonn King (Terry Johnson Kink) nan Miami News, rakonte yon repa kote yo te envite l. Istwa a sezi yon sèten stil ki pral stil yon Janklodism ki pral vini, liks djèt sèt entènasyonal :

« Il y a quelques années, je fus invité à un dîner chez la fille du président Duvalier, Nicole Foucard et son mari, Luc Albert. Leur maison sur les collines dominait Port-au-Prince. De la terrasse on pouvait voir le palais illuminé. La cour, alors qu'il y avait seulement huit invités, avait l'air d'un parking commercial. Gen kèk ane de sa, yo te envite mmwen nan yon dine kay pitit fi prezidan Divalye, Nikòl Fouka ak mari li Lik Albè. Kay yo a sou tèt mòn yo dominen Pòtoprens. Lè w sou teras la ou te kapab wè palè a ki byen klere ak limyè. Nan lakou a te genyen omwen 13 machin prive ak kèk djip alòske se 8 envite sèlman ki te la. Nou te kwaze plizyè ekip santinèl ame sou wout la. Kay la menm li te sèke ak santinèl an kaki. Lik Albè di nou : « Byen sur se pou asire sekirite nou ». A la fen Janklod Divalye, pitit prezidan an vin parèt. Pandan n ap kave gwòg nou, nou t ap fè ti pale sou tout kalite sijè, an patikilye sou pwoblèm elektrisite a y ap plede koupe a. Janklod deklare : « Sa w vle nou fè, nou se yon peyi pòv epi depi kèk ane nou pa reyisi fè santral idwoeletrik Pelig la. Men nou pran plezi nou kanmenm tanzantan.

Lè n fin manje n ap kapab ale nan Nay klib, sa mwen pi renmen an, « Ant parantèz. » Il y avait au moins 13 voitures privées et quelques jeeps. Sur la route on avait croisé plusieurs équipes de sentinelles armées. La maison elle-même était entourée de sentinelles en kaki. « C'est pour assurer votre protection, bien sûr » nous dit Luc-Albert. Finalement arriva Jean-Claude Duvalier, le fils du président. Tout en sirotant nos boissons, nous échangions des petits bouts de conversation, parlant de mille choses et d'autres, en particulier des problèmes de coupures de courant électrique. « Que voulez-vous, déclara Jean-Claude, nous sommes un pays pauvre et depuis des années nous n'avons pas réussi à terminer la centrale hydroélectrique de Péligre. Mais, malgré tout, on s'amuse bien de temps à autre.

Après dîner on pourra aller dans un night-club, celui que je préfère, «Entre parenthèses.»

Le dîner était préparé dans une pièce ouverte parée de tuiles blanches décorée d'exquises peintures haïtiennes « cadeau de mon père, qui est un grand amateur d'art haïtien. » Il y eut cinq changements d'assiettes en porcelaine de France. Le service était assuré par trois serviteurs et un sommelier. Après le repas, on se dirigea vers le Shango Night Club à l'hôtel Ibo Lélé et je lui demandai si c'était vrai qu'il avait reçu une voiture de sport comme cadeau pour son anniversaire. « Personne ne peut faire de la vitesse sur nos routes, dans l'état où elles sont. Mais au moins c'est une voiture confortable. » Quand Jean-Claude partit, entouré de cinq voitures remplies de gardes, Luc Albert me dit : « C'est le seul fils du Président. C'est un type important. »

J'étais à Mexico quand j'appris que Max Dominique avait perdu son poste d'ambassadeur à Paris. C'était le 8 janvier 1972. Mais Max n'avait pas de problèmes : il était venu à Mexico pour affaires, et en plus de la villa de l'avenue Foch à Paris, il possédait un appartement à Madrid et un autre à Washington.[70]

[70] Gen kèk ane de sa, yo te envite mmwen nan yon dine kay pitit fi prezidan Divalye a, Nikòl Fouka ak mari li Lik Albè. Kay yo a ki sou tèt mòn yo dominen Pòtoprens. Lè w sou teras la ou te kapab wè palè a ki byen klere ak limyè. Nan lakou a te genyen omwen 13 machin prive ak kèk djip alòske se 8 envite sèlman ki te la. Nou te kwaze plizyè ekip santinèl ame sou wout la. Kay la menm li te sèke ak santinèl an kaki. Lik Albè di nou : « Byen sur se pou asire sekirite nou ». A la fen Janklod Divalye, pitit prezidan an vin parèt. Pandan n ap kave gwòg nou, nou t ap fè ti pale sou tout kalite sijè, an patikilye sou pwoblèm elektrisite a y ap plede koupe a. Janklod deklare : « Sa w vle nou fè, nou se yon peyi pòv epi depi kèk ane nou pa reyisi fini santral idwoeletrik Pelig la. Men nou pran plezi nou kanmenm tanzantan. Lè n fin manje n ap kapab ale nan Nay klib mwen pi renmen an, ant parantèz. »

Yo te prepare dine a nan yon pyès ouvè, dekore ak bèl penti ayisyèn « cadeau de mon père, qui est un grand amateur d'art haïtien. » Yo te fè senk chanjman asyèt an pòslèn de Frans. Te gen twa sèvan ak yon somelye pou asire sèvis la. Lè nou fin manje, nou pouse pou Chango Nay klib nan otèl Ibo Lele epi mwen mande li si se vre li te resevwa yon machin espò kòm kado pou fèt li : « Pèsonn pa fouti fè vitès sou wout nou yo, jan yo ye a. men omwen se yon machin konfòtab. » Lè Janklod fin pati, antoure ak senk machin plen jandam, Lik Albè di mwen : « Se sèl pitit gason prezidan an ganyen. Se yon tip enpòtan. »

Mwen te Meksiko lè m aprann Maks Dominik pèdi pos anbasadè li a Pari. Se te 8 janvye 1972. Men Maks pa t gen pwoblèm : li te vin Meksiko pou biznis, epi an plis vila avni Foch la, Pari, li te ganyen yon apatman Madrid epi yon lot Wachingtonn.

CHAPIT 12

Yo voye reken an tounen (15 novanm 1972)

Alòske Papa Dòk te mete travay minis li yo anba kontwòl pèsonèl li sou tout ti detay epi li sispèk tout moun, Janklod menm li te oblije kite chak moun òganize travay li epi regle koze yo pou yo bay bon rezilta, nan yon espès melanj otokrasi ak lese grennen. Men vle pa vle, sa debouche sou tout kalite kòripsyon, depi nan machin, kay pou fanm ak metrès jiska kont labank aletranje. Kleptokrasi tradisyonèl la, ki vle di abitid vòlò sansès la, te byen pòtan. Pou kounye a, Janklod ki pa t sispann pale de papa li nan tout diskou li yo, pa t bay okenn siy paranoya papa a, men sèlman yon kal ak yon enpasibilite (atitid pouryanis) ki plis fè n chonje manman l.

Liknè Kanbwòn yo rele « reken » an.

Ak devlopman izin asanblaj yo, ekonomi peyi a antre lè sa a nan yon lòt faz. Pou yo pwofite de nivo salè yo ki ba epi yo dispanse yo peye taks, antrepriz sa yo te kreye plis pase dis mil djòb, pi fò ladan yo se pou fanm. Chif sa a ta pral rive 60 mil. Antreprenè yo se ayisyen yo te ye, menm madanm yo te antre nan koze a. Pa t gen afè grèv. Dirijan sendika yo ki te vivan toujou nan ane 60 yo te ann egzil. Moun pwovens yo t ap met deyò an kantite. Fanmi boujwa yo ki te nan sektè sa a te travay di epi yo te fè anpil kòb. Lenjri, jwèt, tekstil, pyès elektwonik, kotonad, rad, yo te pwodui anpil anpil. Kalite travay la te plis ke bon. Ayiti vin premye pwodiktè bal bizbòl (7 milyon). Janklod Divalye nan ti koze li avèk otè a admèt limenm tou li te envesti nan sektè sa a, men, epòk la, li te vann aksyon pa l yo.

Pou peyi andeyò yo, ki vle di nan zòn ki pa lavil yo, se te yon lòt istwa. Popilasyon peyi a te plis pase senk milyon moun. Endistri sik la te koumanse disparèt. Pwodiksyon kafe t ap bese chak ane. Povrete tounen mizè, mizè k ap vale teren. Pyebwa yo te wete kò yo nan dekò a, yo te tounen chabon. Wout yo, kote k te genyen yo, pa te gen antretyen.

Gen nouvo pwojè ki t ap reyalize nan sektè touris la, pa egzanp, enstalasyon « Club Méditerranée » sou « côte des Arcadins » apre Monwi (Montrouis), 72 kilomèt sou nò Pòtoprens. « Banque Nationale de Paris » te konstwi yon imèb ki fè sansasyon kwen ri Lama epi Bèna Doren (Bernard Dorin), anbasadè Lafrans ki gen 42 zan, anonse yon gwo kado, 90 kilomèt wout, wout Jakmèl la yo fouye nan flan mòn.

Wout sa a, yon modèl nan jan sa a, se li sèl ki rete an fonksyon pandan prè de 50 an. Mayk MakLaney (Mike McLaney, yo konnen nan monn jwèt lan La Havàn ak Bahamas, te jwenn konsesyon jwèt aza sou tout tèritwa a ak Kazino Entènasyonal la kòm katye jeneral.

Liknè Kanbwòn, minis Enteryè ak Defans nasyonal te gen tout bagay anba men li. Rèv li se te wè otèl sou otèl menm jan ak 1950. Li te gen yon ajans vwayaj, « Ibo Tours », monopòl divòs rapid pou etranje epi liy kago « Air Haïti ». Gen yon epòk menm li te konn espòte kadav ak san. Sa tèlman fè gwo bri, li te oblije kite sa. Yo te konn di sou Papa Dòk, Kanbwòn te konn vwayaje pou l al depoze lajan fanmi Divalye ak lòt ankò nan bank aletranje. Se « l'homme-à-la-valiz ».

An 1967, li te pèdi djòb Minis Travo Piblik la. Yonn nan rezon yo, sèke li te konn plenyen anpil devan lòt manm yo nan kabinè a dèske li te oblije swiv konvwa finèb la apye jis nan simityè a, lè Jisten Bètran, yonn nan chèf makout yo pi krenn yo te asasinen Pyè Novanm (Pierre Novembre) bò otèl Olofsonn (Oloffson), yon sèvitè tab Divalye ak fanmi li depi plizyè ane.

Kanbwòn te toujou ap gete bon bras. Men malerezman pou li, pèsonn pa t fè l konfyans. Se rezon sa a ki te fè l fè fayit nan komès kafe a. An 1967, kòm minis Travo Piblik, Kanbwòn bay Gwatemala ray chemen d fè Pòtoprens-Latibonit yo. Li mete pòs peyaj nan antre ak sòti, sou pon, tout wout ki mennen Pòtoprens. Li fè distribiye biyèt lotri bay tout anplwaye Leta epi yo tou pran kòb la sou pèy yo. Li te menm mete ranmase ti senk kòb nan lekòl yo, sou bèl pretèks y ap ede konstwi yon nouvo vil, Divalyevil, nouvo non yo bay Kabarè (Cabaret). Se te yon jwè pokè konpilsif, yon nonm ki dèyè tout fanm.

Pandan kriz me 1963 a, Prezidan Kenedi mete anbago sou tout zam ak materyèl militè y ap vann bay Ayiti. Administrasyon Niksonn nan leve anbago a. Kreyasyon "Léopards" yo Kanbwòn konpare ak "Bérêts verts" yo, se te okazyon pou l reprann kontak. Kanbwòn sèvi ak yon konpayi ki rele "Aérostrade", ki te nan menm biwo ak "Air-Haïti" epi ki te resevwa kontra pou antrene epi ekipe "Léopa" yo. *New York Times*, anba plim Tad Szulk, note 16 mas 1970, Pòtoprens, yo te konsidere Kanbwòn kòm konseye jennonm Janklod la epi kòm politisyen ki gen plis pouvwa nan peyi a. Atik la revele Ayiti sot enpòte pou 200 000 dola zam ak materyèl woulan. Moun "Aérostrade" yo t'ap antrene kadè ayisyen yo san yo pa t resevwa lisans pou sa nan men Depatman d Eta. Plis pase yon demi douzèn ansyen sòlda ansyen "Marine Corps" te sou lis pèy « officiers non-commissionnés de Aérostrade. »

Nan kòmansman 1972, Janklod Divalye te deklare egzile ki pa kominis yo, ni moun k ap fè dezòd, te ka tounen ann Ayiti. Madanm mwen Jinèt (Ginette) deside retounen nan peyi a, ann out, ak twa pitit nou yo pou l vizite fanmi li ak zanmi. Yon egzile yo rele Toni Sentod (Tony Saint- Aude), yonn nan moun ki te pran pawòl Janklod yo oserye, te tounen nan peyi a. Yo voye l imedyatman Fòdimanch. Sentod twouve li nan yon selil avèk Rénèl Batis (Rénel Baptiste), frè Frèd Batis (Frèd Baptiste) yo te arete nan kòmansman 1970, ak kolonèl Kesnè Blen (Kesner Blain) epi bankye Klema Jozèf Chal (Clémard Joseph Charles). Batis ak Blen ta pral mouri nan yon ti bout tan. Yo vin lage Klema ak Sentod apre yon kanpay pwotestasyon san pran souf Ozetazini.

Yon rado moun nan milye egzile ayisyen yo deside pran deklarasyon jennonm Janklod la o mo, sitou te gen yon kanpay ki t ap fè lwanj pou "libéralisation du regime" ak anpil bri. Janklod Baje (Jean-Claude Bajeux), apre apèl Janklod Divalye a, menm jan ak anpil lòt egzile, te fè konnen li vle retounen. Baje presize li vle bay manman l, de sè l yo ak de frè l yo ki disparèt Fòdimanch ann out 1964 yon bon fineray ki gen nen nan figi li.

Yo pa janm ba li viza pou l antre. Demann li an pa janm jwenn repons.

Jinèt ak twa pitit li yo te kite Meksiko (Mexico), kote mwen te chef biwo *Time Magazine*, ak viza yo, pou Ayiti, an pasan pa Kinstonn, Jamayik. Anbasadè Jòj Salomon (Georges Salomon) te di Jinèt anvan li pati: « Vous n'aurez aucun problème ». De twa jou apre yo fin rive, yon machin polis pwente nan rezidans paran Jinèt yo sou wout « Frères ». Yon ofisye deklare Jinèt : « Vous devez venir avec nous ». Machin nan desann tout vitès anba lavil la pou l al katye jeneral lapolis. Ofisye a antre la.

Apre dis minit li tounen epi li pran direksyon Kazèn Desalin, sant entèwogatwa rejim nan. Yo fè madanm mwen chita sou yon ban pou l tann jeneral la. Li tann twazèdtan. Alafen yon ofisye pwoche bò kote li li di l jeneral la pa t ka vini men li pase lòd pou l tounen lelandemen maten a 8 è di maten. - « Oui, mais comment vais-je rentrer chez moi? » Se sa Jinèt mande ofisye a.

Mouche reponn li li te panse li te nan yon machin. Bout pou bout, yon taksi mennen l tounen lakay li. Nou pa bezwen di nan ki pwen tout moun boulvèse.

Lelandemen papa Jinèt te depoze l nan Kazèn epi jeneral Breton Klod resevwa li nan biwo l « Nous aimons toujours parler aux gens qui nous reviennent de l'étranger ». Se sa li esplike. Te gen foto sou mi yo. Jinèt rekonèt plizyè moun, espesyalman jenn gason, jenn fi ki te tounen nan peyi a epi ki te twouve yo fèmen nan yon selil. Depi lè a yo disparèt Fòdimanch.

Jeneral la te apèn koumanse entèwogatwa li lè Liknè Kanbwòn antre nan biwo a. Li te gen yon kostim yo abitye rele po reken. Li te trè ajite. Li t ap pwoteste paske moun yo t ap plede di yo arete Jinèt. Li te move paske li tande yo di m ap ekri yon lòt liv. « Votre mari a été très dur pour le peuple haïtien, alors que notre pays avait été très bon pour lui. » Epi, kòm li t ap soti an kou d van, li rele fò : « Et il ne retournera jamais! » Breton Klod, tout an souriyan, vire gade Jinèt, li mande li si li te gen entansyon tounen vin viv ann Ayiti. Li reponn : « Général, vous avez entendu le ministre ». « Oui, madame, mais les gens changent! » Lè li fin poze li kesyon sou travay li kòm pwofesè epi diskite de pwoblèm yonn nan pitit fi li yo, konvèsasyon an te bout.

Kanbwòn sot tonbe nan pòs li a nan de mwa ki vin apre yo epi li pati ann egzil. Li te an disgras. Yon maten, lè Kanbwòn rive nan palè a, baryè a te ret fèmen. Lè Kanbwòn fin pran chenn kont santinèl la, li pe sèk lè santinèl la di li san li pa salye l, li resevwa lòd fòmèl pou l pa ouvè ba li. « Ce n'est pas possible, je suis le ministre de l'Intérieur! » Li vin reyalize li pa minis ankò. Li pran frikat, li kouri al lakay li, li mare pakèt li, li pran fanmi li, l al refijye nan anbasad Kolonbi. 15 novanm 1972 nan lasware, minis Enfòmasyon an, Frits (Toto) Sineyas (Fritz Cinéas) li yon deklarasyon prezidan an nan radio pou l anonse nouvèl la : Yo mete Kanbwòn atè nan pòs li. Yo fè piyay nan kay li.

Yo voye « reken an » ale.[71] Limojay Kanbwòn fèt pandan absans Madam Simòn Ovid Divalye ki te Miyami ak pitit fi li Nikòl. Kanbwòn te toujou jwenn sipò bò kote l. Men bagay sa a te gen yon dimansyon fami ak fanmi, paske tou dènye la a, Premyè Dam nan espedye an sekrè aletranje Jilbèt Salès (Gilberte Sales), zanmi Janklod. Madam Divalye te pase lòd al keyi l lakay li, eskòte l nan ayewopò a, mete l nan yon avyon ki pral Nouyòk.

Yon lòt pa Kanbwòn te victim mannigans yon lòt zetwal k ap moute, Doktè Woje Lafontan (Roger Lafontant). Yon jou Kanbwòn te fè kont kòlè li, li joure kont li matchyavèl Lik Dezi ki te monopolize telefòn nan nan pale ak Madam Divalye pandan limenm Kanbwòn li t ap tann tou pa li. Dezi menm ki move kou kong, li rakonte Lafontan sèn nan. Li kalifye Kanbwòn de diktatè ki koumanse vin enkontwolab epi danjere kòm si se li ki te prezidan an. Yo pa t bezwen plis pase sa. Se yon sèl Seza ki pou genyen. Pous Seza gade atè.

Kounye a fòk yo te avèti Madam Divalye. Janklod rele bon zanmi li nan Senlwi a, Klod Ogis Douyon (Ti Pouch) : « Attrappe ton passeport. Tu pars pour Miyami ». Nan yon entèvyou ak otè a Koral Kaboulz (Coral Gables) nan yon galri Florida Art, Ti Pouch rakonte li di Janklod : « Mais qu'est-ce que je peux bien lui raconter? » Janklod moute zèpòl li :
« Simplement annonce-lui la nouvelle. » Lè li aprann Kanbwòn pa t minis ankò sa te etone madan Divalye. « Mais, pour quelle raison? Douyon pa t konn sa pou l reponn. Li pran telefòn nan li rele Janklod, li pase manman prezidan an telefòn nan. « Je ne suis pas du tout contente. » Janklod esplike otè a: « Bon, contrairement aux autres, Cambronne n'a jamais comploté. Simplement le champagne lui est monté à la tête. Le problème c'est qu'il ne peut y avoir deux coqs dans la même basse-cour. »

---

[71] Kanbwòn t al eseye pran azil nan anbasad Panama, ki nan Berté kote Jera Domèk (Gérard Daumec) ki te ladan depi twazan te refize kite l antre. Ak konkou yon ofisye aviyasyon militè, Kanbwòn ak fanmi li te ka refijye nan anbasad Kolonbi.

Kanbwòn soti. Woje Lafontan ki gen 41 an, antre. Ansyen reskonsab nan mouvman etidyan ki te òganize grèv Fakilte medsin nan an 1960, epi ansyen militan pati Danyèl Fiyole a, Divalye te voye rele l enpi li chanje kan. Depi lè a li vin yon ti chef ou pa sa neglije, li parèt nan kou medsin ak revòlvè li bò kote l, li gen gwo mwayen nan men l, l ap dirije fakilte medsin nan ak yon awogans san parèy. Li te gen yon anbisyon pou pouvwa ki te fè l gade anlè nechèl la. Li te deside moute.

Se te makout entèlektyèl la an pèsòn. Li kout, bout choukoun, abiye tankou chef ganstè. Imedyatman li koupe afè komès san ak kadav Kanbwòn nan epi li siprimen monopòl divòs rapid pou etranje a. Sepandan vye ansyen yo pa vle wè li, an kòmansan pa Madan Divalye. Alafen, sou twa mwa edmi yo espedye li o Kanada, yo mete Breton Nazè (Breton Nazaire) nan plas li. Lè sa a, Breton Nazè te majistra Pòtoprens.

« La chute du requin » se te tit yon atik ki rakonte istwa Kanbwòn nan *Time Magazine* 4 desanm 1972. Pandan 18 mwa se te moun yo te pi pè ann Ayiti. *Time* di an plis Kanbwòn pa t moun

pou te plenn sò li; li te ranmase yon fòtin yo estimen omwen dis milyon dola, (yon tyè bidjè peyi d Ayiti epòk sa a).

Atik *Time* lan fini an swetan pou chit Kanbwòn nan sèvi kòm avètisman pou sa k ap ranplase l yo. Pètèt li ka kreye yon klima ki pi favorab pou envestisman. Bebe Dòk t ap moutre sa l peze pwogresivman nan pouvwa a. Sa ta ka debouche pa aza sou liberasyon prizonye politik Divalye Papa li te kite pou li epi k ap pouri Fòdimanch. Liknè Kanbwòn mouri Miyami an 2006.

CHAPIT 13

Yo kidnape anbasadè ameriken an, Klintonn Nòks (Clinton Knox)
(22 Janvye 1973)

``Veritab tan ki pase a pa janm ale...``
Thomas Carlyle

Jou sa a pa te diferan ak lòt jou yo. Toujou menm aktivite chak jou yo. Machin anbasadè ameriken Nòks yon chofè ayisyen t ap kondi te soti nan anbasad la nan boulva Ari Twoumann, li pase pa Lali pou l moute Petyonvil. Pye flanbwayan sou de bò wout la. Se te madi 22 janvye 1973.

Klintonn Nòks, anbasadè Etazini.

Anbasadè a te parèt ase satisfè de entèvyou li te sot bay yon jounalis Miami Herald. O total li te tounen meyè ajan relasyon piblik rejim nan. Li pa t konn ezite pou l di jounalis ki vin kote l yo gen chanjman, bagay yo vin pi bon ann Ayiti. Dapre li peyi a se te tèritwa ki pi pa gen tansyon nan tout peyi Amerik Latin yo kote Etazini gen reprezantasyon diplomatik. Nòks te pran abitid deplase san moun pa akonpaye l. Nan entèvyou l yo li te toujou fyè pou l di li pa pèmèt gen gad ame sou tèren rezidans li. Se sèlman yon gadyen li te ganyen ki te gen apèn yon souflèt.

Te gen de kwa pou l satisfè ak rezilta pwopagann sa a. Ou te ka wè Mayk Walas (Mike Wllace) k ap bat bravo lakontantman pou chanjman sa a nan pwogram ni an « Soixante minutes », 23 avril 1972. Li anonse ak tout bouch li van chanjman an koumanse soufle diran premye ane Janklod sou pouvwa a. Touris ki vini, prezans yo nan lari yo, magazen, otèl, tou sa moutre aklè nan ki direksyon van an soufle.

Li di anplis « Les touristes sont à la recherche de quelque chose d'exotique et se sentent à l'aise et confortables maintenant que leur sécurité est beaucoup mieux assurée qu'au temps de Papa Doc. » Kòm de rezon, fen 1972 Janklod pwoklame amnisti ak liberasyon prizonye politik yo. Yon nouvo misyon ameriken rive pou l vin pale ak militè yo. Se te premye vizit depi yo te fin voye misyon naval amerikèn nan ale an 1963. Toujou nan fen 1972 la, Janklod te resevwa kèk fizi otomatik nan men Labèljik (2 000).

Nan pwogram sila a, Walas voye gwo kout chapo pou konstriksyon Bitasyon Leklè a ki kòmanse nan Matisan, sòti sid Pòtoprens, yon michan pwopriyete Polin Bonapat (Pauline Bonaparte), sè Napoleyon (Napoléon) ki te marye ak jeneral Leklè (Leclerc). Se te travay Olivye Koklen (Olivier Coquelin), pwopriyetè manadjè klib Ipopotamis (Club Hipopotamus) nan Nouyòk kote li te resevwa « jet-set » mondyal la. *Herald Tribune* kalifye bitasyon Leklè a de « nouveau sommet dans la décadence » epi Koklen detaye l « Cette décadence dont je parle, c'est une façon de vivre dans la beauté ». Moun sa yo, lè yo rive Matisan, yo ta gen pou yo travèse katye ki antoure bitasyon Leklè a, yon katye pòv. Koklen di « cela leur permettra d'apprécier la fantastique amabilité du peuple haïtien ».

Newsweek bò pa li nan edisyon 1^{e}me 1972 Pòtoprens ale pi lwen toujou ak tit sila a : « L'ère de Bébé Dòc. » « Selon les évaluations locales, la vie à Port-au-Prince est devenue moins problématique qu'elle ne l'était un an avant. » Otè atik la, Elizabèt Pi (Elisabeth Peer) di toujou « Nous avons là une société beaucoup plus ouverte que le système répressif de Papa Doc ». Se ane apre a sèlman *Time* antre nan koral konpliman an nan edisyon 29 janvye 1973 kote li di Ayiti te «Comme une nouvelle île sous le soleil. » Maintenant les activités des macoutes sont mises sou contrôle. Les armes sont moins visibles et Jean-Claude a tendu la main aux investisseurs potentiels et aux visiteurs. » Epi li klotire « Haïti est Haïti, avec ses couchers de soleil à couper le souffle, la nuit un ciel spectaculaire, et des couleurs si vives qu'elles ne pouvaient manquer d'inspirer un peuple de peintres.»

Nan inogirasyon bitasyon Leklè a Koklen te envite Janklod. Se sè li Nikòl ki te prezante. Dapre *Herald* yo te rive nan dènye degre dekadans lan. Enstalasyon an te koute 1 900 000 dola epi dekoratè Nouyòk la Laurence Peebody te depase pwòp tèt li. Plis pase mil moun te vin admire esplandè jaden yo ak pisin yo epi danse nan diskotèk Peabody te desinen an tandiske 200 moun te founi je gade nan lari a. Koklen di :« Ici, vous levez la main et vous êtes servi ».

Nòks ki gen 59 an, yo te nonmen li an 1969. Li te fèt Masachousèt (Massachussetts). Li fè doktora an filozofi nan inivèsite Avad (Havard). Se premye anbasadè nwa yo te nonmen ann Ayiti nan epòk modèn nan. Nan 19e syèk la te gen de. Nòks te lese otorite ayisyèn yo antann li pa dakò ak pozisyon Wachintonn nan : « Une attitude réservée, mais correcte ». Nòks te deklare yon atitid kon sa pa t bon enpi li vin tounen yon patizan aktif Divalye. Lè gad kòt Kaya yo te soulve a, li te tout tan nan telefòn ak Divalye. Li te jwe yon gran wòl pou fè resevwa yo Gwanntanamo epi ba yo azil politik. Nòks te panse politik Wachintonn nan se te yon politik rasis alòske, se sa li di, « Nous devrions démontrer que nous sommes en faveur du bien-être du peuple haïtien ».

Krayslè (Chrysler) nwa anbasadè Nòks la te rantre kounye a nan ti ri ki mennen nan antre rezidans lan, yon ti machin bare wout la pandan yon lòt vin kanpe dèyè l. De zòm, revòlvè o pwen ak yon fanm soti nan machin yo. Yo kite chofè a ale : li pral bay nouvèl. Chofè a kouri al sou wout anba mòn nan. Yon machin mennen l nan chansèlri a kote li fè rapò li : « L'ambasadeur a été kidnappé! » Konsil jeneral la Wad L. Kristennsenn (Ward L. Christensen) sote nan Vosvagenn li (Volkswagen), l al nan rezidans lan, yo pran li ann otaj.

Anbasad la ak palè nasyonal te tèt anba. Gadyen an ak souflèt li a fonn kou bè. Anbasadè amerikin an ak konsil jeneral la prizonye nan rezidans anbasad la! An de tan twa mouvman tablo anbasadè a te konn prezante si souvan kòm yon ayiti kote ki kal ki gen lapè, tablo sa a fè fon, epi sa k pi dwòl la, viktim nan se anbasadè a limenm. Twa aktivis yo reklamen liberasyon 31 prizonye politik, epi, si yo pa satisfè demann nan, y ap pase a l aksyon demen a dezè di maten : y ap touye tou de otaj yo.

Janklod deside l ap satisfè demann kòmando a men gen pwoblèm. Bèna Doren (Bernard Dorin), anbasadè fransè a ak chaje d Afè Kanada a, Wilyam Makennzi Woud (McKenzie Wood), ki te ofri tèt yo kòm medyatè, te rankontre gwoup la nan biwo anbasadè a. Lè yo te bay nan iltimatòm nan, yo mete de zè sou li, jis katrè nan maten, apre sa jiska midi. Prensipal difikilte a sèke nan lis 31 prizonye yo reklamen yo palè a pa t rive idantifye tout. Se sèlman 12 sou 31 yo rive idantifye. Se 12 sila yo y ap libere. Kòmando a egzije en milyon dola amerikin ak yon avyon PanAm pou kondi yo o Meksik. Kounye a, anbasadè meksiken an Amado Diran (Amado Dduran) ak nons apostolik la monseyè Luigi Barbareito ofri asistans yo.

Alafen yo mete yo dakò sou chif 12 prizonye a, plis swasanndis mil dola (gouvènman an te di se tout sa ki disponib), epi vwayaj Meksik la nan yon avyon C. 47 Air-Haïti. Anbasadè meksik la ak Nons Apostolik la eskòte kidnapè yo ak 12 prizonye epi lajan an jis nan avyon an lè yo te fin lage de otaj yo.

Yo lage prizonnye yo lè 5 moun sa yo te fin kidnape anbasadè ameriken an Klintonn Nòks

Yo pran zam kidnapè yo: yon revòlvè kalib 38, yon revòlvè jwèt an plastik, yon manchèt, de kouto. An reyalite se sèlman kat prizonye ki te nan dezyèm kare ki te nan lis la : Enanol Napoléon, Jacques Magloire, Antonio Joseph epi Adrienne Gilbert. Jean Napoléon te mouri Fòdimanch kèk jou anvan. Bouwo yo bay pou Enos Pierre-Pierre la (Flop-Flop) ajoute yon senkyèm ki pote non yon prizonye ki mouri. Prizonye yo lage yo revele gen plis pase 105 prizonye politik ki fèmen toujou Fòdimanch. Li lanse yon kanpay pou sansibilize opinyon entènasyonal la sou sò yo. Yon ti bout tan apre yo wete Klintonn Nòks nan pòs la epi li pran retrèt li. Nan twa moun ki te fè kidnaping lan te gen yon pwofesè lekòl primè ki te gen 25 an, Raymond Napoléon. De lòt yo se te Francine Napoléon ki gen 22 an epi Robert Napoléon ki te gen 36 ans. Yo te soti nan yon fanmi yo konnen byen nan Plenn di Kildesak (Plaine du Cul-de-sac). Yo t ap sibi pèsekisyon anba makout yo depi lontan. Lè yo fin pati gen yon vag arestasyon ki fèt kote yo reprann prizonye yo te deja lage yo, tankou Hubert Legros, Ernst Eugène, ak Jean-Claude Alexandre, ki tapral mouri la fwa sa a.

Sis mwa apre, 23 jiyè 1973, gen yon dram ki pral fè Janklod wè wout pouvwa a chaje ris ak soupson. 7 out 1912, yon prezidan disparèt nan palè a ak 422 manm yon ganizon palè, nan yon terib aksidan ki redui palè a an win. Jan Janklod esplike otè a sa nan yon entèvyou ki te fèt Pari, gen yon gwo bwi ki reveye limenm, manman l ak gran sè li Mari Deniz byen bonè nan maten, tankou se ta yon rafal bal ki deklanche l. Se minisyon yo te antrepoze nan depo palè a, nan redchose a ki te pran dife. Palè a te ka sote. Lekontrè jan l abitye pale, yon jan vag, sou yon sèl ton, vwa Janklod te chaje emosyon lè l ap pale de chans li te ganyen lè sa a ki fè li pa t mouri. « Une partie de la salle des Bustes fut détruite ainsi que le salon diplomatique et toute la section du palais qui fait face aux bureaux des Ministères ». Na sonje se Papa Dòk menm ki te pran desizyon antrepoze tout minisyon lame yo nan palè pou wete tout tantasyon koudeta nan tèt moun yo. Janklod te panse nan ka sa a se yon sabotay. Ki moun ki te reskonsab? Li di otè a : « Nous n'étions pa sûrs, concernant qui en était responsable, mais, après cet incendie dans le dépot, il y en eu encore deux autres. Il y avait derrière ces incidents une main appartenant à quelqu'un du personnel du palais. Je pris quelques mesures et après cela tout redevint calme. C'était une période difficile, mais je parvins à tout contrôler. Certains pensaient qu'à cause de cela, j'abandonnerais le palais. » Li pa bay okenn detay sou moun yo ta soupsonnen yo ni sou mezi yo pran yo.

Tout bagay t ap mache nòmalman. Sis jou apre nan yon diskou ki te prepare pou Jounen VSN yo, Bebe Dòk bat bravo pou inite lame yo ki te sove « la maison nationale », an patikilye nèg brav yo nan gad prezidansyèl la ki te pwoteje chèf yo ak manman cheri li. »

Se epòk sa a yo anonse desizyon madan Divalye pou l erije, ak lajan Leta ayisyen yon moniman finerè ki gen pou l resevwa rès mari li, Papa Dòk. Se yon fim franse ki fè plan mozole a (Mausolée François Duvalier) ki te pare an 1973. Gen yon pati ki konstwi anba tè nan kwen Channmas la ki akote palè nasyonal la. Mozole sa a ta koute nenpòt twa milyon dola. Yo vin chanje rezondèt li anvan travo yo fini. Yo fè l tounen « Musée du Panthéon national », yon prekosyon ki saj, paske ou pa janm konn sa k ka rive.

Pou jennonm Divalye a, veritab pase a pa riske pati, jan Carlyle te di sa.

CHAPIT 14

Machin nan ap okipe sa

Lè l ap pale de mekanik pouvwa papa l te kite pou li a, Janklod Divalye, nan entèvyou l yo, sèvi ak imaj « La machine ». Ke limenm li ka rete kenz an nan tèt peyi a pwouve efikasite chimen li pran ak mwayen li te dispoze ki te pèmèt li rete nan pouvwa a ennan an plis tan papa l te fè a. An reyalite machin nan te gen de fas. An 1986, gen biwo espesyalize ki t ap chache tras kontab fòtin Divalye yo yo rann yo kont sa te pran plizyè ane pou yo sifonnen byen leta yo ak pasyans kote yo ye, pou rive ranmase nan peyi ki pi pòv sou tè a, fòtin sa a ki pa gen anyen ki neglijab, menm lè w konpare l ak peyi rich yo.

Lòt travay machin nan se mentni metòd represyon, terè, pwopagann nan administrasyon piblik, nan rezo makout ki nan tout peyi a, epi sèvis espesyal nan lame d Ayiti ki la pou aplike yo. Yon sistèm kon sa sipoze sitwayen yo arete nan peyi a oswa nan pò pou antre yo al chwe nan kèk sant pou entèwogatwa ak anprizònman, prensipalman Kazèn Desalin, Penitansye nasyonal ak Fòdimanch, yo transfòmen an zòn ou pa dwe franchi. Yo te ka matirize yo fason ki pi sovaj, pi souvan anba baton apre sa yo egzekite yo yonn pa yonn oswa tout ansanm oswa yo fèmen yo Fò Dimanch bay lafen osnon maladi touye yo. Pa t gen sèvis nan sistèm jistis la; sitwyen yo te twouve yo nan sitiyasyon kote yo elimine tout dwa yo rekonèt kretyen vivan genyen nan tout peyi.

Egzekisyon grap moun, ka flagran krim kont limanite fèt epi dokimante. Men ventan apre Divalye yo fin pati, gouvènman ki vin apre yo pa fè okenn ankèt. Sistèm jistis la rete andeyò sitiyasyon sa a tandiske lame d Ayiti kontinye apre 1986, egzekite nan mitan lari, devan tout moun moun li rele « dangereux terroristes » yo. Yo te baze yo sou moniman lawont ki rele dekrè antikominis 22 avril 1969 ki te prevwa kondanasyon a mò pou tout moun yo sipoze ki kominis oswa ki gen zanmi kominis oubyen ankò k ap li liv kominis. Imedyatman yo deklare moun sa a koupab « wot trayizon » epi li merite mouri touswit. Machin sa a t ap fonksyone avèk siksè sou direksyon Lik Dezi, kolonèl Òsèl, kolonèl Jan Valme, Kolonèl Albè Pyè, « Ti Boule », kòmandan Kwadèboukè. Yo tout te espesyalis ofisyèl epi reskonsab machin nan. Yon zòn moun pa gen okenn dwa, yon zòn lanmò, lwen sistèm jistis la, popilasyon an ak opinyon entènasyonal la pa menm apèsevwa li.

Sa k rete pou n konnen kounye a se kimoun ki reskonsab kriyote sa y o ak sitwayen yo disparèt pa milye, pi fò ladan yo se jenn moun. Ki moun ki te konn pase lòd touye moun yo? Yo pa ko janm poze kesyon sa a piblikman, ni viktim yo, ni sistèm jistis la ni gouvènman ki vini apre Divalye yo. Silans ak pèt memwa redui montay soufrans sila a kòm si dwa a se te yon maleng pèmanan ki pa gen gerizon nan sosyete ayisyèn nan.

Pandan dekad 1970 la, palè a te prezante yon vizaj ofosyèl detant nan yon diskou sou libéralizasyon tandis ke fason mou nap viv la te vle hise kò l sou yon sèten nivo liks ak distenksyon. Sa pa t vle di menas ni anndan ni deyò yo te sispann. Divès gwoup egzile t ap chache nan tout Amerik Santral ak Venezuela kote pèsonalite yon Kalòs Andrès Perez t ap dominen, t ap chache mobilize yon sipò pou kèk aksyon ki vize ranvèse rejim nan. Nan Kosta Rika, Jose (Pepe Figeres), Panama, jeneral Omar Torrijos t ap resevwa gwoup moun k ap chache kan antrènman epi senpatize ak kòz yo a malgre movèz efè divizyon ki nan sen gwoup sa yo k ap mande a.

Anndan peyi a te gen ale vini. 4 sektanm 1974 gen yon bonm ak dinamit ki pete nan chanm otèl Kastèl Ayiti nan katye Sen Jera ak Oloffsonn, li touye yon sèten Aringtonn (Harrington) ki te soti Miyami. Sanble bonm nan se pou Janklod yo te pare li, men li te deklanche anvan lè l. Kèk mwa apre, Gran Jiri Federal Miyami akize Bèna Sansarik (Bernard Sansaricq), yon opozan rejim nan ki koni, kòmkwa li transpòte esplozif soti Miyami al Ayiti; lapolis ayisyèn te sispèk li gen rapò ak Aringtonn. An janvye 1975, pa te gen prèv, yo kite sa.

Ann avril 1976, yon enfòmatè avèti kò VSN (Volontaires de la Sécurité Nationale) gen yon kay nan Waney, Kalfou, ki gen aktivite dwòl. Kèk eleman nan milis la rann yo kote a, yo resevwa yo ak kout fizi. Plizyè manm VSN blese, yon moun nan kay la mouri nan tire reponn kout zam, yo pa idantifye l. Kat nan kanmarad li yo chape poul yo nan yon djip. Yo kite yon aparèy radyo kominikasyon (walkie-talkies) dèyè. Selon enfòmasyon egzile yo bay, se te yon pwojè yo te ganyen pou yo asasinen Janklod Divalye ki t ap pral inogire yon lekòl Leyogàn.

Djip konplotè yo te itilize a, se yon elektrisyen nan palè a ki te kondi l, Chal Fremon (Charles Fremont) ki te blese nan plede tire ak VSN yo. Se de frè Legwo yo (Legros), Ibè (Hubert) ak Michèl (Michel), pitit yon avoka koni, Ibè Legwo ki mouri ak tibèkiloz ak disantri kat mwa anvan (19 desanm 1975) nan kacho Fòdimanch. Apre lese frape ak milisyen yo, gwoup la travèse Pòtoprens, li mete dife nan Teleko (Téléco). Apre sa li lage djip la yon kote nan Laplenn (Plaine du Cul-de- sac) epi ganlè yo te kache pandan kèk jou anvan yo travèse fwontyè Dominikani. Yo rann yo nan anbasad Jamayik nan Sendomeng, yo mande azil politik, yo ba yo li. Yo pran vòl pou Jamayik apre sa yo jwenn refij Etazini.

Minis enteryè a, Pyè Biyanbi (Pierre Biamby), devan lafyèv konspirasyon sa a ki soti divès kote alafwa, pa t ezite. Prese frape inosan kou koupab san gade dèyè. Se kon sa yon gwoup makout Tije Woolley t ap kondi arete yon jennonm, Robert (« Bobby ») Duval. Fanmi li te refijye Pòtoriko (Puerto Rico) an 1964 epi yo te tounen nan peyi a apre lanmò Divalye. Yo te posede nan Ti

Plas Kazo (Ti Place Cazeau), sòti nò Pòtoprens, yon gwo antrepriz mekanik ak kawotchou. Yo mete Dival nan prizon 20 avril 1976 nan Kazèn Desalin malgre li nye ke li te nan koze Waney a, yo transfere li Fòdimanch kote tibèkiloz t ap minen li, yo voye chache li pou yo transfere l ak lòt prizonye nan Penitansye. Apre vizit anbasadè Andrew Young ann Ayiti yo libere Dival 21 sektanm 1977. Tradiktè liv sa a (an franse) chonje li te asiste an 1994 rankont Robert Duval ak ansyen prezidan Djimi Katè (Jimmy Carter). Dival te vin prezante de pitit li yo bay Katè ki te sove vi li granmesi doktrin li an ki te baze sou respè dwa moun. Yonn nan prizonye ki te nan menm selil ak Dival se te yon ansyen minis enteryè Papa Dòk, Jan Jilme (Jean Julmé). Yo te sispèk li gen twò gwo anbisyon yo te voye li Fòdimanch. Li mouri la. Non li pa te figire sou lis 104 non arête 20 sektanm 1977 la Orelyen Janti (Aurélien Jeanty), sekretè d Eta Enteryè te li jou 104 yo t ap pati a. Patrik Lemwàn, nan liv li a, paj 254, mande pouki sa nan moman liberasyon sa a Jan Jilme te rete toujou nan selil 17 nan Kazèn Desalin nan.

Patrik Lemwàn (Patrick Lemoine) te yon anplwaye nan ayewopò a. Yo arete li, yo pa janm akize l li fè okenn krim. Li pase de ane nan kazèn Desalin, de ane Fòdimanch.Yo lage li an sektanm 1978 ansanm ak gwoup ki te benefisye vizit Anndwou Young lan, li pibliye yon journal detaye sou sejou li nan lanfè kacho Divalye yo : Fort Dimanche, Fort la Mort.

Aletranje konplo te fèk kare. 19 me 1977, nan Klintonn, Nyou Jèze, FBI ak lapolis arete yon gwoup ki te rele « Brigad Gérald Baker », non yonn nan kanmarad yo ki te mouri pa aksidan pandan yon antrènman geriya nan Everglades an Florid an 1968. Yo te idantifye manm brigad yo kòm etan ansyen kolonèl nan lame a René Léon, Charles Smith, yon Ayisyen ansyen marin epi de militan koni Remon Pyou (Raymond Piou), Anòl Salnav (Arnold Salnave). Yo te akize dapre zavwa yo te negosye pou yo achte zam pou yo fè envazyon ann Ayiti. Yo pa t konnen si ameriken d orijin italyèn yo te fè afè avèk li a se te yon ajan FBI. Yo arete toulekat kay Charles Smith pandan ajan an yo t al fè pèkizisyon pou y al chache zam, pandan yo t ap fete fèt Salnav. Yo akize yo enpi yo jwenn yo koupap dapre yo te eseye achte zam ak minisyon pou y al sèvi nan yon peyi etranje. Leyon pase ennan nan prizon ak senk an pwobasyon. Lòt yo pran 6 mwa prizon.

Imaj « la machin » ki te soti nan bouch Janklod Divalye a fè wè kalite eritay li te resevwa an 1971 lan epi li pa chanje a, sòv li rann li pi rafine. Machin nan t ap kontinye travay makawon an nan kraze zo moun li sipoze ki lènmi rejim nan oswa nèg ki pa janm satisfè yo ki te fè pati rejim nan. Papa Dòk te fè yon jan pou li mete etikèt sou tout advèsè li yo : tèworis danjere, « kominis ». Kon sa li antre lame a nan yon wòl swadizan patriyotik epi o nivo entènasyonal li antre li nan « combat du monde libre contre l'entreprise mondiale du communisme ». Menm 20 an apre 1986 enpinite kontinye pi rèd.rèd.

Anastasio (Tacho 11) Somoza evek Bebe Dòk.

Chapit 15

Pèp medya yo

Depi yo fin lanse eslogan modènizasyon ak liberizasyon ki kòresponn ak arive yon jennonm diznèf an nan dinasti a sou pouvwa a, fòk vle pa vle yo aksepte chanje estil yon près ki chita nan wonwonnen elòj pou « gwo zotobre ki disparèt la, diskou delegasyon ki soti nan kat kwen peyi a pou vin nan simityè a. Lè sa a laprès ayisyèn tounen yon eskelèt. Jounal « istorik » yo, Le Nouvelliste ak Le Maten te près fin tounen anyen. Direktè Le Maten se te Dimerik Chalye (Dumayric Charlier) ki te an menm tan sekretè « Association des Journalistes Haïtiens ». Woje Gaya (Roger Gaillard) te konn pibliye kwonik li yo ladan anvan li te pase nan Nouveau Monde epi li te koumanse pibliye liv li yo sou peryòd istorik kòmansman 20e syèk la. Lisyen Montas (Lucien Montas) nan Nouvelliste, yonn nan jounalis ki pi entèlijan nan jenerasyon pa l la, pa t ekri ankò.

Sètakòz. Yo te asasinen sè li, Liz Montas Baje (Lise Montas Bajeux) ki te gen 57 an, Fòdimanch ann out 1964 ak de pitit fi li, Michlin ak Àn Mari (Micheline et Anne-Marie) epi de pitit gason li Albè ak Maksim (Albert et Maxime). Le Nouveau Monde Jera de Katalòy (Gérard de Catalogne) te kreye a, te bay tèt li misyon fè gam pou « Gwo zotobre ki disparèt la ». Yo te elimine tout jounal ki te gen rapò ak yon gwoup osinon yon pèsonalite politik. Ti bilten klandesten yo te tèlman vin danjere pou moun yo kenbe k ap li yo, yo ka fiziye yo, yo te sèkile aletranje epi sou psedonim (non prete).

Poutan si pou ta pale de « libéralisation », fòk près ekri a ta chanje ton. Fòk anmenm tan yo rann kont sou sa k ap pase nan peyi a ak nan rès monn nan. Pou sa ka fèt, konseye Janklod yo panse posiblite devlope yon estil repòtay ki rann kont de reyalite a jan jounalis yo ak popilasyon an viv li. Lide a se te ankouraje moun yo abandone sa yo rele « langue de bois » an franse a, pou fè plas pou varyete fè ak pwennvi.

An patan, te gen yon inisyativ minis Enfòmasyon an, Frits Sineyas (Fritz (toto) Cinéas). Kòm siy ouvèti nan gouvènman an, an me 1971, li mete yon konferans pou laprès chak semèn. Se pa t gran zafè, lè w ap gade sijè li abòde yo, men omwen kòm senbòl palè a pa t ap kontinye parèt kòm sant represyon sanglan Papa Dòk la. Men moun ki an prensip reprezante estil nouvo sa a, Toto Sineyas se te yonn nan manm ansyen rejim nan ki te chita sou pouvwa a ak gwo ponyèt. Apre sa se yon lòt eleman ansyen rejim nan, Pòl Blanchè, ki te vin ranplase Sineyas, pandan yon lòt boutdi Pyè Biyanbi (Pierre Biamby), te nan Enteryè. Biyanbi, yonn nan gwo chèf makout yo, te sekretè pèsonèl Divalye, papa a. Se li ki te depeche mouche Jeremi lè masak krèvkè fanmi Sansarik (Sansaricq), Dwen (Drouin) ak Vildwen (Vildrouin) an jiyè 1964. Se jis an 1977, anba presyon « konseye yo », kabinè a vin rive pran yon vizaj pi liberal. Pyè E. Gous (Pierre E. Gous) ranplase Blanchè, epi Orelyen Janti (Aurelien Jeanty) pran plas Biyanbi. An definitiv jwèt chèz mizikal sa a pa t al byen lwen.

Se nan anbyans sila a kèk jenn jounalis ki satisfè yon doub kritè, koumanse parèt sou sèn nan. Yon kote, apre masak Divalye reyalize nan non swadizan kwazad anti kominis tèworis la, li pa t kesyon pou te gen relasyon ak yon gwoup politik done. Se poutèt sa jèn sa yo te kalifye tèt yo « jounalis endepandan ». Yon lòt pa, angajman yo nan disiplin lapawòl ak ekriti, se te yon angajman o sèvis reyalite vivan ki antoure yo a. Yo te konnen milye a byen epi yo te kapab jije firamezi nan kontak yo ak moun ki an plas yo limit ki genyen ant sa w ka manyen ak sa w pa sa touche, odas yo tolere ak ensolans yo reprime epi ak kèk ti mo ou glise anndan yon konvèsasyon, esplike, eskize yon fo pa nan yon pèpetyèl e mòtèl jwèt chat ak sourit. Yonn ladan yo, Janwobè Era (Jean Robert Hérard), yonn nan prensipal aktè mouvman sa a pale de li, rakonte l epi analize l nan liv li a « Le temps des souvenirs, Le mouvement démocratique en Haïti, 1971-1986 » (Imprimerie Le Natal, 2005, 229 p.)

Frank Etyèn, ekriven, otè pyès teyat

Gen yon ti gwoup ki te travay ak Dyedone Faden (Dieudonné Fardin), vrè non li se Benoît Louis-Marie Pierre, an menm tan ke atirans Jan Leyopòl Dominik, direktè Radio-Haïti Inter, egzèse sou yon oditwa nasyonal an patan de lòt kalite sous. Sou yon lòt itinerè ou te ka jwenn kèk pèsonalite orijinal. Enòm, jenyal Franketyèn (Franketienne) ki ta pral soti woman li an kreyòl, Dezafi, ak pyès teyat Pèlen Tèt, tandiske Moris Siksto (Maurice Sixto) pral prezante nou je fèmen vizaj trajik Lea Kokoye, enpi Annsi Dewòz (Ansy Derose) ak Manno Chalmay (Mnno Charlemagne) retwouve nan chante yo aksan nou konprann ki pèdi. Premye samdi mwa d jen 1971, Dyedone Faden mete an sikilasyon nan lari Pòtoprens Le Petit Samedi Soir ak yon lòt tit anba li : Revue, indépendante, littéraire, yon ti revi ki parèt chak semèn, li te kòmanse li kèk ane anvan sa nan vil kote li fèt la, Pòdpè (Port-de-Paix).

Gwoup jounalis endepandan ki te batay pou libète espresyon kòm dwa. A goch, Jan Leyopòl Dominik (Jean Léopold Dominique), "voix de sept heures", Radio Haïti Enter, yo asasinen li 3 avril 2000. A dwat, Lilyàn Pyèpòl (Liliane Pierre-Paul), yonn nan vedèt pwogram an kreyòl, ak Soni Bastyen (Sony Bastien) epi Mavèl Danden (Marvel Dandin), li pral ouvè pwòp radyo li, Radio Kiskeya.

Foto Jean-Bernard Diederich.

Faden ki te gen 36 an te fou pou lekti ak piblikasyon. Pwofesè lekòl, li te etidye ann Ewòp ak Etazini. An 1969 yo te nonmen li sekretè jeneral biwo nasyonal alfabetizasyon, yon plas l ap kenbe jis 1973. Se te yon pèsonaj misterye, enigmatik, divalyeris, bizismann ki te gen ladrès ak gwo anbisyon. Nou te ka rele l chanpyon woneyo. Yo wè li Pòtoriko k ap chache yon estennsil metalik yo ka repwodui yon milyon fwa. Li te mete pibliye nouvo edisyon liv ayisyen sou papye jounal nan yon bon pri.

« Le Petit Samedi Soir » te konn parèt regilyè chak samdi sou papye jounal. Yon piblikasyon ann aparans san pretansyon, men nou te koumanse wè siyati Janklod FIYOLE (Jean-Claude Fignolé) Dani Laferyè (Dany Laferrière), Pyè Klitann (Pierre Clitandre), Michèl Souka (Michel Soukar), Rene Filoktèt (Renè Philoctète), Gasnè Remon (Gasner Raymond), Janwobè Era (Jean-Robert Hérard). Lòt ti tit joual la « Publication littéraire » se te yon mo d pas entèlijan ki te pèmèt yo trete lòt sijè, sosyal, politik, pandan jèn jounalis yo pote yon lòt son bay piblik la ki fatige ak pwopagann Papa Dòk yo. Tanzantan, gen enpridans, pa egzanp lè li deklare Ayisyen yo gen libète "sous caution", sa te fè ministè Enteryè sispann joual la. Men nouvèl lokal yo, nouvèl etranje, editoryal, analiz liv ak fim moutre te gen yon ti libète pou pote jijman, epi yon ekriti k ap teste sansi a chak senmenn.

Nan lòt sektè medya yo, laprès pale, gen yon bagay ki te parèt epi ki t ap pral gen yon kokenn chenn enfliyans sou peyi a. Tranzistò ak pil kounye a pèmèt yon moun koute pwogram radyo tout kote sou tèritwa a, anpil nouvèl gaye, an menm tan tou ou te ka tande ata vwa oditè yo dirèkteman oswa nan repòtay jounalis yo fè ak aparèy anrejistreman yo.

Elsi Eteya (Elsie Éthéart), apre dizan etid jounalis ak travay ann Almay, li tounen ann Ayiti an 1970 epi li vin manm ekip Radyo Metwopòl la.

Depi lanmò frè l la, lyetnan Filip Dominik (Philippe Dominique), Jan Dominik te oblije abandone pwofesyon agwonòm nan. Li te travay nan estasyon radyo Richa Widmayè (Richard Widmaier) a, epi li te dirije li sou non « Radio Haïti Inter ». Li pase atravè tout peripesi mòtèl anba diktati sovaj la. Kounye a li te an pozisyon pou l enfliyanse evennman yo.

Pwogram nouvèl an franse a ki te konn koumanse ak siyal sonò « Il est sept heures », te vin yon « must », ki vle di yon bagay obligatwa, endispanab. Kalite stil la, vwa a, fòs editoryal yo, fason li di bagay yo te jwenn admirasyon menm moun ki pa menm bò avèk li. Li jwenn api nan men dezyèm madanm li an, Terèz Woumè (Thérèse Roumer) (li te kreye yon konpayi piblisite avèk li: "Ti Piblisité", api pitit fi li yo tou, apre sa Michèl Montas (Michèle Montas). Aksyon pèsonèl Jan Dominik ak Terèz, apre sa Michèl Montas, te debòde inivè jounal la pou l foure kò l nan aktivite kiltirèl sosyete a, toujou ak mak fabrik kalite endiskitab. Avèk yo, yon ekip jèn jounalis, Konpè Filo, Lilyàn Pyèpòl, Mavèl Danden, Soni Bastyen, te konn manyen kreyòl la ak talan ak pasyon epi ki t ap reyenvante lang lan jou apre jou. Menm jan pou jèn ekriven « Le Petit Samedi Soir » yo, kalite lang lan te vin yon lese pase pou lide yo ak entansyon yo. Konpè Filo sitou, ak fason li sèvi ak richès kreyòl la kòm resous selon oditwa a, li te gen yon odyans eksepsyonèl, sitou li te vwayaje tout kote nan peyi a ap ranmase detay tou nèf. Lilyàn Pyèpòl ki vin antre nan ekip la vin tounen yon gwo vedèt ann apre nan Radyo Kiskeya li kreye avèk Mavèl epi Soni. An mas 1970, Herbie Widmaier reprann tradisyon familyal la epi li lanse « Radio Métropole » ki atenn yon nivo kalite ak konpetans nan domèn mizikal sitou, ki plase estasyon an pami sa ki pi bon yo.

An 1973, Mak Gasya (Makis) (Marc Garcia), « Marcus », yon jenn avoka ki te travay kòm repòtè nan « Le Nouveau Monde », te tounen soti Pari kote li t al espesyalize li pandan ennan nan radyo ak televizyon. Li antre nan ekip « Haïti Inter » ak yon pwogram nouvèl an fransè « Journal parlé-Journal de treize heures » ki te gen anpil siksè. An 1970, Elsi Eteya ki te sot etidye jounalis Minik ann Almay pandan senk an travay Radyo Metwopòl, l al jwenn Makis lè li lanse pwogram nouvèl li a nan menm radyo a. Radyo pwotestan an, Radyo Limyè ki t ap trase wout li depi kèk ane kite estasyon katolik la, Radyo Solèy jwenn li an 1979. Radyo Solèy te yon relè enpòtan pou òganizasyon peyizàn yo ki t ap travay nan pwojè devlopman nan peyi a. Ckak maten peyi a reveye sou rit endikatif mizikal « Lè m pa wè solèy la ».

Devan yon pouvwa siseptib ki te konn fache kont laprès lè l bay chif konbe viktim nan siklòn oswa inondasyon, jounalis endepandan yo te plis rete nan repòtaj presi epi dokimante, pa egzanp sou pri pwodui agrikòl y ap vann nan lari yo, sou taks vandè nan lari yo peye vil la oswa gouvènman an. Men, anplis yo revele machann yo te gen pou yo peye makout yo tou pou yo ka jwenn pwoteksyon; pa sèlman nan kapital la, men nan pwovens yo yo transmèt temwayaj moun yo an dirèk. Yon travay kon sa te rann polis sekrèt la mefyan. Palè a te oblije fè yo kalme yo. Le kontrè, moun yo nan lari a pa t fye jounalis yo ki ta kapab espyon gouvènman an tou. « Il fallait y aller très lentement avant de pouvoir convaincre les gens que ce n'était pas une plaisanterie, que l'on était des journalistes pour de bon », se sa Makis deklare bay otè a nan yon entèvyou. Epi, li di toujou « au fur et à mesure qu'on progressait, on sentait que Jean-Claude Duvalier lui-même était fatigué de la musique du palais, ce ronron qui régnait du temps de Papa Dòc ».

Nan entèvyou l yo avèk otè a, Janklod Divalye bay tèt li merit kòmkwa se li ki te ankouraje nouvo jounalis yo. Li di : « Ils faisaient une partie de mon travail en mettant sur le tapis des problèmes importants et en mettant au jour les erreurs et le laisser-aller des ministères. » Janklod Divalye te bay tèt li merit poutèt li te kreye « Radio Nationale » epi li ba li yon objektif edikasyon.

« Le premier directeur a été Rémy Mathieu qui m'avait dit vouloir lancer un programme où l'accès au micro serait donné à des auditeurs, surtout dans les zones rurales pour qu'ils expliquent eux-mêmes leurs problèmes » - « Je lui répondis que j'étais d'accord et que je lui donnais le feu vert. »

Janklod Divalye di otè a toujou : « Si les paysans ont la possibilité de s'exprimer, de se faire entendre, il y a des chances que cela diminue les impulsions à recourir à la violence ».

Men « dinozò yo, vye ansyen divalyeris yo pa t dakò ak lide liberalizasyon an, pou yo bagay sa a mete prezidans a vi a an danje. Janklod Divalye defann pwogram radyo yo jiskalafen. Li di se te pou li yon mwayen presye pou l enfòmen sou sa k ap pase nan peyi a, epi administrasyon an gen tandans kache yo. Makis ki te vin direktè

Makis Gasyas (Marcus Garcia), yonn nan vedèt Radyo Metwopòl yo pandan ane 70 yo. An 1980, yo arête li epi yo egzile li. Li te etidye metye jounalis a Pari epi nan inivèsite Indyana

Radyo Metwopòl fè remake Janklod Divalye te konn rele nan radyo a pou yo pase moso mizik li pi renmen yo. « Je savais donc qu'il écoutait nos programmes »

Kidonk malgre dinozò yo (darati kòn siye) t ap bougonnen, Janklod Divalye t ap chache chanje repitasyon malouk rejim nan nan pawòl li, nan chwa kolaboratè l yo. Bò kote « «titè yo, konseye yo, si w prefere », ki vle di anbasad amerikèn, atache politik y ki byen tonbe: fòk Simòn Ovid ann antrepriz ki gwoupe nan « Régie du Tabac » pou yo sispann tounen manmèl bèf nan men kèk zanmi osinon kèk fanmi Divalye, epi dènye kou pou touye koukou a, prezidans a vi a.

Yon lòt pèsonaj nan kanpay edikasyon demokratik la se te direktè Sèvis Enfòmasyon Etazini an (USIS), Frank Gomez. Se li ki te òganize an 1976, yon vwayaj Santo Domingo pou yon gwoup jounalis nan okazyon reyinyon anyèl « Inter American Press Association » (IAPA) epi li te menm akonpaye yo. Se te Fred Britis, Bòb Nere, Makis Gasya, Gi Meyè, German Ornes, direktè edisyon maten El Caribe epi "chairman" komite IAPA pou libète laprès. Okòmansman yo te refize kareman prezans jounalis ayisyen nan reyinyon an sou pretèks laprès pa lib ann Ayiti enpi jounalis sa yo pa sa lòt bagay ke espyon Divalye. Alafen yo aksepte yo epi Gi Meyè esplike se te vrè jounalis yo te ye, endepandan, non pa ajan osèvis gouvènman ayisyen. Lè yo tounen ofisyèl gouvènman an al resevwa yo nan ayewopò a epi yo trete yo kòm VIP. Alòske de ane oparavan *"Le Petit Samedi Soir"* te akize gouvènman an dèske li iyore famin ki frape yon zòn kote ki gen plizyè milye peyizan, yo te entèdi edisyon jounal sa a, Dyedone Faden te met dife nan 9000 nimewo nan yon jès pwotestasyon. An me 1975, li soti yon editorial ki fè anpil bwi sou kolòk ak seminè y ap plede fè sou yon seri pwoblèm tankou lafen pa egzanp, men yo pa janm abouti nan yon aksyon tout bon.

Men sa le Petit Samedi Soir te di:

« Plus que n'importe quel pays nous savons analyser un problème et trouver, sur le papier, des solutions.

La régie du tabac avait été établie, après la guerre, sous Estimé, pour recueillir les taxes sur les cigarettes et les allumettes mais au fil des années la liste des produits imposés s'était passablement allongée. C'était un compte hors-budget:

Ni le total des recettes, ni la liste des bénéficiaires n'étaient connus. Soudain, en septembre 1976, Henri Siclait, depuis des années directeur de la Régie et confident de la famille Duvalier, fut sommairement révoqué et déporté en France avec toute sa famille. Les agences internationales et les institutions américaines finançant l'aide à Haiti saluèrent cette décision comme un pas important dans la bonne direction. Jean-Claude Duvalier avait même parlé de ``la scandaleuse opulence`` du secteur de la Régie.

Mais aucune enquête ne fut déclenchée. Jean-Claude Duvalier assurait que les fonds qu'amassait la Régie serviraient à diminuer la dépendance financière *d'Haiti. Il n'en fut rien. Le Wall Street Journal affirmait que ``l'épisode Siclait permettait de faire la lumière sur l'épineuse question de la corruption officielle. Mais aucun rapport n'a jamais été publié sur la comptabilité de la Régie``.*[72]

Janklod Divalye te bay asirans fon y ap ranmase yo t ap sèvi pou   diminye depandans finansyè Ayiti. Men y opa janm pibliye okenn rapò sou kontablite reji a. » Samdi 19 oktòb 1975, gran maten, ajan gouvènman yo t ap tann yon jenn jounalis, Ezekyèl Abéla (Ézéchiel Abélard), nan pòt pou soti nan Radyo Métwopòl la epi yo fouke li ri Pave. Rolan Dipou (Roland Dupoux), direktè teknik estasyon an, te avèti Abéla gen de ajan k ap tann li anba inik eskalye ki desann apik nan premye etaj la, pa te gen lòt kote pou soti. Dipou ki te swiv machin ajan yo te wè lè yo antre ak prizonnye a nan komisarya yo rele kafeterya ki sou gran ri a. Yo te fèmen Abela pandan sis mwa nan selil prizon nan Kazèn Desalin. Li mouri pwatrinè Fò Dimanch, enn an apre, an jen 1976, nan selil n0 6. Li t ap travay lannuit nan Radyo Metwopòl, li te konn ekri atik pou Jeune Presse, epi li te konn parèt plizyè fwa nanTélé-Haiti. Se te yon trè bon aktè ki gen talan. Li te fè dékouvri li nan entèpretasyon Debafre, yon pyès satirik. Yo pa fouti bay okenn esplikasyon sou sa ki rive l la.

---

[72] « Plis pase nenpòt ki peyi, nou konn analize yon pwoblèm epi jwenn kèk solisyon sou papye. » Yo te kreye *Régie du tabac,* apre lagè, sou Estime, pou li ranmase taks yo sou sigarèt ak alimèt, men, ane apre ane, lis pwodui yo takse yo vin pi long. Se te yon kont ki pa figire nan bidjè :
Ni total resèt yo, ni lis benefisyè yo, yo pa konn yonn. Sanzatann, an septanm 1976, Anri Siklè (Henri Siclait), direktè reji a, konfidan fanmi Divalye depi lontan, revoke epi depòte sanzatann an Frans ak tout fanmi li. Ajans entènasyonal yo ak enstitsyon amerikèn k ap finanse èd ann Ayiti bat bravo pou desizyon sa a kòm yon pa nan bon direksyon an. Janklod Divalye te menm pale de « la scandaleuse opulence du secteur de la régie. », men li pa ouvè okenn ankèt.

Yon ka trajik toujou, se ka Gasnè Remon an (Gasner Raymond). Li te gen 23 zan epi li te manm ekip Petit Samedi Soir. Dènye atik ki mansyonnen non l lan parèt 1e jen 1976, se yon repòtay sou yon grèv travayè nan izin siman d Ayiti yo t ap fè. Li parèt nan yon foto kote li debou nan mitan de ouvriye. Yo te jwenn kadav li jou sa a sou wout Brak (Braches), nan zòn Leyogàn. Yo te trangle li. Kòlèg li, Dani Laferyè (Dany Laferrère), zanmi li tou, rakonte nan yon istwa dramatik vennkatrè li pase Pòtoprens, lè li aprann lanmò Gasnè, anvan li anbake pou l ale ann egzil. (Dany Laferrière, Le cri des oiseaux fous, 346 p. Le serpent à plumes, Paris, 2000). Li fè dedikas pou Gasnè Remon nan liv la : ``À Gasner Raymond dont la mort a changé ma vie. ``

Pastè Nere (Nérée) ki te kreye pwòp joual pa li Hebdo Jeune Presse te pibliye kèk editoryal kote li kritike Volontè Sekirite Nasyonal yo (Les Volontaires de la Sécurité Nationale) san rezèv; li menm fè konnen gen rimè k ap sèkile kòmkwa yo pral mete fen nan koze Prezidan a vi a.

Nere pibliye tou yon dokiman kote Amnisti Entènasyonal mande gouvènman an esplikasyon sou yon enfòmasyon ki pretann yo egzekite 200 prizonnye nan prizon Fò Dimanch nan peryòd 1971-1972. Gouvènman an pa te menm reponn yo. An desanm 1977 milisyen bat pastè Nere devan legliz li nan Dèlma; yo te oblije mennen li lopital poutèt yo te blese li nan tèt. Anbasad amerikèn te pibliye yon kòmantè pa ekri :

`` Nou vle kwè sa se yon ensidan izole, se pa tounen yo tounen nan abitid kraze zo a e ke tandans pou laprès rive jwenn plis libète a ap kontinye ann Ayiti. ``

1977 se te ventyèm anivèsè dinasti Divalye a. Se sèten depi 1971 gen divès bagay k ap fèt pou korije yon rejim ki deja fè malè nasyon an. Kèlkeswa enpòtans ou bay chanjman k ap fèt yo, se yon sèl bagay ou ka konstate, sa pa ka rive lwen paske ak prezidans a vi a, se yon sistèm ki wete tout dwa politik sitwayen yo nan men yo, epi, èd y ap pote a, malgre sistèm kraze zo ki nan san gouvènman an, li p ap fouti chanje anyen. Sa ki pi rèd la, lè w kite menm moun sa yo ki t ap toupizi pèp la nan pouvwa a, se malè pandye a ou fè dire pi lontan toujou menm lè Divalye yo pa la an pèsòn, piske nou pa sa pase nan demokrasi san pa gen kontwòl ni kapasite pou fikse reskonsablite yo.

« Plis pase nenpot ki peyi, nou konn analize yon pwoblèm epi jwenn, sou papye, kèk solisyon.

Yo te kreye *Régie du tabac,* apre lagè, sou Estime, pou l ranmase taks yo sou sigarèt ak alimèt, men, ane apre ane, lis pwodui yo takse yo vin pi long. Se te yon kont ki pa figire nan bidjè :

Ni total resèt yo, ni lis benefisyè yo, yo pa konn yonn. Sanzatann, an septanm 1976, Anri Siklè (Henri Siclait), direktè reji a, konfidan fanmi Divalye depi lontan, revoke epi depote sanzatann an Frans ak tout fanmi li. Ajans entènasyonal yo ak enstitsyon amerikèn k ap finanse èd ann Ayiti bat bravo pou desizyon sa a kom yon pa nan bon direksyon an. Janklod Divalye te menm pale de « la scandaleuse opulence du secteur de la régie. »

Men li pa ouvè okenn ankèt. Janklod Divalye asire fon y ap ranmase yo t ap sèvi pou diminye depandans finansyè Ayiti. Li pa fè anyen. *Wall Street Journal* deklare : « epizod Siklè a pèmèt yo fè limyè sou kesyon delika koripsyon ofisyèl la. Men yo pa janm pibliye okenn rapo sou kontabilite reji a. »

Konpè Filo tout moun konnen an. Vedèt Radyo
Haiti Inter

Foto Dischter Marcelir

Pè Kona (Conard), yonn nan moun ki kreye
redyo katolik la, Radyo Solèy. Yo te egzile li.

Foto Jean-B. Diederich

Konpè Plim, vedèt nan teyat ak Radio
Cacique. Li te oblije kache pandan ennan
apre yo te fin voye kanmarad li yo nan laprès
al kanpe lwen.

Foto Jean-B. Diederich

Mesaj anbasadè Anndwou Young (Andrew Young) (14 out 1977)

Yonn nan evennman diplomatik nan istwa prezidans Janklod Divalye a se te yon ti visit doktè anbasadè Andwou Young prezidan Djimi Katè (Jimmy Carter) te voye Nasyonzini an, te fè. Vizit sa a, se te yon gwo siyal administrasyon Katè a te voye sou direksyon prezidan ameriken an te swete pou gouvènman ayisyen an pran.

Eleksyon Katè a an 1976 te pou bokou nan ranfòse pozisyon sektè ki an favè liberalizasyon ann Ayiti, jenn jenerasyon jounalis endepandan yo sitou. an diskou li te fè pou entwonizasyon li, Katè te deklare :

« Santiman nou genyen pou moralite a fè nou prefere sosyete ki pataje avèk nou yon respè pwofon pou dwa moun.

Anndwou You ap pale ak manm laprès ayisyèn yo nan eskalye rezidans anbasadè amerken an Pòtoprens. Se chaje d afè piblik la. Olivè Frank Gomès

Ansyen gadyen yo nan palè a chonje ak ki elokans Djonn F. Kenedi te travay an favè libète epi kouman li te seye anven venk pouvwa diktatè Franswa Divalye a. Darati kòn siye sa yo te pè pou nouvo prezidan demokrat la pa seye fòs li tou sou rejim Janklod la epi pou li reyisi fwa sa a.

Ansyen gadyen yo te eksite, yo te menm panike lè minis enteryè a, Orelyen Janti (Aurélien Jeanty) te anonse jounalis yo, nan koumansman ane 1977 la, yo pral lage 90 prisonnye politik. Apre sa yo anonse vizit Andwou Young pral fè ann Ayiti ak nèf lòt peyi nan Karayib la ak Amerik Latin nan. Otorite Leta yo nan Pòtoprens te gen kont rezon yo pou yo enkyete, paske yo pa te konnen si

Katè pa t ap fè lòt egzijans toujou, tankou mande pou koyibe prezidans a vi a ou menm mande pou Janklod Divalye al chimen l. Karyè Anndwou Young fè li tounen mèt sitiyasyon an; se te yonn nan patnè Maten Litè King yo epi tou premye moun nwa ki te nan congrè Jeyòji a (Géorgie). A 45 an se te yonn nan manm mouvman entènasyonal yo k ap defann dwa moun yo pi respekte. Yo te prevwa Young ap vini dimanch 12 out 1977 pou yon vizit 24 è. Lè sa a, otè a te fenk fin fè yon repòtaj Panama sou koze Kanal la pou *Time Magazine*. Apre sa *Time* mande pou l al jwenn ekip Young lan Karakas epi de la, l ale Santo-Domingo. Jòj Salomon, anbasadè Ayiti te lese otè a konprann Janklod Divalye pa t gen okenn objeksyon pou li akonpaye mesaje Katè a Pòtoprens kòm repòtè pou *Time Magazine*. Men, lè m rive Sen Domeng gen yon otorite nan anbasad amerikèn nan ki fè m konnen Konsèy minis yo Pòtoprens pa dakò pou m antre ann Ayiti. Mwen fè direksyon *Time* nan konn sa epi mwen sigjere pou m al jwenn gwoup Young lan Babad (Barbade) pou m entèvyouwe li lè li fin kite Ayiti. Pandan tan sa a, yon jounalis *New York Times* Sen Domeng tanmen poze kesyon sou entèdiksyon ki frape yonn nan kòlèg li yo. Stoney Cooks, yon èd nan anbasad la pran bagay yo sou kont li. Non mwen soti nan lis jounalis pou li tonbe nan lis ekip ofisyèl anbasadè Young lan, ak yon mo ki fè anbasad la nan Pòtoprens konnen nenpòt ki objeksyon ap kapab lakòz visit la anile. Se sa ki fè, pandan sejou mwen nan Pòtoprens, pèsonèl anbasad la ansanm ak anbasadè William Bowdoin Jones, yon ameriken nwa, trete mwen tankou moun ki gen lapès poutèt pwoblèm mwen te kreye ba yo.Tandiske otorite Pòtoprens moutre yo byen afab.

Lendi maten 14 out 1977, anvan l ale nan palè nasyonal la, Andwou Young bay yon konferans pou laprès devan yon tralye jounalis ak pèsonalite nan jaden rezidans lan Boudon.Yo te tradui diskou l la, kesyon yo, repons an fransè e an kreyòl epi radio yo nan milye a retransmèt yo plizyè fwa.

``Je suis venu ici ce matin pour partager avec vous certaines des préoccupations du peuple américain. Nos propos ne veulent pas constituer un jugement sur vous ou votre gouvernement, mais dans un sens, un jugement sur nous-mêmes. Car il nous a fallu presque deux cents ans pour réaliser certaines choses concernant la vie, la liberté et la poursuite du bonheur. Nous avons tenté, dans presque toute cette période, d'établir un compromis avec nos principes de base, et pendant plus de la moitié de notre histoire, ces principes et ces soucis ont été niés à ceux qui étaient noirs. Et pendant encore plus longtemps, nous n'avons pas compris que ces principes devaient s'appliquer, dans leur intégralité, aux femmes de notre société.

Dans notre poursuite de la richesse et du pouvoir, nous avons négligé les droits humains fondamentaux. Et, à mon avis, nous les avons négligés à notre propre détriment. Car, au cours de ces dix dernières années, nous avons découvert que ce gouvernement dont nous sommes si fiers, avait créé puis appuyé beaucoup de dictatures militaires et certains gouvernements parmi les plus corrompus du monde.

Le peuple américain avait découvert que les dollars durement gagnés qu'il payait à titre de taxes servaient à rendre les riches encore plus riches et essentiellement ne contribuaient pas beaucoup à aider les plus pauvres des pauvres. Nous nous sommes rendus (sic) compte que notre assistance militaire servait elle aussi à créer des dictatures militaires qui emprisonnaient leurs citoyens, à qui ils refusaient leurs droits d'êtres humains et leurs droits à des procédures légales.

Nous avons eu des rapports solidement documentés prouvant que nos alliés pratiquaient les tortures les plus sauvages. Nous avons nous- mêmes au Vietnam, contribué à la destruction presque entière d'une région. Le peuple américain, en élisant en 1976 Jimmy Carter à la présidence des États-Unis a dit : ``Cela suffit``. Il envoyait un message à savoir que nous devions utiliser nos ressources pour venir en aide aux pauvres, apporter plus de liberté au monde et, nous en avons l'espoir, endosser la responsabilité d'étendre au monde entier le genre de droits humains que nous croyons être l'essence même de notre société, la base de nos succès et aussi l'inspiration pour notre futur.

Je suis en Haiti simplement pour partager ce message avec le peuple et le gouvernement haitien. Nous n'avons pas l'intention de nous immiscer dans vos affaires, ou, par des actions clandestines, encourager les efforts dirigés contre la politique de votre gouvernement, quelle qu'elle puisse être. Mais nous avons bien l'intention de partager avec vous notre expérience, à savoir qu'emprisonner la voix de la liberté et de la dignité dans une société, nier aux prisonniers l'accès à leur famille, les traiter avec brutalité, ne contribue (sic) nullement à la croissance et au développement d'un pays. En fait, cela contribue, finalement, à sa chute.

Nous voulons espérer que dans le contexte de l'Organisation des États Américains, le gouvernement haitien se mette à travailler de concert avec la Commission Interaméricaine des droits humains (CIDH) et que la ligne de progrès adoptée par le président (Duvalier) bénéficie, pour être plus effective, de l'assistance technique et des guides pour l'action dont dispose la CIDH, de telle façon que les Droits humains en Haiti, deviennent une réalité immédiate et que vous n'ayez pas à vous battre pendant deux cents ans comme nous-mêmes nous avons dû le faire. Car les barrières que nous avons connues, érigées pour des raisons raciales, sont aussi tragiques que celles que l'on subit pour des raisons de classe ou quand la population des villes a accès aux services de l'état tandis que la population rurale est négligée.

Et quand nous parlons de droits humains, nous considérons le droit de voter, mais aussi la liberté d'expression, la liberté de religion ou, tout simplement le droit de manger. Car survivre est à la base des droits économiques. Pour que ce droit soit réel, il faut que toute tentative *honnête de partager la richesse existante et les ressources soit utilisée et que ceux à qui est dévolue l'autorité pour nourrir ceux qui ont faim soient déjà ceux qui, par leurs sacrifices, par leur méditation, par leur propre honnêteté, s'assurent que ceux qui ont faim reçoivent à manger, ceux qui sont malades soient soignés, et ceux qui n'ont pas accès à l'éducation retrouvent, malgré tout, le courant central de la vie intellectuelle moderne.*

Nous savons que ce sont là des objectifs ambitieux mais nous prenons l'engagement, non seulement pour les États-Unis, non seulement pour l'hémisphère occidental mais nous nous engageons à travailler avec nos amis comme avec nos adversaires en vue de protéger les droits humains essentiels du peuple ordinaire, du petit peuple, celui que Martin Luther King appelait ``le dernier de nos frères``. Et nous voulons espérer que nous aurons le support du gouvernement haitien, et du peuple haitien, dans nos efforts pour faire du monde entier un lieu plus civilisé. ``

Nan peryòd kesyon epi repons lan, gen yon jounalis ayisyen ki mande si dwa moun kadre ak sistèm prezidans a vi. Young reponn lè w an fas yon gouvènman militè tankou Ekwatè osinon tankou o Chili, sa nou deklare sou dwa moun genyen yo rete menm jan epi nou wè rejim diktati militè sila yo pase nan yon sistèm eleksyon lib. Etazini pa te mande yo sa. Men lè van an ap soufle ou fèt pou konnen nan ki direksyon si w vle pwofite de van an pou navige. Lè sa a ou ajiste vwèl ou.

Anndwou Young ak anbasadè Wilyàm Djòns
k ap vizite yon kominote riral nan sid Pòtoprens.

Janklod Divalye te koute nan radio repons Young lan ki te rive ti kras apre pou visit ofisyèl la. Diskisyon yo te dire apeprè 55 minit. Se pa t yon seyans fasil pou jenn ti prezidan an ki pa te fouti kache nèvozite li. Apre sa yon jounalis ayisyen fè kòmantè : ``Janklod te gade m fiks kòm si li t ap rele m vin ede li. `` Nan avyon ki te fenk kite Pòtoprens lan, Young ak yon wayabèl blanch manch kout sou li epi soulye espò li, t ap di pandan l'ap gade kòt ayisyen an ki sèke ak dlo koulè chokola k ap manje koulè ble lanmè a:

`` Jennonm serye, pezib, ki pa pale anpil, ki pale dousman an, li bay enpresyon li vle reyalize kichoy tout bon. `` Li pale tout tan de envazyon ki te fèt yo. Epi li plede di gouvènman li an eseye mete kèk pwogram soup ye, espesyalman nan domèn agrikilti. ``

Young te abòde pwoblèm moun ki disparèt yo ak prisonnye yo epi li pale de plent li resevwa nan men moun k ap chache konnen ki sa fanmi yo oswa zanmi yo devni. Amnisti entènasyonal te gen pwòp lis pa li. Janklod reponn li pral verifye akizasyon sa yo epi si genyen ladan yo ki te fè krim, y ap pouswiv yo, men si pa gen prèv yo te fè krim vyolans, y a lage moun sa yo.

Anndwou Young k ap pale ak manm laprès ayisyèn yo sou mach rezidans anbasad amerikèn nan Pòtoprens.

Li ta ka mande anbasadè li Washintonn pou li enfòmen OEA gouvènman an ta kontan resevwa vizit komisyon pou Dwa moun nan. Li di toujou gouvènman l lan ta pral prezante nan palman an yon lwa sou abeyas Kòpous (habeas corpus). « Li fè m enpresyon yon moun ki gen pwoblèm serye.   Men li pa sanble moun ki kwè li oblije prezante eskiz. I ap plede di li se patizan dwa tout moun   genyen yo. » - « Èske li prizonnye yon sistèm li pa fouti chanje? » Kesyon sila a yonn nan moun ki te akonpaye l yo te poze li, Young reponn li avèk pridans « Moun nan antouray li yo wè li kòm yon patwon epi nou panse li gen yon tandans kreye relasyon ak jenn ti eleman yo ki nan gouvènman an. Men ki sa mwen rekòlte nan vizit vennkatrè sila a? Ki sa ki konte? Ki sa ki pa konte? Sèl bagay nou konnen fòk nou fè bagay yo mache. Nan yon peyi kote moun yo pa gen espwa jwenn sa ki pi nesesè pou yo viv, faktè ekonomik lan vin tounen yon blokay pou pwogrè dwa moun, enpi, sa pral dire lontan kon sa.

Anndwou Young te konnen byen visit li a se piblisite pou vegle je moun, fè yo pran lalin pou fwom aj. Men tou lè li fè kòz demokrasi a ak dwa sitwayen yo fè yon sèl avèk limenm, enpi, lè l ap plede repete fòk yo lage prizonye politik yo, se dwèt li lonje sou yon mòd rejim kon sa yo pa sipoze sipòte jan li ye a. Bò pa li, gouvènman ayisyen an souke kò li. Li fè konnen yo te lage 104 prizonnye politik, epi li pale de amnisti jeneral nan kad 20 ane Divalye yo deja fè sou pouvwa a. Nan yon kominike gen dizuit òganizasyon ozetazini, okanada ak lòt kote ki deklare gen plizyè santèn non moun ki pa figire nan lis amnisti pou 104 moun yo.

Kidonk, ki kote plizyè santèn prizonye sa yo ye? Plizyè milye fanmi te ka entèprete mesaj la tankou yon anons lanmò moun sa yo yo te toujou gen espwa rewè yon jou a. *Ak de desè* ki pa genyen an vin poze pwoblèm legal. Minis enteryè a, Orelyen Janti deklare fen septanm 1977 tribinal yo ap kapab bay fanmi yo ki reklamen li yon dokiman ki sètifye yon moun disparèt, kidonk yo menm ka sipoze li mouri. Te gen pwoblèm poze pou onz nan prizonye yo te lage yo; yo prezante yo kòm eleman danjere ki te antrene nan peyi kominis, se pa te vre. Yo te mete onz moun sa yo nan yon avyon ki te pral Jamayik avèk yon biyè pou Amstèdam (Amsterdam).

La Oland ak Lafrans te refize resevwa yo. Se te Jozèf Rone (Jeseph Roney), Mak Womilis (Marc Romulus), Milo Gous (Milo Gousse), Andris Riche (Andris Riché), Andre Serafen (André Séraphin), Klod Bèna Kràn (Claude-Bernard Craan), Patrik Lemwàn (Patrick Lemoine), Aliks Fizeme (Alix Fils-Aimé), Maks Boujoli (Max Bourjolly), Emanyèl Frederik (Emmanuel Frédérique). Apre yon sèten tan, yo rive jwenn rezidans nan kèk peyi, tankou Labèljik pa egzanp.

Gouvènman an, bò pa li, pral twouve de pye li nan yon grenn soulye lè Kou Entèamerikèn pou Dwa moun (Cour Interaméricaine des Droits Humains) (CIDH) tanmen poze kesyon sou lanmò yon kantite moun yo ta egzikite an blòk nan prizon. Nan yon kominike ki soti 27 desanm 1978, komisyon an mansyonnen an patikilye egzekisyon 11 moun Fòdimanch, 7 out 1974, pami yo yon jenn fanm yo rele Mari Terèz Feval (Marie-Thérèse Feuval), apre sa, 25 mas 1976, dat amnisti a, egzekisyon 8 prizonye politik Mòn Kristòf ak Titanyen. Gouvènman an di se pa vre, egzekisyon sa yo pa egziste. An menm tan tou li bay tribinal yo djòb delivre yon papye ki sètifye yon moun disparèt, li ka sèvi kòm ak desè pou suit legal lè sa nesesè.

Sa ki pi enpòtan an, n ap fè w chonje egzistans yon lwa Papa Dòk Divalye ki te bay lame a dwa matirize, touye, disparèt nenpòt moun san anyen pa janm rive moun ki lotè zak sa yo. Se inikman apre depa Janklod Divalye yo anile lwa 29 avril 1969 la (Moniteur, N0 44), yon lwa repiyan, selera ki deklare tout akdefwa kominis, tout liv, revi etsetera yon moun posede, se yon krim kont sekirite leta. Se yon tribinal militè ki la tout tan pou jije krim sa a, touye moun nan epi sezi tout byen li genyen. Se kon sa tout krim rejim nan fè rete nan kad administrasyon leta san sistèm jistis la pa okouran anyen nan sa.

Egzistans machin lanmò sila a menm jan ak egzistans yon eritye prezidans a vi te parèt de paman ak yon eta de dwa ou vle konstwi, avèk tout reklamasyon sitwayen peyi a ap fè pou dwa yo genyen kòm moun.

CHAPIT 17

Kalvè yon militan, Maks Boujoli (Max Bourjolly)

Anpami prisonnye Fòdimanch yo te lage an 1977 yo, apre vizit anbasadè Djimi Katè a (Jimmy Carter) nan Nasyonzini, Anndwou Young, te fè ann Ayiti a, te gen yon jenn ti ayisyen, moun Okay yo te rele Maks Boujoli. Yo te prese voye Boujoli ak de lòt militan kominis manm PUCH, *Le Parti Unifié des Communistes Haitiens,* ann egzil. Yo te mete li nan prizon Fòdimanch de fwa, li te manke mouri. Yon premye fwa se te sou Papa Dòk epi dezyèm fwa a se sou Janklod Divalye. Prèske 20 an apre li te ka rakonte otè a kalvè li moute nan vi li.

Maks Boujoli (Max Bourjoly) bò kote Rene Teyodò (René Théodor)

An 1960, Maks Boujoli te patisipe nan grèv etidyan yo. Direktè lise Filip Gèrye a Okay denonse aktivis politik Boujoli bay zotobre ki gen otorite yo ki fè yo pa aksepte li nan fakilte syans lan Pòtoprens. Nan finisman 1961 Boujoli rankontre powèt Ogis Tenò (Auguste Ténor), moun Kwadèboukè ki te travay nan Esnèm (SNEM : Service d'éradication de la malaria). Tenò antre Max Boujoli nan gwoup maksis la, PEP (*Parti d'Entente Populaire*) powèt womansye Jak Estefèn Aleksi (Jacques Stephen Alexis) te kreye an 1958. Tenò ta pral mouri Fòdimanch.

Pati a ki t ap travay nan kache, konfye Boujoli zòn Dèlma ak Matisan pou l fè travay li. Li pa pran tan pou li vin manm komite santral PEP epi patisipe nan redaksyon dokiman doktrinal PEP a, « Les voix tactiques vers la nouvelle indépendance ». Militan yo te konn rankontre nan yon kay tou pre simityè Pòtoprens lan.

An 1963, Boujoli antre nan Lekòl de Dwa Pòtoprens. An jiyè 1967, lè li te fenk fin remèt yon kòb bay yon swadizan manm pati a ki te swiv li epi rekonèt kay manman li, yo arete li. Yo akize li kòm ajitatè kominis, nèg k ap simen trak ak bonm pati a. « Je n'ai de ma vie jamais vu une bombe ». Yo jete l Fòdimanch, san dlo, san manje, san posiblite pou l pwòpte kò li. Yon ti moman kò li vin kouvri ak ``*impedigo*``, maleng ki santi, janm li koumanse anfle. Sa ki sove li se yon konpayèl li nan selil la, yon oungan, Jozèf Liben (Joseph Lubin) li te rankontre anvan yo arete l la. Liben di yo te arete li à kòz ``yon enpridans`` li te fè. Li separe ti manje yo ba li a ak Boujoli. Erezman yo lage Boujoli apre twa mwa, 19 oktòb 1967. Dapre li se granmesi demach manman l fè pou li san rete, epi kòmandan Fòdimanch lan, Franswa Dèlva (François Delva) ki te nan menm klas avèk li nan fakilte Dwa a. Kèk tan apre yo asasinen Dèlva san pèsonn pa konnen ki moun ni pou ki sa.

Ann out 1968, komite santral PEP a voye Boujoli Moskou al kontinye etid li nan *Institut des Sciences Sociales*. Rene Teyodò t al jwenn li. Teyodò te kite

Ayiti pou l al reprezante mouvman kominis ayisyen an nan konferans mondyal pati kominis yo ak travayè yo. Se lè sa yo aprann fòs Divalye yo likide près tout kanmarad yo ann Ayiti.

Kidonk yo rete Moskou epi an 1970 manm PUCH yo ki ann egzil rankontre nan otèl Oktòb Moskou pou yo anvizaje mwayen pou yo reyòganize yo pou yo kontinye lit la. Yo voye Rene Teyodò Santo Domingo, Boujoli menm li rete Pari. Santo Domingo, Teyodò fè yo pran li pou yon Gwadloupeyen. Li seye fofile kò li ann Ayiti an 1972, sa pa mache. Yo dekouvri ki moun li ye, li te oblije tounen ann Ewòp.

Yo te voye Boujoli al ranplase Teyodò. Lè li rive, li kontre ak Emanyèl Frederik (Manno). Manno se yon ayisyen ki te travay nan yon chan kann epi tou li t ap travay anba chal pou li rekrite moun pou yon òganizasyon sendikal. Y al rete nan rejyon sidès la kote izin sik Baraona ye a; y al chache fè travayè nan kann yo antre nan yon kad ki ka ede yo òganize yo. Se kon sa yo vin kreye Union Démocratique des Émigrés Haitiens ki te gen pou li antre an kontak ak rès manm PUCH yo ann Ayiti. An 1975, Boujjoli ale Lahavàn pou l al reprezante PUCH nan kongrè pati kominis kiben an.

Lòt ane, ansanm ak Manno Frederik, Boujoli al egzaminen zòn ki pre fwontyè a, zòn kote yo kiltive kafe, nan lide pou li jwenn yon wout si ki ka kondi moun ann Ayiti, men yon sèl tanpèt oblije yo antre al pare lapli, van, loray nan yon ti ba nan lokalite *Mencia* nan rejyon Pedernales. Te gen de polisye dominiken anndan ba a ki t ap kave byè yo. Yo kale je yo sou mesye yo, yonn nan yo deklare : « gade de ayisyen sa yo pou wè ». Yo mande yo ouvè men yo ki pa te gen okenn zanpoud yo abitye wè nan men koupè kann yo oswa nèg k ap keyi kafe yo. Yo kondi yo Santo Domingo, yo tire pòtre yo, yo pran anprent dijital yo.Yo mete toulede nan yon selil nan katye jeneral lapolis la. Yo mete etikèt òganizatè sendikalis de goch sou yo.

Chèf polis la, jeneral Neit Nivar Seijas resevwa lòd nan men prezidan Balagè pou li voye yo tounen ann Ayiti. 3 septanm, yo transpòte Boujoli ak Frederik an sekrè pa lòt bò larivyè Masak sou tèritwa ayisyen an kote yo livre yo bay kolonèl Rawoul Remi (Raoul Rémy), kòmandan depatman Nò a. Boujoli rakonte :

« Deux jours après, nous étions remis aux Casernes Dessalines ou l'on nous mit debout, face au mur de la salle de garde. Nous sommes restés plus de douze heures dans cette position. C'était une vraie agonie. Mes pieds commencèrent à enfler et nous devions uriner sur place. Puis on nous enferma dans la cellule n0 9 des Casernes et l'on dut découper nos vêtements pour les décoller de la peau. Ils cherchaient à nous démoraliser et à nous déstabiliser avant l'interrogatoire qui était mené par les trois colonels, Emmanuel Orcel, Jean Valmé et Albert Pierre, dit Ti Boulé. Ils cherchaient à savoir ou se trouvaient les membres du parti, Jacques Dorcély et René Théodore. A quoi je ne pouvais répondre qu'une seule chose : je ne sais pas.

Un des membres du comité central qui était devenu un informateur de la police, Frank Eyssaleynne (sic), fut appelé pour confirmer l'identité de Bourjolly. Il fit un signe de la tête :   « Oui » et s'en alla. Cela signifiait que Bourjolly était définitivement identifié comme un communiste et c'était normalement une sentence de mort qui l'attendait. »[73]

---

[73] « De jou apre, yo voye nou Kazèn Desalin kote yo mete nou kanpe devant yon mi nan sal de gad la. Nou rete plis pase douz è nan pozisyon sa a. Se te yon veritab kalvè. Pye mwen te koumanse anfle epi nou te oblije pise sou kò nou. Apre sa yo fèmen nou nan selil n0 9 nan Kazèn nan; yo te oblije chire rad nou pou yo dekole yo sou po nou. Yo t ap chache demoralize nou epi desounen nou anvan entèwogatwa a twa kolonèl t ap mennen, Emanyèl Òsèl, Jan Valme Ak Albè Pyè, yo te rele Ti Boule a. Yo te bezwen konnen ki kote Jak Dòseli ak Rene Teyodò, de manm pati a, te ye. Se yon sèl bagay mwen te ka reponn : Mwen pa konnen. Yo rele yon manm komite santral la, Frank Eysalèyn, ki te vin tounen enfòmatè lapolis, pou li vin idantifye Boujoli. Li fè yon siy « Wi » ak tèt li epi li ale. Sa vle di yo idantifye Boujoli definitivman kòm kominis epi nòmalman se santans lanmò li ki siyen. »

Se vizit anbasadè Young lan ki sove lavi de nèg yo jis a tan. 21 septanm 1977, yo espedye yo Jamayik ansanm avèk Jozèf Wone (Joseph Roney), sekretè jeneral PEP a. Apre twa mwa yo pase nan otèl Casa Monte, Kingston, Jamayik refize ba yo azil politik, menm jan ak Lafrans. Bout pou bout, twa nèg yo pran avyon pou Kiba, apre sa pou Moskou. Kèk tan apre yo retwouve yo an Bèljik. Wone (Roney) ak Frederik (Frédérique) rete Bruxelles, Boujoli menm li te kapab ale an Frans. Li mande azil politik, yo ba li l epi li kontinye travay pou pati a.

Apre 7 fevriye 1986, Teyodò ak Boujoli antre nan peyi a epi yo tabli katye jeneral pati PUCH la jis an fas Penitansye Nasyonal la. Boujoli t ap okipe yon pwogram distribisyon liv zanmi li te jwenn an Frans te fè yo kado. Bout pou bout, li bouke sèvi kòm sib pandan peryòd sa a, kote militè yo t ap likide moun jan yo vle. Li tounen an Frans l al travay kòm chofè taksi. Kounye a li pran retrèt li.

CHAPIT 18

Pòtre yon eritye nan eritay li

« Oto a pa rete anba laplenn. Oto a pase. Li kraze youn
tikochon. Li pa rete. »

Dyakout, Felix Morisseau-Leroy

Yon jounalis anglè, Bryan Moynahan te eseye prezante yon pòtre Janklod Divalye, prezidan a vi nan yon atik ki te parèt nan London Sunday Times 21 out 1977. Yon bagay ki klè, sa ki enterese li se bay jenn ti chèf d Eta a yon vizaj moun. Moynahan ekri :

« Le président est grand, il fait plus de six pieds, avec un torse bâti en force, une poitrine épaisse et une démarche hésitante, car il semble que les pieds seraient plus agiles que le haut du corps.

Par contre, les bras et les mains ont une certaine finesse, quasi féminine. Il parle en français d'une voix douce avec une trace de bégaiement qui le rend parfois difficile à comprendre. Il projette une impression de contrôle et de tranquillité, une maturité qui, au-delà de ses 26 ans, s'expliquerait par le fait d'avoir subi une constante pression. »[74]

Enpi, Moynahan deklare

« Il paraissait enveloppé d'un aura de solitude. »[75]

Li Prezante mouche nan biwo li k ap jwe nan Palè Nasyonal la ak ti chen pekinwa li ki gen ti klochèt nan kou li. Nan vila li, Fèmat, nan pye

Kenskòf, li te gen yon gwo danwa ak yon bèje alzasyen. Yon prezidan a vi ki gen 26 an pa gen anpil zanmi entim.

« J'ai quelques amis avec lesquels je fais de la moto oubien je sors en voiture. Je joue au tennis. Un jour, si Arthur Ashe était de passage, j'aurais joué avec lui. Mais j'ai tellement de travail et il y avait aussi la contrainte de la position que j'occupe ... »[76]

Atik London Times lan kontinye

« Cette position dont il parle était à la fois une position de vulnérabilité et une position de pouvoir. Je fus invité à une tournée à l'intérieur du pays. Les détails avaient été mis au point seulement le soir d'avant, pour des raisons de sécurité. Et même une fois partis, seul Duvalier connaissait l'itinéraire. Il informait les autres au fur et à mesure par walkie-talkie. Très peu de gens pensaient qu'il pourrait atteindre la longévité de son père et mourir de causes naturelles dans son lit. Il vivait donc dans une sorte d'anticipation de mort violente. »

---

[74] « Prezidan an wo, li mezire plis pase sis pye, avèk yon kariti byen bati, yon gwo kòf lestomak, li mache yon jan frajil, paske gen lè pye yo pi rapid pase rès kò a. Men, bra li ak men li yon ti jan fen, ou ta di bagay fanm. Li pale an franse ak yon vwa dous ki gen yon ti tras bege ki rann li difisil pou konprann. Li bay aspè yon moun ki gen kontwòl tèt li epi ki trankil; yon matirite ou ka esplike, a pa 26 an l lan, li tankou yon moun ki t ap sibi presyon tout tan.

[75] « Ou santi li vlope nan yon kouch solitid vwale. »

[76] Mwen gen kèk zanmi mwen konn fè moto avèk yo. Mwen jwe tenis. Yon jou, si Ati Ache (Arthur Ashe) te pase pa bò isit, mwen ta jwe avèk li. Men, mwen tèlman gen travay, epi tou gen kontrent pozisyon mwen okipe a.

« Ce jour-là, il s'était levé à quatre heures du matin mais il était détendu et de bonne humeur. Le président sourit à une équipe de tournage de Télé-Haïti avec un cameraman Français. Ils le suivaient depuis un mois et dans deux semaines, pour son anniversaire de naissance, ils lui présenteraient comme cadeau de la nation un reportage de quatre heures de durée.

Il pressa sur son bureau le bouton de la sonnette qui activait la porte du bureau. Un des soldats prit le pékinois. Tout le groupe descendit au rez- de-chaussée. « Cette expédition est préparée comme une opération militaire, commenta le directeur du Bureau du Tourisme. Quand le président donne le signal de départ, tout le monde doit suivre et garder sa place dans le convoi. On n'attend personne. » [77]

Kòmantatè *London Times* lan remake kontè a te rive pre 120 kilomèt a lè.

---

[77]Pozisyon sa a l ap pale de li a se te an menm tan yon pozisyon frajil epi an menm tan yon pozisyon pouvwa. Yo te envite mwen fè yon vire won nan peyi a. Yo planifye tout detay yo anvan nan aswè sèlman, poutèt rezon sekirite. Epi, menm lè yo fin pati, se sèl Divalye ki te konnen ki kote l ap pase. Li fè lòt yo konnen firamezi ak wòkitòki. Pa gen anpil moun ki te kwè li ta rive nan laj papa li te viv la epi mouri mò natirèl nan kabann li. Kidonk li t ap viv ak lide li ka mouri asasinen.

Jou sa a li te leve a katrè di maten, men li te byen repoze epi kè li te kontan. Li te renmen kondi machin. Kon sa, l ap santi li nan asyèt li. Li avwe li gen yon fèb pou kèk mak ki soti an Frans. « Men pou kounye a, mwen gen yon BMW ak yon Vòlvo.Epi moto *Suzuki* ak *Honda*. Mwen ta byen kontan si nou te gen yon pis pou kous otomobil *Grand Prix* ann Ayiti.

Prezidan an souri bay yon ekip *Télé-Haïti* ki t ap filme ak yon kameramann fransè. Yo t ap swiv li depi yon mwa epi nan de semèn, pou fèt li, yo pral prezante li kòm kado peyi a fè li, yon repòtaj ki dire katrè.

Li peze sou biwo li yon bouton sonèt ki aktive pòt biwo a. Yonn nan sòlda yo pran pekinwa a. Tout gwoup la desann nan redchose a. Direktè *Bureau du Tourisme* la fè yon kòmantè : « Yo prepare espedisyon sa a tankou yon operasyon militè. Lè prezidan an bay siyal pou pati a, tout moun fèt pou swiv epi rete nan plas ou nan kòtèj la. Yo pap tann pèsonn. »

Se Divalye k ap kondi tren an, tout moun fèt pou swiv li. Zafè sa ki pa kapab yo. »

« C'est Duvalier qui mène le train et tout le monde doit suivre. Tant pis pour ceux qui ne peuvent pas ».

Bebe Dòk esplike :

« Mon père se concentrait sur les problèmes politiques. Il n'avait pas le choix. La mafia internationale ne le laissait pas en paix. Il y eut plus de treize invasions et combien de tentatives d'assassinats. Ils pillèrent le pays, semant la corruption. Et parce que mon père refusait de plier, la presse internationale, comme la mafia, le clouait au pilori, le présentant sous la figure d'un tyran mesquin, ce qu'il n'a jamais été. Jamais ils n'ont cessé de lui créer des problèmes. Ils faisaient feu de tout bois. En avril 1963, ils ont essayé de m'assassiner. J'avais onze ans et je me vois encore courant vers la porte de l'école sous les balles. Ils avaient descendu mon Garde- du- corps. Je dois même mettre de côté certains détails de cette affaire, car des personnes qui y étaient impliquées sont encore vivantes. Ils ont pensé qu'en me tuant, ils pourraient atteindre mon père. Mon père devait se battre contre tout le monde.

Il faut quand même lui reconnaître certaines qualités. Car s'il n'avait pas fait ce qu'il fallait, je ne serais pas là à vous parler. »

« Lorsqu'il disait cela, un bref sourire perça sous sa fine moustache. »

« Ils ont pensé que cela déclencherait une guerre civile. Mais je suis encore là et le pays est en paix. Peut-être la plus longue période de paix de notre histoire. Ce qui me permet de me concentrer sur les problèmes économiques. »[78]

Remak sa a merite yon kòmantè. Fòk nou reflechi seryezman sou sitiyasyon an. Ete 1977 te gen yon michan sechrès ki te frape Nòdwès la. Grangou mete pye, moun yo te rive nan pwen y ap bouyi ti mango vèt. Moun yo anpil enpi y ap kale tèt mòn yo.

Sou plan entènasyonal, prensipalman pou Etazini, akoz li pre ak Kiba, moun yo pran kanntè pa pakèt, trafik dwòg la ap moute an flèch, sa vin fè yo bliye veritab ijans ki genyen nan peyi a. Nan mesaj Nwèl 1977, Janklod Divalye rive menm deklare gouvènman l lan pa p pèmèt yo sèvi ak pwoteksyon dwa moun pou fè « manèv politik » ki riske konpwomèt souverènte nasyonal la. Pwoblèm politik yo pase anvan detrès ekonomik lan.

On peut donc comprendre que ces périples sur les routes du pays puissent fournir une détente au stress provoqué par l'afflux de tous ces problèmes cruciaux, impossibles, pour la plupart, à résoudre dans l'urgence. La caravane présidentielle traversait à toute vitesse les villages et les bourgs.[79]

Nan atik 21 out 1977 la nan *London Sunday Times* la Brian Moynahan rakonte vwayaj tounen soti Gonayiv rive Pòtoprens lan kon sa :

« La vitesse atteignait des pointes de 100 milles à l'heure sur une route étroite, pleine de gens et d'animaux domestiques.[80]

---

78 « Papa m te konsantre li sou pwoblèm politik yo. Li pa te gen chwa. Mafya entènasyonal la pa te kite li trankil. Te gen plis pase trèz envazyon epi m pa konn konbe fwa yo seye asasinen moun. Yo piye peyi a, yo simen kòripsyon. Epi vi ke papa m refize sede, laprès entènasyonal, menm jan ak mafia a, mete do li sou mi an, yo prezante li sou fòm yon tiran mesken. Se pa te sa. Yo pa te janm sispann kreye pwoblèm ba li. Yo pran tout kalite mwayen. Ann avril 1963, yo te eseye asasinen mwen. Mwen te gen onz an, e mwen wè tèt mwen toujou k ap kouri antre nan pòt lekòl la anba bal. Yo te desann gaddikò mwen. M oblije kite kèk detay nan koze sa a, paske gen moun ki te mele nan afè sa a epi ki vivan toujou. Yo te panse lè yo touye m nan yo t ap rive pran papa m. Papa m te oblije goumen kont tout moun. Men fòk nou rekonèt li gen kèk kalite. Si li pa t fè sa pou l te fè yo, mwen ta ka pa la ap pale avèk nou. Lè li t ap di sa, gen yon ti souri tou kout ki pèse anba ti moustach fen an. Yo te kwè sa te kapab deklanche yon gè sivil. Men, mwen la toujou epi peyi a an pè. Se petèt peryòd lapè ki pi long nan istwa nou an. Sa ki pèmèt mwen konsantre m sou pwoblèm ekonomik yo, »

79   Nou ka konprann gwo vwayaj sa yo sou wout peyi a yo kapab founi yon detant kont estrès tralye pwoblèm grav sa yo, pi fò ladan menm enposib pou rezoud ann ijans. Kòtèj prezidansyèl la travèse vilaj yo ak bouk yo ak tout vitès.

A St-Marc, le corps d'un jeune homme, les bras étendus, gisait sur la route dans une mare de sang; une des voitures lui était passée dessus. Personne ne s'arrêta. La caravane reprit son train d'enfer. Le responsable du ministère du tourisme commentait : « Il y a un hôpital dans la ville. De toute façon, on ne pouvait pas le prendre; il n'y a pas de place. D'ailleurs, il doit être déjà mort. Il n'aurait pu rien faire. » Il était 5 heures p.m. Trois quarts d'heure après, on était de retour au palais. On avait oublié le jeune homme mourant sur la route, mais Jean Saurel, le directeur du tourisme fut obligé de répondre à des questions. Il répondit qu'il y avait une voiture qui suivait la caravane et qui s'occupait de cette sorte d'occurrence. « De toute façon ce sont des choses qui arrivent. Allons prendre un verre et oublions cela. » Sur le côté droit de la jeep jaune conduite par le président il y avait les traces d'un choc.

La vie à l'haïtienne continuait. Au mois d'août, une commission des droits humains de l'OEA faisait une visite de quelques jours et notait que la peur ne sévissait plus dans le pays car certaines personnes étaient venues leur parler. Ils ne visitèrent pas Fort-Dimanche. De toute façon ils n'auraient rien vu, excepté des murs peints fraîchement de blanc.

---

[80]« Vitès la te rive nan pwen 100 mil a lè sou yon wout etwat, chaje ak moun, ak zannimo domestik.

Nan Senmak kadav yon ti jennonm te blayi sou wout la de bra ouvè nan yon ma san; yonn na n machin yo te pase sou li. Pesonn pa t rete. Kòtèj la reprann kous an denmon. Nèg ki reskonsab ministè touris la fè yon kòmantè : «Gen yon lopital nan vil la. De tout fason, nou pa t ka pran li; pa te gen plas. Dayè li dwe te deja mouri.Yo pa t ap ka fè anyen » Li te 5 è apre midi. Twa kadè apre nou te tounen nan palè a. Yo te bliye jennonm nan ki t ap mouri sou wout la, men Jan Sorèl (Jean Saurel), direktè touris la te oblije reponn kèk kesyon. Li di te gen yon machin ki t ap swiv kòtèj la epi ki te okipe ka sa yo. « De tout fason se de bagay ki rive. Ann al pran yon vè, bliye sa. » Bò kote djip jòn prezidan an t ap kondi a te gen tras yon chòk. Lavi ayisyèn t ap kontinye. O mwa d out, yon komisyon OEA pou dwa mou t ap fè yon vizit diran kèk jou. Li note laperèz la pa nan peyi a ankò paske gen kèk moun ki te vin pale avèk yo. Yo pa te vizite Fòdimanch. De tout fason yo pa t ap wè anyen sòv mi yo ki fenk pentire an blan.

Pyès teyat ak prèch legliz fè tande vwa yo

Okouran ane 1977 la, lang kreyòl la, yon kokennchenn zouti, antre ak tout fòs nan dram politik ayisyen an ak yon siksè eklatan. Yon lòt jenerasyon atis ki swaf libète koumanse fè santi prezans yo yon sèl kou nan domèn teyat la. Yo sèvi non pa ak franse men ak kreyòl la pou yo fè tande yo. Yon kolonn moun aliyen yonn dèyè lòt sou channmas la pou y al chache jwenn yon plas nan « Rex Théâtre ». Anndan kou deyò anbyans lan te diferan ak epòk twoup Jan Goslen (Jean Gosselin) te konn soti Pari chak ane pou l vin prezante « les œuvres classiques du théâtre français. »

Pyès teyat otè epi aktè dramatik Franketyèn (Frankétienne) nan, Pèlen Tèt, yon adaptasyon l'Émigrant, zèv Polonè Slasmowit Mrozek, gen yon siksè mons ki pral etann li jis nan dyaspora a, Miyami ak Nouyòk. Tout moun te konnen vèsyon radyofonik lan. Li lonje dwèt sou move lavi ann egzil epi tou sou tray moun ki anndan peyi a. Anmenm tan tou li pèmèt dekouvri dividal ladrès otè a ki te fèk pibliye yon woman Dezafi ki pibliye an kreyòl e an fransè. Pèlen Tèt la se pa t sèlman yon bagay materyèl men tou yon mannèv ki pèmèt akapare lespri yon moun enpi pwazonnen li.

Franketyèn pa t viv ann egzil men kòm moun k ap ekri pyès teyat (dramatij) li te santi tray yon Ayisyen ki oblije kite peyi l pou l al refè vi li lòt kote. Gen moun ki te konn rele l « Le barde du Bel-Air ». Ak enèji li, dividal ladrès li, li te tankou moun epòk Renesans yo k ap tounen tou vivan. Li otè dramatik, li aktè, li atis divès kalite domèn, li chantè, li pent, li womansye, li powèt, li konstwi pwòp kay li gen sou Dèlma a.

Pèlen Tèt se istwa de egzile, yonn se ouvriye k ap rann ji li nan travay Nouyòk, lòt la se yon entèlektyèl « Petit bourgeois », refijye politik. Yo rankontre Nouyòk, yo rete nan menm apatman epi sijè konvèsasyon yo se touttan Ayiti epi kounye a sosyete kote y ap viv ann egzil la. Sou sijè sa yo gen yon dyalòg pasyone pafwa menm vyolan, chaje ak analiz sosyopolitik ki tèlman komik ou pa fouti pa ri. Yo pran nan pyèj, yo pa fouti adapte yo. Se sèlman moun lakay, bagay lakay, sa k ap pase lakay ki nan tèt yo. Yo tankou rat ki tonbe nan yon poubèl fatra. Ata mouch lakay yo anvi wè. Orè ap pete fyèl yo, piti piti y ap detwi tèt yo. Egzistans yo se yon kalvè pou yo.

Poutèt yo pa fouti adapte yo nan nouvo sosyete sa a, kè yo grenn. Sa vin fè yo rete nan chonje dantan, yo prizonye rèv yo ak imajinasyon yo.

Nan kout kat la, se yon kolonn atis ki retwouve yo nan travay pou di bagay yo nan premye lang peyi a, kreyòl. Se pa pyonye k ap eseye naje pou yo soti tankou Emil Woumè (Émile Roumer) oswa Feliks Moriso Lewa (Félix Morisseau-Leroy) nan premye moman yo. Se te yon mouvman kolektif kote w jwenn atis, powèt, ajan piblisite, jounalis, pedagòg. Evanns Pòl (Evans Paul), alyas konpè plim, nan mikwo Radyo Kasik pwodui Debafre, yon pyès ki pale ak tout bouch li sou libète pawòl, ki mande koupe fache ak baboukèt (kòd ki mare bouch chwal oswa milèt pou ka donte li pi byen). Aktè Sent Ano Nima (Saint-Arnaud Numa), te prezante pyès Frank Fouche a Bouki lan Paradi. Radyo t ap pase Leya Kokoye Moris Siksto (Maurice Sixto) a. Machin represyon an te pran yon sèten tan pou l reyaji. Ou santi ezitasyon sansè rejim nan yo tandiske piblik la ap kouri al wè seyans yo. Gen yon etidyant ki di : « Nous savions que cela ne pouvait pas durer »[81]

---

[81] « Nou te konnen sa pa t ap ka dire. »

Sou yon lòt tèren gen yon lòt mouvman ansanm ansanm pi pisan toujou epi yon flanm dife sou plan politik. Nan kad Vatikan 2 (1962-1965), Medelin (1963) epi Pwebla (Puebla) (1979), espesyalman refòm litiji ki siprime laten nan selebrasyon yo, yon kokennchen travay sou tèks yo, sou chan yo ki vin fè kreyòl la ak franse nouvo lang litiji a k ap mete an sikilasyon priyè ofisyèl ak tèks labib. Meni sa a pa sispann ogmante. O nivo kontinan an gen yon figi karismatik ki parèt soti Brezil. Se *don Helder Camara* **ak pozisyon li pran an favè dwa moun ak enpòtans nou dwe bay pèp pòv yo.**

Malgre tou sa ganlè mesaj Medelin nan, lòt bò nan Karayib yo te pran plizyè ane pou yo rive Ayiti, li te kapab pa janm rive. Franswa Divalye te konsidere nominasyon evèk ayisyen nan tèt dyosèz yo kòm yonn nan pi gwo esplwa nan manda pa l la. 17 oktòb 1966 yo entwonize Franswa Vòf Ligonde (François Wolf Ligonde) kòm premye achevèk ayisyen nan Pòtoprens ansanm ak kat lòt evèk ayisyen. Yo fè sèman « d'obéir et d'être fidèle au gouvernement établi par la constitution, de respecter les lois et les intérêts de la république » [82]pandan klòch ap karyonnen tout vole.

Dizan apre, an 1976 pè Poliks Byas (Pollux Bias) kire Pilat, fè pwòp afè pa li, nan pawas li ki depann de monseyè Franswa Gayo (François Gayo) evèk dyosèz Kap Ayisyen, li mete « des communautés de base » yo pral rele Ti Legliz ann apre. Nan lòt bout peyi a, yon jenn monseyè, Wili Womelis (Willy Romélus) ansyen kire Previle, fè tande vwa li byen fò, se kreyòl li te toujou pale ak dyosezen li yo. Li fè fè ankèt nan tout pawas yo, nan tout kominote yo epi delege yo òganize tèt yo an sinòd, yo sèvi ak metòd pap Pi Onz lan pou aksyon katolik layik yo : gade ak je w, jije, aji. An 1980, evèk Gonayiv la Emanyèl Konstan (Emmanuel Constant) entwodui pou premye fwa nan tèks

---

[82] « Obeyi epi rete moun pa gouvènman konstitisyon an etabli a, respekte lwa yo ak enterè repiblik la »

legliz yo yon kesyònman sou egzistans ak lavi pòv yo. Piblikasyon sa a ki te rele *Honneur et Respect* te gen yon gwo enfliyans sou jenès la, lè li lonje dwèt sou mizè peyizan yo ak abitan bidonvil yo. Monseyè Konstan te reskonsab Radyo Solèy tou ki pou bokou nan pwogrè ki fèt pou voye Divalye yo ale a.

CHAPIT 20

L ap chache yon baz politik

An 1978 popilarite Janklod Divalye te rive nan dènye bout li. Pou li jwenn sipòtè ki soti nan mas la, li fè vizit sou vizit nan divès pwovens. Li vle rive pran distans li avèk vye ansyen klik papa l yo. Se poutèt sa 17 avril 1978 Anri (Riko) Baya (Henri Bayard) estratèj politik Janklod Divalye lanse « Le Comité d'Action Jean-Claudiste » (CONAJEC). Daprè sa Janklo Divalye di fòk yo korije epi gaye divalyeris la.

Sa vle di fòk yo te mete yon bemòl nan diskou nwaris la Divalye ak atoufè l yo te konn plede repete jis yo ba moun kè plen epi tou fòk li te pran distans li ak vye ansyen eleman ki twò vizib pami makout yo. Se vèv papa Dòk la, Simòn Ovid ki te gen pou l sèvi ak enfliyans li pou l fè vye ansyen yo aksepte distans sa a ki pran an tout pandan li konsève chen mechan sa yo nan entimite fanmi politik la san pa gen twòp plenyen.

Pwoblèm ki vin poze kounye a se kouman pou yo mete yon bemòl nan diskou pou pwomosyon klas mwayèn nan pandan gen ouvèti k ap fèt nan direksyon laboujwazi, an patikilye gwoup komèsan ak endistriyèl yo ki plis enterese pwoteje enterè yo ki te mennase touttan sou Papa Dòk. Pou baz popilè a menm li t ap suiv pouvwa an plas la, « Leta toutotan yo santi li gen kontwòl serye ».

Anri Baya se te yon famasyen enpòtatè ki fèt Gonayiv. Manman l se yon manm fanmi Abraam (Abraham) », yon fanmi libanèz ki tabli Gonayiv depi digdantan. Papa l, Preswa Baya te yon patizan Divalye anba chal. Li te vin depite Lavale de Latibonit. Nan kabinè a, Baya te okipe pòs minis san pòtfèy. Men an reyalite li te Premye Minis de fakto. Djòb li se te gide Janklod Divalye a travè obstak ak pyèj diplomasi Katè a met an plas nan kontèks respè dwa moun nan.

Se de lakay li Petyonvil Baya t ap aji. Se la tout moun, politisyen, responsab medya, avoka, òm d afè t ap defile. Alòske nan konvèsasyon li ak otè a, Pari, Janklod Divalye t ap plede di li pa gen okenn « éminence grise » (konseye entim espesyal) e ke tout desizyon enpòtan se limenm ki pran yo pou kont li, gen yon manm kabinè a ki pa t vle non li site ki di mwen pa gen okenn chèf d Eta nan istwa d Ayiti ki itilize opinyon konseye pase Janklod Divalye. Li dekri Janklod kòm yon moun ki pasif « ak yon lidèchip minim epi yon mank total kreyativite entèlektyèl ». Li te pran eritay djòb prezidan an pandan li te yon ti moun 19 an, san kapasite lidèchip koni, epi sètènman, san vizyon politik; men tou li te reyisi mete sou kontwòl magouy politik ak chirepit ant moun yo ki anndan palè nasyonal la.

Vizit li yo nan vil prensipal yo an pwovens se te prensipal zouti li pou l gaye sa yo rele « Janklodis la ». 24 mas 1978, li t ap pral Kap Ayisyen. Mari Deniz ki te kite ak Maks Dominik, te tounen soti Pari epi li t al Kap Ayisyen nan avyon. Apre rasanbleman yo ak diskou yo, Janklod rantre Pòtoprens nan yacht li a, « le Niki ». Menm ane a, yon kab ofisyèl anonse vizit jenn ti prezidan an Jeremi. Depi masak 1964 la, katòz an anvan sa, kote yo te masakre tankou sovaj twa fanmi, Dwen (Drouin), Vildwen (Villedroin) ak Sansarik (Sansaricq), 29 moun an tou, ladan yo te gen ti bebe ak vye granmoun. Vil la te neglije, li t ap dòmi, li pa t sanble ditou ak chamant "vil powèt la yo ». Nan yon branlba jeneral yo bay edifis ki bò plas Aleksann Dima yo yon bèl kouch penti sibyen ke visit sa a rete nan memwa moun yo kòm jou yo te douko vil la (douko a se yon kouch penti yo konn mete sou machin ki te wouye). Yon jenn ti etidyan Herns Marcelin te dekri pou otè a kijan anbyans lan te ye jounen sa a :

« Jamais tant de monde n'avait abandnné leur village et leur champs pour voir de leurs propres yeux un président. A pied ou à cheval, ils venaient de Fonds-Rouge, de la Guinaudée, de Léon, de Prévilé, de Marfranc, de Moron. A l'entrée de Jean-Claude, la foule était si dense qu'il fut obligé de descendre de sa voiture et de continuer à pied. Mais c'est sur les épaules des gens qu'il fut transporté, des Casernes Toussaint-Louverture à la Cathédrale Saint-Louis où le Te Deum fut chanté. Le président eut les larmes aux yeux. La foule émue pleura. La même chose arriva à Moron au cours d'une réception spontanée et délirante. Le cortège présidentiel traversa à pied la place Dumas et laissa la ville en lançant en l'air des poignées de billets que les gens se disputaient ».

De zan apre, lè Janklod tounen Jeremi an 1980, pou yon dezyèm vizit, se pa t menm anbyans lan. Pa t gen resepsyon ak anpil kèkontan pè yo te ankouraje. Okontrè, monseyè Womelis, nan yon kreyòl rich ak imaj denonse masak sistematik kochon nwa yo, kochon kreyòl yo. Li di se kòm si se peyizan yo menm yo te touye. Li denonse maladi peyi a, analfabetis, povrete mas moun yo, abi otorite lokal yo ap fè, konsantrasyon pouvwa yo ak sèvis yo nan Pòtoprens. Radyo solèy pase diskou Wili Womelis la, Bon Nouvèl, yon jounal ki parèt chak mwa epi ki distribiye nan tout peyi a, pibliye li.

Sa pa t etonan lè Janklod retounen nan zòn nan an 1984, li pa t oze bòde Jeremi, Vale Grandans, Mowon ni Mafran. Laprès amerikèn note mwenn ti siy chanjman nan direksyon an administrasyon Katè a ta mande. Pa egzanp Wall Street Journal note 3 fevriye 1978 anba plim Stanley Penn ouvriye Hasco yo, gwo izin sik ki nan nò Pòtoprens lan, denonse kòripsyon dirijan sendika yo a yo epi yo jwenn rekonesans yon nouvo delege nan men gouvènman an.

Pastè Silvyo Klod (Sylvio Claude) manm pati
Lavalas te asasinen nan pos Kat Chemen,
Okay, nan lannuit 29 pou rive 30 septanm
1991

Foto Jan Bèna Didrich (Photo Jean-Bernard Diederich)

The Pacific News Service, an mas 1978 rive menm deklare gen chanjman ou pa ta menm ka imajinen sou Papa Dòk. Fen été, administrasyon Katè a pwomèt èd 125 milyon dola sou 5 an. Pou 1978, bidjè USAID te rive 33 milyon dola, tandiske FMI moutre nesesite yon bidjè kontwolab nan leta a, paske gen yonn nan rapò yo a yo ki di:

« Entre le tiers et la moitié du revenu national échappe à la comptabilité et on a de fortes suspicions que cet argent est siphonné dans des comptes privés ».

Pandan tan sa a, ak sechrès ki genyen an, gen kèk milye kiltivatè ki t ap viv ak 5 santim pa jou. Salè minimòm nan soti $1,60 pou li rive $2,20 ann oktòb 1978. Yo te fikse eleksyon pou yon lòt chanm depite pou 11 fevriye 1979. Gouvènman an pwomèt eleksyon yo t ap lib epi nòmal. Sa pa t anpeche yo arete epi bat yon sèten Silvyo Klod (Sylvio Claude) ki te deklare li kandida pou syèj Mirbalè a, paske se Rosalie Bosquet, madan Max Adolphe, chèf milis, kòmandan Fòdimanch tout moun pè a, ki te dèyè pòs la. Yo mennen Klod nan ayewopò a yo espedye l Bogota, an Kolonbi, enpi yo konseye l pa tounen. Se madan Maks Adolf ki eli efektivman. Nan menm fen d ane sa a, plizyè milye travayè, te twouve yo Kwadèboukè, 7 novanm 1978. Repiblik Dominikèn te mande 15 000 koupè d kann pou pwochèn sezon sik la. Diskisyon pete ant kandida « bracero ». Lapolis ouvè zam sou foul la. Yo touye 9 moun, yo pa t fin konnen konbe moun ki blese. 3 novanm 1978, setyèm kabinè a fòmen. Sa te fè an mwayèn, yon kabinè pa ane. Baya te plis chwazi « teknokrat » yo. Baya pran ministè min ak enèji. Reynolds Mining Co, ki te enstale Miragwàn (Miragoane) sou Maglwa an 1950 pou l ekstrè boksit (bauxite) te sou wout fèmen, menm jan tou ak konpayi kanadyèn Sedren ki espòte minrè kuiv. Menm senmenn nan, yo eli pwofesè Jera Goug (Gérard Gourgue) prezidan Lig Ayisyèn Dwa moun (Ligue Haïtienne des Droits de l'homme). Li te ranplase Maks Diplesi (Max Duplessis), ansyen komisè gouvènman an ki te mouri. Lig la yo te kreye 22 avril 1978 la te gen yon gwo enfliyans sou opinyon an. Goug te bay Janklod Divalye leson sou istwa Dwa a.

Se epòk sa a Janklod te rankontre yon jenn fanm divòse yo rele Michèl Benèt (Michèle Bennett) ki te akonpaye yonn nan manm ansyen Senlwi d Gonzag yo nan ranch Kwadèboukè a. Nou te nan mwatye tan prezidans a vi Janklod Divalye a dire a, 7 an.

Janklod Divalye nan yon parad makout

CHAPIT 21

An 1979, politik liberalizasyon Janklod Divalye ap aplike ann Ayiti a gan lè rive nan dènye bout li. Nouvo patizan rejim nan ki te vle pwofite okazyon an kòm fidèl depi lontan, chen mechan an yo, patizan liy di a, te koumanse panike. Anba banyè doktrin Dwa de lòm nan, gen yon van libète ki t ap soufle. Li te atrapan, li te menm koumanse atake fonnman dinasti a. Ou te ka wè byen wè, pa egzanp kouman kwazad Katè lanse a fè dinasyi Somoza plonje desann anba presyon yon soulèvman popilè. Patizan diktati Divalye yo ki

te òtodòks anraje te kwè inikman nan lafòs, yo pa t sispann repete : « Ils ont dépassé les bornes! »

Pami moun ki te dakò ak yon reyaksyon pouvwa a, te gen kèk gwo chèf antrepriz, afèris ki te pre pouvwa a epi ki te gen kèk monopòl ki rapòte nan men yo. Yo te fache sitou kont sendika yo ki te oblije pe bouch yo depi 1957, enpi, yo te koumanse reyòganize yo epi tou, yo pale fò. An 1979, yo te rive nan twazyèm « Congrès National du Travail ». Gen yon kenzèn jèn ki te ateri soti Karakas, ansyen manm JOC (Jeunesse Ouvrière Catholique) « CLAT », ansyen non CLASC (Confédération syndicale Latino-Américaine) enspirasyon sosyo kretyèn, pèsonalite Émilio Maspéro te dominen. Jèn sa yo pral founi apre Divalye fin pati, kad mouvman sendikal. Pou kounye a, apre plizyè ane « trankilite », endistriyèl ayisyen yo enkyete, yo koumanse tande mo « grèv ». Anndan rejim nan menm yo enève plis ankò lè moun ap pale de doktrin Katè a. Janklod Divalye pou kont pa l deklare « Il faudrait qu'il nous laisse tranquilles ».

Janklod te vin chanje. Li te fèk gen yon zanmi, Michèl Benèt (Michèle Bennett). Li pa t jenn ti boy lide prezidans a vi te fè pè a, enpi, ki t ap tribiche sou mo yo nan bèl diskou yo te prepare pou li yo. Pandan uit an li relve defi a devan moun ki pa t fin kwè yo, li fè yon rejim plizoumwen estab mache, yon rejim kote represyon parèt mwens pase sou rejim papa l la. L al chache yon sèten sipò popilè. Li te pran matirite, men li te kontinye kondi machin nan ak yon vitès danjere; li konte sou metriz li genyen de volan an, enpi kous moun fou sa yo pa okipe ni pwòp sekirite li ni sekirite moun ki vwayaje avèk li yo.

11 fevriye 1979, gouvènman Bebe Dòk la resevwa yon gwo avètisman. Yon enkoni, Aleksann Lewouj (Alexandre Lerouge) te kandida pou depite pou Kap Ayisyen. Se yon anplwaye dwàn an retrèt li te ye. Anvan eleksyon yo lajenès o Kap t ap pwovoke makout (VSN) yo, yo t ap pase yo nan betiz poutèt yo gen abitid mete soulye talon wo. Lè y ap pase, yo pran chante « Talon kikit pa lamòd ankò! », yo vle fè yo konprann lame a pran plas li nan dispozitif sekirite a kounye a.

Kap Ayisyen te vote an mas pou kandida 66 an an, Lewouj (Lerouge). Lewouj se te yon nèg ki komik men tou ki brav. Divalye ak konseye l yo te oblije kite l antre nan 56yèm lejislati a; sèl konsolasyon yo, mouche se te yon nèg orijinal, endepandan; se pa t pyon yon konspirasyon entènasyonal. Kanpay la te vibre ak kri « Vivent les Droits de l'Homme! » « Nous n'avons que faire d'un président à vie! » epi « Duvalier est un méchant! ».[84] Men, gouvènman an pase medya yo lòd sispann deklare eleksyon yo se te yon veritab komedi kòmkwa yo ta chwazi kandida yo depi davans. Dyedone Faden

---

[84] « Viv Dwa Moun! » « Nou pa bezwen prezidan a vi! » « Divalye se yon mechan! »

(Dieudonné Fardin) limen yon gwo boukan, li mete 9000 egzanplè "le Petit Samedi Soir" yo te defann sèkile a ladan, pandan li t ap fè kòmantè sou demokrasi ayisyèn nan ki malad. Jounal la te bay ka Lewouj la yon sèten espas. Nan kòmantè li sou viktwa li a, li wè ladan yon senbòl mekontantman k ap vin pi plis devan pouvwa soti nan papa rive nan pitit la. Alafen gouvènman an pa te tèlman okipe sa. Ki sa yon depite grenn senk te kapab fè? Li novis nan yon palman ki pare pou l vote tout bagay. Li pa t gen pwa devan 57 depite byen dou.

Twa mwa apre eleksyon palman an, gouvènman an pran yon desizyon ki pwovoke anpil reyaksyon epi opinyon piblik la pase l nan betiz. Yon kominike tou kout parèt nan Le Nouveau Monde, pou li anonse y ap sansire fim ak pyès teyat, yon mezi swadizan pwofilaktik pou « pwoteje fanmi yo kont pònografi ». Avi sa a ki pote dat 9 me 1979 la, te gen siyati twa minis, Hubert Deronceray (Affaires Sociales), Gérard R. Rouzier (Jeunesse et Sport), Claude C. Bernard (Éducation Nationale), enpi li deklare « Les pères et mères de famille sollicitaient de ces trois ministères un contrôle rigoureux des films et des pièces de théâtre ».

Jozèf K. Bèna (Joseph C. Bernard), minis Edikasyon Nasyonal.

Moun yo reyaji la pou la. Yon lèt pwotestasyon près tout otè ak atis nan peyi a siyen pou yo denonse karaktè "injuste, illegal et arbitraire " desizyon gouvènman an pran an. Yo tout siyen yon demann piblik pou yo anile l. « Le Petit Samedi Soir » deklare plis pase 150 ekriven ak atis te siyen li epi li te pibliye kèk non.

Yo klotire lèt la sèk kon sa :

« Nous soussignés, poètes, romanciers, dramaturges, acteurs, critiques littéraires, historiens, chercheurs, etc., tous déjà concernés par une censure de fait qui limite singulièrement

181

notre capacité de recherche et de création, justement alarmés par cette censure « nouveau style », nous disons « NON » à cette violation de la liberté d'expression, la jugeant grossière, gratuite, inutile, IRRESPONSABLE. Dans un pays torturé par la faim, rongé par la misère, nous revendiquons, créateurs et démiurges, le droit d'apporter librement à tous leur part de rêve d'espérance. Pour cela, il faut libérer la parole. »[85] « Le Petit Samedi Soir » ekri: « Il ne s'agit pas de moralité et la référence aux parents est une fiction. Cela fait 9 mois que Pèlen tèt se joue à portes fermées au Rex. Et dans la foule qui se presse, combien de parents n'avons-nous pas vus! »[86] Premye jen, yon « Association des Écrivains Haïtiens » fòmen. 26 jen, jounalis yo mete kanpe yon « Club Haïtien de la Presse » ki dekrete otonomi yo pa rapò a « Association des Journalistes Haïtiens » ki gen kòm prezidan Duméric Charlier, direktè jounal pwo gouvènmantal la Le Matin. Mwa apre a, yo anonse òganizasyon de pati politik. Gregwa Ejèn (Grégoire Eugène), pwofesè nan Lekòl de Dwa, ansyen minis nan gouvènman kolejyal la epi nan kabinè 18 jou Danyèl Fiyole a an jen 1957, enpi ki te bay Janklod leson Dwa konstitisyonèl, pibliye yon ti liv ki rele : « Plaidoyer pour les partis politique ». Li tou anonse fondasyon « Parti Démocrate-Chrétien d'Haïti ».

---

[85] « Noumenm ki siyen pi ba a, powèt, womansye, dramatij, aktè, kritik literè, istoryen, moun k ap fè rechèch, eks. Nou tout ki pran deja anba yon kontwòl reyèl ki limite kapasite nou pou n fè rechèch, pou nou kreye, jisteman nouvo fòm kontwòl sa a pran nou pa sipriz, li vyole libète espresyon nou, nou di « Non », se yon bagay gwo soulye, san rezon d èt, initil, ireskonsab. Nan yon peyi kote grangou ap tòtire moun nan, lamizè ap fè ravaj la, noumenm kreyatè, demidye, nou reklamen dwa nou pou nou pote bay tout moun an tout libète pati pa yo a nan Rèv la, nan Espwa a. Pou sa fèt fòk nou libere lapawòl. »
[86] « Se pa zafè moralite k ap regle epi kesyon paran yo se yon fab. Sa fè 9 mwa depi y ap jwe Pèlen Tèt sal konb nan Rex. Pami foul moun ki kouri vini yo, se pa de ni twa paran nou pa wè! »

Le landemen Silvyo Klod pwoteste kont non an ki se non pati l la PDCH, Parti Démocrate-Chrétien d'Haïti. Kidonk li chanje non pati a li rele l Parti Social-Chrétien d'Haïti. Jan Makis Gasya te di l la, etikèt « Journaliste indépendant » an te vin difisil pou kontinye kenbe. Yo te vin kite domèn diskisyon an, pou yo tonbe nan yon lòt domèn ki diferan nèt, aksyon politik. Li di : »Nous savions que tout ce que nous écrivions deviendrait suspect et que les tenants de la ligne dure gouvernementale s'arrangeraient pour qu'il en soit ainsi ».[87]

Rankont ant prezidan Janklod Divalye ak prezidan yo eli an Repiblik Dominikèn nan, Antonio Guzman, 31 me 1979

---

[87] « Nou te konnen yo t ap sispekte tout sa nou ekri enpi patizan liy di yo nan gouvènman an te fè yon jan pou se kon sa sa te ye »

Menm jan ak papa li ki, 20 an oparavan, an desanm 1958 te rankontre diktatè dominiken an Rafael Leonidas Trujillo y Molina sou fwontyè dominiken an, Janklod Divalye, 31me, ale Malpas pou li rankontre nouvo prezidan yo eli nan Repiblik dominikèn nan, Antonio Guzman ki nan PRD, pati Peña Gomez la.

Pandan innè d tan Guzman ak Janklod Divalye rankontre ansanm nan yon remòk yo konvèti an salon. Entèprèt yo ak Minis Afè Etranjè yo te akonpaye yo.

Yo siyen kèk dokiman sou divès sijè. Pa te gen yonn ladan yo ki te mansyonnen Dwa Moun. Pandan peryòd sa a, "Le Petit Samedi Soir" te enfòmen lektè l yo sou diktatè tankou Sha ann Iran an, Amin Dada ann Ougannda, anperè Bokasa ann Afrik Santral, ki tonbe yo, epi Anastasio (Tachito) Somoza Debayle yo pral asasinen kèk tan apre o Paraguay. Laprès ayisyèn t ap suiv nan tout ti detay evennman ki konsènen dinasti Somoza ki tonbe a. Gen yon gwoup moun ki mande wete non "Avenue Somoza" yo te bay avni Dèlma a an 1952 an memwa fondatè dinasti a. Leson evennman sa yo pote a te klè: yon jou ou lòt tiran bout di yo gen pou yo jwenn ak pa yo.

29 jiyè 1979, jou anivèsè kreyasyon VSN, "Volontaire de la Sécurité Nationale », makout yo selebre l nan yon òji kout zam. Zo reken yo nan rejim nan tankou sekretè d Eta Enteryè a, Webè Gèrye (Weber Guerrier) mande fèmen bouch medya yo. Yo te koumanse al chach moun pou yo kraze yo. Yo arete de ofisye non komisyone ki nan Kazèn Desalin. Yo mete yo nan prizon sou pretèks yo se patizan Silvyo Klod.

26 out, Silvyo Klod òganize yon reyinyon pou patizan l yo lakay li. Ofisye polis ak ajan SD antre lakay li ak gwo ponyèt. Silvyo gen tan chape poul li nan yon fenèt pandan patizan l yo bloke pasaj anvayisè yo. Li pran yon bal nan men. Li kouri al nan radio RGR kote yon zanmi li, Gérard Résil t ap travay. Yo pase l

mikwo a. Oditè yo sezi tande an dirèk ki jan yo pèsekite Silvyo pou yo fòse li fèmen pati a, kouman yo te matirize li lè yo te arete l an fevriye a. Oditè yo te ka tande tout briganday detektif yo fè lè yo rive pou yo kondi Silvyo nan prizon. Yo te arete manadjè estasyon an, Gérard Résil, apre sa yo lage li.

Kalvè Silvyo Klod la t ap kontinye. Yo te arete yon kantite patizan pati l la. Yo mete Frantz Vòltè (Frantz Vòltaire) deyò, yon pwofesè sosyoloji 31 an, yo voye l tounen Kanada. Klod ak patizan l yo rete nan prison Kazèn Desalin jis 26 oktòb lè yo transpòte yo nan Penitansye nasyonal. Klod koumanse grèv lefen (li refize manje). 7 novanm yo akize li l ap fè « activités subversives ». 4 mwa apre 10 mas 1980, yon jij tribinal sivil pran gouvènman an pa sipriz, li òdone lage Klod. Gouvènman an refize fè sa. Alafen, premye avril, yo mennen Silvyo Klod nan Ayewopò a pou yo egzile l. Klod refize anbake. Ayewopò a te ebranle. Ofisye polis yo te oblije tounen nan Penitansye a ak prizonye a. 24 oktòb, otorite yo anonse yo wete li nan Penitansye a pou yo entène li nan yon lopital psikyatrik. Nan fen mwa a yo libere li. Yon lòt fwa ankò Silvyo Klod refize pwopozisyon ministè Enteryè fè li pou li pran avyon pou kont li poutèt yo pa garanti sekirite li.

Rezon ki fè yo te arete l la, se yon lèt li te ekri Woje Sentalben (Roger Saint-Albin), jeneral, chè d Eta majò lame a pou l plenyen kont makout yo, manm VSN, k ap plede fè l menas. Otorite yo jije lèt sa a se yon manèv pou kreye yon konfli ant lame a epi VSN yo. Se pou sa Janklod Divalye te pase lòd arete li. Men, Depatman d Eta ameriken fè entèvansyon pou l mande respekte dwa prizonye a enpi ba li posiblite pou l defann tèt li kòm sa dwa. Nou pa bezwen di kantite kòmantè peripesi Silvyo Klod yo soulve nan tout peyi a. Moun yo nan lari a ann admirasyon devan Klod poutèt li fè tèt ak otorite yo.

Kounye a 19 sektanm 1979 rejim nan pibliye yon lwa sou laprès. « Le Petit Samedi Soir » soti ak yon tit : « Un coup d'État contre le quatrième pouvoir ». Yo prevwa twazan prizon pou yon jounalis ki ta manke yon manm gouvènman an oswa yon manm fòs ame, lapolis tou, d ega. Nan kondisyon sa a, laprès vin twouve li pa sa ekri sou move izaj y ap fè ak fon piblik yo, sou kòripsyon oswa sou tout lòt ka delenkans yon fonksyonè oswa yon militè. Gouvènman an bay tèt li dwa kalifye yon atik de "mensonges" oswa wè ladan l lide pou boulvèse lòd piblik.

Tout jounalis te dwe al chache dokiman akreditasyon li nan men Asosiyasyon Jounalis Ayisyen « Association des Journalistes Haïtiens », ògàn defakto gouvènman ayisyen an. Yo te oblije jounalis yo prezante diskou, miting oswa lòt seremoni prezidan an entegralman oswa yon fason pozitif epi konstriktif. Kon sa, manm "Association Inter-Americaine de Presse" (AIPA) ka deklare ak tout san fwa yo "Libète laprès pa egziste ann Ayiti". Twa jou apre piblikasyon lalwa sou laprès la, Janklod, byen kal, tankou yon atlèt olenpik, kòm si tout ajitasyon k ap fèt yo pa t konsènen li, l al li nan radyo an totalite yon diskou defen papa l epi li deklare pa gen pesonn omonn ki ka ba li leson demokrasi.

Yo pwofite okazyon yon reyinyon « Ligue Haïtienne des Droits de l'Homme » te òganize nan lokal pè salezyen yo sou Gran Ri pou yo frape ak britalite 9 novanm 1979. Apre entèdiksyon Pèlen Tèt, pèsekisyon kont Silvyo Klod, lalwa sou laprès, gouvènman an antre nan vye lojik vyolans ki pral fè l tonbe senk an apre, pou pèmèt verifye pwovèb grèk la : « Zeus rend fous ceux qu'il veut perdre ». « Zes fè w vin fou lè li bezwen fè fen w ». Gouvènman an grave limenm twa mo avètisman bib la : Mane Tesel, Pharès. Malgre rimè ki t ap kouri yo, pè Jak Mezidò (Jacques Mésidor), siperyè kominote salezyen yo te estimen te gen twa mil moun yonn sou lòt ki te nan lakou ak nan oditoryòm Sen Jan Bosko a vandredi apre midi sa a.

Yo te prevwa pou mèt Jera Goug (Gérard Gourgue) vin pale sou « Démocratie et Présidence à vie » dapre sa doktè Jòj Michèl (georges Michel) te anonse lavèy nan Radyo Metwopòl.

Prensipal oratè a te apèn koumanse pale lè yo entèwonp li ak yon bann kri « Vive Duvalier! » « Jean-Claude à vie! » Epi yon kolonn makout, figi di, gaye nan tout sal la epi y ap vide baton sou moun je fèmen, kout baton, kout chèz. Yon kri « Vive la liberté » agrave bagay yo plis toujou, yo vide kou pi rèd sou tout moun, manm òganizasyon dwa moun, moun nan piblik la, ata diplomat. Panik jeneral. Goug eseye kalme yo. Jòj Michèl ki nan Radyo Metwopòl resevwa règ kout baton, li te oblije al lopital. Lapolis ki te deja okouran, epi yo te mande l pwoteksyon, li te absan. Yo te sakaje oditoryòm pè salezyen yo anpil. Tankou chen anraje ki pran gou san, makout yo kouri dèyè moun yo jis nan lari a, yo kraze vit machin moun yo, yo rale yo sou syèj yo pou yo kontinye bat yo.

Se te vye ansyen machin nan, lan veritab vyolans li. Lelandemen, je ak san kaye, kòkraz, doulè nan ren fè moun wè operasyon an byen reyisi. Men toupatou moun yo endiyen yo leve vwa yo anndan kou deyò. Alafen gouvènman an fè soti yon kominike ki rann bagay yo pi grave toujou. Kondanasyon tonbe kou grenn lapli sou tan gwo babin yo ki tounen an. Nan *New York Times* 25 novanm 1979, Joe Thomas ekri: " Inst M. Silins, Conseiller politique à l'ambassade des USA, n'avait pas pu entrer dans la sale tellement il y avait du monde (il estima le chiffre à 3000). Il se tenait au dehors avec les diplomates du Canada, d'Allemagne et de France. Finalement un jeune homme le pria d'entrer. C'est alors qu'il aperçut le professeur Gérard Gourgue qui recevait des coups de bâton de plusieurs macoutes. « Je m'approchai immédiatement et il saisit mon poignet, j'essayai de le tirer de là. Les attaquants détruisaient haut-parleurs, tables, chaises, meubles. Gourgue m'indiqua sa femme qui gisait sur le dos recevant des coups de barres métalliques tirées des chaises. Sa robe était tâchée de sang. Nous réussîmes à la mettre debout, l'accompagnant vers la sortie. » Mr Silins reçut des coups à l'épaule et sur la tête.

Lè anbasad yo pwoteste gouvènman an reponn gen yon ankèt ki ouvri. Li menm anonse kreyasyon ofisyèl yon komisyon gouvènmantal dwa moun nan ministè Afè Etranjè. Sa fè moun pete ri. Se yon komisyon ki ta sipoze mennen ankèt sou vyolasyon dwa moun gouvènman an limenm fè.

Medya yo òganize yon kouvèti konplèt evennman an yo rele "Vendredi sanglant ou vendredi noir". Ivè represyon an te tounen. Gouvènman an tounen ankò ak vye pretèks li a toujou, l ap lite kont kominis. Men, vle pa vle, chema solisyon ranplasman an vin alamòd toujou.

Yo t ap konte jou.

CHAPIT 22

Maryaj la (27 me 1980)

Nan mitan ane 1980, Janklod Divalye ki te gen 26 an lè sa a te gen pou l pran yon desizyon vital pou li epi enpoze l. Nan pozisyon li te twouve l la, desizyon sa a te ka detèminen suit evennman yo e menm deside sò pouvwa pè an fis la (dinasti a). De fwa deja jenn ti prezidan an devlope yon atachman serye pou de zanmi fi li. Relasyon sa yo pa t antre nan santiman manman an, madan Divalye, ki poste l kòm gadyèn palè a ansanm ak pouvwa a. Nan yonn nan ka yo, nan 24 è li espedye jenn ti demwazèl la aletranje.

Menm pwoblèm nan vin poze toujou. Men fwa sa a Janklod Divalye te deside epi li pran desizyon l. Se avèk filozofi li kòmante pou otè a opozisyon manman l lan : « Aucune mère n'est contente quand elle se voit ravir son fils par le mariage, une mère pense toujours que son fils mérite mieux ».

La a li te gen rezon. « Manman » Simone Duvalier, non sèlman li te panse Michèl Benèt pa t fanm Janklod Divalye te bezwen an, men tou li te gen konviksyon maryaj sa a te reprezante yon menas pou dinasti Divalye a (s o t i n a n p a p a r i v e n a n p i t i t). Pandan 14 an Papa Dòk yo, madan Divalye te parèt yon fanm ki pa t janm ouvri bouch li, ki pa t janm pran ris fè yon ti kòmantè, ki t ap viv anba lonbray mari l. Lè mari a vin mouri li kanpe kòm fwaye rezistans kont chanjman. Vye ansyen yo, gwo babin dan pwenti yo te pare pou defann eritay la.

Men tou Michèl Benèt te yon tèt rèd, byen deside pou l egzije enpi egzèse pouvwa li ta ka jwenn nan. Pou madam Simone Ovide, jan bagay yo t ap fini an se te yon kou mòtèl pou li : pòt pou met deyò a, palè a pou l kite ak tit premyè dam nan l ap pèdi, enflyans limenm sèl te genyen sou pitit gason l lan l ap pèdi l. Rimè t ap sèkile gen chirepit ak mete men nan Palè a. Anbasadè ameriken an ant 1973 ak 1977, Heyward Isham, nan yon atik Marie Brennet nan *Vanity Fair* desanm 1986, deklare :

« Maman Doc ne pensait pas que son fils avait ce qu'il fallait pour gouverner Haïti. Elle pensait qu'elle pouvait le faire mieux que lui. » An reyalite, dèyè rido a, li te aji kou moun k ap fè pledman ak pitit gason l. Si sa anbasadè a di a vre, sa vle di maryaj 1980 an moutre nou se yon desizyon ki pèmèt li kase kòd la pou l pran endepandans li. Nan deklarasyon li vin fè ann apre, li di, epi li peze sou sa, lè papa l te la, manman l pa t janm gen yon mo pou l di, enpi « après 1971, elle n'était jamais intervenue dans mes désisions politiques. Toutes les histoires qu'on raconte faisaient partie des manœuvres de cour pour obtenir de l'influence ».[88]

Sou yon lòt plan, chwa Janklod Divalye a se yon gwo kou pou diskou, priz de pozisyon, aksyon 13 ane nwaris divalyeris la. Mete sou sa Michèl Benèt te marye premye fwa a ak pitit kapitèn Aliks Paskèt (Alix Pasquet), yo te touye an 1958, lè li te anvayi Kazèn Desalin nan. Li te gen de pitit avèk li. Melimelo sa a, nou abitye jwenn nan sosyete ayisyèn nan, moun yo te fè anpil kòmantè sou sa nan lari a tankou sete yon woman fèyton nan televizyon. Sitou kounye a, lwen vye peryòd rasyònman lontan an, tren d vi a, se liks tout jan w vire, gwo depans san limit, tou sa sanble lejann.

---

[88] Li pa t janm antre nan desizyon politik mwen yo. Tout istwa y ap rakonte yo se te mannigèt ki t ap fèt pou yo gen plis enfliyans nan palè a.

Fanmi Bennett soti nan yon kapitèn bato anglè ki te tabli o Bòy (Borgne) ki te gen 3000 abitan, yon ti vil kwense ant larivyè epi lanmè, sou yon pis ki relye Kap Ayisyen (Cap Haïtien) ak Pòdpè (Port-de-Paix). Benèt yo te rete nan yon ansyen kay de etaj an bwa, yo te nan komès kafe ak kakawo. Papa Michèl Benèt (Michèle Bennett), Ènès (Ernest), apre etid li nan yon seminè katolik, marye ak Orò Ligonde (Aurore Ligondé), Yon fanm ki gen yon pèsonalite fò, ki soti nan yon fanmi o Kay, fanmi achevèk Pòtoprens lan, monseyè Vòlf Ligonde (Wolff Ligondé). An 1960, fanmi an vin enstale l Pòtoprens. Ènès ak Orò nan peryòd difisil sa a kontinye travay nan kafe ak kakawo. Ak sèt timoun, yon neve, y al rete nan yon kay sou Tètdlo, Petyonvil. Dapre sa zanmi yo di, malgre difikilte yo lè sa a, se te yon kay ki akeyan, ki gen kè kontan, yon randevou pou jenn timoun, kote yo te konn resevwa Janklod ak de bra, enpi tou li te konn santi li alèz la.

Michèl, dezyèm pitit fi a, te fè etid li nan Nouvo Kolèj Bèd (Bird). Lè atak sou Janklod ak sè li yo a an 1963, Bennett yo voye pitit fi yo a kontinye etid li Peekskill, Nouyòk, Ozetazini. Apre sa li travay kòm sekretè nan yon antrepriz kote yo fè pantouf pou famn nan yon katye Nouyòk ki espesyalize nan fè rad. Lè l tounen ann Ayiti, l al travay nan sekretarya yon pwojè touris tou pre Kap Ayisyen. Se la li rankontre Aliks Paskèt jinyò. Yo marye an 1973 nan Otèl Ibo-Lele, nan mòn Petyonvil yo. Yo divòse an 1978.

Maryaj prezidansyèl la fèt 27 me 1980 nan apre midi, nan Katedral Nòtre Dam, Pòtoprens, ki te dekore nèt ak flè blanch. Majistra Pòtoprens lan, Jera Teya (Gérard Théard) fè netwaye lari yo kòm sa dwa. Sou tout plas piblik televizyon enstale pou fè moun yo wè seremoni an. Jounalis etranje te soti tout kote. Se madan Divalye ak minis Afè Etranjè a, Ednè Britis (Edner Brutus) ki akeyi la marye ki nan yon wòb Givennchi (Givenchy). Achevèk Pòtoprens lan, monnonk la marye a, nan mitan tout evèk Ayiti yo, t ap selebre seremoni an. Plis pase 200 envite al nan ranch Kwadèboukè a pou yon resepsyon prens ki ta koute dapre sa ki di 700 000 dola. Lelandemen, jounal *Le Matin* soti tit sa a : » La nation toute entière est euphorique ». Moun marye yo te mande nan plas kado yon kontribisyon pou « Ligue Haïtienne du Cancer » pou yo achte yon « scanner ». Yo te ranmase prè de 250 000 dola : yo te pibliye lis donatè yo ak montan yo te bay yo nan jounal. Doktè Chal Chevalye (Charles Chevalier), prezidan lig la te depoze lajan li te resevwa a nan yon kont espesyal labank paske ti lajan sa a pa t ase pou achte « scanner » a.

Aletranje, gen medya ki eskandalize pou tout lajan sa yo ki depanse pou yon maryaj, sanble se senk milyon dola. Yo denonse maryaj gran jan sa a kòm yon estravagans nan yonn nan peyi ki pi pòv yo sou tè a. *Miami Herald* soti tit sa a: "Baby Doc danse, Haïti pleure". Menm jounal la fè remake lajan kontribiyab ameriken yo sèvi pou mòd depans sa yo,"tandis que, écrit le journal, des processions d'embarcations de fortune, remplies d'Haïtiens désespérés, en quête de refuge, de nourriture et de travail, débarquaient sur les plages de Florid.``

Men gen lòt kòmantè ki wè nan evennman an yon van fre ki gen lè anonse yon denmen miyò.

Foto maryaj mesye dam laprezidans yo (27 me 1989)

Madan Divalye ak mesye dam la prezidans yo.

PJ-B Diederich

CHAPIT 23

Entèvyou ak Janklod Divalye an 1980

Se te yon bagay etonan pou tande nan bouch yon jenn ti otokrat ki deklare pwogrè peyi li fyè de li a, apre prèske dizan nan tèt gouvènman an, se te "la libéralisation et la démocratisation » sistèm politik papa l kite pou li kòm eritay la. Bèl nòt sa a li bay tèt li a, li dotan plis etonan ke ane anvan an tout moun te temwen kout baton ki vide sou yon foul moun ki te vin koute nan oditoryòm pè salezyen yo yon kozri pwofesè Jera Goug Gérard Gourgue), prezidan   « Ligue Haitienne des Droits de l'homme », sou sijè « Démocratie et Présidence à vie ».

Deklarasyon li fè an 1980 an ta dwe fè nou sipoze si se yon bagay ki t ap fèt vre, nou ta wè li kite koze prezidan a vi a enpi li ta òganize eleksyon lib. Pandan vizit sa a mwen fè an 1980 an, pwofesè Goug (Gourgue) deklare m fòmil « libéralisation et démocratisation » an, li te sa l te ye a, yon eslogan pou satisfè Etazini ak lòt peyi k ap bay lajan ki te vle fè tèt yo kwè èd yo a t ap sèvi pou mennen nan demokrasi e non ranfòsi diktati an.

Nou te nan Vila d akèy (Villa d'Accueil), yon vila gwo bacha chèf polis la, kolonèl Makès Pwospè (Marcaisse Prosper) te konstwi nan epòk prezidan Maglwa a. Lè sa a, mwen te chèf biwo *Time* Meksiko pou Karayib ak Amerik Santral. Granmèsi demach doktè Gi Nwèl (Dr Guy Noël) ki te doktè prezidan an, li te òganize yon entèvyou pou mwen. Pandan 17 ane apre egzil mwen an 1963, yo te deklare mwen « persona non grata » (endezirab, demeplè). Se te dezyèm fwa mwen te tounen, apre mwen te fin akonpaye anbasadè Anndwou Young (Andrew Young) an 1977. Fwa sa a, mwen te avèk Jan Bèna (Jean Bernard), premye pitit gason mwen ki te kòmanse karyè fotograf li. Pou nou de a se te yon moman espesyal, moman pou nou rejwenn yon pati nan pase nou, retwouve, apre tout ane sa yo, kantite zanmi ak konesans nou te pèdi de vi. Swa nou rive a, 25 sektanm 1980, Janklod Divalye t ap inogire yon konplèks espòtif nan zòn Sen Maten. Nou te deside ale. Se te yon bèl okazyon pou n fè kèk foto. Lè n rive, nou te devan yon gwo konsantrasyon sèvis sekirite yo : makout, VSN, milisyen, polis an chemiz ble, kòmando espesyal anti geriya (Léopards), yon veyikil defans anti ayeryèn, plis sòlda batayon taktik Kazèn Desalin. Devan kalite demonstrasyon sa a, nou deside kite zafè foto a, kite òm fò rejim nan, Woje Lafontan (Roger Lafontant) moute lagad devan tant prezidansyèl la, dwèt li sou gachèt yon pistolè mitrayè Uzi ki fabrike ann Izrayèl.

Mwen t ap chonje jenn ti gason sa a mwen te fotografye ak twa sè li yo ak paran li yo sou balkon ti kay rièl Wa a tout swit apre eleksyon sektanm 1957 yo. Venntwazan apre, tigason an ki te prèt pou vin obèz la, te vin prezidan a vi peyi li. Apre nevan entèlokitè sa a ki te chita devan mwen sou yon sofa a te vin gen yon sèten aparans ki pa t merite kalifikatif yon sètèn près te konn mete sou li. Nou te ka wè li te pran gou nan sa l ap fè a, nan tout flatri ak benefis pozisyon l lan ba li. Papa l mwen te entèvyouwe yon sèten nonm de fwa te fè yon jan pou l kache dèyè yon diskou bade ak sijè sosyal, bèl pwomès van pou pi devan. Aktè a, dèyè yon fwadè enpasib, yon demi souri kondesandan, pòpyè li k ap fèmen, bloke tout aksè nan veritab pèsonalite pèsonaj la.

Bèna Didrich (Bernard Diederich) nan entèvyou ak
Janklod Divalye nan
Vila d Akèy.

Nan entèvyou sa a an 1980 an, mwen te sitou enterese evalye enfliyans pwosede manipilasyon Papa Doc sou eritye a. Toudabò, se sèten li t ap imite, ak yon espès enpasibilite ofisyèl, yon rega vag, eta nòmal prefere papa a. Li te konn pale tou ak yon vwa ba ak yon aksan wannen ki oblije w fè yon jefò espesyal pou pa pèdi anyen nan sa l ap di a.

Otè a ansanm avèk mesye dam
laprezidans yo

Mwen baze m sou dènye desizyon li te pran yo, sou inisiyativ minis edikasyon nasyonal la, Jozèf C. Bèna (Joseph C.Bernard) sou izaj ak ansèyman kreyòl la, pou mwen mande l si nou

196

pa t ka pousuiv konvèsasyon an nan lang pèp la pale a. Li byen dakò, men li deklare se premye fwa l ap fè sa. Li fè de zanmi l vin ede l.

Kon sa, karikati aletranje sou Janklod Divalye yo, te rete sa yo ye a, karikati. Li pwojte yon gran asirans ki ale jiska otosatisfaksyon epi agresivite. Men, malgre afimasyon yon nouvo stil ki kapab koupe ak pase a, mwen te rann mwen kont li rete prizonye yon sistèm papa l te kreye a, san l pa egzèse okenn kritik ki ta rive fè li abandone l. Chanjman an rete nan estad pawòl. Pa gen jantiyès nan kraze zo.

An reyalite li resite trè byen refren yon diskou ki gen yon ti koulè popilis sou lajè fose ki egziste ant moun ki posede yo ak sa ki pa t gen anyen yo, menm bagay tou pou diskou kont etranje k ap bay lajan yo, ki pa janm bouke voye moute nan gwo teyori ki pa gen okenn rapò ak reyalite a. Nan kontèks sa a, ki sa « Janklodis » la ye?

> « Je vais répondre directement à votre question. Entre le duvaliérisme et le jean-claudisme, il n'y a pas de cassure. La démocratie est une continuation de la révolution opérée par mon père, dans le sens que nous corrigeons les excès qui furent commis, tout en sachant que ces excès étaient une réponse obligée, dans une période explosive par laquelle passent toutes les révolutions. »

```M ap reponn kesyon w lan dirèk dirèk. Ant divalyeris e Janklodis, pa gen diferans. Demokrasi a se revolisyon papa m te fè a k ap kontinye, ki vle di n ap korije eksè yo te fè yo, menm lè nou konnen yo te oblije fè eksè sa yo nan yon peryòd cho tout revolisyon travèse.``

Pandan l ap pale kon sa a, li gan lè pa menm rann li kont bèl fraz sa yo l ap anplwaye yo pou l voye nou nan referans zak asasinay kolektif, maspinay, disparisyon moun, se ak yon kòrespondan laprès l ap pale, yonn yo te mete nan
```

prizon, voye l ann egzil pou 20 an, pandan gen santèn moun, an patikilye 70 ofisye ou ansyen ofisye yo pran sans gade dèyè, yo likide yo likide yo.

Li pa t rete lontan sou sijè a epi li te koumanse penn tablo sa a ki gen pou l vini an ak yon revolisyon ekonomik : eletrisite, konstriksyon wout, fasilite pou envestisman. Li t ap voye nou nan referans wout Jakmèl la Franse yo te fè a, ouvèti klib Meditèrane a, konplèks touristik Labadi a, izin sik Dabòn nan (Darbone), Leyogàn. Sou pwojè Dabòn nan Italyen yo te finanse yon pati ladan, Janklod Divalye pa ezite pale de konplo entènasyonal nou ka wè byen, ansanm ak opozisyon   « Fonds Monétaire International (FMI) » esprime kont pwojè sa a.

Pou sa ki regade chanjman politik yo, Janklod deklare :

> « Il n'y a plus d'arrestations arbitraires. L'on vient au palais pour se plaindre, on va à la radio qui transmet les lettres de protestation qui me sont adressées. De même les ministères tiennent compte des plaintes qu'ils reçoivent et corrigent ce qui doit être corrigé. Pour ce qui est des « boat-people », pour nous, ce sont « des réfugiés économiques ». S'ils déclarent qu'ils fuient la répression, c'est pour obtenir l'asile politique. Et j'ai pu en avoir confirmation dans des entretiens que j'ai eus avec certains d'entre eux qui avaient été ramenés ici. »

« Yo pa arete moun nenpòt jan ankò. Moun al plenyen nan palè. Y ale nan radyo ki transmèt lèt pwotestasyon yo voye ban mwen. Menm jan tou ministè yo okipe korije sa ki fèt pou korije nan plent yo resevwa yo. Pou sa ki regade « Boat-people » yo, pou nou, se « réfugiés économiques » yo ye. Si yo deklare y ap kouri pou represyon, se pou yo ka jwenn azil politik. Mwen te rive jwenn konfimasyon nan bouch kèk moun yo te mennen tounen isit. »

Se nan moman sa a Michèl Benèt vin antre. Se sa ki mete fen nan de zè konvèsasyon nou te genyen ansanm. Michèl pran plenyen sou fason medya yo kouvri maryaj li a. Dapre li, « On a beaucoup exagéré le coût du mariage », yo egzajere depans maryaj la koute a. Vini l lan pa t pèmèt mwen poze kesyon mwen te gen lide poze yo enpi mwen te kite yo pou lafen. Te gen yon pwoblèm grav konsènan antrepriz leta yo yo te regwoupe anba chapo « Régie du tabac »; kòb li rapòte l yo te chape anba kontwòl fiskal enpi yo pa t antre yo nan bidjè nasyonal la. Depi 1957, se te manmèl bèf ki t ap nouri « la famille dynastique » la ak tout pwoteje yo. Mwen te vle mande l tou si pa gen prizonye ankò Fòdimanch, epi konbe. Epi tou èske fanmi moun ki disparèt yo pandan 14 an Papa Dòk la te reyisi jwenn sètifika desè.

Michèl Divalye ap separe kado Nwèl nan
Palè Nasyonal
Foto Jan-Bèna Didrich

Lelandemen, Kwadèboukè, mwen te kapab asiste yon demonstrasyon enpresyonan sou aktivite Michèl Benèt. Apre ane li pase Nouyòk yo, li pale angle kouraman. Li te renmen blage, epi menm jan ak mari li, sa k ap vini pi enterese l pase sa ki te pase. Nan peryòd apre « mariage du siècle » la tout kouch yo nan opinyon an te dakò pou yo rekonèt bon jan enfliyans li te egzèse nan klima politik peyi a.

Nan kat mwa li vin tounen madan prezidan ki pi aktif peyi a pa janm konnen anvan. « Mèsi, mèsi, Michèl, se pou Bondye beni w, oumenm ak Janklod, ak pitit ou yo ». Se sa yon peyizàn aje, vizaj pachemine, lè l resevwa anvlòp an papye jòn jenn ti madanm bèl wòb koton enprime, cheve mare an ke d cheval la, lonje ba li. Madanm nan glise anvlòp la nan kòsay li epi li pati ak sak diri li, pwa wouj li. Plis pase 6000 moun Kwadèboukè resevwa èd an lajan menm jan avèk li, pou yon total $35 000 li separe jou samdi sa a, lavèy fèt Nòtre Dam di Wozè, patwòn vil la.

Michèl te vin sot nan rannch Bebe Dòk la nan yon ditans de kilomèt ak mari li, ak sè li Joàn a nevè trant nan maten. Se li ki kondi machin li, yon ekip suiv li pou ba li sekirite. Pandan senk èdtan, nan yon chalè k ap toufe moun, limenm pèsonèlman distribiye ti anvlòp jòn. Janklod menm l al refijye li nan pòs polis la, l al jwe kat ak ofisye yo. Pòs polis la te sèvi tou kòm pwen distribisyon. "Bien sûr c'est du paternalisme, murmurait Michèle, mais nous sommes dans une société paternaliste ».

De tout fason sa a te pi bon lè granmoun fanm nan resevwa anvlòp la kon sa pase lè kòtèj prezidansyèl la ap voye ponyen lajan nan tout direksyon fè moun yo al goumen nan sab la pou ranmase yo.

« Ici, disait-elle, je me sens mieux que dans les cérémonies officielles ».

« M santi m pi byen isi a pase nan seremoni ofisyèl yo ».

Limenm ak sè li yo sipèvize tout operasyon an pou yo regle sèten detay oswa fè yo bay yon fanm ansent oswa yon moun ki avèg, avèk yon asirans li ganlè te pran lè l te jèn nan gwo kay an bwa fanmi an te ganyen o Bòy la nan komès kafe ak kakawo a.

« Ce qui est important, commentait-elle, c'est le contact avec les gens. Il s'agit de démontrer qu'on est concerné. Même si cela ne résoud pas leur problème, c'est un commencement. Depuis le mariage nous avons atteint de cette manière plus de 300,000 personnes. »

« Sa ki konte, se kontak nou gen ak moun yo. Se pou nou moutre sa regade nou. Menm si sa pa rezoud pwoblèm yo, se yon kòmansman. Depi maryaj la nou rive touche 300 000 moun jan sa a. »

Se kon sa piblik la te remake de mesye dam laprezidans yo te prezan o Kay dè lelandemen siklòn Alenn (Allen), y ap distribiye rad ak manje.

« Bientôt il n'y aura pas d'endroit dans le pays que nous n'aurons pas visité. »
« Talè konsa pa p gen kote nan peyi a nou pa rive vizite. »

Konsènan finansman operasyon sa yo, li reponn « une bonne partie vient du secteur des affaires ».
Li di toujou mari li te konn ba li lajan pou l mete nan nouvo « Fondasyon Michèle B. Duvalier » ki te gen pou l mete kantin ak gadri. Kote ki gen gwo mache yo, fòk ta gen dòtwa. Li pale m pwojè refè mache Kwabosal la okonplè anba lavil la. Li pale tou de yon famasi kote yo ka jwenn medikaman nan yon bon pri.

Michèl te devlope yon teknik pou l reveye enstitisyon ki te plonje nan ki mele m ak neglijans. Se kon sa li fè kèk vizit eklè nan kèk enstititsyon tankou « Foyer pour les enfants de Carrefour », « l'hôpital psychiâtrique de Beudet » « Le sanatorium de Carrefour-Feuille ». Li rive briskeman ak ekip televizyon nasyonal la k ap filmen brid sou kou movèz eta pasyan yo. Te menm gen yon ensidan Bedèt ak yon malad vyolan o moman l ap antre nan yon chanm.

Li mande m « Et comment marchent vos entretiens avec mon mari? » Mwen reponn li enpòtans li bay liberalizasyon an enpresyone mwen. Li reyaji touswit, li souke tèt, li fache, li leve vwa li enève « Ça a été trop loin. Ils ont dépassé les bornes! », yon refren sèten zòm d afè pa t sispann repete.

Nan inogirasyon premye pwojè Fondasyon an, nan vwazinay sanatoryòm nan li fè yon diskou elokan. Se te premye fwa Simòn Ovid, vèv Papa Dòk la te nan yon reyinyon piblik ak nouvo marye yo. Mèt de seremoni an ki pa t konn ki jan pou l soti nan sitiyasyon an, trete toulede

« première dame de la République ». Michèle souri, l al anbrase bèlmè li alafen seremoni an pou l fini ak malèz la.

Jis ki kote jefò jenn ti koup prezidansyèl la te ka ale? Se te yon kestyon ki merite deba. Jan yon doktè te di nan visit Kwadèboukè a:

« Seuls des jeunes pouvaient faire ces choses. Jamais les gens d'un certain âge ne se mêleraient ainsi avec les gens de la rue, les pauvres et les nécessiteux, les malere ».

Yon maten pandan n ap soti lakay nou, Frè, n ap desann lavil, radyo a te ouvè sou Radio Haïti Inter, vwa Jan Dominik nou abitye tande a chanje nèt, li transfòmen nan yon kri teyatral. Nan estidyo l la nan dezyèm etaj imèb Brant lan Ri di Ke (rue du Quai) : « Konpè Filo a été arrêté et l'opérateur de nuit a disparu! ». Dominik akeyi vini nou an, venn kou l soti, li lonje dwèt li anlè ak menas, li rele « C'est la guerre! Je déclare la guerre! » Enpi li pran zam li an, mikwo a.

Yo te mennen Antoni Paskal (Anthony Pascal) (Konpè Filo), yonn nan jounalis vedèt pwogram nouvèl an kreyòl nan Radio Haïti Inter, Fòdimanch. Alafen, kòmandan pòs la enfòmen Dominik lè l fin pase nuit la Fòdimanch, yo transfere Konpè Filo nan Palè Nasyonal. Dominik fè moute volim retransmisyon an l ap savoure denonsiyasyon arestasyon Konpè Filo a. San bese vwa li, li fè kòmantè sila a :

« Le gouvernement est en train de tirer la moustache du peuple. Mais le peuple commence à   en avoir plein les bottes! » (gouvènman an koumanse jwe nan bab pèp la. Men pèp la koumanse bouke…)

 A midi, yo lage Konpè Filo enpi Dominik remèsi tout moun ki te entèvni pou esprime api yo, nouvo pati politik yo, « Le Petit Samedi Soir » « La Ligue des Droits de l'Homme ».   « Merci, trois fois, merci ». Dominik entèvyouwe Filo. Tout vil la t ap koute. Filo chape, men li pèdi bab li yo te koupe.

    Dominik tire konklizyon :

« L'information est la base de la démocratie. Est-ce que les journalistes peuvent travailler en Haïti? » (Enfomasyon se baz demokrasi. Èske jounalis ka travay ann Ayiti?) Gouvènman an ta pral reponn kesyon sa a anvan lontan, an novanm 1980.

CHAPIT 24

« Tout moun deyò » VANDREDI 28 NOVANM 1980

Liberalizasyon yo t ap klewonnen an, li jwenn dènye kou ki pou touye koukou a 28 novanm 1980, lè lapolis ak detektif an sivil, SD (Service Dépistage), te resevwa lòd ranmase yon trantèn jounalis, responsab sendikal, animatè sosyal; li tou toufe swadizan politik liberalizasyon an, ki vin pwouve, tankou pwofesè Gérard Gourgue te di l la, se yon eslogan vid pou izaj ekstèn, yon maskarad pou blofe peyi k ap founi lajan yo.

Ansanm ak lòt kòrespondan pou laprès, mwen te retounen Pòtoprens, nan yon dwòl de vil ki te sanble plonje nan yon silans total. Radyo yo t ap loveye, « Radio Haïti Inter » te antre nan yon silans ki t ap pral dire senkant twa mwa. Yo te sispèk moun yo. Gen bagay grav ki te rive. « Ils ont dépassé les bornes! » Se sa Michèle te di. Yo te ranmase tout gwo vedèt radyo yo. Òm d afè ki pi enpòtan yo te dakò ak desizyon sa yo. Yo pa t kache agasman yo devan odas ak riz jounalis yo ak editoryalis yo. Yo te menm soupsonnen y ap manniganse grèv anba chal.

Vandredi 28 novanm 1980 sa a, Jan Leyopòl Dominik kite estidyo « Radio Haïti Inter » nan fen matine a. Richard Brisson, manadjè estasyon an pa te wè anyen ki pa nòmal nan deplasman direktè a. Limenm li te tounen al manje lakay li. Ann apre, lè l mande Etazini azil politik, l ap ekri yon istwa konplèt sou alevini ki fèt jounen sa a. Yon ranmase sou tou sa li fè parèt nan yon atik John Rothschild pibliye 10 jen 1982 nan magazin Rolling Stone.

Brison ekri :

« Quand j'arrivai à la maison, j'aperçus deux policiers armés qui m'attendaient. Ils me demandèrent de les suivre, car on avait des questions à me poser. Ils me conduisirent aux Casernes Dessalines. Trois colonels me pressaient de questions sur mes « activités subversives », et tout en m'interrogeant, ils me tapaient dessus avec de grands bâtons. Je n'avais rien mangé depuis le matin. J'avais haut-le-cœur et la tête qui tournait. Je ne sais pas ce que la musique pouvait avoir de subversif. Mais j'avais l'impression qu'ils voulaient me faire payer certaines plaisanteries concernant Michèle Bennett ».

« Lè m rive lakay mwen, m apèsi de polisye ki t ap tann mwen. Yo di m suiv yo, yo gen kesyon pou yo poze m. Yo kondi m Kazèn Desalin. Twa kolonèl t ap tizonnen m ak kesyon sou aktivite sibvèsif mwen yo epi pandan y ap poze m kesyon y ap vide gwo kout baton sou mwen. Depi maten mwen pa t manje anyen. Mwen te gen kè plen epi tèt mwen t ap vire. Mwen pa konnen ki sa mizik te ka genyen kòm sibvèsyon. Men tout lide m di m yo t ap fè mwen peye kèk blag sou Michèl Benèt. »

Apre kèk jou prizon yo te mennen Richa tounen lakay li pou l al chache paspò li, yo mete l nan yon vòl pou Miyami. Yo pa t menm kite l di manman l orevwa. Mak kout baton yo pa t ko menm fin geri sou li. Ototal, li te gen chans. Plis pase yon douzèn jounalis ak lòt kalite moun k ap travay nan radyo yo te sibi menm sò a. Antouka yo te fè pwogrè : yo mennen yo al pran avyon nan ayewopò. Papa Dòk menm li pa t ap fè tou sa. Nan tan pa l la yo t ap egzekite yo san bri san kont enpi jete kadav yo bay chen manje.

Nan fen apre midi, moun koumanse gen detay sou ansanm operasyon ratisay sa a. Jan Dominik t al kache, apre sa, li pran azil nan anbasad Venezwela. Apre yon sèten tan Karakas, l al Nouyòk ansanm ak madanm li, Michèl Montas. Yo te arete epi kondi direktè sal nouvèl "Radio Haïti Inter" la, Awòl Izaak (Harold Isaac), Konpè Filo, epi Lilyàn Pyèpòl (Lilianne Pierre-Paul). Makis Gasya (Marcus Garcia) menm, bò pa li, direktè nouvèl nan Radio Metropole, "Le Petit Samedi Soir" te nonmen li "journaliste de l'année » an 1979, li te lakay li lè yo vin arete l lannuit. Li jwenn kòlèg li yo k ap tann yo mete yo nan selil nan Kazèn Desalin. Rankont sa a te sanble yon klib laprès, sòf teni an ki te menm pou tout moun : yon eslip. Janklod Karye (Jean-Claude Carrier), direktè « Radio Cacique » rakonte kouman yo detwi tout ekipman li. Yo te arete twa repòtè ebdomadè *Regard* enpi de nan magazin Cocorico. Anonsè « *Cacique* » la, Evanns Pòl (Evans Paul) alias Konpè Plim, te kache. Anvan sa, 10 oktòb, lè li te tounen soti ozetazini, yo te arete l nan ayewopò a, yo te malmennen l enpi yo lage l sou uit jou. Sanble rezon an se yon konvèsasyon li te genyen avèk Morenglàn (Moringlane), pwopriyetè libreri kreyòl « Haitian Corner » (se non sa a Rawoul Pèk (Raoul Peck) te bay yonn nan fim li yo).

Yo pa t epaye ekip « Le Petit Samedi Soir » la. Yo te ranmase Janwobè Era (Jean-Robert Hérard) ak Pyè Klitann (Pierre Clitandre). Nan dènye nimewo a, sa 29 novanm 1980 an (N0 362), Era te ekri : « Haïti est partout discréditée ». Li t ap kòmante trajedi Kayo Lobòs, yon moso koray Bahamas, kote yon gwoup moun « boat people » ayisyen te pran pye. Depi sèt semèn yo te refize moute nan yon bato bahameyen ki te vle mennen yo tounen Ayiti. Bout pou bout yo te oblije moute anba kout baton lapolis Bahamas. Pyè Klitann menm li te fèk tounen sot Wachintòn nan yon reyinyon «

Commission des Droits Humains de l'OEA (CIDH). « Le Petit Samedi Soir » te anonse repòtay li a pou pwochèn edisyon jounal la. Men, lè sa a, Klitann te fèmen nan yon ti selil santi kou chawony nan Kazèn Desalin.

Lendi apre a, premye desanm 1980, yo rele Èlsi Eteya (Elsie Éthéart), anonsèz nan Radyo Metwopòl, vin nan Katye jeneral lapolis pou l identifye yon moun yo sispèk ki t al kase kay li kèk jou anvan sa. Lè l rive kolonèl Emanyèl Kwalo (Emmanuel Qualo) anonse l li ann eta d arestasyon. Li pran kouri, men yo kenbe l, yo mennen l Kazèn Desalin nan menm selil ak Lilyàn Pyèpòl ki t ap travay nan « Radio Haïti Inter ».

2 desanm 1980, Elsi Eteya ak kèk lòt moun yo te arete ki te gen viza ameriken te twouve yo nan yon avyon pou Miyami. Te gen Nikòl Maglwa (Nicole Magloire), Richa Brison (Richard Brisson), Gregwa Ejèn Jinyò (Grégoire Eugène Jr), Pyè Klitann (Pierre Clitandre), Janjak Onora (Jean-Jacques Honorat), tout gwoup sendikalis ki soti Venezwuela anba banyè « Confédértion Latino-Américaine du Travail » (CLAT), ki t ap milite sou non CATH « Confédération Autonome des Travailleurs Haïtiens » (CATH). Ladan yo te genyen byennantandi, sekretè jeneral yo a, Iv Antwàn Richa (Yves-Antoine Richard). Sa k pa te gen viza pou Etazini yo, yo te voye yo Karakas, Venezwela, kote yo te oblije tann plizyè mwa anvan yo rann yo Kanada. Se te Lilyàn Pyèpòl, Soni Bastyen, Mavèl Danden epi Jaksonn Pyèpòl.

Gregwa Ejèn (Grégoire Eugène), ansyen minis nan kabinè de twa jou Danyèl Fiyole a, an 1957, pwofesè Dwa Konstitisyonèl, gade li wè de machin pwente lakay li nan vandredi swa. Sizòm antre nan kay la. De ladan yo ame ak mitrayèt. « On a besoin de vous aux Casernes Dessalines » (Kazèn Desalin mande pou ou), enpi, san yo pa kite l wete pantouf li mete soulye, yo pati avèk li Kazèn Desalin kote li rankontre yon pakèt moun, doktè an medsin, ekriven, pwofesè, jounalis, yo tout nan menm teni an: an slip. Kou lendi rive, Gregwa Ejèn te twouve li ann egzil Ozetazini. Nan entèvyou li te bay

New York Times li di kolonèl Valme te di li nan dènye nimewo jounal politik li a yo "Fraternité » li te atake gouvènan an twò di. » En faisant ces dénonciations vous empêchez les pays amis de nous donner de l'aide ». (Lè n ap fè denonsiyasyon sa yo nou anpeche peyi ki zanmi nou yo ba nou èd). Silvyo Klod te deja nan prizon anba akizasyon « sédition ». Pati li a te gen de bilten *Verite sou tanbou* epi « *Conviction* ». Yo te pibliye foto diktatè ki tonbe yo ak sa yo asasinen yo enpi foto Janklod Divalye ak yon pwen d entèwogasyon.

30 novanm, kolonèl Jan Valme deklare ofisyèlman gen ajitatè kominis nasyonal e entènasyonal, ki konekte ak medya yo, y ap travay depi yon sèten tan Pòtoprens ak an pwovens pou yo kreye yon anbyans favorab pou preparasyon zak tèworis enpi kriminèl. Fòs k ap met lòd yo fè yon seri desant de lye pou kraze rezo yo. Men genyen nan ajitatè sa yo ki pwobableman te reyisi kache enpi yo antre nan klandestinite.

Aletranje, reyaksyon yo te imedyat epi kategorik. Ozetazini se te semèn Thanksgiving. Malgre sa, Depatman d Eta kalifye enkonsistan tantativ sa a pou siprime lib espresyon opinion politik, yon bagay ki kontredi deklarasyon gouvènman ayisyen an te fè anvan sa.

Moun te gen espwa tout moun yo te arete t ap soti san dèle epi an bòn sante. Apre avètisman sa a, gen pèsonalite ki pwòch gouvènman an ki disparèt, yo rete kache, yo pe bouch yo.

Minis Jòj Salomon (Georges Salomon) te lopital "pour raison de fatigue". Minis jistis la, Wòk Remon (Rock Raymond) pa t nan vil la, bò kote Divalye yo, pèsonn pa reponn telefòn.

Laprès etranjè te sevè enpi endiyen. Miami Herald parèt ak yon gwo tit : « Le retour de Papa Doc ». Men kòmantè li fè :

« Depuis l'anné dernière le gouvernement de Jean-Claude Duvalier n'a cessé de manifester la force et l'emprise du code génétique de la répression. Les arrestations massives du weekend mettent fin à toutes les prétentions officielles de respecter la liberté d'expression   et les discours officiels auront de la peine à combattre le scepticisme général ».

(Depi ane pase gouvènman Janklod Divalye a pa sispann moutre fòs ak enfliyans kòd jenetik represyon an. Arestasyon masif yo nan wikenn nan mete yon bout nan tout pretansyon ofisyèl y ap respekte libète espresyon epi diskou ofisyèl yo ap gen difikilte pou yo konbat kantite moun sa yo ki pa fin kwè a.)

Pandan tan sa a, pouvwa a kouri òganize yon manifestasyon devan palè a ki fini ak yon kri ridikil : ``Vivent les droits de l'homme! ``
New York Times poze kesyon sa a tout moun t ap poze a epi li reponn li :

« Pourquoi ce revirement? L'économie haïtienne, affirmait-il, est malade et cette maladie ne fait qu'empirer. Il y a actuellement une rareté aigüe de devises, donc de marchandises. Des millions de dollars de l'aide étrangère ont été mal gérés ou siphonnés vers des comptes d'officiels corrompus. Il n'est donc pas étonnant que le gouvernement éprouve le besoin d'imposer coûte que coûte un silence général avant la cruciale visite cette semaine, du Fonds Monétaire International.

Pou ki chanjman bris sa a? Li deklare, ekonomi ayisèn nan malad, yon maladi k ap vin pi grav. Lajan moute bwa kounye a, kidonk pa gen machandiz. Yo mal jere kèk milyon peyi etranje yo te bay pou ede oubyen kòb sa yo fè wout kwochi nan kont mal taye otorite kòwonpi. Kidonk se pa etonan si gouvènman an oblije enpoze moun pale anvan vizit tèt chaje Fon Monetè Entènasyonal la senmenn sa a.

« Le Petit Samedi Soir » soti nimewo li a lendi sèlman avèk yon lèt dekachte Dyedone Faden siyen pou minis enfòmasyon an Janmari Chanwàn. Lèt la di :

> « Nous voudrions tous être traités selon les normes prescrites par la loi, et non pas arrêtés en pleine nuit comme des voleurs par des inconnus armés n'ayant aucun égard pour la loi qu'ils prétendent représenter. Je demande, Monsieur le Ministre, votre support pour que lumière soit faite sur cette spectaculaire et regrettable affaire ».

« Nou tout nou ta renmen yo trete nou kòm sa dwa selon lalwa, e non pa pèmèt enkoni ak zam vin arete nou plen mennuit tankou vòlè san oken respè pou lalwa yo pretann yo reprezante a. »

Pa t gen repons. Kèk ane apre, ansyen kolonèl Jan Valme rakonte yon jounalis ayisyen prezidan an te konvoke li, li sèlman di li **« Faites ce que vous voulez avec ces journalistes »** « Fè sa nou vle ak jounalis sa yo. » Se te yon lòd dwòl nèt. Lè l fin resevwa mòd lòd sa a, Valme te vle raple prezidan an pou l gen plis presizyon, yo reponn li Janklod nan rannch Kwadèboukè, epi yon lòt fwa, li pa p pran kontak. Kidonk Valme rann li kay Anri P. Baya (Henri P. Bayard), minis la Prezidans. Baya reponn li :

« Faites votre travail, arrêtez-les. S'ils n'ont rien fait, le président les relâchera lundi. » « Fè travay ou, arete yo. Si yo pa te fè anyen, prezidan an va lage yo lendi. »

Anpil negosyan te davi rezon desizyon an ekonomik. Gouvènman an te dèyè yon kredi 44 milyon dola pou l konble defisi deviz. Rezèv la te bese nan yon planche 2 milyon. Diskisyon yo avèk FMI te dire depi ennan. Nan mwa d desanm, FMI dekouvri gouvènman an angaje l nan twa pwojè k ap itilize deviz yo pou fè echanj avèk eksteryè. Pwojè sa yo pa t enskri nan bidjè a enpi pa t gen okenn etid fezabilite ki te fèt.

Pandan tan sa a, Janmari Chanwàn, minis Enfòmasyon an epi Ilis Pyèlwi minis Afè sosyal lanse yon apèl pou ouvriye, etidyan, fonksyonè, òm d afè reyini devan Palè pou yon miting, madi 4 desanm, pou yo kore gouvènman « pwogresis » Janklod Divalye a nan yon manifestasyon mons. Kamyon bwote plizyè santèn peyizan ki soti nan pwovens ak drapo nwa e wouj yo, pankat yo ki di : « A bas l'anarchie! » « Vive la démocratie! » Janklod Divalye fè yon diskou an kreyòl ki atake « les communistes ».

Nan yon entèvyou li bay Jo Thomas, kòrespondant *New York Times*, Janklod Divalye afimen gouvènman l lan pa p tolere okenn enjerans etranjè nan zafè sa a. Jo Thomas prezante yon Janklod figi di epi ki pa souri. Lè li poze yon kesyon sou moun yo arête yo, li reponn li se chef gouvènman an, li pa chèf polis. Epi li pati sou yon atak kont tèworis kominis yo. Li klotire an dizan politik se pa jwèt ti moun : pafwa ou oblije aji menm kont pwòp santiman w.

Evennman apre yo vin pwouve dat 28 novanm 1980 sa a se te yon kle kou rejim Janklod la bay vizyon yon sistèm demokratik pou peyi a. Abonotcho yo tounen pi rèd, sila yo k ap fè lwanj pou pouvwa san limit yo. Vye denmon sa yo, ki, depi endepandans, pa t janm sispann mete gouvènman nan deblozay.

Y ap chache fè inite

Reyinyon, kolòk, konplo, envazyon, jefò pou òganize gwoup koyeran, chache resous pou ka aji, pa t sispann andedan kou deyò pandan 20 ane diktati pè an fis sila a ki te gen de zam sanzapèl disparisyon ak asasinay. Anpil moun pèdi. Se krèvkè. Pa gen yon sektè nan sosyete a ki pa t sibi. Se pa milye moun mete deyò al nan tout lòt peyi ki vwazen ak Ayiti. Eritay prezidans a vi sa a yo pase bay yon jennonm 19 an an, se prèv sa t ap pran plis tan ke moun ta panse pou eliminen rejim Divalye sa a. Janklod Divalye te deja tanmen dizyèm ane li sou pouvwa a.

Sepandan, jan òganizasyon entènasyonal yo fè remake li, enstitisyon ki te vle ede ranvèse sitiyasyon an ann Ayiti, nesesite yon inite politik kont diktati a plis ke d aktyalite pou rezoud pwoblèm divizyon, klivaj gwoup egzile ki gaye sou twa kontinan. Lelandemen kou d fòs 28 novanm 1980 an, rasanbleman fòs ki kont diktati a yo te vin yon nesesite, paske razya sa a se te yon siy feblès epi sa moutre a klè eritye a pa demake l de eritay la. Kounye a se ouvètman li pran wout detwi tèt li pou kont li.

Se nan anbyans sa a trèz òganizasyon nan egzil ayisyen an apre plizyè mwa preparasyon, rankontre nan Konferans Panama, soti 18 rive 20 sektanm 1981. Fwa sa a se pa te yon konplo pou al fè envazyon men deba diskisyon sou avni demokrasi a ann Ayiti enpi lansman yon apèl solanèl pou solidarite gouvènman an yo ak enstitisyon pou mete yon bout nan diktati fanmi Divalye a. **« Solidarité continentale avec le peuple haïtien ».** Se te tit konferans lan, yon bagay ki t ap pale depi 1979. Men, evennman 28 novanm 1980 an vin kreye yon santiman ijans kay tout moun, nan tout sektè.

Pè Wilyàm Smat (William Smart), yonn nan pè ayisyen yo te egzile an 1968 yo, ki travay nan kominote "Haitian Fathers" nan Bwouklin te esplike konferans lan te gen de objektif. Premye a se te òganize inite fòs demokratik ayisyèn yo. Dezyèm nan se chache jwenn yon solidarite entènasyonal reyèl pou ede epi akonpaye lit pèp ayisyen an kont diktati sanginè, anakwonik, absid la, ki, depi 23 an ap toufe pèp ayisyen, wete libète li, bloke tout posiblite pwogrè, an menm tan tou li kenbe li, malgre plizyè santèn milyon dola èd etranje, nan grangou, yonn nan rezon ki fè foul moun ap kite peyi a nan bwa fouye. Yon komite entènasyonal ki gen ladan pèsonalite entèlektyèl e politik Amerik di Sid, parenne Konferans lan. Repiblik Panama te deside bay api li nan yon Komisyon espesyal ki te gen kòm prezidan Doktè Daman Castillo, Kontwolè la Repiblik. Komite òganizasyon Meksiko epi Nouyòk te travay pou kontakte enpi reyini divès gwoup, pwodui dokiman ki ka sèvi nan Konferans lan.

Komite òganizasyon an te rekonèt piblikman pati Silvyo Klod la, « le Parti Démocrate Chrétien Haïtien » kòm yon prèv evidan rezistans pèp ayisyen an enpi li salye nan Silvyo Klod yon lidè ki parèt ak kouray li kòm yon grantòm politik nan peyi a.

« un leader qui s'était projeté par son courage comme une grande figure politique du   pays ».

An reyalite anprizònman Silvyo Klod la, jijman li yo fè a rive alète opinion entènasyonal la sou reyalite diktati Divalye yo. Apre dizan li pase nan prizon, lidè PDCH la (Parti Démocrate Chrétien Haïtien) ak 23 lòt akize, ladan yo, pitit fi li, Mari Frans Klod (Marie-France Claude) ki gen 23 an, pase an jijman 25 out 1981, yo deklare tout koupab « sédition et insultes au Président de la République ». Lwa sou laprès te konsidere « insultes contre le Président et sa famille » kòm krim.

Jij la bay 22 akize yo, ladan yo gen pitit fi Silvyo a, yon pèn 15 an anprizònman ak travo fòse. Repitasyon Silvyo Klod fè tou monn nan. Amnisti Entènasyonal deklare li "Prisonnier politique", tandiske obsèvatè entènasyonal yo kalifye jijman an « parodie de justice », ki vle di maskarad. Menm si moun nan lari a ann Ayiti kalifye pati Silvyo Klod la « ti zuit », Silvyo pase pou yon « Jeyan ». Se te advèsè solitè a, ewo solitè, David kont Golyat, yon cherif nan yon vil ki chaje ak ganstè.

Presyon moun k ap founi lajan yo ak òganizasyon entènasyonal enpi defans dwa moun yo te tèlman fò, 21 out 1981, Kou d Apèl anile santans 15 an an epi yo pwograme yon lòt jijman. Yo deklare kat pasan yo te arete nan lari lè lapolis t ap ranmase Klod ak manm pati l yo, inosan, apre 17 mwa nan prizon. Yo lage yo an desanm 1981. Lè jijman an fèt, jij Teyofil Janfranswa (Théophyle Jean-François) redui pèn Silvyo a a sizan travo fòse mwens dezan li te deja pase nan prizon an. Obsèvatè etranje dekri manm jiri yo k ap dòmi pi fò nan tan an pandan jijman maraton an ki dire 20 èdtan. Bout pou bout, rejim nan rann li kont afè sa a fè Silvyo Klod tounen yon disidan selèb epi anprizònman l lan se yon piblisite negatif ki konfimen karaktè diktatoryal rejim nan. 21 sektanm 1982, yon dekrè klemans mete Silvyo Klod an libète ansanm ak 21 manm pati l la.

Men lè sa a Klod aprann limenm ak patizan l yo t ap gen pou yo viv nan rezidans siveye anba kontwòl lapolis san rete. Klod ekri prezidan an yon lèt imedyatman enpi li voye kopi bay ajans près yo. Li deklare lyetnan kolonèl Asediyis Senlwi (Acédius Saint-Louis), chef polis la te deklare li si limenm ak patizan l yo vle rete vivan, li ta pi bon pou yo suiv enstriksyon yo, san sa, ajan yo anchaje pou siveye yo a gen otorizasyon antre nenpòt lè lakay yo ak plen pouvwa pou likide yo. Li ekri **« Vue cette situation, je préfère, Excellence, retourner en prison. »** (Nan ka sa a, Ekselans, mwen pito tounen nan prizon.) Prezidans lan pa reponn enpi ni Klod ni manm pati l yo te sou siveyans lapolis.

Sèl pati ki pa t asiste Kongrè Panama a, byenke li te tou pre a, Karakas, Venezwela, se te pati Lesli Manniga a (Leslie Manigat), « Le Rassemblement des Démocrates Nationaux Progressistes d'Haïti » (RDNP). Manniga, istoryen espesyalize nan syans politik te rete Karakas an 1978 apre 14 an egzil. Li t ap travay kòm pwofesè nan divès inivèsite, Ozetazini, an Frans, nan Karayib yo, Trinidad enpi nan Inivèsite Simon Boliva Karakas. Pati l la te gen relasyon avèk « Le Parti Démocrate Chrétien (COPEI) epi tou avèk « Action Démocratique », pati sosyal demokrat, li te gen antant avèk li pou fòs ame Venezuela yo antrene enpe militan pou li.

Talan politik Manniga te enpresyonan, pèfòmans entèlektyèl li yo tou. Li marye yon elokans grandilokan (granpanpan) ak yon pwodiksyon ekri ki remakab. Men kritik li konn fè sou goch la fè l pèdi yon pati nan militans pami egzile yo epi ann apre nan peyi a. Ansyen lyetnan Franswa Benwa (François Benoît) ki te gen frè li Janmari Benwa (Jean-Marie Benoît) ki te trezorye pati a, aksepte pran reskonsablite fòmasyon kan antrènman an. Sèvis sekrè venezwelyen an yo konnen kòm Direction des services d'intelligence et de prévention (DISIP) te founi kan an, resous nesesè pou fòmasyon pa wotasyon 3 gwoup 25 konbatan ki t ap aprann manniman zam, fè konba epi teknik demolisyon. Lè y ap deplase, yo transpòte yo nan machin vit fime nwa.

Men, pou yon rezon, yo pa janm esplike, Manniga kite Venezuela pou yon vwayaj ann Ewòp epi kan an vin sispann fonksyone. Sepandan twa nan militan ki te fofile kò yo ann Ayiti te vin retwouve yo san mwayen a en moman done. Lapolis te vin dekouvri yo apre yon hòldòp yo te òganize sou wout Gonayiv la. Yo disparèt. Sèl non yo ki rete.

CHAPIT 26

« Première Dame de la République »

Ann avril 1981, palman ayisyen an konfimen ofisyèlman tit Michèl Benèt Divalye kòm « Première Dame de la République ». Bèlmè li, madam vèv Papa Dòk, Simòn Ovid Divalye te fini pa reziyen l abandone tit la pou l pran tit « Gardienne de la Révolution Duvaliériste ». Kidonk Michèl te ganyen batay onz mwa sa a pou tit sa a ki te pou li dayè epi li te gen lide sèvi ak li pou l blayi pouvwa politik li epi konsolide l. Alòske Janklod Divalye pa t bay wòl madanm li t ap jwe nan gouvènman an, dapre rimè ki t ap kouri, anpil enpòtans ; li klè li pa t gen anyen de yon fanm aryennafè ki la pou obeyi nan palè. Michèl se te majò jon an nan teyat san sans peyi d Ayiti sa a. Okòmansman laboujwazi t ap bat bravo pou bèl gouyad, alafen y ap boude esplwa li. Tay fin, bèl premyè dam, cheve long nwa, yon veritab Eva Pewonn (Eva Peron) twopikal, men obout katran li pèdi anpil nan popilarite li. Klas mwayèn nan pa t sispann fè kòmantè sou prezans Michèl ak ti moun Paskèt (Pasquet) yo nan palè a ki ta pèmèt boujwazi klè a jwenn sa li pa t ka jwenn ak zam. Men ti minorite privilejye sa yo te koumanse mòde pous yo enpi repete sansès rezon ki fè yo pa kontan.

Magazin **People** te rele Michèl "dame dragon". Sa te fè yo fè kèk plezantri sou li ki pa t fin twò agreyab, men mari li « Tonton » te toujou mete l devan. Nan konvèsasyon li avèk otè a Pari, Janklod Divalye pwoteste kont tout moun k ap rakonte madanm li te konn al chita nan konsèy minis enpi li pa t konn jennen pou l kritike tèl ou tèl minis tèt kale. Li repete madanm li pa t jwe okenn wòl politik pandan ane li te sou pouvwa yo. Li di :

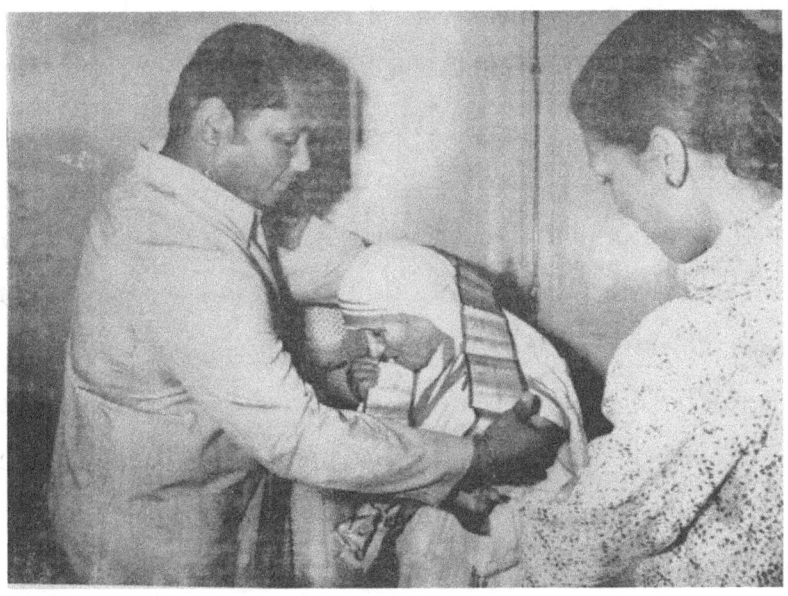

Janklod Divalye ap medaye Mè Tereza (Teresa) ki t al vizite yon ospis li te konstwi Pètoprens pou moun ki gen SIDA

« Elle avait une tendance à s'énerver et à s'exciter. Le titre de première dame ne prévoit pas de rôle politique à jouer, ce n'était qu'un titre. Elle s'en sortait très bien, mais il faut dire que ce titre de première dame n'était pas facile à porter en Haïti. Cela demande de mettre de côté votre propre personnalité et de dominer certaines réactions spontanées. J'espérais qu'avec le temps elle y arriverait et ferait les corrections nécessaires. Mais d'un autre côté elle était manipulée par certains ministres, qui, selon moi, l'encourageaient à poser certains actes. »

(Li te gen tandans enève, eksite. Tit premyè dam pa prevwa wòl politik, se te jis yon tit. Li te degaje l trè byen, men fòk nou di tit premyè dam pa te fasil pou pote ann Ayiti. Sa te mande pou renonse ak pwòp pèsonalite w epi dominen kèk mouvman brid sou kou. Mwen te gen espwa li te ka rive fè sa pou li korije sa ki nesesè. Men yon lòt pa, gen minis ki t ap jwe nan tèt li, dapre mwenmenm yo t ap ankouraje li fè kèk zak.)

Janklod Divalye pa t presize ki zak oswa si se depans l ap fè san gade dèyè, san l pa konsidere se lajan pèp ayisyen an.

Men gen ansyen minis ki te wè bagay yo yon lòt jan. Yonn nan konseye Janklod pi koute yo fè remake atitid pouryanis Janklod, yon aparans dezangajman entèlektyèl, tankou yon moun ki nan dòmi; ou pa santi li moutre li vle ni li enterese pran bagay yo an men; li tankou yon moun k ap flote nan van. Li kontante l konte sou sa ki tankou premye minis k ap fè prezidans lan mache. Sa pa t vle di pou otan, jan kèk moun konn soufle sa, tèt li te vid. Men li te konn pran tout tan li pou l pran desizyon, enpi li pa janm klè sou sa l vle.

Mesye dam laprezidans yo nan yon kokenn chenn fèt gala ki gen prezantasyon lamòd ak bijou ki soti Pari, nan Vila d Akèy la, an favè Fondasyon Michèl Benèt la

Foto Jan Bèna Didrich (Jean-Bernard Diederich)

Tankou ka jounalis yo kote lòd li te pase kolonèl Valme yo pa t ka presize egzakteman ki sa l te vle. Enpresyon jeneral la se te a pati 1980, Michèl Benèt te ka jwe nan tèt prezidan an epi menm kondisip klas li yo te santi enfliyans yo diminye. Dayè yo ekate yo byen vit. Pa gen afè fèt jèn selibatè ankò. Ogis Douyon (Auguste Douyon), « Ti Pouch », ki te konn jwe wòl sekretè prezidan an, a en moman done, te nan kanpe lwen.

An 1980, prèske 10 an apre li fin pran pouvwa a, peyi a te sou wout fayit. Founisè lajan yo nan entènasyonal la ak ajans k ap prete lajan yo te bouke ak 23 zan depans ekstravagan ak move jesyon. Emanyèl Bròs (Emmanuel Bros), minis finans ak Antonyo Andre (Antonio André), ansyen prezidan Bank Santral te tounen de men vid sot Wachintonn an novanm 1980.

Mesye dam Kisingè yo (Kissinger) k ap vizite Ayiti

Pandan tan sa a Mè Tereza, pri Nobèl lapè, vin inogire yon ospis pou ede victim SIDA mouri, li te gen anpil konpliman pou « première dame » nan ak bèl zèv li yo. Mè Tereza ak Michèl fè foto ansanm devan dispansè Michèl mete Lasalin nan. Foto yo parèt nan depliyan ki prezante Fondasyon « Michèle B. Duvalier » a k ap mande don.

Michèl t ap tann yon bebe, men li pa t ralanti sou aktivite l yo. Lè prens Arabi Sewoudit (Arabie Séoudite), Talal Bin Abdul Aziz fè yon vizit ofisyèl ann Ayiti, nan dine ofisyèl la, Michèl ak sè li Joàn (Johanne), te jis gen tan, nan dènye minit yo, mete woti nan plas vyann kochon pou respekte koutim relijye envite a. Yo te oblije rele Jan Sanbou (Jean Sambour) vin moutre kuizinye yo kouman yo kuit yon woti. Janklod pa t konn vle vwayaje. Pou Michèl se pa t menm bagay. An mas 1981, li te Jamayik; premye minis Edward Seaga ki te envite l. Michèl ak sè li Joàn te kiltive relasyon zanmitay avèk Neville Gallimore, jenn ti minis Afè Etranjè Jamayik la ki te apiye demann gouvènman ayisyen an te fè depi dezan pou l vin manm Caricom (Communauté économique caribéenne). Gallimore ki te fè elvaj kabrit bon ras te fè de sè yo kado kat nan bèt sa yo.

Michèl deside selebre memwa Endyen Tainos Kiskeya yo ki te resevwa Kristòf Kolon epi apre sa okipasyon espayòl la detwi yo tout. Li fè soti yon tenm sou yo. Yo bati yon moniman ki reprezante yon jèn Endyèn an jip kout sou plas prensipal la, an fas palè a, ki nòmalman rezève pou ewo endepandans yo an fas Katye Jeneral Lame d Ayiti a. Se sèlman apre depa Divalye yo an 1986 militè yo fè pase yon bouldozè ki kraze bit la enpi disparèt ti estati a.

Janklod te gen ranch li Kwadèboukè, yon vila bò lanmè a Karyès (Carriès), yon vila nan mitan pye pen yo Fèmat (Fermathe), "petit rocher" pwopriyetè a te lwe yo ann atandan vila yo reve a fin konstwi, yon kokenn estrikti sou tèt mòn "la Découverte" an fas "Massif de la Selle". Li te renmen mizik, modèl avyon, lachas, bato rapid, machin kous. Apatman li nan palè a te ankonbre epi an dezòd. Michèl deside envesti kèk milyon dola pou l refè apatman an yo nan palè a, alòske Papa Dòk te toujou viv nan yon anviwònman senp epi li te konn dòmi sou yon lidkan tou pre biwo l la. Li konfye djòb la bay Jan Sanbou. Konseye atistik, fen konesè lamòd, achtè d bijou, pè konfesè, transmetè dènye zen, Sanbou pa t nan jwèt. Lò ak lajan solid, se te referans li. Li pa t ezite fè vwayaj jis ann Afrik pou l al chache defans elefan pou l dekore palè a. Li te mete l o sèvis Michèl ki kounye a pa konn lòt moun pase limenm, ki pa ezite deplase ale nan bidonvil yo, ribi, ak dyaman nan tout kò l.

Li te vendikativ epi entolerant. Li lage nan kò ansyen zanmi fi mari li yo, li savonnen yon jounalis fi ki te pase tan l nan yon pwogram sou yon swadizan zonbi. Li rive nan dènye bout li lè yo deklare yonn nan frè l yo, Frantz, koupab pou trafik dwòg epi yo kondane l. An fevriye 1982, yon ajan DEA te plante yon enfòmatè nan sikui Frantz Bennett t ap kontwole a. Se yon tribinal federal Pòtoriko ki tande afè a. Avoka pwokirè a, Jose Ricardo Aguayo, te mande pou yo mete kosyon an 4 milyon dola, men alafen, jij Justo Arenas fikse li 2 milyon dola ak posibilite itilize papye garanti. Fanmi an rive sanble 45 000 dola epi yo fèmen Franz Bennett nan prizon Rio Piedras. Kòlè Michèl te rive nan dènye bout. Lè li te fin plede non koupab an me 1982, Frantz resevwa yon santans katran prizon. Anri Baya (yon espès premye minis) epi Edwa Bèwèt (Édouard Berrouette) (enteryè) pèdi ministè yo nan zafè sa a.

Malgre tout pwoblèm yo rankontre sou wout yo, koup prezidansyèl la bay tout siy yo antann yo. 9 septanm 1982, Michèl an konpayi manman l ak sè li pran vòl nan yon 727 yo te lwe pou y al Miyami. Li ta pral konsilte yon espesyalis. Bebe l t ap tann nan pral yon ti gason. Bò pa li,

« Gardienne de la Révolution » an ann oktòb 1982, al Pari kote yon suit t ap tann li « au Carillon». Li te vwayaje ak de ajan sekirite epi gouvènman franse a voye de a twa ofisye d polis akonpaye li chak fwa li kite otèl la.

31 janvye 1983, Michèl akouche yon ti gason, nan lopital Kanape Vè (Canapé Vert), nan Pòtoprens, ki tounen yon kan ame. Franswa Nikola Janklod Divalye (François Nicolas Jean-Claude Duvalier) t ap eritye dinasti pè an fis la. Men eritye eritye a, apre vennkat an li pase an Frans, li pa t janm ka kite lye kote li ann egzil la pou li tounen nan peyi a, menm pou yon ti vwayaj an touris epi familyal.

CHAPIT 27

Tray refijye lanmè yo

« Ti dan reken pi bon pase mizè ann Ayiti »

Nan entèvyou 1980 ak otè a, Janklod Divalye pa t moutre okenn sansiblite pou refijye lanmè yo, moun ti kanntè yo. Li pa te diferan ak ti kouch byennere ki nan sosyete ayisyèn nan. Sèk ofisyèl yo ansanm ak lòt byennere yo klase vwayajè klandesten yo nan kategori "refijye ekonomik", kon sa y ale nan menm sans ak administrasyon amerikèn nan ki refize ba yo azil politik. Se vre dividal moun sa yo k ap pran kanntè a se kouri y ap kouri pou lamizè, dezolasyon, chomay, grangou, maspinay ki mennase tout yon pèp. Gen yon ti jennonm nan prizon nan Sant avni Krome Nò, nan konte Dade, Miyami, ki di :

« Je préfère affronter la mort en mer que de mourir de pauvreté chez nous ».[89]

Tout gwoup sosyal yo te reprezante nan pèp sa a ki pran kouri a, sa ki te fè etid, sa ki pa t konn li, peyizan, ti komèsan, ti nèg lavil k ap chache ti djòb, moun Bib yo, epi tout lòt yo ansanm ak fanmi yo. Se te yon kriz sosyal ki t ap travèse tout peyi a, se pèp ayisyen an ki t ap kouri kite peyi a. Bonbadopolis, se

---

[89] « Mwen pito mouri nan lanmè pase m mouri nan mizè lakay mwen »

tout yon katye ki twouve li sou yon bato, lè yo fin kloure pòt ti kounouk yo. Moun soti dènye kote pou yo mete deyò, ti pò nan pwovens, waf Pòtoprens, Lagonav, zile Latòti. Pafwa lapolis bloke yo, men, yo rekòmanse kèk jou apre, sere kou sadin nan ti bato a vwal pou yon vwayaj 700 kilomèt ki dire pafwa plis pase twa semèn. Yo rele ti bato yo « kanntè », se non yon kamyon Mitsoubishi ki trè popilè. Souvan se kannòt bwa fouye byen konstwi nan tradisyon boukanye yo enpi matlo yo pa t gen lòt gid pase zetwal yo ak van an ki pou mennen yo sou plaj Miyami. Apati ane 70 yo, moun sa yo t al rete Lemon City epi Little River nan nòdès Miyami. Dizan apre yo vin rele sektè sa a « Little Haiti » kote ou jwenn ti komèsan ayisyen.

Debi oktòb 1980, yon bato plezans ameriken, « le Westwind », transmèt bay sèvis Gadkòt ameriken pozisyon yon ti vwalye 40 pye ki te an difikilte avèk 240 moun abò li. Lyetnan kòmandan Michel Allen k ap pilote yon avyon C-130, pa t vle kwè sa li wè a, kantite moun li wè ki kwochte sou yon ti bato tankou yon pakèt fonmi sou yon ti mòn k ap flote.

Ti vwale a te pre zile Andros, 275 kilomèt distans ak sidès Miyami. Sa te pran 18 kannòt gadkòt Miami pou al pran tout moun sa yo ki ta pral neye. Sa te fè 22 jou depi yo te pati, enpi depi plizyè jou yo pa t gen dlo ankò. Yon vye bato ki fin pouri, li pa t manke anyen pou l kraze. Gen kèk kannòt k al ateri sou plaj Miyami devan bèl kondominyòm blan. Pafwa se kèk dizèn kadav lanmè a vin jete sou sab blan an. An novanm 1980 yon ti batiman 30 pye yo rele "La Nativité", banke ak van vyolan an fas plaj Hillsboro, 75 kilomèt distans ak nò Miyami. 33 moun neye. Ladan yo te gen 2 fanm ansent. Sou teras kondominyòm yo ou te ka wè espektak kò yo ki aliyen tou nwa sou sab la, san vi. Pi rèd se ak traktè y ap ranmase yo. Editoryal jounal yo, pwogram nouvèl nan televizyon pa manke siyale santiman revòlt jeneral opinyon piblik la k ap konpare sò moun sa yo ki neye a ak liks epi depans koup prezidansyèl ayisyen an.

Kòmantè Janklod Divalye fè bay otè a plis rete sou eta mizerab ti batiman yo, rapasite mafia k ap òganize vwayaj yo sou lanmè a ki rapòte yo plizyè milye dola pa tèt. Li regrèt tou konsila ameriken pa bay plis viza. Li di li te pwopoze pou Ameriken yo te fè patwouy souvan an fas kot ayisyen yo

«Nous sommes prêts à donner à leurs bateaux la permission de patrouiller nos côtes, surtout qu'il y a en même temps le trafic de drogues. Nous avons fait l'acquisition de trois vedettes pour patrouiller nos côtes. Mais nous avions demandé neuf. »

(Nou pare pou n bay bato yo a yo pèmisyon fè patwouy sou kòt nou yo, sitou gen trafik dwòg tou. Nou te achte twa vedèt pou nou fè patwouy sou kòt nou yo. Men nou te mande nèf.)

Janklod Divalye te gen yon yacht ki jete lank nan vila l la Karyès, « Le Niki » ki te koute plizyè milyon dola. Li te gen toujou yon bato pou kous tip « cigarette » koulè wouj, 4 jiyè, ki vo 400 000 dola; se ak yon gri idwolik espesyal ki sou jete vila a yo rale li nan lanmè a.

Refijye bwa fouye yo rive pa milye tankou vag lanmè. Otorite amerikèn yo mete plis presyon sou gouvènman ayisyen an ki fè dènye kote konnen lè w pati san viza peyi kote w prale a se yon zak illegal Kòd Penal la pini. 12 novanm 1980, palman an vote yon lwa ki rann kapitèn ti batiman yo ak òganizatè vwayaj yo koupab dèske yo vyole lalwa. Sa pa t ebranle pesonn sòf ke bato yo pati nan zòn ki pi izole sou kòt la, nan zile Lagonav ak Latòti. An 1980, kantite moun ki Etazini se 15 000, men menm epòk la se 125 000 kiben ki te kite Kiba lè operasyon Maryèl (Mariel) la.

Se lè sa a dram Kayo Lobòs la rive. 107 refijye bwa fouye, gason, fanm, timoun echwe sou yon platfòm koray, Bahamas epi twa gouvènman yo kite yo la pandan 33 jou. Miami Herald ekri:

« L'horreur de ce qui se passe à Cayo Lobos devrait tourmenter notre conscience »

(Kochma Kayo Lobòs la te dwe kite nou san somèy.)

Imaj trajedi sila a fè tou monn nan nan televizyon k ap moutre santèn moun sa yo ki kwochte kò yo sou wòch la. Bato a « Dieu vivan » te kite Lagonav 27 septanm, chak pasaje te peye 250 al 350 dola. Apre yon eskal sou kòt Kiba, yo te pran direksyon Miyami.

Nan nuit 3 oktòb la, yo te pratikman fè kolizyon ak siyal limyè navigasyon Kayo Lobòs. Yo desann, men nan maten yo rann yo kont kouran an bwote bato a. Pandan sis jou yo rete la san dlo san manje. 9 oktòb, yon bato gadkòt apèsi yo, li pote dlo ak manje pou yo. Men pandan sèt semèn pa gen yonn nan twa gouvènman yo amerikèn, bahameyen, ayisyen, ki leve ti dwèt li pou l al sekouri yo. Elikoptè vin filme yo. Esklann sa fè nan opinion entènasyonal la oblije gouvènman bahamas la voye yon bato, « Lady Moore » 6 novanm 1980; 12 novanm 1980 bato a tounen al fòse moun yo moute anba baton pou yo mennen yo tounen ann Ayiti. Près ayisyèn nan fè anpil bri ak dram sila a. Gregwa Ejèn (Grégoire Eugène), lidè sosyal demokrat, ekri kèk atik ak endiyasyon ki releye editoryal Janklod Baje, yon kondisip klas li, siyen nan La VOIX du CEDH ki pibliye yo San Juan Porto Rico. Konpè Filo trete sijè sa a chak jou nan Radio Haïti Inter. Se te dènye gwo istwa laprès ayisyèn trete anvan yo anbake jounalis yo voye yo ann egzil.

Nan koumansman 1981, Wonal Rigann (Ronald Reagan) prete sèman kòm prezidan Etazini d Amerik. Toutsuit li fè konnen l ap fè mete yon fen nan koze refijye ayisyen sa a. 23 sektanm 1981 gen kòrespondans ki fèt ant Ènes Prèg (Ernest Pregg), anbasadè Etazini ak Edwa Fransis (Édouard

Francisque), minis Afè Etranjè sou antant ant de gouvènman yo pou yon politik "entèdiksyon". Wonal Rigann pase yon lòd egzikitif n0 12324 ki mete entèdiksyon sa a sou tout batiman yo sispèk k ap mennen etranje illegal Ozetazini pandan li presize « Les États-Unis ne devraient pas renvoyer les personnes qualifiées pour un statut de réfugié politique ».[90] Pòtoprens, yo mete yon ofisye gadkòt ameriken an plis nan anbasad la. An Pratik akò a vle di Gad kòt ameriken k ap fè patwouy nan espas lanmè ant Etazini e Ayiti a ka arête tout bato li sispèk k ap transpòte moun ki ilegal. Bato Gadkòt yo gen dwa transbòde ni ekipaj ni pasaje epi sezi tou sa yo posede. Y ap boule bato a anvan yo voye l nan fon lanmè a. Apre sa y a gade si genyen ki merite klase kòm refijye. Alèkile se vedèt gadkòt 378 pye a, « le Hamilton » k ap veye Kanal di Van.

Firamezi ane ap pase, se pa milye y ap bloke ti bato voye yo nan fon lanmè. Selon lalwa amerikèn li enpòtan pou yo fè vwayajè yo tounen anvan yo rive touche tè ameriken. San sa, yo t ap gen dwa antre nan yon sikui legal ki ka dire plizyè mwa, e menm plizyè ane, sòv si moun nan deside ak pwòp volonte li tounen nan peyi l. Se akoz posiblite sa a ki fè gouvènman ameriken an deside anprizonnen nan kan plizyè milye Ayisyen k ap tann desizyon legal sou demann azil yo fè.

---

[90] « Etazini pa ta dwe voye moun ki kalifye pou stati refijye politik yo tounen nan peyi yo ».

Sitwayen ayisyen ki fèmen nan prizon Kwom (Centre de détention Krome) nan Miyami.

Administrasyon an kalkile lè l mete kandida pou azil yo nan prizon an, y ap fini pa dekouraje. Se te sa dènye solisyon Sèvis Imigrasyon te deside aplike.

Lye detansyon yo Ozetazini pa t ase pou nouvo bezwen an. An Florid, kan "Krome" te plen. Yo deside itilize gran tant kanpay lame (refijye yo rele yo prela), nan yon kanpman militè Pòtoriko, "Fort-Allen", pre vil Ponce, san kilomèt distans alwès San Juan. Yo te panse nan kondisyon sa yo, refijye bwa fouye yo ta fin pa aksepte siyen yon demann rapatriman volontè.

Se kon sa apre plizyè mwa diskisyon ant gouvènman pòtoriken epi gouvènman ameriken epi travo yo ki koute 11 milyon dola, ansyen kan Fort Allen nan aliyen anpil tant pou kanpay ki fèmen anndan kloti metalik k ap tann transfè refijye bwa fouye yo. Yon premye gwoup 125 refijye rive sot Miyami nan yon Boeing 737, 12 out 1981. Yon kòtèj 15 machin lapolis, yon dizèn machin sèvis imigrasyon eskòte otobis sou wout ayewopò "Ponce Mercedita" jis nan kan k ap klere nan solèy ak pousyè a.

Tout près la te la, jounalis ak anrejistrez, aparèy foto, kamera televizyon. Te gen anpil kiryozite apre tout gwo diskisyon ki te fèt pandan mwa epi semèn anvan yo rive a. Madam Iris Mendoza, vèv gouvènè Luis Munos Marin, limenm ki nan 20 ane jesyon, transfere nan modènite yon Pòtoriko ki t ap wonji nan malsite, se te yonn nan vwa yo pi respekte nan mouvman pwotestasyon sila a. Li te pouse yon kri ki souke peyi a jis nan trip. Lè li fin deklare:

« Il n'y a pas de douleur qui puisse se comparer à la douleur haïtienne », (pa gen doulè ki pi rèd pase doulè ayisyen yo), li di toujou :

« Ne nous obligez pas à être les geôliers de nos frères! » (Pa fòse nou vin tounen bouwo pwòp frè nou yo)

Prezans plizyè santèn Ayisyen sa yo (mil alafwa) ta pral, jiskaske dènye gwoup prizonye a yo pati, plis pase 15 mwa apre, 7 oktòb 1982, fè frè pou kwonik journal yo, radyo yo, kanal televizyon yo chak jou, enpi atire tout kalite vizitè premye monn ak tyè monn.

Kwonik sa a dayè te koumanse ak yon evennman moun pa t atann. Yon ti kannòt k ap pote disèt moun, 14 gason, 3 fanm, yon petwolye te apèsi li k ap loveye nan gòlf Meksik, l al chache yo, li fè eskal Yabuca, Pòtoriko, 12 out 1981, li remèt yo bay otorite imigrasyon yo. Yonn ladan yo, yon ti jennonm 20 an, t ap kondi l. Twa fwa yo te frape kòt sid Kiba anvan y al loveye nan antre Gòlf Meksik la.

Otè a k ap fè entèvyou ak refijye ayisyen yo nan prizon INS o nò
Kwom, Miyami, an 1982

Foto Jan Bèna Didrich (Jean-Bernard Diederich)

Yon avoka ki pale franse, Carlos Garcia Gutierez, te dakò pou l wè yo sou demann otorite imigrasyon yo. Yo tout te mande azil politik, enpi, yo ranpli papye pou sa. Men yon vizit konsil Ayiti a, Kalo Nwèl (Carlo Noël) ki te trasmèt yo yon swadizan mesaj Janklod Divalye, fè yo chanje lide, sòv twa ladan yo ki deside rete. Lè sa a, pesonn pa t konnen, sitou « Conseil Interrégional des Réfugiés Haïtiens » an (CIRH) yo te fèk fòmen sou inisyativ CEDH la (Centre Œcuménique des Droits Humains), se anonse li te vin anonse yon bagay ki t ap vini. Plis pase 21 reprezantan sant k ap okipe Ayisyen nan dyaspora a, te reyini Jenèv, pandan plizyè jou, sou envitasyon « Conseil Œcuménique des Églises », te fòmen CIRH, pou inifye epi devlope kontak ak relasyon ak gouvènman epi enstitisyon entènasyonal.

Kounye a se yon lòt istwa. Plis pase mil moun anba solèy, anba tant gri lame yo. Ou te jwenn tout kalite bagay. Yon mès pontifikal premye kominyon avèk katekimèn « les petites sœurs de la Charité de Santurce » ki gen yon zèv nan Site Solèy, te katechize. Nan odisyon an avoka Carlos Garcia GUTIEREZ, Efren Rivera, Esther Vicente fòmen plis pase 250 dosye kote refijye yo sipoze detaye rezon ki fè yo mande azil. Gwoup mizikal, atis tankou Sylvia del Villar, Toto Bissainthe vin danse epi chante. Se entèprèt CIRH ki tradui yo ann anglè. Te gen fanm ki tonbe ansent; yo te gen dwa jwenn liberasyon yo imedyatman. Te gen maladi dwòl, kapab se manje yo ki pwovoke yo. Te gen grèv pa manje, epi yon fwa pandan 10 jou, soti 4 rive 15 avril 1982, refijye yo refize ale anba tant yo, yo rete an plennè, yo pran dra blan kòm abri. Yon pwogram radyo chak semèn ki vini de « Radio Coqui de Ponce », pèmèt yo fè anons ak kòmantè, yo vin anonse moun ki pa t konn sa yo pou yo pa siyen okenn papye ann absans avoka yo, tandis ke refijye yo te ka rele Ayisyen ki San Juan nan telefòn piblik (gratis). Te gen twa mil moun ki vin sot San Juan an karavàn, madam Ines Mendoza an tèt, yo te vin chante devan griyay yo epi lanse kèk konsiy byen fò. Te menm gen yon pwojè « Un avion pour Fort Allen », apre viktwa Mitterand ak sosyalis yo an Frans, sou modèl « un bateau pour le Vietnam de Bernard Kouchner »; Franse yo t ap gen dwa mennen kèk refijye an Frans pou rezon imanitè. Refijye yo t ap plenyen pou baka ki vin sou yo le swa. Direktè a te oblije ranfòse sekirite a. CIRH ganyen yon pwose sou yon lis plent ak revandikasyon yo te depoze devan tribinal federal San Juan. Yo regle sa alamyab ant avoka ki soti Washington epi refijye ki te pote plent yo. Evèk Pòtoriko yo ekri prezidan Rigann (Reagan) yon lèt kolektif pou mande libere Ayisyen yo pou Nwèl la epi fè l konnen kan sa a se yon souflèt pou prestij Etazini.

Bout pou bout jij Alsi Spèlmann (Alcee Spellman) nan Atlanta, ki te gen plent kolektif yon trantèn refijye ki kesyonnen legalite anprizònman yo a, rann yon jijman 55 paj, 18 jen 1982, kote li deklare ilegal anprizònman Ayisyen yo enpi li pase lòd, 29 jen, libere 1910 refijye yo te arete epi mete nan yon dizèn kan ak prizon. Se kon sa jij Spèlmann te reponn kesyon yo t ap plede poze kandida refijye yo :

« Pourquoi demandez-vous l'asile politique? » « Pour jouir du droit d'être

libre. »

Yonn nan refijye yo, yon jennonm 23 zan pa te la lè y ap fèmen kan Fò Alenn (Fort Allen) nan, 7 oktòb 1982.

Ayisyen ki fèmen nan prizon Kwom

Li te fè yo remake l poutèt li te pwodui plizyè penti. Li te siyen Prophète Talleyrand. Yo te refize ba li azil politik. Yo jwenn li pann 10 out 1982 nan maten. Kèk jou apre, yo kòmanse fè dilijans pou liberasyon an.

An 2006, komite Miami-Dade la akize yon popilasyon plis pase 100,000 Ayisyen. Li vin tounen yon pati enpòtan yo aksepte nan kominote a, a tèl pwen anons gouvènman lokal la yo fèt an kreyòl. Yo se prensipal kliyan inik liy aviyasyon ki konekte Miyami ak Pòtoprens.

Masak ti kochon nwa yo

Rèl kochon yo t ap koupe gòje yo a yo gaye sou tout wout nasyonal la ki travèse seksyon nò laplèn di Ki d Sak o nòdès Pòtoprens. Anplis kri kochon yo ki endispoze moun ou jwenn kakas yo pandye nan branch bwa ann atandan peyizan yo vin dekoupe yo. Yo te resevwa lòd touye tout kochon yo posede. Tou pre a gen machann ki chita bò wout la devan tabli yo ki chaje ak griyo. Yo deja ap plenyen apre tout vyann sa yo pa p gen ankò. A de pa de la, nan zòn Lilavwa, Gwo Wòch, yon peyizan granmoun, yon ougan ki ak tout fyète li, t ap pale ak otè a tout an souriyan ak yon vizaj plen pli :

« Se yon foli yo fè lè yo touye tout kochon yo nan peyi a. Yo te ka goumen ak lafyèv la. De tout fason yo pa p janm kab touye tout. Epi lwa a yo pral fache si pa gen kochon nwa ankò pou sakridye pou yo. »

Li di toujou li pral fè yon seremoni ak yon towo bèf paske fòk li obeyi lòd gouvènman an pase pou li touye kochon l yo. Gwo Wòch souke tèt li : se yon bagay ki grav pou peyi a.

Plis pase yon dizèn ane apre, Janklod Divalye ann egzil an Frans, lè l chonje desizyon li te pran pou l detwi tout popilasyon kochon nan peyi a akoz lafyèv kochon afriken an, li di otè a :

« Dieu sait combien de fois cette question de l'abattage des porcs a été soulevée en conseil des ministres. Moi-même je n'étais pas pour.

Cela a duré des semaines. Finalement les autorités américaines nous ont dit :[93] **« Si vous persistez à hésiter de cette façon, nous devrons prendre des mesures pour mettre en quarantaine le pays tout entier. »**

Sètènman, se te yon reyèl pwoblèm. Lafyèv kochon afriken yo reprezante yon mennas serye. Se yon maladi trape ki mennase endistri kochon an Ozetazini.

Se minis agrikilti a, Edwa Bèwèt (Éduarde Berrouet) ki te sonnen alam nan nan yon konferans pou laprès, 11 janvye 1979. Li anonse lafyèv kochon an travèse fwontyè dominikani nan Vale Latibonit pou l rive Ayiti. Selon Bèwèt nou devan yon dezas nasyonal. Tou sa yo te eseye fè pou frennen epidemi an, te echwe. Nan jefò pou anpeche lafyèv la gaye nan tout peyi a, yo touye plis pase 22,000 kochon nan Latibonit. Alafen, ant me 1982 epi avril 1983 gouvènman ayisyen an touye tout kochon nan peyi a pou yon total 400,000. Nou sipoze chif reyèl la plis toujou. Kiben yo menm, devan menm pwoblèm nan, yo mete kochon nan pwovens Lahavàn yo an karantèn epi yo elimine mennas epidemi an.

Pou peyizan ayisyen an se te pi gwo kalamite yon moun kapab imajinen. Kochon nwa a, kochon kreyòl la se yon eleman esansyèl pou li ak fanmi li k ap lite pou yo rete an vi. Operasyon eliminasyon kochon nwa a ki dire 11 mwa enpi ki koute ameriken 23 milyon dola a, se te yon kou di pou sosyete ayisyèn nan, nan òganizasyon li, nan fonksyònman li. Sou plan lajan, se yon kokenn pèdans. Peyizan an viv lwen tout sistèm bank. Kochon nwa a se yon espès kès d epay pou depans ijan: batèm, seremoni relijye, laswenyay, ekolaj,

---

[93] Mwen pa konn konbe fwa kesyon touye kochon nwa a yo soulve nan konsèy minis yo. Mwen menm mwen pa t pou sa. Sa te dire kèk semèn. Alafen otorite amerikèn yo di nou « si nou kontinye ap ezite se peyi a nèt n ap oblije mete an karantèn »

antèman. Sa pèmèt li gen ti kòb nan men li pou l pa pran ponya ki ka fè l pèdi sa li posede, ti moso tè li sitou. Vin gen mwens moun al lekòl. Nan yon misyon batis, madanm pastè a estimen frekantasyon lekòl la bese 25%. Paran yo pa gen posiblite vann ti kochon ankò pou yo peye frè lekòl, ekolaj, inifòm, materyèl eskolè, ets.

Kidonk disparisyon kochon nwa yo vle di gwo pwoblèm pou peyi a sou plan relijye, familial, sosyo ekonomik. Teknisyen sa yo ki te egzije disparisyon konplèt ras kochon ristik sa a, yo pa t konnen konsekans desizyon sa a pou sosyete ayisyèn nan?

Bèt sa a te jwe yon wòl enpòtan nan ekoloji sosyete peyisàn nan ki gen sèlman manchèt ak hou kòm zam. Kochon nwa ayisyen yo bay non kochon planche ou ankò kochon kreyòl, se te rezilta kwazman kochon espayòl yo ak lòt kolon yo te mennen nan zile a ak kochon mawon ki te nan zile a. Obout senk san zan kochon nwa a vin tounen yon kochon flengèt k ap fouye nan poubèl ap manje tou sa l jwenn. Li sipòte kondisyon d vi ki pi mizerab sou tè a; li kapab pase dezotwa jou san manje. Yo pa t bezwen okipe l. Li fouye nan depotwa lavil yo, li grapiye nan lakou peyizan an. Yon ti koure te koute apeprè 10 dola. Pri yon gwo te 150 al pou 250 dola. Ou te menm gen dwa achte l depi nan vant. Li te ka koute yon 2 dola.

Non sèlman bèt la pa t koute près anyen pou gade l, li te konn rann peyizan an yo lòt sèvis toujou lè l ap prepare tè li pou l kiltive; li detwi parazit ki anpeche plant yo grandi, li founi yon fètilizan ki gen azòt, li kontwole dechè òganik lòt bèt yo. Nan yon lòt domèn, seremoni relijye ki gen rapò ak dans vodou, espesyalman nan rit petwo, mande sakrifis kochon nwa. Jan oungan Gwo Wòch te di l la : « Se pa tout lwa ki pral aksepte kabrit nwa nan plas kochon nwa ». Na chonje tradisyon istorik ki moute jis nan tan Sendomeng, leve kanpe esklav yo ki te eklate nan Plenn di Nò a. Anvan sa te gen yon seremoni nan nuit 14 out 1791yon kote yo rele « Bwa Kayiman » kote yo te sakrifye yon kochon nwa.

Lafyèv pòsin afrikèn nan te frape Ispanyola nan pati ès zile a, an Repiblik Dominikèn, an 1978, epi, selon ankèt espè yo mennen, se yon sandwich janbon ki te soti nan poubèl yon avyon konpayi espayòl Iberia, epi ki te kontaminen ak viris la; gen yon kochon ki manje li, lè avyon ki soti Madrid la te fè eskal Santo Domingo.

An 1979, fleyo a te travèse fwontyè li pran direksyon peyi d Ayiti pandan Wachintonn te finanse yon kanpay 18 mwa pou eliminen popilasyon kochon dominiken an yo te estimen 1, 400 000 tèt. Etazini debloke 23 milyon pou l mennen operasyon an ann Ayiti tou ak konkou espè ak teknisyen ki soti Meksik, Kanada, Etazini ak Repiblik Dominikèn. Yo te peye mèt kochon yo 30 a 40 dola ameriken, enpi yo kite yo lib vann vyann nan paske viris la pa t atake moun. Chif ofisyèl bèt yo touye se te 400 000 san konte sa peyizan yo touye pou kont pa yo. Kanpay la fini an jen 1983. Men yo te toujou kontinye fè rechèch sou sa ki ta rete vivan toujou. Gouvènman an te ofri jiska 300 dola pou tout bèt yo ta jwenn, mò ou vivan. Kòmansman avril 1983 yo mete kochon enpòte nan 505 lokasyon pou verifye siksè « eradikasyon »[94] viris la. Enn an apre, ofisyèl ki anchaje operasyon an deklare yon mòtalite 1% sèlman nan popilasyon temwen an. Kidonk o mwa d out 1984 espè etranje yo deklare danje lafyèv pòsin afriken an disparèt ann Ayiti. Apre sètifika bòn sante sa a, nou te ka antreprann refè twoupo nasyonal kochon an. « Agence Imternationale de Développement » envesti 3 milyon pou enpòtasyon 462 kochon (430 twi ak 32 koure) ki soti Iowa. Yo òganize 2 sant elvaj nan Hampco[95], yonn nan soti nò Pòtoprens, lòt la Fondènèg nan penensil sid la.

---

[94] Dechoukay
[95] Konpayi ayisyèn amerikèn baze Tekzas (Texas) ki espòte vyann Ayiti Ozetazini

Apre sa yo te distribiye tikochon yo nan sant segondè pou miltipliye yo nan tout peyi a. De la yo fè distribisyon dezyèm jenerasyon gorè bay peyizan k ap fè elvaj yo.

Kochon Iowa yo, Yorkshires, Duress epi Hamshires, ki loje nan de fèm yo, te gen yon vi plis ke konfòtab ke mwayèn popilasyon ayisyèn nan te kapab jwenn. Yo te resevwa pi meyè swen yon pèsonèl espesyalize. Alaverite se te kèk espesimenn enpresyonan, koulè blanch (grimèl), pou tay yo ti kochon kreyòl "kochon planche" yo pa sa parèt devan yo. Sèl enkonvenyan, alòske peyizan an pa t konn depanse senk kòb nan medikaman, nan manje espesyal, nan lokal byenn amenaje, byennèt kochon grimèl yo mande depans tout tan pou yo rete an sante epi rive nan pwa nòmal yo. Se pou yon filyè paralèl, pwodiksyon yon popilasyon kochon an patan de yon tip kochon nwa "rustique" ki soti nan kwazman ant yon espès ki egziste o Vyetnam ak yon lòt ki soti nan peyi bask la.

Trant an apre nou kapab mande si esktèminasyon kochon nwa nou yo te nesesè, si li te fèt jan pou l te fèt. Espè yo ki te deside sa depi Etazini pa t prevwa tout konsekans operasyon an t ap genyen apre, pa gen dout nan sa. Nou pa p ekate non plis kè di epi mekonesans lavi peyizàn bò kote otorite ayisyèn yo. Pa t gen anyen ki di tout kochon ki trape viris yo t ap mouri. Ganlè gen kèk bèt ki te kontinye viv, an 1982. Li t ap posib pou sove ras kochon nwa sa a ki te reziste senk san zan lavi di. Moun menm rive soupçonnen yon konplo an favè sèten enterè lòt peyi. De tout fason dan peyizan ayisyen an genyen kont operasyon sa a, epi regrè li pou espès sa a ki disparèt la, li esprime libreman an 1986. Se sèten bagay sa a pou bokou nan evennman sa yo ki pral jete Divalye a.

CHAPIT 29

Yo chwe nan Zile Latòti Samdi 9 janvye 1982

S e te samdi 9 janvye 1982. Ti avyon anfibi a te rete nan yon ti zile kote ki te gen zam ak minisyon kache. Epi an de vwayaj li te depoze, sou vag k ap mouri yo nan plaj Zile Latòti a, sèt volontè ki te pral vin prensipal tèt envazyon an.

Non yo se te Wilner Paris, Sauveur Guerrier, Henri Paul, Sylvain Moussignac, Bernard Blondel, Robert Mathurin, Émile Célestin. De semèn anvan yo t ap travay toujou kòm gad sekirite nan yon konpayi Miyami. Te gen yon uityèm pasaje avèk yo. Se te Richard Brisson ki te gen 30 an, powèt aktè dramatik ki te gen yon tit yo te fèk ba li « sekretè près « prezidansyèl ». Yon twazyèm vwayaj pa t fèt paske ti avyon an te gen yon kawotchou plat. Lè sa a konsil Mayk Donovan ki te vin sot nan anbasad amerikèn Naso, Bahamas, rele pilòt avyon anfibi a a kote pou l di li l ap vyole lalwa. Pilòt la mete van nan vwèl li. Li abandone zòn nan ak tout revolisyon ki kòmanse a.

Se te yon tantativ rizib, ridikil, san sans pou ranvèse dinasti Divalye a, yon espès cho piblisitè ou ta di yon opera komik, epi, kòm toujou avèk konsekans trajik. Se yon egzile ayisyen an Florid, Bèna Sansarik (Bernard Sansaricq), ki te òganize li. Kèk mwa anvan sa, 26 oktòb 1981, yon ti avyon ki fè Senmak Pòtoprens te lanse kèk dizèn milye trak soti nan Klib Meditèrane a rive jis nan kapital la. Trak yo te prezante foto Bèna Sansarik kòm yon demokrat, yon nasyonalis, yon pwogresis. Se te yon egzile long dat ki pa janm abandone rèv li pou l jete diktati divalyeris la. Li prezante tèt li kòm fondatè epi chèf yon pati « Le Parti Populaire National Progressiste Haïtien » epi li voye mesaj sila a : **« Ayez foi, ayez confiance! 1981 est l'année de la libération. P.S. : Attendez notre mot d'ordre. »**

« Nou mèt kwè m, fè m konfyans! 1981 an se ane liberasyon an. Lè nou fin li sa, tann modòd nou. »

An 1963, jennonm yo te bay pou Sansarik la te twouve l sou chan d batay devan Kazèn Wanament lan. Li te reponn apèl jeneral Leyon Kantav la (Léon Cantave) ki te fè sèman pou l jete nèg sa a li te ede pran pouvwa a, doktè Franswa Divalye. Atakan yo te oblije repliye epi retravèse larivyè Masak an Repiblik Dominikèn. An 1968, Remon Kasayòl (Raymond Cassagnol) te akize Sansarik dèske li abandone sou tèren an yon gwoup konbatan ki te soti Bahamas epi ki te eseye atake Kap Ayisyen. An 1981, a 37 an, Bèna Sansarik te vin yon òm d afè ki reyisi. Li te pwopriyetè yon estasyon esans *Shell* nan konte Broward. Yo di li te fè vant lan moute de 40 000 a 110 000 galon pa mwa. Se te yon manm Chanm komès lokal la yo te respekte anpil. Li te gen de pitit fi, yonn 11 an, yonn 15 an. Li gen aparans yon òm d afè ki rich epi ki bezwen fè egzèsis.

Nan trak ki prezante pati l la, Sansarik rann moun ki te mouri devan fò Wanament yo an 1963 a omaj, gwoup 13 « Jeune Haïti » yo tou ki te bay vi yo an 1964, an konbatan pandan twa mwa nan Grandans. Li pa t mansyonnen de kouzen l yo, Danyèl ak Adriyen Sansarik yo te touye Pòtoprens an 1968 lè PUCH (Parti Unifié des Communistes Haïtiens) te fè tantativ enplante yon geriya ibèn. Nan yon entèvyou ak yon repòtè *Miami Herald* li te defini pozisyon ideyolojik li trè klè :

Nous sommes pour l'ouest, pour le peuple américain, un parti qui ne comprend pas comment des pays soi-disant du Monde libre ne nous accordent pas leur support.

Nou se patizan Lwès, patizan pèp ameriken, yon pati ki pa konprann kouman fè peyi ki swadizan nan monn lib la pa ban nou sipò yo.

Bèna Sansarik fèt an 1944.

NOTRE CREDO REVOLUTIONNAIRE

Espès Donkichòt sila a, Bèna Sansarik (Bernard Sansaricq),
tounen yon moun ki koni nan "Little Haiti"

Li soti nan branch Sansarik Okay yo. Yo te voye l lekòl Ozetazini nan Akademi militè Bordertown, nan New Jersey, yon lekòl prive. Ann apre li kite lekòl la. Li antre an Repiblik Dominikèn an 1963, l al jwenn Leyon Kantav ki t ap rekrite egzile pou l konbat Papa Dòk. An 1981, egzile an Florid yo pa t moute okenn operasyon kont Divalye depi onz an. Depi biwo pati li a ki an plen kè katye ayisyen an (Little Haiti), li lanse mesaj sa a: "Il est temps!". Espès don Kichòt sa a vin yon pèsonaj popilè nan kominote a. Li te ouvè biwo pati li a an 1980, li rive kapte lespri ak kè egzile ki gen nostalji anvi rewè peyi yo a. Estasyon radyo lokal yo te konn envite li souvan nan pwogram lokal yo an kreyòl.

Pandan li t ap prepare yon espedisyon kont Divalye, Sansarik voye yon telegram bay prezidan a vi a pou li konseye l kite palè a ansanm ak fanmi li anvan 20 desanm 1981 (ann apre Sansarik esplike li te vle l rann tèt li san grate tèt pou l evite yon masak). Yo pa t okipe iltimatòm li an. Apre sa, li rezève yon gran tab nan Kabàn Choukoun, yon nayklib pou l al sable chanpay.

Li fè demann nan nan non Bernard Sansaricq. Epi, jis anvan Nwèl 1981, òm d afè yo resevwa kèk apèl ki soti kèk kote an Florid pou konseye yo fèmen magazen yo pou evite piyay. Gen yon pwopriyetè magazen ki mande moun nan idantifye l, li reponn:

« Nous sommes ceux qui vous ont envoyé des tracts en octobre dernier. »

« Se noumenm ki te voye trak ba nou ane pase a. » Menm salon d bote esevwa mesaj fèmen pòt yo.

Debi novanm 1981, kominote ayisyèn Nouyòk, Meksiko, Monreyal, Miyami te tèt anba: gen rimè kou d Eta ki fèt ann Ayiti. Apre sa rimè a vin tounen atanta kont Janklod Divalye. Gwoup Sansarik la pale de mèsenè, yonn ladan yo ki rele *El Tigre* ta blese Janklod Divalye pandan l ap repoze l nan rannch Kwadèboukè a. Pou Nwèl, pou kalme moun yo, gouvènman an menm menm demanti rimè atanta kont prezidan an, yo presize dat yo pretann yo te tire sou li a, lè sa a li t ap gade yon match foutbòl byen trankil nan televizyon nan rannch lan. Men esplikasyon sa yo pa rive fè disparèt lide gen bagay ki pral pase ivè 1981 sa a. Rimè yo chita sou eta d sante prezidan an, sou eta jenou li. Yo pale de gout, yo pale de atrit. Yo pretann gen yon atoufè ki te blese l nan janm.

1981 fini. Sansarik pa parèt nan randevou Kabàn Ckoukoun nan pou l sable chanpay la. Olye de sa, dimanch 3 janvye 1982, li rive Caicos Sid, zile ki te plis o sid Turks ak Caicos. Ti koloni anglèz sa a, nich kontrebandye ak trafikan dwòg, li gen repitasyon zòn ki bay bon jan sèl lanmè. Caicos Sid te plis pase 760 kilomèt distans ak Miyami epi sèlman 135 kilomèt distans ak Ayiti. Pou Sansarik se te pi bon bit ki te ka pèmèt li voye kò l Ayiti. De nan lyetnan l yo, Filip Kare (Philippe Carré) ak Milo Gous (Milo Gousse) te avèk li. Apre sa 25 jenn gason vin rive pandan jounen an. Yo deklare otorite lokal yo DC-3 yo a te oblije ateri la akòz move tan an. Konplotè yo te deja 34 ak yon lòt DC-3 ki vin rive. Se lè sa a enspektè dwàn yo dekouvri nan twalèt avyon an gen fizi ak minisyon vlope nan papye anbalaj pou kado Nwèl. Yo arete de pilòt yo ak de pasaje yo. Kòm yo pran pòz sezi yo dèske kado Nwèl yo se te zam, yo kite yo tounen Miyami, men yo sezi zam yo. Se apèn yon milye moun ki nan zile Caicos Sud, ladan yo gen Ayisyen de nesans. Moun yo te chofe lè yo tande swadizan touris yo se te konbatan revolisyonè ki te vle libere Ayiti. Dapre sa Anglè, manadjè otèl ki te loje chèf rebèl la, di, Sansarik te rakonte l plan batay li. Manadjè a ki te gen djòb releye mòd nouvèl sa yo bay *United Press*

International, prese voye nouvèl envazyon Ayiti a nan biwo *UPI*. Se sa ki mennen Barry Bearak nan zile a madi 5 janvye. Kòrespondan *BBC* (British Broadcasting), Tony Somers te nan zòn nan pou yon repòtay sou yon lòt sijè tou pwofite branche sou istwa envazyon sa a.

Pandan tan sa a an Florid, an patikilye nan katye Little Haiti, Miyami, rimè envazyon Sansarik ak nèg li yo ta pral fè Ayiti a t ap kouri seryezman. Mèkredi 5 janvye gen yon sèn tèt koupe ak *La guerre des Mondes* H.G. Wells la. Nan plas « Martiens » yo, radyo « WGMA » du Comté de Broward Sud enfòmen oditè lang kreyòl yo nan yon pwogram espesyal plizyè santèn anvayisè ayisyen rive Ayiti. Rejim Divalyeris la ap konte jou. Tanbou lagè yo t ap rezonnen nan Miyami ak mizik lagè ayisyèn. Anonsè Radio WGMA a fè konnen gen yon astwològ ayisyen ki te predi 1982 t ap yon ane afwontman ann Ayiti. Fotograf *Miami Herald* la pibliye nan *Miami Herald* 14 janvye a yon foto Sansarik plen bab k ap lòryen nan lonnvi li jis nan liy orizon nan kannal. Repòtè Miami Herald la Bearak dekri kouman revolisyonè a ak 36 konbatan l yo kwense nan yon ne konplikasyon. « Epesi a 37 an, l ap fimen siga Hav-a-Tampa yonn dèyè lòt. Chemiz li, pantalon l byen pase sou li, li pale plis tankou yon ajan piblisite ke yon chèf lagè, pa egzanp :

« Nous nous sentons gonflés à bloc au sujet d'Haïti : c'est un pays tellement beau que juste en encourageant le tourisme, nous pouvons mettre un million et demi de personnes au travail. »

« Nou kont kò nou osijè Ayiti : se yon si bèl peyi; jis nan ankouraje touris, nou kapab bay yon milyon edmi moun djòb.

Mèkredi 6 janvye, chèf sèvis Imigrasyon an, Tom Saunders, vin sot Grand Turks epi apre konsiltasyon avèk John Strong, gouvènè anglè Turks e Caïcos, li bay Sansarik 48 è pou l ranmase tchanp li, leve logodyo l, bay zile a blanch. Saunders te menm pare pou l frete yon avyon pou l mennen yo ann Ayiti.

Sansè ayewopò Pòtoprens lan kouri voye yon kopi *Miami Herald* la nan palè ak atik Bearak la. Sa te pèmèt Janklod Divalye konnen egzakteman ki kote Sansarik ye epi sa li gen lide fè. Konsil ayisyen an Miami te fè menm travay la tou, mete palè a okouran sa k ap pase. Pandan tan sa a, mwayen pou voye twoup la ale pa fin asire. Se sèl ti avyon anfibi 6 plas yon mèsenè ameriken t ap pilote a Sansarik te genyen. Poutan chèf la kontinye moutre li gen gwo espwa. Li soti premye dekrè prezidansyèl li an deklaran de nan nèg li yo dezètè :

« Vous pouvez être certains que vous ne mettrez plus jamais les pieds en Haïti ».

Li fè yon reyinyon o somè ak lyetnan l yo pou yo wè ki estrateji y ap suiv. Solisyon yo jwenn se itilize zile Latòti pou yo enstale gouvènman pwovizwa a, mennen moun yo an plizyè vwayaj, apre sa, fofile kò yo atè.

Se lè sa a Sansarik chwazi sèt volontè plis Brison (Brisson) yo debake sou zile a an de vwayaj, samdi 9 janvye 1982. Miyami, nouvèl soti sou tout estasyon radyo an kreyòl : `` Anvayisè yo debake, yo pran direksyon Kap Aisyen. Ofisye nan lame a koumanse fè defeksyon… Ayiti anvayi ak anvayisè…" Pòtoprens, palè a t ap resevwa rapò près etranje a sou pwogrè envazyon an, enpi yo t ap koute *BBC*. Chèf militè yo te d avi envazyon Sansarik la tèlman piblik, kapab se yon riz oswa yon divèsyon, gen dwa gen lòt bagay k ap vini pi devan, pa egzanp yon atak dirèk sou Pòtoprens. Yo plase lame a ak Leyopa yo ann eta d alèt maksimòm.

Se pa te yon konbatan ann inifòm, men yon powèt yo te rele Richa Brison (Richard Brisson). Yo fè li prizonye. Yo koupe zòrèy gòch li. Yo matirize l kont yo epi yo egzekite l.

Bò pa li Gen lè Janklod Divalye te gen pwoblèm sante. Sanble li te gen difikilte pou l kanpe sou pye li. Gan lè li te gen yon bagay nan jenou dwat la. Rimè sa yo te pran yon tèl anplè ke palè a deside òganize yon entèvyou 40 minit, madi 12 janvye 1982, avèk anbasadè Ernest Pregg ak senatè Christopher Dodd (D-Conn), Michael Barnes (D-Md) epi George Miller (D-Cal) ki te akonpaye li. Vizitè yo dekri Bebe Dòk ki gen yon ansanm safari sou li. Apre rankont lan Dodd rapòte pawòl Janklod Divalye k ap fè blag kòmkwa li fè twòp espò, fòk li ta sispann jwe foutbòl. Pou sa ki t ap pase nan zile Latòti a Janklod Divalye kalifye evennman an kòm konplo kominis nan Karayib la, fwa sa a ak patisipasyon Libi epi Òganizasyon liberasyon Palestin. Men lame a te gen kontwòl sitiyasyon an, enpi, si sa ta vin nesesè, li konte sou sipò gouvènman Reagan nan.

Yo te depeche inite anti geriya Leyopa, Pòdepè. Ti gwoup ki te debake a te an boulvès, men yo touye de leyopa. Ann apre ansyen prezidan an fè kòmantè sa a avèk otè a :

« Les Léopards n'ont pas été très efficients. C'était la première fois qu'ils entraient en scène. Ils étaient encore novices. Après cela, j'ai envoyé les troupes des Casernes Dessalines pour leur prêter main forte. »

« Lewopa yo pa te bay bon rezilta. Se premye fwa yo t al opere. Yo te novis toujou. Apre sa mwen te voye twoup Kazèn Desalin yo al pote kole avèk yo. »

Antretan Sansarik te afrete yon bato k ap transpòte legim, li te pran dlo epi li te gen pwoblèm pou l debake Latòti etan done pa t gen sipriz nan sa ankò. Kounye a fòs divalyeris yo okipe pwen ki pèmèt yo akoste yo. Li te mete sou ma bato a drapo ki reprezante anblèm pati li a epi li rebatize ti batiman l lan : « Haïti Express ». Avèk 26 òm a bò an teni d konba, li dirije li sou Ayiti. Men lè yo wè falèz zile boukanye yo, bato a retounen nan kannal.

Sansarik pa janm esplike pouki sa li te deside pa debake. Ann apre li pretann te gen patwouyè ayisyen ki te bare wout li epi li te pèdi kontak ak gwoup ki te sou zile a. Li akize gadkòt ameriken yo ki te arete li nan mitan lanmè a. Gadkòt yo deklare se te yon operasyon sovtaj piske bato a te voye siyal detrès. Dokiman gadkòt yo raple sa Sansarik te deklare lè li te met pye li nan bato yo a :

« Je suis le général Sansaricq. Nous sommes des patriotes. Nous ne sommes pas des criminels ».

« Mwen se jeneral Sansarik. Nou se patriyòt. Se pa kriminèl nou ye. »

Lè yo rive Miami Beach twoup la ann inifòm konba pa te gen bèl lè ditou, men popilason ayisyèn nan bat bravo pou yo kanmèm. Yo di : « Au moins, ils ont essayé, n'est-ce pas? » Wi, yo te eseye, men gen moun ki mouri nan avanti piblisitè sa a epi yonn ladan yo se pa t yon gèrye, li pa t gen inifòm, se te yon powèt ki rele Richard Brisson.

Sèl lè Janklod Divalye te gen yon ti emosyon nan entèvyou a avèk otè a an Frans, 16 an apre avanti envazyon Sansarik la, se lè otè a mande li si se nan palè a yo te touye Richard Brisson. « Non, non », pandan l ap souke tèt li. Apre kèk minit silans, li kontinye ak yon vwa grav « Quand j'appris que Richard Brisson avait été capturé, j'appelai le commandant de Port-de-Paix et lui ai donné l'ordre de ne pas toucher à Richard Brisson. » Janklod Divalye di : « L'officier répliqua : « Président, il est trop tard! ». J'étais à mon bureau à ce moment-là et Henri Bayard et divers officiers étaient témoins de ma conversation avec Port-de-Paix. » Apre yon pòz, Janklod di toujou :

« Richard Brisson était un ami. Nous étions ensemble à la même école. »

- « Est-ce que vous avez réprimandé ceux qui l'avaient tué? »

Li reponn tou senpleman « De toute façon, il était trop tard! » Yon manm fanmi Burr-Reynaud, fanmi manman Richa, fè nou konnen pandan plizyè jou, manm fanmi an te fè reyinyon nan palè, yo t ap tann yon desizyon konsènan Richa. Kòm toujou, apre sa, okenn ankèt pa t ka bay ki jan bagay yo te pase.

Lanmò Brison se krèvkè. Gen yon foto ki moutre jenn powèt la an kalson lè yo fin arete l, avèk yon zòrèy koupe, debou devan yon bagay ki sanble yon mi kazèn Pòdepè a. Limenm ak de kanmarad li, Selesten (Célestin) ak Matiren (Mathurin) yo te pran yon kannòt sou plaj Basse-Terre epi yo debake tou pre Pòdepè. Lè yo kenbe Brison an li te genyen yon anrejistreman yon diskou Sansarik sou li. Misyon li se ta jwenn yon estasyon radyo pou difize nouvèl jeneral Sansarik se nouvo chèf d éta peyi d Ayiti.

Ekriven John Rothschild nan Miami Beach pibliye yon atik ki chaje vi enpi ki kole ak reyalite a nan edisyon 10 jen 1982 nan *Rolling Stones*. Li prezante Sansarik kòm yon moun ki o sèvis pwòp anbisyon pa li, ki fè kanpay kalamitez li a abouti nan lanmò jenn powèt enpi aktè ayisyen an ansanm ak konpayèl li yo.

"Notre infortuné Lord Byron n'avait pu à aucun moment trouver quelque part un appareil transmetteur. Le gouvernement d'Haïti annonça que cet acteur de 30 ans, poète et responsable de programme de musique classique, avait été capturé et avait succombé à ses blessures. Si vous avez une petite idée concernant Haïti, vous devez savoir ce que signifie cette expression « avait succombé à ses blessures ». Cela veut dire une fin terrible. Il n'y eut pas de funérailles peut-être parce que rien de reconnaissable d'un être humain ne se trouvait dans le cercueil. Deux autres envahisseurs succombèrent aussi. Les cinq autres moururent au combat en essayant de résister à plusieurs centaines de Léopards, un corps analogue à celui des bérêts Verts. On nous dit que ces cinq-là ont été enterrés à l'île de la Tortue, juste au sommet de la falaise où leur avion amphibie avait atterri.

Avec eux, il y avait Brisson, ci-devant directeur culturel de Radio Haïti Inter et l'un des journalistes expédiés en exil en octobre 1980. Son monologue de deux heures en français, basé sur le Journal d'un fou de Gogol avait été un triomphe théâtral. Il avait fait de fréquents voyages aux États-Unis. Un curriculum vitae n'est pas une assurance contre la folie. Il montre au moins que la personne en question a certaines ressources. Mais qu'est-ce qu'il faisait donc sur cette plage en possession de cassettes séditieuses? Pourquoi lui, un écrivain, essayait-il de revenir à cette réalité-là? Peut-être une année aux États-Unis l'avait politisé? Peut-être une année aux États- Unis lui était montée à la tête?

« Pouvait-il réellement croire que Sansaricq avait avec lui 400 ou 500 ou 750 soldats bien entraînés qui apparaîtraient brusquement de nulle part pour se joindre à ce groupe de sept personnes sur une plage de l'île de la Tortue? Est-ce qu'il croyait réellement que Sansaricq lui-même ferait son apparition comme promis, débarquant d'une des navettes d'avion ultérieures? Ou bien était-il aussi dérangé que le personnage de Gogol qu'il avait personnifié, ce personnage qui s'imaginait être un prétendant au trône d'Espagne alors qu'il n'était en réalité qu'un petit bureaucrate russe? Dans ce cas, Brisson serait-il uniquement l'homme chargé des relations publiques au service du prétendant? Brisson était un intellectuel issu de la bourgeoisie, plein d'humour et d'amertume, qui depuis quatorze mois vivait hors de son pays. C'était un acteur accompli. Il n'était pas un personnage pour un scénario de bafouilleur. Sa carrière m'a appris beaucoup de choses sur Haïti et les exilés. A cause de Brisson, je ne vois pas du tout cette invasion comme une pure comédie ni comme une épopée inventée par Sansaricq pour vendre sa propre image aux journaux et aux journalistes.

« Est-ce que j'ai mentionné que Brisson était homosexuel? A partir de la conférence de presse qu'il avait donnée à Miami, il était connu comme « le type qui avait baissé son pantalon pour montrer les marques de coups qu'il avait reçus. On parlait aussi de lui comme de « cet homosexuel qui ne pouvait pas supporter l'exil ». Les reporters en concluaient qu'il était un masochiste. Au moins les marques de contusions avaient convaincu les officiels de l'immigration qu'on ne pouvait pas le retourner en Haïti. Sa vie maintenant contient une triste petite note : »Mort lors d'une tentative d'invasion de Sansaricq ». Quelle fin ironique pour l'un des demandeurs d'asile à qui l'asile avait été concédé, alors que les gens de l'immigration ne cessaient de comploter et conspirer sans arrêt pour déporter les Haïtiens! Et voici que celui à qui l'asile avait été accordé ne pouvait plus supporter de vivre aux États-Unis. Et, sans visa, il avait pris le chemin de l'île de la Tortue. » Brisson n'avait rien d'un révolutionnaire quand il arriva à Miami. S'il l'avait été, il serait resté à Miami, dans ce foyer de complots paramilitaires. Au lieu de cela il monta à New York en 1981 et pendant six mois il essaya de se faire une place dans le théâtre. C'était le problème typique du petit poisson qui se trouverait brusquement dans de grandes eaux. Cet acteur qui avait été acclamé à Port-au-Prince pour sa performance dans la pièce de Gogol ne reçut que de tièdes applaudissements quand il monta le spectacle pour un auditoire haïtien dans un petit théâtre de Brooklyn. Il mit sa pièce dans un tiroir et essaya d'organiser des spectacles de variétés pour son auditoire haïtien. Mais là encore le succès n'était pas au rendez-vous. Le public de New York est relativement prospère et sophistiqué, comportant de nombreux cadres qui avaient fui l'enfer de Duvalier dans les années cinquante et soixante. Pendant un certain temps, Brisson travailla comme chauffeur de taxi. Il se plaignait du climat et partit vers le sud au cours de l'été 1981.

Personne ne l'a jamais décrit comme un homme heureux. Ses poèmes sont aussi optimistes que la mort et les feuilles fanées. Il semblait qu'un an aux États-Unis donnait à sa détresse une dimension politique. A Miami, il essaya encore une fois le Gogol, organisa encore une fois un show de variétés et voulut écrire une pièce sur le thème des refugiés qui avaient été battus par la police de Bahamas. Dans un article qu'il écrivit à l'occasion de l'anniversaire de son exil, il déclara qu'il était un « journaliste révolutionnaire ». C'était peut-être la seule occupation légitime pour un Haïtien qui avait vécu l'échec de sa pièce de Gogol.

« On dit qu'il rencontra Bernard Sansaricq lors d'un programme à la radio comme le font les Haïtiens des États- Unis. Ils paient l'accès au micro pour des heures impossibles comme cinq heures du matin et transmettent à ce moment des nouvelles qui sont souvent des appels venant des auditeurs. Tout est en créole. Les autres communautés n'ont aucune idée de toutes ces histoires qui passent sur les ondes. Sansaricq fut l'invité de ces programmes pendant plusieurs semaines à la file. Des fois il n'allait pas au studio et Marcellus ne voulant pas désappointer un public aussi fervent enregistrait alors Sansaricq, faisant croire aux auditeurs que le programme était pris sur le vif. Si les gens appelaient pour demander une question à Sansaricq Marcellus répondait : « Bernard Sansaricq est occupé pour le moment, il ne peut venir au téléphone. » C'était cette attitude que, plus tard, Sansaricq aurait, avec la révolution, dans le rôle de l'abonné absent. »

« Mais Richard Brisson voulait désespérément retourner en Haïti. »

Kidonk li te twouve li Boukan Gèp (Boucan Guêpe) nan zile Latòti, kote limenm ak 7 lòt konpayèl li te debake : Wilner Parisse, Sauveur Guerrier, Henry Paul, Sylvio Moussignac, Émile Célestin, Blondel Bernard, Robert Mathurin. Jounal yo pibliye foto Richard Brisson an kalson sou galri kazèn Pòdepè a kote bouwo 1 yo, Fritz Philippe, prefè Jérome Mayard, Antoine Morisset, Jules Vincent. Se

Fritz Philippe ki ta koupe zòrèy li ak yon ponya. Se prefè a ki ba li kou d gras la (dènye kout zam ki pou fin touye l la). Yo antere li dèyè kazèn Pòdepè a.

CHAPIT 30

Brigad Ektò Ryobe (hector Riobé) 29 jiyè 1982

2 9 jiyè 1982, sis jenn Ayisyen kite zile Kaykòs (Caïcos) Sid nan zile « Turques et Caïcos" yo a bò yon bimotè Cessna, yo pran direksyon Ès kot Ayiti yo, y al ateri sou yon bout wout Kap Ayisyen-Twou di Nò yo te fèk sot repare. 29 jiyè se te jou fèt Tonton Makout yo ki raple 29 jiyè 1958, jou yon gwoup ofisye te atake Kazèn Desalin nan epi fondasyon ofisyèl kò « Volontaires de la Sécurité Nationale » (VSN).

Misyon sis pasaje sa yo nan « Cessna » a se te mete yon anbiskad pou touye Janklod Divalye. Yo te manm yon ti gwoup anti divalyeris ki te gen baz yo Miyami epi ki te pote non Hector Riobé, jennonm mati ki te goumen pou kont li kont twoup Divalye yo, sou tèt mòn Kenskòf yo an jiyè 1963, jiskaske li te rete yon sèl grenn bal. Men sa chèf ekip la, Frantz Gabriel, esplike otè a : « Aucun signe n'avait été donné concernant l'abandon de la présidence à vie, et notre patience était à bout. Il fallait libérer le pays. » Gabriyèl te pase yon tan nan lame amerikèn epi tou li te sèvi Vyètnam. Li di : » Avant même de quitter Miami, les choses ont commencé à aller mal. Nous avons eu des problèmes. Quand le départ a été décidé, Serges Bazellais, l'un des chefs de la mission, faisant une démonstration d'installation d'un détonateur quand celui-ci éclata et lui blessa la main. L'incident avait eu lieu dans le petit bureau que nous avions loué à Miami.

Phrase à reprendre : Le remplacement de Bazelais, qui s'était vanté d'avoir été entrainé par l'Organisation pour la libération de la Palestine (POL), dont le leader était le colonel Muammar-el- Quadafi, commença à notre arrivée, à se plaindre d'un violent malaise nerveux à l'estomac. Il était hors d'état de faire quoi que ce soit. Le pire, c'est qu'il avait oublié les chronométreurs servant à déclencher les détonateurs des explosifs. Il fallait donc improviser.

Pilòt la, Klod Deni (Claude Denis), rakonte otè a kouman li te ateri sou wout Twou di Nò a san pwoblèm. Se Franns Ewo (Frantz Héreaux) ki te vin tann gwoup la nan machinn li. Yo pran wout Pòtoprens jis yo rive nan fabrik Ewo t ap dirije a. Ewo ba yo yon move nouvèl. Gen yon nonm yo te bay 10 000 dola pou l achte yon machin, li disparèt ak lajan an. Li posib ke l denonse yo, men pa ko gen anyen ki pwouve sa. Kidonk, lè yo rive nan kapital la, gwoup la rete nan fabrik Ewo a.

Nan biwo l la yo konstwi yon sikui eletrik, yo mete yon vye revèy pou pwograme detonatè esplozif yo. « Comme armes, nous avions des mitraillettes, à canon court, Mac-10 et Max-16 et un fusil AR-15 converti en M-16 automatique et 60 livres de dynamite". Franns Ewo te gen 44 an lè sa a, se te yon veteran 11e kavalri lame amerikèn kote li te gen grad sèjan, espesyalis 5. Li te pase ane 1976 la o Vyetnam. Paran l yo t ap dirije yon otèl tout moun konnen, « Le Sans Souci ». Ekip la te deside pa pran AR- 15 lan ki twò gwo, yo te pito sèvi ak lòt zam yo pou anbiskad la. Yo sere zam nan nan fabrik Ewo a, yon gwo erè ki ta pral lakòz arestasyon Ewo epi anprizònman li Fòdimanch.

« Notre plan était de monter l'embuscade sur la route de Laboule, à l'endroit de l'intersection avec la route de Boutiliers. La courbe est raide. À ce moment-là, pendant l'été, Jean-Claude et Michèle vivaient à Fermathe, à la villa entourée de pins, du Petit Rocher que leur prêtait l'homme d'affaire Gilbet Bigio. »

Ewo depoze ekip la nan kalfou Boutilye a epi li pati. Gabriyèl di :

« On prépara l'embuscade. Chacun prit position, on plaça les explosifs et l'attente commença. Jean-Claude aurait à ralentir obligatoirement pour négocier la dangereuse courbe. Nous étions prêts à le recevoir même s'il s'amenait avec une douzaine de voitures. Finalement notre contact nous avertit que Jean-Claude n'irait pas à la villa de Fermathe. Il fallait donc renoncer à la mission. Du coin de Laboule, on monta par la route de Boutiliers. On bloqua la route avec de grosses pierres et on se mit à attendre le passage d'une voiture. Ce n'était pas chose facile. »

Frank Martin, Ayisyen d orijin ki te gen rezidans li Ozetazini, te nan peyi a ak madanm li Melissa, li te sèvi li gid. Lè yo fin dinen Petyonvil ak Wilyàm, frè Maten an, triyo a deside moute Boutilye, kote depi 600 mèt ou te ka gen yon bèl vi Pòtoprens, lanmè a epi Plenn di Ki d Sak. Yo te fin pase « Rhum Jane Barbancourt » lè Maten apèsevwa limyè yon machin ki t ap deplase jis devan yo. Maten te oblije frennen sèk paske wout la te chaje ak gwo wòch, enpi sizòm an djin, polo chòt epi jakèt soti nan raje a, y ap mache sou yo. Lè Maten wè yo ame ak sa li te kwè li rekonèt la kòm mitrayèt Uzi, li fè bak ak Mazda a. Li pran bal nan vit devan an men li rive degaje l. Li vire machin nan epi li desann tout vitès. Se lè sa a li rann li kont madanm li te blese nan tèt. Nan dis minit, se vole l vole, li rive lopital Kanape Vè. Erezman bal la se touche li te touche tèt madanm nan sèlman.

Pou mòd zam nèg yo te genyen nan men yo a, li te panse se makout yo te ye, men lè l repase tèt li li wè se pa ka sa. Tousuit yo mete anbasad ameriken okouran, paske Melissa ak mari li yo se sitwayen ameriken. Yo t ap viv Cary an Kawolin di Nò. Lelandemen yo t ap pral soti lopital la lè chèf polis la Asediyis Senlwi (Acédius Saint-Louis) mande Maten akonpaye li nan zòn anbiskad la. Wòch yo te la toujou epi yo jwenn yon sentiwon militè an katfil vè oliv, douy katouch 9 milimèt ak lòt kalib 45. Ankèt la moutre machin ki te devan yo a yon ayisyen jamayiken t ap kodi te reyisi pase baraj wòch yo enpi li te gen plizyè twou bal.

Kòm yo pa t reyisi rete yon machin sou wout la, kòmando a antre nan yon kay kote yo t ap fete fèt yon moun. Se la yo jwenn yon machin ak yon chofè. Gabriel di « J'entrai dans la maison. Je reconnus plusieurs personnes et je leur dis : « J'ai besoin d'une voiture. C'est un cas d'urgence, car Duvalier a été attaqué. » « Comment se fait-il que je n'en ai pas été informé, dit le maître de maison qui était un docteur de l'armée ».

Fèt la te rive nan desè, gato ak kafe. Yon jennonm 19 an, Janfilip Bawoun (Jean-Philippe Barroun), yon etidyan an medsin ofri tèt li pou l al kondi yo. Yo di majò doktè lame a orevwa. Barroun te twò nève pou l kondui. Gabriyèl di: « Je pris donc le Volant ». Yo ta pral yon kote Divalyeris yo frekante, restoran Tiffany sou boulva Harry Truman, men li te deja fèmen. Janklod pa t al la ankò, li te kontante li kòmande pla yo la.

Manm kòmando yo diskite sou posiblite pou y atake rannch Janklod Divalye a, toupre Kwadèboukè. Yo pa fè sa. Yo pale antre yo ann angle, men yo pale ak pasaje yo a, Barroun an kreyòl. Barroun te la sèlman pou l reprann machin nan.

« On se dirigea sur Croix-des-Bouquets. On posa des explosifs sur un pilier de la ligne de haute tension d'électricité qui reliait Péligre à Port-au-Prince, puis on prit la route du nord. A Délugé, près de l'antrée du Club Méditerranée, on installa sous un pont la moitié des explosifs qui nous restaient ».

A senkè di maten, kòmando a rive nan lye randevou a, ak avyon an, pre Gonayiv. Yo chase kabrit yo sou wout la, apre sa, y al dejene lavil la.

Ti Janfilip Baroun rakonte ekip la te byen janti, yo te menm konseye l fè yon ti dòmi. A set è trant, yo antre an kontak radyo ak pilòt avyon an ki ta pral ateri nan trant minit lè yonn nan machin yo pran pàn kawotchou. Yo tout kouri al ede leve pàn nan pou yo libere wout la. Se sa ki te pèmèt Klod Deni poze bimotè Cessna a sou wout la. Kòmando a antre ladan l. Yo bay Barroun yon ti tap nan do, yo di li mèsi. Yo ba li 50 dola pou l fè gaz epi yo fè l kado yon kouto militè kòm souvni. Yo vole pou Jamayik, men yo pa manke simen kèk trak nan klib Meditèrane ki pre Sen Mak la. Trak sa yo se te yon espès deklarasyon d gè kont Divalye.

Lè yo rive Jamayik yo arete yo pou poze yo kesyon poutèt yo te avèti yo gen yon avyon ki pa idantifye. Toma Dezilme (Thomas Désulmé), ansyen senatè, òm d afè yo respekte ki te lanse yon gwo antrepriz tiyo an plastik, te fè entèvansyon. Dezilme te pèdi de pitit fi li Divalye te touye, enpi, menm jan ak Maglwa, li te toujou bay gwoup ki vle antre ann aksyon yo bourad.

Ann Ayiti, lapolis arete Djonni Dib (Johnny Deeb), yo sispèk li te gen kontak ak Brigad Hektò Riyobe a. Men, nan demen yo lage li. Gen yon moun ki denonse Ewo (Héreaux), lapolis al fouye nan fabrik li a. Yo dekouvri fizi rekondisyone AR-15 Brigad la ak minisyon yo. Yo arete Ewo. Li pase plizyè mwa nan yon selil nan Kazèn Desalin. Yo jije li an 1984. Gen lòt moun ankò yo te akize kòm konplis apre yon vag bonm ki pete ant janvye e mas 1983. Se te Eugène Nazon, Fred Esper, Frantz Joachin, Schneider Merzier yo te akize pou aktivite kont « la sûreté de l'État ». An mas 1983 yo te mete Jose Sinaïe nan prizon menm jan ak lòt yo, yo pa janm di pou ki sa, yo pa kite l pran kontak ak pyès moun epi yo lage l an mas 1984 san okenn esplikasyon.

Yon depèch Ajans Frans Près d Ayiti nan dat 23 out 1982 ki site yon sous ofisyèl ayisyèn idantifye yonn nan manm Brigad Riyobe yo kòm moun ki efektivman te pran antrènman an Libi (Lybie) nan Komite Òganizasyon pou Liberasyon La Palestin (PLO). Gen yon pòtpawòl Brigad la ki demanti l, men lapolis ayisyèn leve kont Antwàn ak Nesim Izmeri (Antoine et Nessim Izméry), de siryen ayisyen (syro-haïtien), pwopriyetè magazen. Yo maltrete yo serye epi yo lage yo apre kèk tan yo pase lopital militè. Frantz Bataille ki ekri nan nimewo 17 oktòb 1984 Petit Samedi Soir bay yon lis douz non moun li pretann ki fè pati Brigad Riyobe a, li di tou yo resevwa èd nan men kolonèl nan Dezè a, Kadafi an Libi (Kadhafi de Libye). Batay, yon divalyeris, site tou kèk manm Brigad la ki ta mele nan trafik dwòg. Jounal gouvènman an, *Le Nouveau Monde*, fè referans ak « ensidan » Boutilliers a, fè konnen makout yo pare epi yo prepare pou yo kraze nenpòt ki dezòd epi tout atak kont gouvènman an se travay moun ki vin touye tèt yo. Gen yon lòt esèy brigad la ki echwe toujou.Yo te angaje yon Afwo Ameriken ki vwayaje ak fo dokiman pou l te vin kraze Janklod. Se te yon mèsenè ki travay inikman pou lajan. 2 janvye 1983, li lwe yon machin Pòtoprens, li plen l ak esplozif, li estasyone l bò kote DGI a, zòn kote Janklod sipoze pase pou l ale nan katedral la.

Jou sa a, non sèlman prezidan an pa t ale nan katedral la, men bonm yo pete katrè anvan lè, ekla feray kouvri imèb enpo a ak lapolis la. Machin nan dechikte; mèsenè a menm li te deja nan avyon sou wout Miyami. Se kon sa bagay yo te pase jan militan Brigad yo rakonte li. Yon kominike gouvènman ayisyen an idantifye pòtè d bonm nan kòm Alan C. Mills, yon Ameriken nwa d orijin jamayikèn. Esplozyon an te touye de moun, li blese nèf lòt.

Sis Ayisyen yo te mete nan prizon san okenn kontak ak lòt moun pandan 18 mwa a, yo prezante yo nan tribunal militè 29 out 1984. Yo akize yo dèske yo te eseye fè Janklod Sote ak yon bonm yo te mete nan yon machin 1e janvye 1983, jou fèt nasyonal la. Pami sis yo, te genyen Frantz Héreaux. Yo wete yo nan selil Kazèn Desalin pou yo voye yo nan Penitansye nasyonal. Yo pa t fikse okenn dat pou jijman yo. An desanm 1985, Frantz Gabriel te yonn nan moun Ti Boule te arête Okay lè li te pran kredi pou yon sezi kokayin ki te soti Kolonbi. Gabriyèl te yonn nan moun yo te mete nan prizon nan Penitansye nasyonal la apre ofisye d polis Klod Jan (Claude Jean) te fin krabinen l anba baton.

CHAPIT 31

Pasay « Mister Clean »

Nan edisyon 10 me 1982 a, magazin *Newsweek* salye travay minis finans ayisyen an, Mak Bazen (Marc Basin), li bay tit « Monsieur Clean ». Magazin nan rapòte, Bazen te oze afwonte "les intouchables".

« Il a même pris à partie le beau-père de Baby Doc Duvalier, prenant contact avec lui pour lui demander de payer ses arriérés de taxes sur ses différentes entreprises ».

Ann Ayiti pèsonn pa t ka li edisyon *Newsweek* sa a, yo detwi li depi nan ayewopò a, dapre sa distribitè magazin nan ann Ayiti te deklare. Bazen te mande Ernest Bennett koumanse peye lajan li dwe Leta pou taks espòtasyon sou komès kafe ak taks enpòtasyon sou ajans machin.

Pozisyon sa a nouvo minis finans lan pran an pa kadre ditou ak laperèz la. Moun continye pè pale, fèmen bouch yo. Sosyete ayisyèn nan toujou pè tounen nan epòk represyon sovaj Papa Dòk la omoman rejim divalyeris la rive gen 25 an, 22 oktòb 1982. Apre yo fin detwi kochon nwa yo, apre baleyay jounalis yo ak operatè sosyal yo an 1980, rejim nan kole pi rèd nan fòmil prezidans a vi a, epi, l ap antre pi fon nan detounen fon piblik nan yon nivo yo pa t ko janm atenn. Kòlòwòch Woje Lafontan (Roger Lafontant) tounen, l ap dirije ministè enteryè, li gen avèk li kòm chèf polis SD (Service de Dépistage) Albè Pyè (Albert Pierre), alias Ti Boule, yon pèsonaj makab ki antoure ak yon bann lòt pèsonaj sinik tankou chèf makout Ti Je Wooley ak kèk lòt ankò.

Nan mitan tou sa, « Première Dame Michèle Bennett » toujou elegant, ap kale kò li ak pwòp kliyantèl pa li nan yon anbyans liks ak depans pandan finans peyi a ap bay maltèt. Anpil bri t ap kouri, tanperaman « Première Dame » nan te bay pou pale. Avanti finansye papa li, Ènès Benèt (Ernest Bennett), te vini yonn apre lòt, pandan otorite amerikèn yo arete yonn nan frè l yo pou patisipasyon li nan trafik dwòg. Refòm ekonomik lan ak lit kont kòripsyon ra tè a vin parèt yon bagay ki soti nan yon lòt planèt malgre kèk arestasyon ak kondanasyon kèk nèg ki pa gen chans, yo mete nan prizon.

Fen ane 1981, gouvènman Pòtoprens lan te fè gwo defisi, epi « Fonds Monétaire International » te bouke avèk li. Nenpòt 20 milyon nan pwogram finansman stand by FMI disparèt. Kredi gouvènman an nan sous finansman entènasyonal yo te redui a zewo. « Commission mixte » lan, yon gwoup reprezantan peyi ki founi Janklod Divalye asistans teknik ak yon sèten finansman, pa t konn sa pou yo fè. Yo te sigjere prezidan an li ta bon pou li pran yon moun ki kapab mete lòd nan finans peyi a ki, dapre yomenm, nan yon sitiyasyon kritik.

Kanadyen yo sitou, fè esperyans ki sa yon dechèpiyè ye epi ki sa li ka fè. Yo te oblije sispann yon pwojè nan zòn Tigwav (DRIPP) kote gaspiyay lajan ak materyèl te rive nan yon degre ensipòtab ki mete an koz manm kabinè ministeryèl. Pwojè 5 an sa a te gen pou l devlope fèm yo, fè drenaj epi wout. Yo vin konstate sou lis anplwaye yo te gen anpil « zonbi », kididonk anplwaye ki pa fè okenn travay. Ekipman pwojè yo te twouve yo byen lwen pafwa, y ap fè travay ofisyèl ki nan administrasyon an. Pwotestasyon Kanadyen yo pa t fè okenn efè. Yo bloke pwojè a.

Mak Bazen ki te gen 51 an, fonksyonè d orijin ayisyèn nan Bank Mondyal, te rantre ann Ayiti an desanm 1981. Yo te ba li djòb distribiye 7 milyon dola kredi nan ti antrepriz. Yo te mete anpil espwa sou li lè yo te nonmen li nan djòb minis finans lan an desanm 1981. Konseye Janklod yo te ba li asirans nominasyon Bazen an nan pòs sa a t ap yon faktè kredibilite bò kote finansè yo ak FMI. Bazen, pitit gason yon senate koni, Lwi Bazen (Louis Bazin), t al etidye trè jèn an Frans. Li retounen ann Ayiti apre yon karyè nan Bank Mondyal, patikilyèman ann Afrik. Dènye pwojè li te mennen li Ouagadougou o Nijè, se te yon michan pwojè plis pase 100 milyon dola ak yon pèsonèl plis pase 200 moun pou aseni epi rekipere pou agrikilti tè rich dèlta flèv Nijè a ki anvayi (enfeste) ak mouch k ap rann moun avèg ak lòt maladi toujou.

Bazen aksepte pòs la, yon veritab defi pou li. Li koumanse bay konferans pou laprès nan televizyon nan yon stil nouvo, ak yon langaj dirèk minis yo pa t konn itilize souvan. Li te pale fran, dirèk sou eta finans peyi a epi nivo kòripsyon k ap fè lalwa nan peyi a. Li peze sou nesesite pou chak moun peye taks yo epi li anonse yon verifikasyon deklarasyon enpo yo, epi ankèt sou aryere sèten òm d afè dwe.

3 mas 1982, Bazen revele demach de wo fonksyonè, sou lòd palè pou angaje peyi a nan yon operasyon etonan ki reprezante yon kokennchenn danje pou pi devan, tèlman ris yo gwo. Li di minis finans ki te vin anvan l lan, Emmanuel Bros ak gouvènè Bank Santral epòk la, Gérard Martineau, te gen djòb reyalize yon operasyon ki te ka pèmèt jwenn fon ki ka menm sèvi pou « programmes personnels ».

Selon Bazen, prezidan an ta otorize, emisyon bon sou prezantasyon, « irrévocables », gouvènman ayisyen garanti avèk « payable à » a, vid, pou yon montan 3 milya dola. Konsekans lan, sèke peyi a t ap twouve l an pèmanans ak yon ponya pandye sou tèt li, nan eta bankwout « virtuel » pandan des syèk, ann echanj yon bon valè lajan likid. Bon yo ak yon nivo elve gwo enterè pou Ayiti epi an prensip se gouvènman ayisyen an k ap peye l sou peryòd ki long; bon sa yo, se yon konsòsyòm libanè ki rele « Dubaydi Trading Co » ki anchaje pou l vann yo ak yon komisyon ki gen jèvrin.

Gwoup Dubaydi a, se òm d afè d orijin arab ki te rekòmande li. Ganlè gwoup libanè a te di Bwos ak Matino li gen koneksyon ak wayom epi emira petwolye arab ki rich yo epi ki ta kapab founi milyon kach pou bon peyab sou prezantasyon yo, pou yon komisyon, ou tou konnen.

Konsòsyòm nan, lè sa a, te mande pou yo fè l yon avans plizyè milyon ke Bwos ak Matino te aksepte alòske, lè sa a, rezèv negosyab an deviz etranjè a te nan pwen ki pi ba a. Bazen kontinye pou l di non sèlman gwoup libanè a pa founi okenn lajan pou bon yo, men li mete vann yo epi li apiye sou le fè ke kredi ak bòn volonte yon gouvènman souvren ki konsanti rabè kòm enstriman negosyab. Plizyè peyi arab te andose yo a lèd konpayi ozetazini ki konstwi, ki achte oswa vann materyèl militè ki sèvi aviyason.

Minis Bazen avize tout bank santral, bank prive epi anbasad nan monn nan bon peyab « à vue » yo, malgre swadizan « irrévocabilité » yo, pou rezon non pèfòmans ak enposibilite pou yo itilize yo pou bi inisyal yo, nil epi non aveni, totalman envalid, enpi, pa gen okenn gouvènman ayisyen k ap onore yo.

Bazen te reyisi ogmante revni fiskal gouvènman an menm si li eseye netwaye ekonomi an nan yon eta kon sa, se yon travay san fen. Minis lan mete yon bout nan trafik machin yo vòlò ki rapòte anpil. Men se te sitou machin de liks dènye kri yo vòlò nan lari Nouyòk ak Miyami epi yo anbake yo pou Ayiti.

Yo te vann yo san yo pa t gen pou yo peye taks enpòtasyon. Yo di Bob Graham, gouvènè Florid, te sezi wè machin li yo te vòlè, k ap flannen nan lari Pòtoprens pandan li te an visit ann Ayiti.

Men gouvènmn an pa pran tan pou l deside pri l ap peye pou l gen plis kredibilite a twò wo. Yo konsidere Bazen kòm yon menas. Yo fè l konnen palè a twouve li twò vizib. Ti gwoup teknokrat ki t ap travay nan ministè finans lan, yo te rele l "Kabinè Bazen". Sa te koumanse twòp atò pou ti gwoup politisyen ak finansye yo ki kwoke nan pouvwa a.

Lè li te fin kòlmate kèk fuit nan sikui monetè a, peye kèk dèt gouvènman an, fè yon prezantasyon bay FMI Washington ki pèmèt Ayiti jwenn yon prè *stand by* 38 milyon, Bazen resevwa 12 jiyè 1982 avi yo pa bezwen l ankò. Li te dire 6 mwa. Franns Mèswon (Frantz Merceron), yon enjenyè ki te vin pwòch la prezidans lan pran plas la. Men, sa ki sèten, malgre tout sa yo di ki kontrè sa Bazen fè yo, « la révolution économique » pran yon gwo kou. Doktè Woje Lafontan nan pòs minis enteryè li a avèti tout moun :

« Personne, pas même un ministre, ne saurait s'opposer au désir du président à vie.

»

Bagay yo rèd toujou. Lafontan koumanse chache detwi tout api politik Bazen te genyen pandan ti bout sis mwa sa a li te minis lan. *Nouveau Monde* kòm d abitid bay avètisman :

« Nous disons à tous ceux qui ont faim de pouvoir que nous sommes prêts à écraser toute agitation. Toute tentative de subversion sera un suicide ».

Bazen mare pakèt li. Yon senmenn apre, li te Washington; yo nonmen li New York reprezantan Bank Mondyal nan Nasyonzini. Ti klik kolaboratè li yo pa p chape anba enkizisyon sadik Lafontan. Lafontan arête epi maltrete 4 manm Kabinè patikilye a.

Te genyen Félix Lamour (Féfé), chèf kabinè li, Hervé Denis ki te fèk sot pran doktora li Pari ann ekonomi, avoka Guy Malary avèk Leslie Delatour, ki fèk tounen sot Chikago; li te gen yon moustach enpresyonan an gidon bisiklèt. Delatou sibi twa jou entèwogatwa nan men Lafontan. Apre sa, li lage l. Li t ap pase Lafontan ak lòt nèg li yo nan betiz pou jan yo enterese nan moustach li yo fè koupe paske, dapre sa li di, « c'était un point focal de pouvoir magique. » Poutèt plezantri sa yo, yo arête li yon lòt fwa. Se Hervé Denis yo te plis maltrete. Kou yo ba li sou tèt yo te kraze tande zòrèy li. Lafontan pa t bay koze frè Hervé Denis an, Jean- Pierre Denis, ki se zanmi prezidan an li te prezante Michèle Bennett la, okenn enpòtans. Plizyè lòt kolaboratè Bazen pa t gen otorizasyon kite peyi a. Alafen genyen ki rive pati. Leslie Delatour te oblije tann dezan anvan li te kapab kite peyi a l al travay nan Bank Mondyal.

Janklod, nan yon diskou li te fè epòk la, te mande moun ki nan lèzafè yo pou yo konsidere lidèchip ekonomik lan « comme la meilleure façon d'assurer la paix sociale ». Li te gen bò kote li bra fò rejim nan, Lafontan ak Uzi li nan men l. Pèsonn pa souri. Epi kòripsyon reprann pi rèd ankò lè solèy leve sou peryòd sipè minis yo.

Yon estate Michèl Benèt fè fè pou nou ka chonje Endyen yo
Traktè Katye jeneral kraze li apre depa Divalye an 1986

CHAPIT 32

Viktim SIDA yo

An 1979, gen yon jèn dam Gonayiv, yonn nan pasyant ki te entène nan "Service de Dermatologie de l'Université d'Haïti », ki te mouri.

« Elle a été la première personne diagnostiquée comme ayant le Sarcome de Kaposi,

Se sa doktè Lyoto (Liautaud) te deklare. Ii te swaye ka *Sarcome de Kaposi* ann Afrik di Nò, espesyalman ann Aljeri, an jeneral kay gason ki gen yon sèten laj. Se pa t yon maladi mòtèl. Doktè Lyoto te rantre an 1977, kòm egzile depi 10 an. Li te etidye Strasbourg epi nan « Institut Pasteur de Paris ». Li t ap travay nan lopital « Université d'État d'Haïti » kòm direktè « Département de Dermatologie ». Lyoto pale de ka lanmò dwòl sa a ak de kòlèg fransè, André Basset epi Jean Malleville ki te de pasaj ann Ayiti. De doktè yo te rete bouch be.

Gen lòt ka ki te vin prezante lopital jeneral la. Twa jèn medsen, Rejinal Perera (Réginal Pereira), Miryam Landren (Myriam Landrin) epi Edwidj Ogis (Edwidge Auguste) ki t ap fè rezidans yo nan Depatman dèmatoloji a, yo te ankouraje yo prezante ka yo lè gen gwo vizit enspeksyon nan lopitall la epi tou bay « Association Médicale Haïtienne ». Etid sa a te bénefisye de parennaj epi ekspètiz doktè Klod Lawòch (Claude Laroche) ki nan « Service de Pathologie

» lopital la, ki fè premye otopsi yo sou sipèvizyon chèf sèvis la, doktè Vègniyo Peyan (Vergniaud Péan).

Se pandan y ap prepare yon atik pou *La Revue Scientifique* chèchè ayisyen yo rann yo kont gen lyen ki egziste ant ka epidemi Ozetazini ak sa ann Ayiti a. Se prèske pa aksidan yo dekouvri lyen ki genyen ant de sitiyasyon yo, lè an desanm 1981, doktè Alen Wazen (Alain Roisin), yon epidemyolojis bèlj ki t ap travay nan « Centre de Contrôle des Épidémies d'Atlanta, en Géorgie » te retounen vin an vakans ann Ayiti kote li te travay soti 1975 rive 1979. Doktè Lyoto mete l okouran ankèt la ki t ap kontinye sou ka « Sarcome de Kaposi a ». Se lè sa a doktè Wazen fè li konnen yo jwenn menm ka sa yo Ozetazini. Mistè a vin pi mistè toujou lè doktè Frank Toma (Frank Thomas), yon gastwoantewolojis ayisyen ki fòme an Frans, rapòte yo rankontre ka "candidiasis" nan « œsophage » pami jèn granmoun, alòske yo pa t gen antesedan defisyans iminitè konjenital.

Bagay yo al pi vit lè doktè Lyoto ak doktè Toma diskite sou sa yo te deja dekouvri ak doktè Wilyam Pap (William (Bill) Pape), espesyalis ayisyen nan maladi enfektyez. Te gen dout toujou jiskaske doktè Pap ki fòmen Ozetazini dekri dwòl de fòm tibèkiloz jeneralize kay pasyan yo ki soufri an menm tan ak dyare epi ki mouri malgre gwo tretman ak medikaman pou konbat tibèkiloz. Apre rankont sa a, yo pran desizyon travay ansanm. Se kon sa ann avril 1982, yo prezante 11 premye ka « Sarcom de Kaposi » yo nan 18e kongrè medsen ki pale franse yo epi yo diskite sou posiblite yon lyen ant ka ann Ayiti yo epi epidemi ki pwente Ozetazini an.

Mwa apre a, 2 me 1992, gwoup *Gheskio* a (groupe haïtien pour l'étude du Sarcome de Kaposi lié à une occurrence d'infection) fòmen. Yo pa t konnen si te gen yon lòt gwoup ki te fòmen yon lòt kote. Men pyès moun pa t konnen ki konsekans maladi sa a t ap genyen nan lemonn antye. *Gheskio* resevwa nan men « Institut national américain de la Santé » pa entèmedyè « Université Cornell

», yon ti fon 100 000 dola pou kontinye rechèch yo. Doktè Warenn (Warren) te reskonsab rechèch yo ansanm ak Jan Wilyàm Pap (William Pape) ki diplome Cornell. Yo te rezève yon seksyon espesyal pou malad yo nan lopital Kanape Vè. Te gen de lòt gwoup rechèch toujou ann Ayiti. Yonn se te "Groupe de recherche sur les maladies immunitaires ", lòt la se te sa HUEH la, lopital inivèsitè leta ayisyen. Tout moun sa yo mete tèt yo ansanm a en moman done nan sa ki t ap pral yon « «momam » istorik, yon reyinyon Pòtoprens an 1983, kote tout chèchè yo patisipe, y ap eseye analize sitiyasyon an nan Karayib la.

Pesonn pa t ko konn kòz maladi a. Yo pwopoze non li yon lòt fwa ankò: "Syndrome de Déficience Immunitaire Acquise", AIDS ann anglè, SIDA an fransè. Ayisyen yo te pwopoze SEDIA: "Syndrome épidémique de déficience immunitaire". Yo pral dekouvri se travay yon viris, sa doktè Lik Montanye (Luc Montagnier) nan "Institut Pasteur de Paris » ak Wobè Galo (Robert C. Gallo du Centre National du Cancer de l'Institut National de la Santé) pral idantifye an 1985 kòm HIV, viris defisyans iminitè imèn. Djonn Kurann (John Curran), direktè CDC (Center of Control, Atlanta) te ekri doktè ayisyen yo pou siyale yo gravite sityasyon an, fè apèl a kolaborasyon chèchè ayisyen yo pou rezoud mistè maladi sa a ki fèk parèt la.

Sanble Pòtoprens te vin tounen yon sant enpòtan aktivite pou yon kliyantèl nò ameriken touris omoseksyèl. Magazin *Spartacus* te prezante Ayiti kòm yonn nan pi bon kote nan monn nan pou mòd rankont sa yo. Nan *Libération*, Pari, repòtè Michel Cressol fè yon prezantasyon « gay life » ann Ayiti, pou piblik fransè a. Atik sa yo dekri aktivite sèten sant pwostitisyon gason tankou *Chez Frida, Denise,*epi *Passion tropicale* ki nan zòn Pòtoprens. Mizè, grangou, chomay mennen jenn ti gason fè bouzen san yo pa oblije masisi. Te gen anpil ka SIDA ki soti Kafou, o sid Pòtoprens. Se te zòn « Limyè wouj » moun yo te rele l « fwontyè » pou pale de kantite bouzen dominikèn ki te nan ba a yo.

Milye sa a te enspire Truman Capote nan yon nouvèl literè ki pral vin tounen apre sa yon pyès mizikal, *La maison des fleurs*.

Doktè Azri Bòd (Harry Bordes) nan « Association Médicale Haïtienne » te gen misyon pou l enfòmen prezidan a vi a sou mòd maladi sa a ki te koumanse pote yon bann masisi ale. An reyalite, sa ki te plis enterese milye ofisyèl yo, se te konsekans fenomèn nan sou sektè touris la. Konsiy lan te klè : « Pa pale de sa ». Woje Lafontan menm, minis enteryè, li se egzanp nèg ki pa t vle wè omoseksyèl menm jan ak moun yo nan sosyete a. Li konvoke nan Kazèn Desalin kèk masisi koni, pami yo te gen Bèna Sejoune (Bernard Séjourné), yonn nan pent ayisyen ki pi popilè yo. Sejoune ak gwo vwa li a mande kote ofisyèl yo ki nan menm ka a? Yo fini reyinyon an byen vit.

Men lè sa a pa t gen moun ki te ka prevwa maladi sa a moun pa konnen an t ap vin yon fleyo nan istwa monn nan. Premye reyaksyon gouvènman an yo se te fè kòm si pa t gen anyen, niye prezans maladi a ak anplè epidemi an. Se te menm reyaksyon an an Repiblik Dominikèn alòske gen ka Sarcome de kaposi yo te siyale depi 1968. Ayiti te yonn nan premye peyi ki te eseye dechifre mistè viris la.

Se lè sa a CDC nan Atlanta, « le Cenre de contrôle des maladies épidémiques » te komèt pi gwo enjistis ak ireskonsablite nan yon akizasyon moun pa ta janm panse yon enstitisyon ofisyèl enpi ki baze sou lasyans ta kapab fè. Opinyon piblik la te deja gen tandans lage chay maladi a k ap gaye a sou do Ayiti. San okenn prèv ki baze sou lasyans, yo klase Ayisyen kòm sijè frajil « à risque élevé » epi yo trete l tankou kantite neglijab. Kominike « Centre de Contrôle d`Atlanta » ofisyalize akizasyon an lè li rann piblik kategorizasyon yo rele 4H la : »Homosexuels, Haïtiens, Hémophiliaques, utilisateurs d'Héroïne ». Klasifikasyon sa a te gen konsekans grav sou rapò pèsonèl yo, nan travay, nan sant administratif. Yo kreye istwa yon Ayisyen ki ta trape maladi a nan senj ann Afrik oswa nan

Ameriken ki te tounen sot ann Ayiti. Gen yon chèchè ki kwè li jwenn yon « prédisposition génétique », gen yon lòt menm ki jwenn yon plas nan le Lancet pou l enkriminen vyann kochon yo ta manje ki pa t byen kuit. Yo pa t konn sa pou y envante ankò : yo enkriminen Kiben yo ki te prezan ann Angola ou ankò aktivite ki gen rapò ak vodou. Ann Ayiti, kantite viktim yo nan tout kategori sosyal ap ogmante. Yonn nan pwoblèm yo se pri tretman yo ak medikaman espesyal. Lòt pwoblèm nan se prevansyon ki pa fèt, sitou yo pa fè lizay kondon.

Lòt obstak toujou, moun yo pa fin dakò yo konn fè masisi oswa yo se masisi. Sanble se nan pò yo maladi a chita, tankou Pòtoprens, Gonayiv, Kap Ayisyen, nan sektè popilasyon lamisè sentre yo, ki oblije lage kò yo nan bouzen pou yo ka jwenn kichoy pou yo viv, ede fanmi yo, enpi, si posib, travèse Ozetazini. Doktè Pap eksplike « soixante ou soixante-dix pour cent » transmisyon yo soti la. Doktè Pap esplike : Gason ayisyen an gen kontak ak plizyè fanm. Se yon bagay kiltirèl. Pwoblèm nou se di yon moun ki pa santi li malad li gen viris la. Kouman pou rive konvenk yo y ap transmèt yon maladi yo pa sa wè ni santi? Yo pito di se lougarou k ap manje yo.

Ak mizè a, swen nan peryòd anvan akouchman, pa vrèman egziste. Sa vin kondui nan sitiyasyon konplike ki pa nòmal yo oblije fè transfizyon san ki fasilite transmisyon enfeksyon HIV a. Anplis de sa, genyen ladan yo, ki a defo mwayen, ale kote fo doktè oswa nan medsin non ofisyèl. Genyen tou kesyon sereng yo ak zegwi yo ki sèvi plisyè fwa san yo pa esterilize. Menm lopital jeneral te konn resikle materyèl ki te dwe sèvi yon sèl fwa.

Kominike *CDC* a te pote Ayiti ak Ayisyen yo yon gwo kou. Sa te fè nou yon tò ki pa sa repare. Wete yo wete Ayisyen yo nan kategori « à haut risque » la en out 1985, pa wete etanp sa a yo mete sou do yo a an 1982. Klasifikasyon Ayiti a te nan mwatye liv medsin nan monn nan, nan yon douzèn lang omwen. Pa t gen okenn dout pou otorite medikal yo ann Ayiti ak moun ki enfòme yo se pa vre epidemi an pa t soti ann Afrik men li te soti nan kontak entansif flo touris omoseksyèl ameriken epi ewopeyen nan ane 1970 yo. Se yo ki espoze Ayisyen yo vin omoseksyèl apre lanmò yo, jan yon doktè ayisyen te di l la « Homosexuels posthumes ».

10 out 1983, *Miami Herald* mete tit sa a nan premyè paj: « Par peur du SIDA, Haïti met en prison les homosexuels ». Touris lan te bese de 30 al 40% apre deklarasyon biwo Atlanta a, le *CDC*, dapre deklarasyon Karen Payne, apre yon entèvyou avèk Mikèlanj Vòltè (Michel-Ange Voltaire), direktè « Bureau du tourisme », epi Gi Meyè (Guy Meyer), pòtpawòl gouvènman an. De ofisyèl sa yo deklare touris yo mèt vini ann Ayiti, paske gouvènman an pran tout mezi ki nesesè pou l debarase lari yo ak masisi yo, li fèmen etablisman yo epi li mete etranje ki t ap pratike move mès sa yo, deyò. Yo bay garanti, apre desizyon sa yo, touris yo mèt vini kè pòpòz. Vòltè ale pi lwen toujou pase de jou prizon Meyer te pale a. Limenm li pale de twa a sis mwa prizon epi yon seyans refòm epi li di tout sa fè pati yon vas pwogram pou restore moralite ann Ayiti. Lè li fin kritike byen rèd etranje ki vin ann Ayiti pou satisfè omoseksyalite yo bon mache, Mikèlanj Vòltè kritike « le sensationaliste » nan estyle repoòtay yo fè sou SIDA a, ki fè touris yo vin fui peyi a. Li di:

« C'est pourquoi nous avons déclaré la guerre à l'homosexualité ».

Lè lepap parèt … (8 mas 1983)

Van cho mwa d mas la t ap soufle sou   tamak ayewopò Franswa Divalye a lè pap Jan Pòl 2 (Jean-Paul II) poze pye l sou tè d Ayiti. Se te premye fwa yon pap te vizite « la Petite Espagne » depi Kristòf Kolon (Christophe Colomb) te bay zile Taïnos yo non sa a, 6 desanm 1492. Janpòl 2 te vin sot Nikaragwa kote vizit li a pa t fin twò repozan. Anvan li retounen Vatikan, li fè eskal Ayiti. Rezon ofisyèl la li te vin klotire yon « Congrès Eucharistique et Marial » qui te dire ennan.

Vil Pòtoprens ki te depase en milyon abitan te netwaye pou sikonstans lan. Tamak la nan ayewopò a te pratikman lave ak dlo, ak savon paske pap la gen abitid bo tè a lè li rive yon kote. Majistra vil la, kolonèl Frank Women (Frank Romain) pa t ap jwe lè li pase machann yo lòd debarase twotwa yo. Moun ki pa t vle obeyi l yo, li fè ranmase tout afè yo, machandis, etabli, epi yo anbake ata machann yo nan machin, yo mennen yo ale moun pa konnen ki bò pou degòje espas la.

Yo moute yon podyòm nan lonbray nan ayewopò a. Se la pap la pale ak foul la. Pa gen moun k ap bliye fraz sa a li te pwononse nan diskou l la ak yon aksan polonè: « Les choses doivent changer ici », yon ti fraz yo pral repete tout kote epi ki pral fè chemen li. Pap la pa bliye ajoute chanjman sila a dwe fèt

"sans violence, sans morts, sans lutte intestine qui ne pourrait engendrer qu'une nouvelle oppression. Mais il fallait noter en toute

franchise que les chrétiens haïtiens ont eu à supporter la division, l'injustice, une inégalité excessive, la dégradation de la qualité de vie, la misère, la faim, la peur pour trop de monde. »

« San vyolans, san moun ki mouri, san chire pit yonn ak lòt ki ka mennen yon lòt peze souse. Men fòk moun te remake san ipokrizi kretyen d Ayiti yo te oblije sibi divizyon, enjistis, inegalite ki depase limit, degradasyon kalite lavi a, lamizè, grangou, laperèz pou twòp moun. »

Epi pap la kontinye :

« Oui, en effet, il y a un grand besoin de justice, un grand besoin pour une distribution meilleure de la richesse, une organisation plus équitable de la société, un concept de service plus désintéressé chez ceux qui détiennent des postes de responsabilité. Il y a un désir légitime dans les média et dans la vie politique pour la libre expression et le respect des opinions des autres … Il y a un besoin pour un accès plus ouvert et facile aux biens et aux services qui ne peuvent rester la propriété d'une minorité… Le peuple a besoin de manger, de recevoir des soins médicaux, des logements, des écoles, de travail honnête, de sécurité sociale, de respect des droits fondamentaux des êtres humains. »

(« Wi, kòm de rezon, gen yon gwo bezwen jistis, yon gwo bezwen meyè distribisyon richès yo, òganizasyon yon sosyete ki pi jis, lide sèvis ki pi dezenterese bò kote moun ki okipe pòs reskonsablite yo. Nan medya yo, nan vi politik la gen yon swaf nòmal pou libète espresyon ak respè opinyon lòt moun… Moun bezwen patisipe pi fasil nan richès yo ak sèvis yo ki pa fèt pou l rete anba ponyèt yon vyek ti gwoup... Pèp la bezwen manje, swen lè li malad, kay pou l rete, lekòl, travay onèt, sekirite sosyal, respè dwa tout èt imen dwe genyen. »)

Li fini ak yon mesaj pou tout katolik yo, espesyalman jenès la :

« Haïtiens de partout, je suis avec vous. Je vous bénis avec tout mon cœur. Courage! »

« Ayisyen tout kote, mwen avèk nou. Mwen beni nou ak tout kè mwen. Kouray! »

Epi li di an kreyòl : « Mari se manman nou ». Sa kreye anpil emosyon.

Nan premye ran, Janklod Divalye, nan yon kostim ble ki sentre l, Michèl ak wòb blanch li, kolye pèl li, manman an, enpasib, nan yon fotèy ki kouvri ak saten blan ak rebò dore, yo te soti nan palè. Moun te ka wè yo pa bat bravo pou diskou pap la. Men foul moun fidèl yo k ap fè bri, pè yo, mè yo, layik yo te reyaji avèk anpil chalè sitou lè pap la pale de respè libète espresyon, respè opinyon lòt moun yo. Pou l reponn diskou pap la, Janklod fè chonje se sou tè d Ayiti premye mès te chante nan kontinan ameriken an epi se granmesi Franswa Divalye yo nonmen pou premye fwa depi 1860 evèk ki fèt ann Ayiti nan tèt dyosèz yo. Li pwofite okazyon an pou l anonse chèf Leta ayisyen an renonse ak dwa konkòda ayisyen an ba li pou li nonmen evèk yo.

Pou dizè prezans pap la nan peyi a, pwogram nan te prevwa yon vizit inè pou mesye dam prezidan yo nan palè nasyonal la, men pap la rete demiyè sèlman. Li batize de pitit mesye dam nan yo. Dezyèm nan se te yon tifi ki te fèt an janvye.

Nan bazilik Notre-Dame, ak 10 kadinal bò kote l epi 40 evèk, pap la pale avèk yo ann Espayòl. Li deklare ak tout fòs li wòl legliz la se pa bay konfli ak vyolans yo jarèt, enpi pòv yo dwe reprezante premye sousi pè yo ak evèk yo nan pawas yo. Yo pa dwe janm agrave konfli ak divizyon men okontrè travay an favè konkòd ak lapè. Diskou pap la ki tradui an kreyòl gen repèkisyon nan wopalè ki deyò katedral la epi radyo yo retransmèt li. Li deklare

« Toute analyse de la situation de l'Amérique Latine montrera que les racines des problèmes de cette région résident dans une douloureuse situation d'injustice, l'exploitation du grand nombre par une minorité et un manque criant d'égalité dans la distribution de la richesse et l'accès aux bénéfices de la culture. »

« Tout jan w vire sitiyasyon Amerik latin nan li moutre w rasin pwoblèm yo nan rejyon sa a chita nan yon sitiyasyon enjistis, esplwatasyon pi gwo sou pi piti ki fè w mal epi fòs kote nan jan yo separe byen yo ak fason pou rive jwenn benefis ki gen nan lakilt

Gouvènman an te gen reyaksyon moun ki soufri etoufman devan diskou pap la. *Le Nouveau Monde* kritike moun sa yo ki « donnent des leçons » epi ki « accusent ». Jounal gouvènman an pa menm pibliye omeli pap la nan ayewopò a; li sèlman di pap la mansyonnen jefò gouvènman prezidan Janklod Divalye a fè pou l tabli « une société basée sur la liberté politique, la justice sociale et la prospérité. »

Jounal la pibliye an menm tan yon atik vitriyòl epi ensiltan, Ènès Benèt (Ernest Bennett), bòpè prezidan an, ekri. Atik la kondane sèten manm nan klèje a ki pran plezi woule machin de liks, fè vwayaj aletranje chak twa mwa epi okipe mètrès ki koute chè. Bennett konseye pap la defann pè yo fè politik menm jan li te fè sa o Salvadò avèk kòm konsekans asasinay achevèk Romero. Epi li klotire kon sa :

« Il est temps, catholiques romains, de savoir à quelle agence de voyage vous devez faire confiance pour arranger votre voyage vers l'au-delà! »

(« Katolik women, li lè pou nou konnen ki ajans vwayaj nou dwe fè konfyans pou l òganize vwayaj nou pou lòtbò! »)

Janklod, nan entèvyou a, Pari, yon dizèn ane apre, fè kòmantè sila a :

« Les prêtres avaient commencé à s'organiser bien avant la visite du pape. C'était une vraie campagne qui leur permit de diffuser des slogans politiques dans leurs sermons.

Le gouvernement était au courant. Mais il ne voulut pas réagir, car c'était une population catholique. Je pense que le pape était sincère. Dans son discours d'adieu, il a sollicité l'assistance internationale pour Haïti, mais ce discours ne fut même pas publié par la presse étrangère. »

(« Pè yo te koumanse òganize yo lontan anvan vizit pap la. Se te yon veritab kanpay ki te pèmèt yo simaye eslogan politik nan prèch yo. Gouvènman an te okouran. Men li pa t vle fè anyen paske se yon popilasyon katolik. Mwen panse pap la te sensè. Nan diskou pou li di orevwa a, li te solisite asistans entènasyonal la pou Ayiti, men près etranje a pa t menm pibliye diskou sila a. »)

Nons apostolik la ann Ayiti, monseyè Luigi Conti, pase yon move kadè. Li te fèk fini konstriksyon yon gwo kay nan tèt mòn lopital la, nan sektè mòn Kalvè, li te menm jwenn egzansyon yon dekrè entèdiksyon pou bati.

Konstriksyon sa a an mab Itali, ak bwa ki soti Kanada, te koute demi milyon dola. Pou l defann tèt li diplomat la di se ak lajan lavant ansyèn Nonsiyati a li konstwi l. Nan 61 evèk ki te nan Konferans episkopal Amerik Latin nan, te gen kadinal Brezil la Lorschender ki te vann palè episkopal li a Fortaleza, pou l al rete nan yon senp kay. Li deklare inisiyativ monseyè Conti a te choke li.

« Compte tenu du contexte haïtien, c'est quelque chose qu'on peut difficilement justifier alors que l'on prêche que le choix de l'église en Amérique Latine est d'être du côté des pauvres. »

« Lè nou konsidere kontèks ayisyen an, se pa yon bagay fasil pou jistifye alòske y ap preche chwa legliz ann Amerik Latin se rete bò kote pòv yo. »

Kèk tan apre vizit pap la, yo voye monseyè Conti nan yon lòt pòs : la Syrie.

Kongrè ekaristik e maryal la te kòmanse depi 1982. Objektif li se te egzaminen prensipal pwoblèm ki poze yo pou legliz ann Ayiti, nan koze kominikasyon epi pwoblèm sosyal yo. Òganizatè kongrè yo deklare « Jésus-Christ est vivant en Haïti », epi yo envite kretyen yo chanje sitiyasyon peyi a twouve l la.

Chak dyosèz te òganize pwòp ti kongrè pa li epi diskite konklizyon l yo. Tout patisipan yo te twouve yo Pòtoprens nan yon senpozyòm nasyonal soti 2 pou rive 6 desanm 1982. Pè, evèk, seminaris, layik t ap diskite konklizyon divès ti kongrè yo pandan y ap eseye defini sa ki gen pou fèt pou chanje bagay yo. Yo te pwolonje kongrè a jis 9 mas 1983, dat pap la te gen pou l vin vizite a. Gen yon revèy ki fèt pou l libere moun yo ki t ap toufe anba grif Papadokrasi a. Radyo Solèy ki te parèt depi senk an avan te pou bokou nan reveye konsyans sa a, lè li t ap pase omeli pè yo ki lonje dwèt chak dimanch sou enjistis sosyal la, sou kòripsyon nan yon sosyete ki pote mak vizib inegalite a.

An parikilye gen yon tèks 22 janvye 1983 ki te fè sansasyon. Se te lèt pastoral sis evèk Ayiti siyen ansanm ak sis reprezantan zòd relijye ki tabli nan peyi a. Yo pa t pibliye li nan jounal ni Radyo Solèy pa t pase li. Yo li l nan tout legliz yo, 30 janvye, an fransè epi an kreyòl. Se te depi
40 an tèks ki pi kritik iyerachi legliz la te fè soti. « Enfin! L'Église a pris position! » Se sa pè Raymond Conard, sekretè jeneral seksyon episkopal kominikasyon sosyal epi direktè Radio-Soleil, te di otè a. Conard ki te fèt Green Bay, nan Visconsin t ap travay depi dizan ann Ayiti. Yo pral mete 1 deyò nan peyi a ann apre nan yon tantativ pou fèmen bouch Radyo Solèy.

Yo te chante senk mès sou Chan d Mas la lavèy pap la te vini an. Nan dènye mès la se monseyè Wili Womelis (Willy Romélus) ki te pran la pawòl. Sijè a se te dram grangou. Te gen plis pase 15 000 moun. Lavèy, sijè a se te « les disparus » (moun ki disparèt yo). Mès sa a te fèt an fas mi jòn Kazèn Desalin nan, yon sant anprizònman kote yo tòtire moun; yo te dedye li pou prizonye politik ki disparèt yo epi refijye bwa fouye yo ki t ap kouri kite mizè a pa milye enpi ki abouti pafwa nan fon lanmè.

Se nan kontèks sa a, nan anbyans sila a Jera Diklèvil (Gérard Duclervil), yo rele l « frè Jera », yon layik ki te fonde Tilegliz nan Pòtoprens. Li te gen yon pwogram ak yon oditwa nan *Radio Cacique*, enpi li te konn fè kòmantè sou kòripsyon ak abi, nan yon kreyòl anpil moun te renmen koute. Li te reskonsab yon òganizasyon li te fonde depi 25 an ki te rele « Les

Volontaires Catholiques ». Li te yonn nan prensipal animatè Tilegliz yo tou nan dyosèz la. Yo te arete li 28 desanm a sizè di maten pandan l ap anime yon reyinyon sou legliz ak kominote ki nan baz la.

Sesyon an ki te sou twazyèm jou li, se monseyè Ligonde, achevèk Pòtoprens lan ki te ouvè li. Yo te mete Diklèvil (Duclervil) nan prizon menm jou ak pastè Silvyo Klod.

Anprizònman Diklèvil lavèy vizit pap la te deklanche yon veritab raj nan sèk legliz katolik yo. Iyerachi a soti lèt pastoral ki denonse rejim nan epi li lanse yon apèl pou yon vijil lapriyè ki gaye menm moman an nan dyaspora Miyami, Nouyòk ak Monreyal. Yo òganize yon mach diran kanaval tradisyonèl fevriye a pou pwoteste kont anprizònman Diklèvil la. Achevèk la envite moun yo nan yon jounen priyè epi jèn pou yo ka lage l. Lèt pastoral la te tèlman fèm li te fè bri ann Ayiti tou kòm aletranje. Men sa li te di:

« Aujourd'hui, c'est Gérard et tant d'autres noms que nous ne connaissons pas. Demain, ce sera nous, ce sera toi, ce sera moi, ce sera un autre. Là où un être humain est humilié et torturé, c'est l'humanité entière qui se trouve humiliée et torturée. »

(« Jodya se Jera ak tandòt nou pa konnen. Denmen se pral noumenm, se pral oumenm, se pral mwenmenm, se pral yon lòt. Kote yo tòtire, yo imilye yon èt imen se tout imanite a yo imilye yo tòtire. »)

Pou l fini lèt la nan mande lapriyè pou Diklèvil, men tou pou tout moun k ap soufri yo, espesyalman pou sa ki nan prizon yo.

« Priez pour que Dieu délivre nos cœurs de toute servitude, la servitude de l'argent, de l'égoïsme et du pouvoir et qu'il rende Haïti indépendante de toute forme de domination externe ».

Fè lapriyè, mande Bondye pou l delivre nou anba tout esklavaj, esklavaj lajan, egoyis, esklavaj pouvwa, epi pou li rann Ayiti endepandan de tout fòm dominasyon etranjè.

Minis Jean Robert Estimé avèti evèk yo ak pè yo mete bemòl nan kritik yo. Kritik yo vin double kounye a kont eskandal etalay liks nan yon peyi pòv kon sa. Bout pou bout, gouvènman an sede anba presyon, li lage Jera Diklèvil. Yo te tèlman bat li, li pa t fouti kanpe ni chita. Miyami, yo t ap vann yon anrejistreman ki te gen yon bò omeli pap la epi lòt bò a yon entèvyou kote Jera Diklèvil ap rakonte pè Toma Wennski (Thomas Wenski), kire pawas Little Haiti, kouman ajan an sivil te arete li, mennen l nan Kazèn Desalin pou y al poze l kesyon. Li esplike kouman yo te matirize li. Twa kolonèl nan kazèn nan te mande l pouki sa li te fè tout eskandal sa a lè yo te arete l la. Li te reponn paske se te moun an sivil ki te vin arete l, epi, selon konstitisyon an, fòk yo te gen yon manda pou yo te arete l. Yonn nan kolonèl yo di li : « Voici ce qu'on fait de votre Constitution! ». « Men sa nou fè ak konstitiyon w lan », yo mare l an boul.

« Je reçus 70 coups de bâton et je n'arrêtais pas de dire : Merci, bon Dieu, merci, papa. « Furieux, ils frappaient plus fort ». Pourquoi ne me tuez-vous pas pour en finir? Je suis haïtien comme vous, même peau, même sang, mêmes veines ».

Mwen resevwa swasanndis kout baton epi mwen pa t sispann di mèsi Bondye, papa. Raj pran yo, yo frape pi fò. « Pouki nou pa touye mwen pou n fini ak sa? Mwen se yon ayisyen menm jan avèk nou, menm po, menm san, menm venn ».

Jera Diklèvil pase 42 jou nan prizon. Yo te oblije fè l operasyon nan yon zòrèy poutèt yo te kreve tenpan l. Dèyè li te fè maleng. Doktè ki te vin egzaminen l lan pa t kapab fè grèf po pou li.

Pa gen dout nan sa, depi kongrè a epi diskou pap la te fè a, gen yon liy envizib moun yo travèse epi gen yon rejim diktati ki kondane, yon rejim yon dinasti pè an fis k ap periklite enpoze tout yon pèp; pouvwa li se sou tòti, kòripsyon ak asasinay li te chita.

CHAPIT 34

Lafontant, fabrikan eleksyon: 1984

Si gen yon rejim nan monn nan ki sanble ak sa Georges Orwell dekri nan woman li an an1984, "Régime dominé par Big Brother, le Grand Frère", se machin Papa Dòk mete an plas la. Janklod Divalye pran eritay la. Machin sila a t ap fonksyone ak kò makout yo ki pa t poze kesyon, ak SD, polis sekrè a (Service de Dépistage) k ap fonksyone depi Kazèn Desalin epi nan dènye bout lan, kan destriksyon an, Fòdimanch.

Yonn nan moun ki te reprezante sistèm nan se te doktè an medsin Woje Lafontan (Roger Lafontan), kout foule, tèt won, masif, tèt chòv la moute an demi sèk jis nan mitan tèt la. Li fèt nan Bèlè. Jenn ti etidyan an medsin, se te yon patizan Fiyole. Li te manm komite grèv etidyan nan Inivèsite yo an 1961. Li chanje kan apre yon rankont ak Divalye. Depi lè a, tout pandan li senp etidyan an, li sèl chèf nan fakilte medsin nan ak revòlvè li bò kote l. Li fè sa li vle sitou nan sèvis admisyon nouvo etidyan. Chak samdi, adjidan li rekrite yo al antrene Lamanten, nan « Camp d'Application ».

Lafontan fè yon sèl ak pouvwa a, nan tout devire li, espesyalman nan detekte opozan, nan entèwogatwa, nan tòtire moun, nan eliminasyon fizik. Li pa t kache anbisyon ki t ap devore l la. Apre lanmò Divalye, li pa t rete lontan kòm minis Enteryè poutèt li te nan konkirans ak Liknè Kanbwòn (Luckner Cambronne).

Simòn Ovid Divalye (Simone Ovide Duvalier) te regle konfli a lè li voye l ann egzil Kanada kote li pase 8 an. An 1980 Janklod Divalye te kite l antre nan peyi a sou pretèks li vin wè manman li ki malad. Yon fwa li fin rive, yo kite l rete epi li glise kò li nan gouvènman an. Li rive fè Janklod ak Michèl mete li nan plas kolonèl Grasya Jak (Gracia Jacques), gaddikò yo, chèf sekirite palè a ki te fèk mouri. An me 1981, yo nonmen li minis Enteryè epi Defans Nasyonal, yon pòs ki fè li vin sèl kòk chante nan rejim nan, menm jan A n r i B a y a (Henri Bayard) te ye a.

Woje Lafontan (Roger Lafontant) nan biwo li nan Ministè entéryè a.

Plizyè ane apre, Janklod Divalye konfye otè a Papa Dòk pa t janm fè Woje Lafontan (Roger Lafontant) konfyans paske li te konnen okòmansman mouche te fiyolis, apre sa li trayi kanmarad li yo lè grèv etidyan yo an 1961 pou li vin chef milis inivèsite a. Kouman fè yo rive konfye l yon kalite pouvwa kon sa an 1981? Èske Janklod pa t konnen Lafontant ap konplote? Janklod reponn:

Pou moutre fòs yo Lafontan ak Divalye
ap fè demonstrasyon ak zam yo

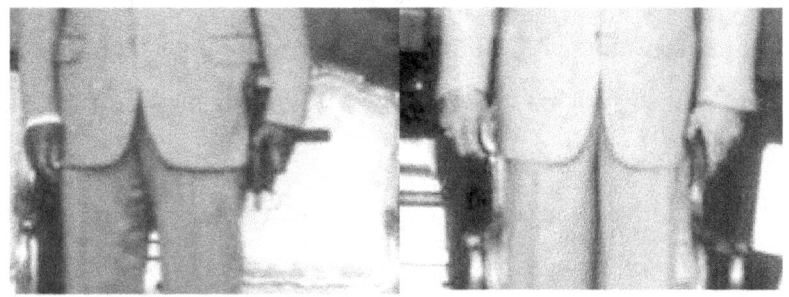

Woje Lafontan, minis enteryè ak revòlvè li nan men l
epi Janklod Divalye ak revòlvè otomatik li.

« Il n'était pas le seul à être ambitieux et nous n'avons jamais

découvert sa main dans aucun complot ».

(Se pa li sèl ki te gen anbisyon. Epi nou pa janm dekouvri li mele nan okenn konplo.)

Men yon ti moman apre, li sanble reflechi sou sijè a, li di:

« On l'a révoqué de son poste le 10 décembre 1985, il est retourné au Canada. Et depuis lors, il ne dissimulait pas ses projets de rentrer au pays pour prendre le   pouvoir. »

(Nou te revoke li nan pòs la 10 desanm 1985, li tounen Kanada. Epi depi lè a li pa kache pwojè tounen li nan peyi a pou li pran pouvwa a.)

Nan vye kay kote de ministè yo ye a, Lafontan t ap siveye tèren an, li t ap pran nòt sou moun k ap kritike oswa nan opozisyon, epi li t ap konstwi pwòp baz politik li. Li te kite vye djòb sal la pou sadik yo nan Kazèn Desalin nan oswa nan « Service de Recherches criminelles de la Police. » Otorite li kouvri laprès, politik, eleksyon. Epi li pa rate yon okazyon pou l parèt nan foto bò kote prezidan an. Pandan tan sa a, trankilman, metodikman, li vwayaje tout kote nan peyi a, l ap swaye relasyon li ak lame a, ak milis la, epi li fè yon jan pou li fè yo nonmen moun pa li nan pòs kle administrasyon an.

L ap trennen tout tan avèk li yon mitrayèt Uzi menm diran seremoni ofisyèl yo, oubyen li itilize pafwa nan ka sa yo, yon revòlvè menm jan ak sa ki konn byen vizib nan men Janklod la. Lafontan t ap viv nan yon apatman Petyonvil sou tèt yon bijoutri li te yonn nan meyè kliyan li. Nan jefò l ap fè pou l kapte moun yo kò e nanm, li sèvi ak bouke flè. Yo di li fè fleris yo fè plis lajan pase Palè nasyonal. Zanmi l yo di li pa t dakò ak fason Janklod abòde pwoblèm yo, li moute zepòl li, li lese grennen. Pou li, « Janklodis la » se yon mo vid ki pa gen sans.

Gen yon diplomat ewopeyen ki te rete Pòtoprens epòk la, li prezante Lafontan kòm pi gwo fachis konfòm ak liv la, li pi enterese konstwi pouvwa li pase li sèvi rejim nan. Li di: « Il était très malin, un loup affamé dans les bois, veillant sur un bébé. »

(Yon lou ki grangou nan bwa a k ap voye je sou yon ti bebe.)

Men, ane 1984 sa a pral pran Lafontan pa sipriz. Malere yo sispann soufri an silans, yo pran lari pou yo libere konsyans yo. An menm tan tou moun k ap bay lajan yo mete plis presyon pou yo jwenn kèk siy reyèl liberalizasyon. Janklod Divalye pa t gen kapasite pou li reziste anba presyon administrasyon amerikèn. Kongrè ameriken te poze kondisyon li pou li bay èd: fòk gen yon sètifikasyon peryodik Ayiti ap fè jefò pou li amelyore sitiyasyon dwa moun epi angaje li nan refòm politik liberalizasyon. Lòt founisè lajan yo tou, Kanada, Lafrans pran menm pozisyon an. Se kon sa pou li pwofite de inisyativ prezidan Reagan nan "Bassin Caraïbe'', Ayiti pwomèt pou l pran mezi ki nesesè pou l amelyore sitiyasyon ouvriye yo ak sendika yo; li te menm adopte yon nouvo « Code du Travail » an mas 1984.

Ane a te kòmanse pou Michèl ak Janklod nan vire won nan tout peyi a anba gwo sekirite avèk yon tralye machin. Yo te vle ankouraje popilasyon an al vote nan eleksyon pou yon lòt asanble lejislatif yo pwojte pou mwa fevriye epi eleksyon minisipal pou mwa d avril. Pi fò kandida yo se te Divalyeris. Lafontan te deklare pa gen kandida ofisyèl, men « opozisyon » an pa t reprezante. De tyè nan 59 depite yo pèdi pòs yo.

Lafontan rete byen serye pou l di eleksyon yo te demokratik, lib epi onèt. An reyalite yo te chaje ak magouy, popilasyon an menm li moute zepòl li; pou li se yon lòt maskarad toujou. Nan eleksyon minisipal yo, pati demokrat kretyen Silvyo Klod la eseye antre nan kous la. Yo arete senk manm li yo yo akize k ap fè konplo pandan yon nèg pa Lafontan, kolonèl Frank Women (Franck Romain) genyen minisipalite Pòtoprens lan ak 99,9% vòt yo.

An fevriye ane sa a, Gregwa Ejèn (Gregoire Eugène) te reyisi tounen nan peyi a apre twazan egzil. Li rekòmanse pibliye jounal *Fraternité* epi li reprann fonksyon pwofesè Dwa Konstitisyonèl e Entènasyonal li nan Fakilte Dwa a. Yo kouri arete l. Yo konfiske machin li epi yo detwi près li. Men kèk tan apre, gouvènman an ba li mwayen pou l achte yon lòt près.

Pou li sa rive jwenn sètifikasyon Depatman d Eta a, Janklod Divalye tanmen yon operasyon piblisitè ki pa rive wete dout nan tèt popilasyon an. Li ekri plizè lèt nan dat 12 mas 1984. Premye a pou Jean Vandal, minis jistis la, li mande li pran tout mezi ki nesesè pou li asire yon administrasyon kòrèk nan lajistis, amelyore fonksyònman tribinal yo pou yo rezoud ka yo byen vit nan pwose yo, epi respekte endepandans majistra yo.

Li voye enstriksyon tou bay jeneral Woje Sentalben (Roger Saint-Albin), chèf d eta majò fòs ame yo pou li pase l lòd « pa antre nan okenn kòz ki regade jiridiksyon sivil. An menm tan tou asire li respekte règ konstitisyon yo ki prevwa moun pa gen dwa fè okenn arestasyon san manda epi fòk yo mennen prizonye yo devan jij nan yon dèle 48 è apre arestasyon yo.

Janklod Divalye pase lòd pou pèsonèl fòs ame yo evite antre nan atak fizik ou moral ki pa respekte dwa moun. An patikilye, yo pa gen dwa matirize moun. Nan lèt li voye bay kolonèl Albert Pierre, alyas Tiboule, chèf polis SD a, madan Maks Adòlf (Max Adolphe), chèf milis sivil la, (VSN), tou kòm minis enteryè a, Woje Lafontan, prezidan an fè yo chonje lapolis sou zòd enstitisyon jidisyè yo epi yo pa p tolere okenn abi fizik kont kikeseswa. VSN yo resevwa lòd pa entèvni nan bagay jidisyè, prezidan an defann yo fè arestasyon, fouy, pèkizisyon, sezi, tout se djòb lapolis. 23 mas 1984, minis jistis la, Jan

Vandal, voye yon lèt tou dekachte bay komisè gouvènman yo nan peyi a pou li mande yo swiv strikteman preskripsyon yo nan konstitisyon an, lwa ayisyèn yo ak kòd pwosedi kriminèl la. Minis lan kritike komisè yo pou kèk pratik lontan tankou refize obeyi desizyon jij yo, menas arestasyon sitwayen. Minis lan pase komisè yo douz lòd espesyal. Apre sa, jij yo nan tribinal sivil Pòdpè fè grèv 3 avril pou yo pwoteste kont arestasyon yon sitwayen nan lokalite a alòske yon tribinal te pase lòd lage li.

Moun gouvènman an yo, omwen ofisyèlman, fè sanblan yo dakò ak pakèt lòd sa yo tandiske opinyon piblik la wè ladan yo yon operasyon kosmetik epi vèbal pou yo ka jwenn sètifikasyon Depatman d Eta a epi resevwa èd entènasyonal.

Se lè sa a 4 me 1984 yo fè yon fèt ekstwòdinè ki moutre karaktè sireyalis kontradiksyon sosyete ayisyèn nan epi avègleman sèten gwoup k ap kouri dèyè liks, epi fè gran panpan. Samdi sa a, yo fè nan vila d akèy Boudon an, ansyen kay chèf polis Maglwa a, kolonèl Makès Pwospè   (Marcaisse Prosper), yon resepsyon ki depase tout sa ki deja fèt bwòdè epi grandyoz. Pretèks la se ranmase lajan pou Fondasyon Michèl Benèt la. Se televizyon Leta a ki pase espektak nuit sila a ki sanble yon rèv; yo enstale ata ekran nan plizyè katye nan kapital la. Biyè pou antre se 5 000 dola ameriken.

Yo te dekore vila a tankou yon ti bijou pou l resevwa « bèl moun » ki soti ann Ewòp pou yo vin nan sware a. Ladan yo te genyen La Comtesse Ed Fels, Leticia ann Otich (Autriche), achidichès Hapsbourg, prens Paniatowsky, bawon (baron) nan Massi epi Madam G. ki soti Pari. Pandan envite yo t ap siwote chanpay, yo te ka apresye dènye kreyasyon koutirye parizyen an Jean-Louis Sherer, 9 modèl te prezante. Pyès rezistans sware a se te espozisyon dènye kreyasyon jowaye parizyen an, Alen Bouchwon (Alain Boucheron).

Mouche te ofri pou tiray o sò yon bijou 30 000 dola. Se madan minis Afè Etranjè a, Jean-Robert Estimé, ki te ganyen l. Lopital Fondasyon Michèl Benèt la te bezwen 5 milyon dola pou l fè konstriksyon yo. Jounal *Le Monde* nan Pari rakonte evennman an ak tit sa a kip ase yo an derizyon : «Une si jolie fête ».

5 me 1984, Janklod Divalye ak Lafontan bò kote li fè konnen yon lòt fwa ankò li se bon patizan libète laprès epi li vle tou pou yo sispann vyole dwa moun. Poutan, 4 jou apre, 9 me 1984, yon kominike anonse tout pati politik koyibe jiskaske nouvo palman an vote yon lòt lwa sou pati politik. Kominike a anonse tou pa gen okenn nouvo jounal ki ka pibliye san otorizasyon ministè enteryè.

Kominike sipriz sa a moutre aklè panik gouvènman an devan pati yo ak piblikasyon ki fèk parèt yo. An patikilye, Aleksann Lewouj (Alexandre Lerouge), depite Kap Ayisyen an ki te fè tout moun sezi lè li te poze kanditati li epi li pase. Li te deside lanse yon pati, « le Parti Haïtien d'Action Démocratique » epi ansyen divalyeris yo te vle fè menm bagay la tou.

Pandan tan sa a, 14 me, George P. Schultz prezante Kongrè a yon rapò 11 paj sou pwogrè Ayiti sou wout demokrasi. Li deklare an patikilye :

> **« Il y a une ouverture certaine de la liberté de presse depuis le mois de janvier qui marque le plus grand changement depuis 1980. En janvier, par exemple, Le Petit Samedi Soir a publié une série d'articles sur le pluralisme et les élections. Quelque temps après, un nouvel hebdomadaire avait paru, l'Information, et était rapidement devenu « le journal qui s'exprimait le plus librement dans le pays ».**

(«Gen yon ouvèti ki fèt nan libète laprès depi mwa d janvye ki make pi gwo chanjman depi 1980. An janvye, pa egzanp, *Le Petit Samedi Soir* pibliye yon seri atik sou pliralis ak eleksyon. Kèk tan apre, gen yon nouvo ebdo ki parèt, *L'Information,* ki vin tounen byen vit jounal ki pi lib nan peyi a»).

30 me 1984, gen ensidan ki pral pran tout moun pa sipriz. Èske se te yon repons yo voye bay sware « bijoux et modes de luxe » Michèl Benèt la nan vila d Akèy la? Dezòd pete nan vil Gonayiv. Nèf jou apre, popilasyon pòv Kap Ayisyen an, sa nan katye La Fossette la, anvayi lari yo, y ap kriye : « A bas la faim! A bas la misère! » Vil la fèmen pòt li, men yo pa t atake magazen komèsan yo. Yo piye depo ajans èd alimantè yo.

Woje Lafontan ki te nan vwayaj ak yon gwoup nan Taiwan rantre ak tout vitès epi li pran bagay yo an men. Jandam yo gaye foul yo. Lopital Jistinyen rapòte twa moun mouri anba bal. *Jounal l'Information* deklare kòz leve kanpe sa a yo se: « la faim, la misère et l'absence d'emploi ».

Men, tout bagay sa yo te egziste anvan. Pou ki sa esplozyon sa a kounye a? Fòk nou ta mansyonnen aksyon legliz katolik la ki mande pòv yo leve kanpe, pran pwoblèm yo an men.   « Assez, on en a assez de cette misère! »

Lafontan ki fin rasi nan konpòtman matchiavèl li, twouve li devan yon legliz ki rekipere kapasite mobilizasyon li. Otè a ki te kapab vwayaje nan zòn sila a yo avèk lòt kòlèg ki te vin soti Ozetazini te ka rann li kont gen yon travay entèkominikasyon ki t ap fèt. Nan divès radyo, peyizan yo entèvyouve yo dekri dram grangou a, yo t ap pale de moun k ap manje vyann chen, yo t ap pale de kanal irigasyon yo fèmen ak gwo ponyèt, menm istwa yo te deja fè pase nan radyo Limyè. Majistra Gonayiv la, Richa Jannwèl (Richard Jean-Noël) ak prefè Okap la blamen politik liberalizasyon an ki ta lakòz dezòd yo.

Pòtoprens, sitiyasyon an te diferan. Izin asanblaj yo te founi ant 40 000 e 50 000 djòb. Epi kapital la te gen yon rezo represyon ki pa menm jan nan rès peyi a. *New York Times* souliyen vid pwomès Janklod yo : « Des mots qui ne valent pas un sou ». *Miami Herald* pale de « duplicité » prezidan an, de konviksyon li ki pa kanpe sou anyen epi ki pa menm kwè nan sa l ap di yo.

Kongrè a te sètifye Ayiti fè pwogrè nan kesyon Dwa moun. Se sa ki pouse gouvènman an leve kont Pyèwobè Ogis (Pierre-Robert Auguste), ki gen 31 an, editè *l'Information* ki te pibliye yon tèks sou « les limites de la liberté d'expression ».

Nimewo 10 me 1984 la te deplwaye sou kouvèti li yon karikati ki moutre yon machwè ki kadnase, yon jounal an flam ak yon pwen ki lonje yon mikwo. Sa 11 jen an deklanche raj sipè minis yo nan gouvènman an. Atik prensipal la prezante foto depite Baradè a Wòkfelè Gè (Rockfeller Guerre) k ap denonse pratik anrichisman akselere fonksyonè yo.

> **« Un fonctionnire nommé aujourd'hui et possédant une voiture datant de 1955, se trouverait une semaine après avec une Mercédès, sa femme, une semaine plus tard conduisait une BMW, et sa maîtresse, dans les deux mois, était au volant d'une Volvo… »**

(Yon fonksyonè yo fenk nonmen ki te posede yon machin ane 1955, twouve li apre yon senmenn avèk yon Mèsedès, madanm li, yon senmenn apre ap kondi yon BMW, fanm deyò, nan de mwa, sou volan yon Vòlvo …)

L'Information jis site deklarasyon depite Wòkfelè Gè ki di nan yon diskou lachanm, lendi 4 jen,

> **« Alors que Papa Dòk avait établi une culture de secret et de terreur, son fils avait, lui, établi une culture éhonté de corruption. »**

Lafontan te bouke ak sa. 18 jen, yo arete Pyèwobè Ogis ak de lòt jounalis, yo mennen yo nan Kazèn Desalin. Yo te tèlman bat Ogis, li te oblije pase 4 jou lopital apre sa ak yon bra kase. Se Lafontan pèsonèlman ki te mennen entèwogatwa a, li t ap chache konnen ki moun ki dèyè li. Se yon sèl bagay li te ka repete li se inikman yon jounalis ki la pou l di laverite. Lè m poze l kesyon sou avanti l la, li te sou chòk toujou.

Fen 1984, mouvman liberalizasyon an vin tounen alafwa enstigatè epi viktim ajitasyon popilè a. Lafontan te fè gouvènman an tounen nan liy di a epi relasyon li avèk Wachintonn te nan nivo ki pi ba a. Resepsyon 4 jiyè nan anbasad amerikèn se te yon randevou opozisyon an, pèsonn nan gouvènman an pa t la. Lafontan fè drese lis moun ki te la yo kòm lis priyoritè opozan pou siveye. Li menm fè reprezay. An premye kont Silvyo Klod ki deja fè prizon sèt fwa nan 5 dènye ane yo. Yo anvayi kay li, yo piye l. Bouwo minis Enteryè a yo te maspinen pitit fi li. Lè l soti nan resepsyon an Silvyo Klod te antre nan kache. Grégwa Egèn te yonn nan twa editè piblikasyon yo te arete epi entèwoje 18 jen, yo te mete li nan yon kay prizon. Yo arete Ibè Dewonsre (Hubert de Ronceray) lè l tounen sot nan resepsyon an, men yo lage li 2 jou apre.

Viraj Lafontan an sou yon represyon ouvè fè pale lojikman de rimè atak ki soti bò kote egzile yo. 6 novanm 1984, *New York Times* pote yon depèch *Reuter* ki soti Pwentapit an Gwadloup. Sèt Ayisyen à bò yon bato avèk zam epi minisyon te an detansyon vandredi avan an dapre deklarasyon lapolis fransèz epi yo te ouvè yon ankèt nan kominote ayisyèn lokal la. Yo t ap pale de envazyon ki t ap prepare depi zile Sen Maten. Sosyalis yo sou direksyon Franswa Miteran (François Mitterand) ki sou pouvwa an Frans te pèmèt rimè p r a n f ò s. Yo t ap pale de yon fòs envazyon 70 manm avèk mèsenè fransè ki gen avyon ak zam lou. Men pa t gen anyen ki fèt.

1984 revele l yon ane difisil epi enkyetan pou Janklod Divalye, san konte Woje Lafontan, fòs rejim nan ki anchaje sekirite li, panse nan tèt pa li, mouche kondane, li pa gen pou lontan epi limenm li santi li kapab antre nan pouvwa a lè li vid.

CHAPIT 35

Dènye anvayisè a Doktè Liyonèl Lene (Lionel Lainé)

Yon kouray san limit melanje ak
konpasyon nan yon pwoklamasyon
grandè ak ladwati. Se sa ki bay yon ewo.

Joseph Addison

7 desanm 1984, minis enteryè a, Woje Lafontan te pibliye yon kominike pou l di li dekouvri yon konplo « maksis-leninis » kont sekirite Leta, ki te mennen arestasyon yon kantite enstigatè ak lòt sitwayen yo sispèk ki nan konbinyezon.

« Les activistes dont les noms suivent : Lionel Laîné de PNDPH, l'ingénieur Henri-Claude Innocent et Ledan du parti communiste ont été reconnus coupables de préparer une résistance armée en vue de renverser le gouvernement constitutionnel du président à vie de la république, Jean-Claude Duvalier et d'assassiner le chef de l'État, ont été arrêtés ainsi que leurs complices appartenant à l'Institut diocésain d'Éducation des adultes (IDEA) et des militants du parti communiste revenus au pays avec de faux documents, parmi eux, Paulux Saint-Jean et le docteur Tunep Delpé. »

PNDPH (Parti National Démocrate Progressiste Haïtien), baze Miyami an Floride reponn imedyatman, yo pibliye yon anrejistreman fondatè gwoup la, doktè Liyonèl Lené ki demanti ke yo arete li epi li deklare Ledan, yon manm pati a pa menm ann Ayiti. Pou legliz katolik menm, reskonsab pwojè a nan dyosèz Kap Ayisyen reyaji imedyatman pou yo denonse arestasyon gwo ponyèt manm yon mouvman ki bay tèt li pou l ede pòv yo nan kad devlopman riral ak edikasyon de baz.

Liyonèl Lene (Lionel Lainé) merite yon mansyon espesyal piske lè w gade karyè li, pèsonalite li, pyès moun pa t ap gen lide asosye li ak yon antrepriz geriya. Li te gen linèt vè yo epè. Pou pasyan l yo se medsen ki fè yon sèl ak pratik medikal la. Yon pratik ki vize sove vi moun. Poutan doktè Lainé ki te gen 49 an te yon patizan fawouch revolisyon an epi li te gen yon sèl foli tounen nan peyi li apre 20 an egzil pou l vin konbat diktati Divalye yo. Istwa peryòd sa a chaje ak yon seri egzanp ki gen menm pasyon sa a. Men limenm li te viv li nan yon solitid fawouch ki debouche sou yon lanmò ki rete yon mistè.

Nan kominote Little Haiti a Miyami yo konnen doktè Liyonèl Lene kòm yon doktè ki te konnen mizè pasyan li yo. Non sèlman sèten ladan yo pa t konn peye, men doktè a te konn òganize l pou l jwenn medikaman pou yo e menm nan sèten ka degaje li jwenn lojman ak manje pou yo. Lene (Lainé) te abandone kliyantèl li Nouyòk, li kite madanm li ak kat timoun tou pou l al sèvi refijye bwa fouye yo Krome kote li travay yon ane. Apre sa li te ouvè yon klinik Little Haiti nan Miyami epi tou Belle Glade, yon sant agrikòl an Florid kote anpil Ayisyen t ap travay.

Zanmi l yo di Lainé te obsede pou sò konpatriyòt li yo ki nan prizon ak sa ki an faz depòtasyon. Pou li se yon sitiyasyon ki soti dirèkteman nan diktati Divalye yo li kalifye de « vermines qui sucent le sang du peuple ». Alafen li te fòmen pwòp pati politik li, PNDPH. An 1979 li te nan kongrè Panama a. Finalman li te bouke ekri kominike depi biwo pati a Biscayne avni, li rete kon sa li disparèt ann out 1984. Pyès moun pa t konnen kote li te ye. Yon jounal egzile Nouyòk yo te pretann li kache Manhattan alòske Lafontan ap chache li Pòtoprens menm. Yon manm pati a rakonte Lene te pati an premye an Repiblik Dominikèn apre yon ti bout tan li ta travèse fwontyè a an kachèt pou l al jwenn lòt manm pati li yo pou l akonpli « misyon istorik li ».

Se lè sa a Lene voye mesaj anrejistre li a pou l reponn Lafontan epi demanti ke manm pati l yo se maksis leninis. Yon senmenn anvan dat yo sipoze li te aji sou tèren an, Monik Dibèso (Monique Duberceau) ki te gen 34 an epi ki t ap viv avèk li ak de pitit li yo Hollywood, an Florid, resevwa yon foto li ann inifòm militè ak yon zam semi otomatik. Nan yon lèt 20 out li deklare

> **« Je suis en vie, mais je ne sais pas pour combien de temps. Chaque jour qui passe me rapproche de l'heure fatale où j'aurai accompli ma mission historique : libérer Haïti et son peuple. »**

Men, 10 oktòb 1985 gouvènman an anonse li arete doktè Lene (Lainé) ak twa konpayèl li nan yon echanj kout zam Kalfou (Carrefour) nan sòti Pòtoprens epi doktè Lene blese grav. Lelandemen gouvènman an anonse li mouri akoz blesi l yo.

Ansanm avèk li, yo te pran enjenyè Jacques Bernardin, yon Ayisyen ki gen nasyonalite amerikèn ki te fè lagè o Vyetnam. Se te konseye militè Lene. Ansanm avèk li toujou te gen Poliks Senjan (Pollux Saint-Jean), reskonsab pati a Gonayiv. Gen lòt manm pati a ki gan lè te chape poul yo nan fwontyè dominikèn. Gouvènman an pa janm bay okenn prèv lanmò Lainé enpi bri k ap kouri di yo asasinen li sou kabann li lopital la.

Gen yon ekriven ameriken ki mennen pwòp ankèt li sou vire tounen Lainé. Li pibliye istwa l la nan edisyon 26 mas 1986 Magazine dimanch lan *Tropic* nan *Miami Herald*. Jounalis la idantifye ti kay Kalfou a, ri Cayimite, Waney, kote

Lainé pa t janm soti. Ganlè kanmarad li yo pa t gen okenn zam. Limenm li te gen yon revòlvè 9 milimèt.

Lè Janklod Divalye fin pati, 7 fevriye 1986, Jacques Bernardin ak de konpayèl li lage nan prizon. Yo bay Droschner kèk detay an plis. Nan mitan apre midi 6 oktòb 1985, yon konpayi twoup Kazèn Desalin yo ale kay Lene. Mouche pase tout moun lòd mete deyò epi limenm sèl nan lakou a, li kwaze kòn ak jandam yo ak revòlvè li.

Moun nan vwazinay yo rakonte lè yo pran Lene a li te ka mache bwete. De jou apre yo kondi Bernardin lopital militè, lòt bò lari a, an fas Kazèn nan epi yo mande li idantifye Lene. Mouche te kouche sou yon tab, yo te kouvri l ak yon dra. Yo poze l kesyon « C'est bien le Dr Lainé? ». Li di wi. Yon fotograf pran foto, Lene rele : « Ce que vous faites-là, c'est pour la presse? »

Lè sa a, Bènaden (Bernardin), yon enjenyè ki te travay 18 an nan lopital Ozetazini te konvenki lene te blese lejè, li pa t nan pwen pou li mouri. Men Bènaden di lelandemen, yo mennen yon jennonm manm pati a ki rele Ogis (Auguste) nan lopital milite a pou l idantifye yon kadav. Kadav la ak yon blesi byen laj bò kòt li, se te kadav doktè Lionel J. Lainé, dènye nan anvayisè yo, konbatan pou lalibète.

CHAPIT 36

Yon referandòm malè pandye 22 jiyè 1985

Lè m pa wè solèy la ... (1985)
Mizik pou antre nan pwogram nouvèl nan Radyo Solèy.

Sipè polisye anbisye a, doktè Roger Lafontan, te gen an fas li yon lènmi ki pa mens, radyo legliz katolik la, *Radio-Soleil*, ki transmèt yon mesaj libète apre tout ane moun reziyen yo, enpuisan, yo bat ba. Poutèt li fè yonn ak legliz, estasyon an ki te gen sètan egzistans te ka pran ris di bagay okenn lòt estasyon pa t ap oze di depi baleyay 1980 an ki te fèt kont jounalis « endepandan» yo.

Kreyòl jounalis Radyo Solèy yo se te yon lang vivan, plen imaj, ki sèvi li pou l reyaji, pase dikta rejim nan nan betiz. Nan silans yo enpoze lòt estasyon yo depi novanm 1980 an, mizik idantifikasyon estasyon an sanble soti tout kote : « Si m pa wè solèy la, mwen pa sa leve ». Avèk apui evèk yo, se te yon fòs anfen ki te koumanse mache apre tout tan sa yo paralize a.

Fòs chanjman sa a te koumanse manifeste li nan ane 60 yo omoman Konsil Vatikan 2, an patikilye, nan yon litiji selebre nan lang lokal la ki te mande tradiksyon tout tèks litijik yo, epi nouvo chante ki vin parèt. Men li te rantre anba tè byen vit lè diktati Papa Dòk la te vin transfòmen peyi a an kan konsantrasyon. Kidonk, ven ane te pase. Politik entènasyonal la te koumanse santi efè mesaj dwa moun nan Katè (Carter) t ap gaye a. Men, de nati, diktati yo gen lavi di enpi yo te tout kote nan monn nan.

Poutan kichoy te chanje: istwa yo rakonte yo te soti nan silans lan epi fwontyè yo te koumanse tonbe devan nouvo teknoloji kominikasyon an. Vatikan 2 te fasilite evèk yo pran pozisyon ansanm, layik yo tou te pran lapawòl ansanm. Ann Ayiti, gen jefò òganizasyon ki soti nan baz la depi Konsèy devlopman kominotè yo. Yo pase konsiy sou sijè pozitif, liberasyon, devlopman, solidarite yo vin redekouvri nan « kominote ki nan baz yo » (Tilegliz). Yo pase nan rezo asosiyasyon peyizàn ak jenn yo. Gen pwojè espesifik ki te antreprann ak èd epi egzanp sèten sant tankou Labòd, Papay, Janrabel, Vèrèt, eks. Yon liv de pè dominiken ki te travay Vèrèt pibliye an 1989 « La chute de la maison Duvalier. Textes pour l'histoire » bay yon apèsi sou kantite trak ak mesaj ki sèkile nan gwoup jèn yo sou tout tèritwa a, fen 1985 enpi vag mekontantman ki pral rive jete rejim nan. Paregzanp jèn Jeremi yo nan yon lèt 8 desanm (p.65) deklare :

« Sur tout Haïti, le jour ne se lève pas encore, nous ne voyons pas le soleil ».

Jisteman Nasyonzini te deklare 1985 ane entènasyonal jenès la. Legliz yo te òganize yon mach Pòtoprens toujou avèk yon pwent pwotestasyon kont rejim nan, ki te atire plis pase 35 000 jèn. Imedyatman divalyeris yo rele pou yon kontremach ki atire kèk santèn patisipan sèlman. Yo òganize Jeremi yon kongrè nasyonal pou jèn yo, soti 21 rive 26 avril 1985. Li reyini jèn ki soti tout kote nan peyi a, nan tout sektè sosyal; atelye yo te fèt nan Kolèj Senlwi, kay mè Lasajès yo epi nan Sèk Katolik la.

Atelye yo te diskite sijè tankou deforestasyon, teknik agrikòl, izaj lang kreyòl, edikasyon, vyolans makout, toujou nan lide chanjman. Te gen teyat nan sware yo. Yo te prezante "Manman nou malad" (Ayiti), zèv de seminaris ki gen talan. Adrien Edwards epi Riquet Dorimain ki t ap kritike klas politik la ak enperyalis ameriken an. Koral El Alibo, t ap anime seyans yo avèk chan tankou : « N a rive, n a rive si nou tout gen menm bi, n a rive, n a rive si nou met tèt nou ansanm ». Byennantandi, koze vyolans lan te nan tout deba yo. Èske se pou konbat vyolans ak vyolans avèk ris pou antre nan toubiyon enkontwolab? Pozisyon yo te diferan, genyen ki baze sou pawòl lepap, gen lòt se egzanp Martin Luther King epi Mahatma Gandhi. Se Monseyè Wili Womeli ki te klotire kongrè a sou plas Alexandre Dumas an fas katedral Senlwi a. Tout evèk yo te la, menm monseyè Anjenò ki te tyen aske li la malgre eta sante li. Monseyè W o m e l i s nan diskou li kalifye jenès la de « motè chanjman ». Li menm rive di se sèl Bondye ki « à vie ».

Gouvènman an replike ak yon ofansiv piblisite sou direksyon minis laprezidans ak enfòmasyon an, Janmari Chanwàn (Jean-Marie Chanoine). Ministè a voye ekip nan divès kwen nan peyi a pou demoutre popilarite prezidan an. Jounal *Le Matin* al pi lwen toujou, li konpare jefò pwopagann gouvènman an ak :

« une nouvelle force spirituelle dans le sillage ascendant de la libéralisation et de la démocratisation ».

Ane 1985 lan koumanse ak vwayaj twa minis ak èd kat fim « lobbyistes » Washington an janvye, ki koute gouvènman an plis pase en milyon dola pa ane. Woje Lafontan, Enteryè epi Defans nasyonal, Frantz Merceron, Finans, epi Jean-Robert Estimé, Afè etranjè, te dejene ak Malvin Bradley, yonn nan afwo ameriken ki te nan pi gwo pòs nan Mezon Blanch lan, asistan espesyal prezidan Rigann (Reagan). Sipè minis sa yo, jan yo konn rele yo ann Ayiti, te rankontre toujou manm kongrè yo pou yo konvenk yo politik liberalizasyon an reyisi ann Ayiti.

Lòt pa ki te gen pou fèt fen janvye 1985 lan se te legalizasyon pati politik yo ak kreyasyon pòs Premye Minis. Desizyon sa a yo ak pwogrè nan respè dwa moun t ap pèmèt yo resevwa yon èd 54 milyon an diplis nan men Washington. Men se ann avril sèlman Janklod Divalye anonse refòm politik li te pwomèt yo. Nan yon seyans twazè nan palman an, prezidan an toujou enpasib, li, ak vwa wannen l lan, yon diskou byen long ki anonse legalizasyon pati politik yo epi yon referandòm ki dwe fèmen deba yo. Byennantandi sa te reprezante an prensip yon chanjman enpòtan pa rapò banisman tout pati politik Papa Dòk te enpoze depi 1957 la. Men pa t gen afè renonse a prezidans a vi a. Sou non « pluralisme fonctionnel », Janklod Divalye vini avèk « participation des partis à l'exercice du pouvoir ». Fen diskou a deklanche yon kri tout moun ansanm nan asanble a : « Duvalier à vie! ».

Lidè senk pati yo te bani yo akeyi pwomès sa yo ak anpil dout. Ibè Dewonsre, Pastè Silvyo Klod ak Aleksann Lewouj reyaji nan yon lèt piblik pou yo mande abolisyon imedyat prezidans a vi a, fòmasyon yon asanble konstitiyant epi nouvo eleksyon ak patisipasyon pati yo. Gouvènman an iyore demann sa yo. Yo mande chanm depite a pou l syeje 9 jen 1985 pou l vote lwa sou pati politik yo. Nan yon diskou 22 minit, minis Chanwàn (Chanoine) deklare pati politik yo te dwe rekonèt prezidan repiblik la kòm abit siprèm epi kòm garanti estabilite a vi enstitisyon nasyonal yo. 30 nan 225 atik Konstitisyon an yo amande, san diskisyon. Yo kreye pòs premye minis. Yo fikse dat referandòm pou 22 jiyè 1985.

Kon sa pwojè yo te prezante kòm etap ki pi anbisye nan liberalizasyon an revele li se yon veritab plezantri dekourajan. Ibè Dewonsre deklare :

« Personne n'ira former un parti politique selon les conditions définies par cette loi : On nous place à la merci du ministre de l'intérieur, obligés de compter exclusivement sur sa bonne foi. »

Gérard Gourgue menm, prezidan ligue des Droits de l'Homme, li fè kòmantè sila a : **« Il y a tellement de conditions et tellement de restrictions qui enferment les partis dans un vacuum politique où ils ne pourront jamais se développer ».**

(«Pa gen moun ki pral fòmen yon pati politik selon kondisyon lalwa fikse yo. Yo lage nou nan men minis enteryè a, nou oblije konte inikman sou bòn fwa li ». Jera Goug menm, prezidan *Ligue des Droits de l'Homme, fè k*òmantè sila a : Tèlman gen kondisyon, tèlman gen restriksyon ki fèmen pati yo nan yon dyagonal politik, yo pa p janm ka devlope… »)

Klovis Dezinò (Clovis Désinor) ki te anonse entansyon li pou li fonde yon pati politik ; yo te deziyen li deja kòm premye minis k ap vini ; li kontante li fè yon reyaksyon tou kout :

« La loi a tellement de restrictions qu'elle me force à m'abstenir ».

Gen yon prèt ki fè kòmantè sila a:

«L'idée d'avoir à transmettre au ministère de l'intérieur 18 000 adresses et signatures est totalement irréaliste ».

Silvyo Klod te gen menm reyaksyon an:

« Un parti d'opposition qui irait donner 18 000 signatures et adresses au ministre de l'intérieur serait totalement suicidaire ».

Li te plis kritike wòl Etazini jwe nan maskarad sa a :

« Aucun changement n'est possible avec ces Duvalier au pouvoir. »

Hubert de Ronceray nan yon konvèsasyon ak otè a esplike li pou ki sa li ta mande moun yo fè abstansyon :

« Cette espèce de comédie et de mascarade est inacceptable. En Fait, il s'agit de consolider la dictature ».

(Se yon espès makakri nou pa ka aksepte. Se diktati a k ap refè fòs li.)

Daprè yo refize tout patisipasyon opozisyon an nan referandòm nan sa fè nou wè yo panse pèp ayisyen an pa gen anyen pou l di sou sijè a. Peyi a, espesyalman lajenès pa vle tande pale de prezidans a vi. Rejim nan pèdi kontak ak reyalite a alòske Ayisyen yo ap pran ti bwa fouye pou y al an Florid oubyen yo travèse an Repiblik Dominikèn kote yo trete yo kou vakabon. Jèn yo santi yo kwense nan medyokrite, dezespwa, vyolans.

Yon semèn avan dat referandòm nan yon ofisyèl ameriken te avwe se yon egzèsis anti demokratik. Men, ofisyèlman, anbasad la pa di anyen. Okontrè, anbasadè Clayton E. McManaway pòte 4 jiyè yon tos (leve vè li) pou prezidan a vi repiblik la epi li siyale volonte Janklod Divalye pou li kondi peyi a nan demokrasi.

Pè Hugo Triest ki te nouvo direktè *Radio Soleil* te dakò Lafontan ki al pouse fè referandòm sa a komèt yon erè grav. Li bouste opozisyon an epi li espoze rejim nan anba kritik ki soti dènye kote. Pwofesè Woni Dewòch (Rosny Desroches), direktè "Nouveau Collège Bird" poze kesyon sa a nan yon atik ki parèt nan *le Petit Samedi Soir:*

« La présidence à vie est-elle compatible avec la démocratie? Certainement pas et ce serait une grave illusion que de croire le contraire. »

Tèks kesyon referandòm nan poze a, an fransè, pa te fasil pou nenpòt moun konprann.

« Le pouvoir exécutif, le président à vie est investi du droit de a) nomination de son successeur b) d'organiser des alternatives politiques par la création du poste de premier ministre c) de renforcer le contrôle du parlement sur le gouvernement et de faciliter le développement du pluralisme politique. »

Êtes-vous en faveur de ce système politique?

Radio Soleil deside trete sijè a sou yon ton blag. Yo fè teyat ak sa. Pè Hugo Triest, direktè a, yon Bèlj ki travay ann Ayiti depi 20 an, fè kòmantè sila a, estil derizyon ki dominen repòtaj estasyon an se repons sa a stupidite réferandòm nan te merite. Men anyen pa t fouti anpeche Michèl ak Janklod fè tou peyi a, nan yon Mercédes avèk lè kondisyone pou ankouraje epi jwenn sipò popilasyon an.

Yo arete sis moun, ladan yo, Silvyo Klod ak pitit li Sèjiyo (Sergio), yo akize yo yo te vle òganize yon mach sou palè nasyonal. Pa t gen okenn vòt sekrè. Chak moun te oblije al mande ouvètman bilten ki kòresponn ak vòt li a, oui ou non. Kamyon chaje patizan ap fè tou biwo yo pou pèmèt yo fè yon vòt a repetisyon. Nan biwo meri a kote Janklod t al vote a, te gen yon sèl vòt « non ». Rezilta a se te yon bagay efrayik nèt : 2,375,011 oui (99.98%), 449 non.

Bagay sa yo te anbarasan pou Wachintonn ak anbasad li nan Pòtoprens. Depatman d Eta konstate gouvènman an refize antre nan dyalòg ak opozisyon an epi li konkli dewoulman bagay yo pwouve :

« une carence profonde dans l'appréciation des principes démocratiques ».

Pandan tan sa a, minis entryè a, Woje Lafontan ki te òganize vòt la te montre kritik yo pa ebranle l. Toutokontrè, li tanmen yon kanpay pèsekisyon kont *Radio Soleil* ki te transmèt temwayaj moun ki te vote jiska douz ou kenz fwa. Yo mete telefòn estasyon an hòr sèvis, kouran eletrik koupe diran 24 è. Yo enfòmen pè Hugo Triest yo pral mete l deyò nan peyi a, menm bagay tou pou de pè fransè. Yo pa bay okenn rezon. Yon pè bèlj, P. Albert de Smet, mouri apre bandi yo sispèk ki te osèvis gouvènman an te fin bat li. Monseyè Womelis deklare Legliz pa p fè mès ankò nan fèt gouvènman an dekrete.

Yon sèl gwoup, ki soti nan divalyeris yo, te enskri kòm nouvo pati : Le PNP, Parti National Progressiste. Se manm CONAJEC (Conseil national d'action Jean-Claudiste) yo ki te fòmen li. Ti kras pi ta, Gregwa Ejèn (Grégoire Eugène) enskri pati Sosial-chrétien li an. Peter McPherson, direktè USAID (Agency for International Development) pase yon semèn Pòtoprens ann out. Li avèti

« Le progrès dans la démocratisation était une condition requise pour obtenir l'assistance des États-Unis à tous les pays, y compris Haïti ».

Pawòl sa yo tonbe nan zòrèy moun soud. Lè sa a, Michèl Benèt te okipe, li t ap bati anwo Kenscoff, nan « la Découverte », an fas masif la Selle, yon eskandal vila avèk yon platfòm pou elikoptè ateri.

Men, efè fyasko referandòm lan ta pral tonbe byen vit sou Lafontan ak rejim nan. Presyon sou Bebe Dòk, atak Lafontan kont legliz katolik te rive nan dènye bout. 10 sektanm 1985, yo notifye Lafontan yo ranplase li kòm minis enteryè. Sepandan yo pa t sispann asle opozisyon an. De jou apre yo arete Ibè Dewonsre nan vil natal li, Tigwav (Petit-Goâve), pandan li t p eseye pale nan yon miting. Men, depa Lafontan te yon soulajman nan antouray prezidan an, paske se li ki te egzije pou tout minis mete inifòm VSN (makout), 29 jiyè, anivèsè fondasyon yo. Lafontan ki te kwè li endispansab, kòm nwaris, pou li moutre bon rapò réjim nan ak klas mwayèn nan, gade li wè ògèy ak anbisyon pouvwa touye mèt li.

Edisyon Petit Samedi Soir 12-19 oktòb 1985 soti tit sa a :

« Le dernier tango de Roger Lafontant ». Akanj nwa a, dènye nan nwaris yo te bliye

« que la politique haïtienne est une marâtre qui dévore ses propres enfants ».

Li te tonbe tankou fèy ann otòn. Nèg ki t ap distribiye ti anvlòp jòn boure biyè bank lan, ki te espè nan jwèt «baton ak kawòt» la epi, ki te fou pou l fè entèwogatwa nan Kazèn Desalin nan, pa t kapab siye ak demokrasi pandan li t ap chache kreye yon mouvman popilis sou modèl fachis la. *Le Petit Samedi Soir* tire konklizyon ke **« curieusement, au bout de son ivresse de pouvoir, il s'était retrouvé tout seul ».** (Sa k pi dwòl la, lè foli pouvwa a pran nanm li nèt, li retwouve l poukont li.) 3 oktòb 1985, yon ekip nouvèl sèke kay li nan antre Peggy-Ville nan Petyonvil. Lafontan pase goril de konfyans li an, Mirabeau Michel, lòd pa okipe yo. Lelandemen 4 oktòb, yo te espedye l Kanada an pasan pa Miyami kote yon gwoup egzile an kòlè t ap tann li. Li rive kache dèyè kolòn yo nan ayewopò a epi li kouri foure kò li nan yon machin polis konte Dade la, valiz Gucci li nan men li.

CHAPIT 37

1985-1986 Yon fen yo fè si lontan ap tann

Vil Gonayiv kote yo te pwoklame endepandans lan, moun yo lage l poukont li san jamè benefisye okenn plan devlopman. Menm jan ak lòt vil ann Ayiti se yon koleksyon lojman gaye toupatou, yon pakèt ti kounouk moute yonn sou lòt ki espoze mizè yo tou lè ou anba solèy la, menm jan ak tout zòn lavil yo ki resevwa plizyè dizèn milye moun ki soti lòt kote. Men, lè an mi novanm rate lajan vin pwovoke rate gazolin ak dyezèl avèk kòm konsekans enposiblite pou ravitaye peyi a ak manje, pèp Gonayiv deside regle pwoblèm nan pou kont yo piske kamyon sitèn k ap moute nan Nò yo te oblije pase anndan vil la.

17 novanm 1985, yon chalè k ap kraze moun tonbe sou vil la. Nan yon ri chaje pousyè nan Raboto yon foul konpak manifestan ap rele byen fò : « A bas la misère! » « A bas la faim! ». Sa a te sanble pi serye epi sitou pi byen òganize pase kraze brize anvan an yo soti 20 pou rive 23 me 1984. Nan vil sa a yo abandone depi si lontan an, santiman anti divalyeris la te moute byen wo. Deja nan referandòm nan gen aktivis ki te vle pran lari. Chak katye, chak vwazinay te òganize dapre yon modèl yo te mete opwen lè kongrè jenès la nan Jeremi, yon tradisyon ki la depi revolisyon fransèz, men isit la, selon yon konsèp legliz devlope sou non « communauté de base ». Yo reyini pa ti gwoup nan kay yo pou evite gwo rasanbleman. Yo t ap etidye labib ansanm, diskite pwoblèm lavi a, analize sitiyasyon yo; mesaj kongrè Jeremi an epi nouvèl kòmante nan estasyon radyo yo te bouste yo.

Genyen nan aktivis Gonayiv yo ki te viv Ozetazini ak Okanada. Depi yo te fèmen *Radio Soleil* la, yo te òganize yo pou yo gaye nouvèl yo ki soti lòt kote, swa isit, swa aletranje; nouvèl yo pase de kay an kay, vwazinay an vwazinay. Teledyòl la, yon machin k ap sèkile rimè, t ap fonksyone san moun pa konnen sa ki vre sa ki pa vre, sitou lè se betiz pouvwa a y ap denonse. Kraze brize me 1984 yo te bay bon leson : fòk ou pare pou pran inisyativ pwochèn fwa a, epi rete fèm devan rejim nan. Fòk yo te òganize yo pou yo genyen yon bon rezèv drapo ameriken lè y ap fè manifestasyon pou pwoteste pou kontrekare etikèt kominis rejim nan itilize kont yo a. Yo reklamen ideyoloji kretyèn epi y ap mache ak de evèk ki pi aktif yo, monseyèFranswa Gayo (François Gayot) Okap Ayisyen, monseyè Wili Womelis (Willy Romelus) nan Jeremi. Lè foul Raboto a gaye nan lari pou yo pwoteste kont lamizè, rate kabiran, jèn nan lekòl yo pwofite okazyon an. Lelandemen yo menm tou, yo te pran lari, yo pwoteste, yo mache, yo chante, yo rele « Aba prezidan a vi! » « Viv lame a!

Yon gwoup manifestan antre nan lakou kolèj Imakile Konsepsyon, ki nan men relijye kanadyen, yo mande 300 elèv ki nan lekòl sa a vin jwenn yo nan kòz la. Yo ale, sòv yon karantèn apeprè ki rete. Ladan yo yon jennonm 19 an, Jan Wobè Siyis (Jean-Robert Cius), te rete nan pòt ki kole ak biwo direktè a, reveran Wozè Geven (Rosaire Guévin). Yon gwoup sòlda ak milisyen parèt. Yonn ladan yo degennen revòlvè l, li tire. Bal la travèse kaye ble Cius te kenbe sou lestomak li a, li pèse kè li. Li mouri la pou la. Yonn nan konpayèl li yo, ann eta d chòk, Danyèl Izmayèl (Daniel Ismaël) rele : « Gade sa nou fè. Se kon sa nou trete etidyan? » Ofisye a vire gade jandam yo li pase yo lòd, kenbe li touye l. Yo sènen elèv la nan yon lakou ki fèmen, yo ba li twa bal, yo touye l. Yon twazyèm elèv ki gen 16 an, Michèl Makennsonn (Michel Mackenson) pran yon bal nan lestomak. Yo fin touye l ak kout kwòs fizi. Se te pitit yon makout ki te manm kladesten yon gwoup anti divalyeris. 14 lòt moun te blese.

Asasinay twa elèv lekòl, Jean-Robert Cius, Daniel Ismaël, Michel Mackenson, fè yo antre tousuit nan kategori mati. Te gen yon echanj enpresyonan lèt, trak, mesaj ant tout vil yo nan peyi a kote jèn yo, enève o dènye degre, esprime endiyasyon yo devan sò trajik twa kanmarad yo. Lanmò twa jèn ti moun sa yo deklanche mesaj tout kote tankou poud ki pran dife. Pa egzanp, depi Verrettes :

> **« Amis des Gonaïves, ce qui vous est arrivé arrive n'importe où dans le pays parce que tout Haïtien est sous le joug de la misère, de l'injustice et des mauvais traitements. Maintenant nous savons que l'armée peut tirer sans avertir sur des gens sans défense, sans armes. » (Bonnardot et Danroc. <u>La chute de la maison Duvalier</u>, p.76). Epi depi Okay : « Les assassins des trois jeunes des Gonaïves sont aussi les assassins de la jeunesse des Cayes. » (menm liv la, p.106).**

Lè fanmi timoun yo asasinen yo te vle fè antèman yo, yo aprann ofisye yo sezi kadav yo nan lopital la epi yo antere yo. Nan yon seremoni espesyal nan katedral Gonayiv la monseyè Womelis deklare :

> **« Dans cette ville, cité de la liberté, ils ont tué ces jeunes gens et n'ont même pas permis à leurs familles de les ensevelir. Que ces sacrifices apportent enfin liberté et indépendance pour notre pays ».**

Lajenès kanpe nan tout vil yo. Tout kote nan peyi a moun yo revòlte yo an kòlè. Operasyon dechoukay te jwenn jwen pou l kòmanse.

Pandan tan sa a, Michèl Benèt t al fè acha Nouyòk kay koutiryè li ak bijoutye li. Yo te kalkile de semèn vwayaj sa yo te dwe koute 1 700 000 dola ameriken. Biyè avyon pou 14 moun nan *Concorde*, yo te estimen li 64 000 dola ameriken. Se inikman rad wot kouti ak bijou orijinal Michèl Benèt te mete. Li te fè enstale yon refrijeratè espesyal nan palè a pou manto fouri li yo. Nan yon entèvyou an 1985 men sa li te reponn :

« Bien sûr que je dépense beaucoup d'argent pour mes vêtements et bijoux. Quelle tenue pense-t-on que doit porter la première dame d'Haïti? Je dois tenir mon rang. Mais il n'y avait rien d'excessif... Je ne dépense pas des millions en vêtements. Si c'était le cas comment pourrais-je les utiliser? Dans ce pays pauvre, je ne suis pas Marie- Antoinette. Je ne dis pas donnez-leur des gâteaux ».

(Oke, mwen depanse anpil lajan pou rad mwen ak bijou m. Ki teni nou ta vle premyè dam Ayiti a pran? Mwen fèt pou m kenbe konpa mwen. Men pa t gen anyen ki egzajere... Mwen pa depanse milyon pou rad mwen. Si se te sa kouman m ta fè pou m mete yo? Nan peyi pòv sa a, mwen pa Mari Antwanèt. Mwen pa di ba yo gato.)

Sa pa anpeche gen anpil pawòl ki pale an vil sou liks ekstravagan li.

Kòmansman desanm li te patwone maryaj dekoratè pèsonèl li, konseye atistik li, Jan Sanbou (Jean Sambour). Dekorasyon floral koute 18 000 dola. Anplis vwayaj pou achte bijou ak rad pou Michèl, Sanbou te dirije travo dekorasyon apatman prezidansyèl yo nan palè ki te koute plizyè milyon dola ansanm ak lòt travo nan rannch Kwadèboukè a, vila Karyès la bò lanmè a ak vila Fèmat la, le Petit Rocher ki pou Jilbè Bijyo (Gilbert Bigio). An senk an li te devlope yon stil konba ak asirans enpozan pandan Janklod fèmen kò li nan yon silans moun byennelve.

Radio Soleil te fè repòtay dramatik sou asasinay Gonayiv yo, menm jan ak estasyon batis la, *Radio Lumière*. Lè gouvènman an te anonse li pral pran mezi sevè kont estasyon radyo yo, radyo katolik la avèti oditè li yo li pral sispann pwogram sa yo. Poutan 2 desanm li pran yon michan ris lè li transmèt tèlkèl mès Gonayiv la ak sèmon monseyè Womelis la ki te pi esplozif pase nenpòt ki pwogram nouvèl. Lelandemen gouvènman an fè fèmen *Radyo Solèy*. Gen militè ki konfiske kèk pyès ekipman estasyon an epi antèn yo pou yo si pa p gen okenn vye sipriz. Pandan tout mwa desanm nan, moun t ap tann estasyon an tounen ouvè. Nan mitan mwa a, otorite gouvènman an yo pran kontak ak evèk Gonayiv la, monseyè Emanyèl Konstan (Emmanuel Constant). Yo kapab ouvè radyo a ak kondisyon pou yo pa pibliye nouvèl ki kapab eksite popilasyon an. Evèk la mande gouvènman an bay garanti pa p gen entèvansyon ki fèt nan fonksyònman estasyon an. Alafen, 23 desanm, gouvènman an pibliye yon kominike pou l di *Radio Sole*il kapab rekòmanse fonksyone

« Dans le cadre des lois existantes ».

17 desanm 1985, yo voye minis Afè Etranjè a, Jan Wobè Estime (Jean-Robert Estimé), al negosye repriz èd la Wachintonn. Sa k te pase? Apre lanmò twa elèv lekòl yo, Etazini te sispann bay gouvènman Divalye a èd. Elliot Abrams, asistan sekretè d Eta pou afè latino amerikèn yo, reponn Estime Depatman d Eta ameriken pa ka sètifye Kongrè ameriken an gen pwogrè ki fèt nan sitiyasyon dwa moun akoz vag represyon ki kouvri peyi a dènyèman. Anvan sa gouvènman Divalye a te gen pou li chanje politik li. Depatman d Eta a te gen enkyetid sou eta sante Ibè Dewonsre ajan gouvènman an parèt ak mitrayèt yo vin arete li lakay li 4 desanm. Estime tounen bredouy nan peyi a.

Ann absans anbasadè Etazini an, otè a te fè yon entèvyou avèk asistan chèf misyon an, Stephen Paul Dawkins, 14 desanm 1985. Se te yon madi, nou te chita nan biwo anbasadè a lè Dawkins te oblije deplase pou li reponn yon apèl telefonik. Lè li tounen li esplike se « Tiboule », kolonèl Albert Pierre ki anonse li li tounen soti Okay nan yon gwo operasyon kote li sezi yon chajman 15 kilo kokayin. An reyalite se te yon operasyon konbine lapolis ak

DEA (American Drug Enforcement Agency). Yon ti avyon te atèri nan yon ti ayewopò pre Okay. Lapolis te entèvni, li sezi koli a epi li arête yon gwoup moun ki gen ladan li Kolonbyen, Dominiken ak Ayisyen.

An 1985, DEA, alafen, enstale yon biwo nan anbasad amerikèn nan avèk yon ajan sèlman tandiske Katèl Medelin nan te genyen pwòp estaf li sou plas depi lontan. Pablo Escobar Gaviria te menm vini Pòtoprens sipèvize yon arivay kokayin. An reyalite, kòm Ayiti pa te gen fòs ayeryèn, chan an te byen lib pou kokayin antre. Yo te menm fè blag ak sa, aywopò Pòtoprens lan te tounen paking pou avyon dwòg. Chèf fòs ayisyèn anti nakotik la te jwenn revokasyon li poutèt dwòg lapolis sezi yo ki te ka sèvi prèv nan tribinal te disparèt twò souvan. Yo te transfere li nan bibliyotèk militè a. Yo te revoke ant 15 e 20 ofisye paske yo te aksepte lajan nan men trafikan epi lis la t ap vin pi long. Nèg ki nan kontrebann dwòg sove regilyèman nan prizon. Nan anbasad amerikèn yo te konn di Janklod te sousye l anpil de sitiyasyon sa a epi li te dispoze kolabore menm si se ta pou pwòp sekirite li ki mennase. Dawkins, nan yon konvèsasyon, pale de yon kantite kokayin ki te tonbe nan yon vilaj bò zòn Gonayiv an 1985, moun yo pa t konn sa pou yo fè ak poud blanch lan. Yo te menm eseye sèvi avèk li pou blanchi kay men san siksè. Lapolis te sezi sa ki te rete nan chajman an epi yo te jete li nan lanmè.

30 desanm 1985 a inè trant di maten, Janklod Divalye deside lage kat sipè minis li yo. Pètèt li te wè nimewo Nwèl jounal *Le Nouvelliste* la ki chak ane konsakre paj kouvèti li pou yon gran desen komik kote Filip Doda (Philippe Dodard), pent epi desinatè ayisyen tout moun konnen, prezante pèsonaj ak evennman ane a. Fen ane 1985 lan, sèn santral la prezante kat sipè minis yo, yo chak okipe twa syèj nan konsèy minis yo. Nan revi evennman politik ane a yo e menm nan konsèy minis lan yo, prezidan Repiblik la pa parèt. Konstatasyon sa a te siman rèd pou yon prezidan a vi ki gen tout pouvwa posib nan men li. Se yon siyal li ye tou. Men desizyon sa a byen bonè nan maten fonksyone tankou

peta mouye. Chak minis yo te resevwa kòm kado vwayaj yon pòs diplomatik li chwazi limenm. Sa ki plis fè moun yo ri sèke yo konnen mesye sa yo pa p pati men vid.

Otè a rakonte ensidan ki rive li

« Le 1e janvier 1986, avec mon fils Jean-Bernard, je me rendis à la cathédrale où se célébrait le traditionnel Te Deum et devinant que ce serait la dernière cérémonie de ce genre pour ce régime. C'était l'occasion de prendre des photos intéressantes. Mais très vite un macoute en civil repéra Jean- Bernard et lui demanda de ne plus prendre de photos. »

(« Premye janvye 1986, ak pitit mwen Jan Bèna, mwen t al nan katedral la kote yo t ap chante Tedeyom abityèl la. Lide m te di m se dènye seremoni kon sa pou rejim nan. Se te yon bon okazyon pou fè kèk foto enteresan. Men yon makout an sivil detekte Jan Bèna byen vit, li mande l sispann pran foto. »)

Deplwaman twoup yo te enpresyonan. Makout Fòdimanch yo ann inifòm ble denen uzi ak lòt kalite mitrayèt. Yon inite mobil kanon anti ayeryen enstale sou esplanad la. Yon kontenjan Leyopa sèke l ansanm ak yon batayon taktik Kazèn Desalin. Lapolis ak ajan SD te tout kote. Sa ki te plis fè bagay la pa natirèl, sèke pa t gen yon piblik sivil. Pa t gen kirye. Pa t gen fidèl. Epi toutotou katedral la se te kòdon makout zam alamen.

Janklod rive, figi l lis, li monstre. Michèl anba gran chap nwa li, pòpyè l plise tankou yon èg, li te gen tan wè nou anvan l met pye l atè pou l desann machin nan. Sekirite yo ki te sèke mesye dam yo ekate Janbèna epi yo pase l lòd pa pran foto pre. Mwen te apèn chita, yon sivil ak makawon SD balanse Uzi li li

316

pase m lòd suiv li, yon lòt fè menm bagay la pou Janbèna. Alò, mwen deside tante chans mwen, mwen soufle pitit mwen an suiv mwen jouk nan machin nan. Nou vire do bay ajan yo, nou mache vit n ale nan machin nan, yo menm y ap plede rele nou.

Kou n rive nan machin nan nou pran direksyon lakay epi pa telefòn mwen pran kontak ak anbasad la pou m mande yo asire yo n ap kapab pran vòl pou Miyami nan apre midi. Ajan konsilè ki te nan ayewopò a pa te twò zanmi avèk nou. Li t ap bougonnen nan gòj li :

« Ce n'est pas étonnant si le gouvernement ne vous aime pas, vous, les gars de la   presse ».

Men li pa t ka imajinen enpòtans foto sa yo te genyen pou nou, anbyans nou te ka touche de prè epi sitou konviksyon nou te genyen nan pakèt kontak nou yo, bagay yo rive nan dènye bout yo. Yo pibliye atik mwen an   nan edisyon *Times* 13 janvye 1986 kote yo fè resòti anplè pwotestasyon popilè yo, anksyete jeneral kote chak moun ap mande kouman bagay sa a pral fini. Antouka menm nan telefòn, moun yo t ap rele « li fini ». Y ap fè trak tout kote.

Lekòl yo te gen pou yo rekòmanse fonksyone 7 janvye. Men tout kote jou sa a, sòv Pòdepè, yo deklanche grèv lekòl. Gonayiv, mouvman dechoukay mobilize plizyè milye jèn ki okipe lari a epi fòse magazen ak biwo fèmen. Yo mete yon barikad wòch sou wout nasyonal n0 1. Fòs sekirite yo reyaji, yo touye yon moun yo blese 3. Lelandemen gouvènman an pase lòd fèmen lekòl yo epi li tou lage Ibè Dewonsre pou fè bèl figi. Yo mete lame ann eta d alèt maksimòm. Sòlda yo resevwa minisyon avèk lòd itilize lafòs nesesè pou mete trankilite. Men volonte leve kanpe a vin pi fò. Moun yo gen konsyans prezidans lan ap konte jou.

Asanble endistriyèl ayisyen yo (ADIH) pibliye yon lèt pou di yo chwazi demokrasi :

« Seule une Haïti démocratique peut favoriser un climat capable de favoriser les investissements et permettre à nous autres les industriels de jouer notre part dans cette société ».

(Se sèl yon Ayiti demokratik ki ka favorize yon klima favorab pou envestisman epi pèmèt endistriyèl tankou nou jwe patisyon pa nou nan sosyete a.)

Men Ènès Benèt, bòpè prezidan an, ki pandan senk an te pi gwo pwofitè nan lajès pouvwa a, jwenn nan men Chanm komès la posiblite pibliye yon deklarasyon sipò pou gouvènman an. Moun ki te siyen l yo, menm jan ak Benèt, te pwofite konjonkti Janklodis la pou yo jwenn kontra ak monopòl. An prive yo pa t kache objeksyon yo kont yon sistèm libète demokratik kote yo wè yon mennas pou zafè yo byen mache. An menm tan tou anpil ladan yo ta kontan Divalye pati men yo moutre yo pè pou dezòd ki ka anpeche biznis yo mache byen.

Pandan tout mwa janvye a manifestasyon sou manifestasyon kont Divalye vin tounen yon mouvman revòl jeneral. Barikad bloke wout yo. Fòs sekirite yo ouvè zam sou yon foul Okap Ayisyen yo touye yon tayè 50 an ak de ti gason 13 an epi 10 zan. Yo voye yon delegasyon lame a avèk lan tèt li kolonèl Wilyam Regala(William Regala) pou prezante kondoleyans bay fanmi yo. Kèk milye jèn mennase mete dife Okap si Divalye ak akolit li yo pa kite peyi a. Yo wete twoup yo, yo kite yon ti gwoup pou veye enstalasyon vital yo tankou estasyon gazolin, radyo yo. Kantite moun ki mouri yo rive douz. Rejim nan fè yon jès, li disoud SD a, òganizasyon polis sekrèt la ki konn arête, tòtire, touye moun yo vle jan yo vle. Te menm gen yon dwòl vizit nan palè a. 16 janvye, a midi, yo mennen nèf mesye, abiye tou de blan. Se te de oungan mesye dam yo te envite nan yon rankont ki dire twazèdtan. Yo mete yo chita nan yonn nan salon Jan Sanbou te dekore ak 28 defans elefan an. Pandan Michèl t ap sèvi kafe a, Janklod t ap ba yo kèk esplikasyon :

« Avant sa mort en 1971, mon père disait que j'étais trop jeune pour qu'on m'explique ce qu'était le vodou ».

Houngan Kleyofat Pyè (Cléophat Pierre), ki te konn travay Leyogàn pa t kache sezisman li :

« Comment trop jeune pour en savoir plus au sujet du vodou, mais pas trop jeune pour diriger une nation? »

Michèl prese reponn :

« C'est la stricte vérité. C'est bien la raison pour laquelle, à ce moment-là, il ne connaissait pas grand-chose du vodou ».

Pandan gwo konvèsasyon twazè sa a, a okenn moman, pa t gen afè de bay gouvènman an api. Li te deja twò ta, twò ta pou lapriyè, twò ta pou fabrike posyon, twò ta pou fè maji. Gen ladan yo, se moun ki gen anpil enfliyans nan Vale Latibonit lan, yo te refize envitasyon pou al nan rankont ak Divalye, dapre sa yo di, yo te pase nan lòt kan an, kan fòs anti divalyeris yo; yo t al jwenn gwo mouvman dechoukay Gonayiv la. Gan lè yo menm te founi yon bon kantite poud majik ki te ka frape nenpòt lènmi sanzatan. Se te fason pa yo pou y apiye mouvman an.   Men, inisyativ dènye moman sa yo, klase imedyatman pami sa yo rele « mouvman nil » lan.

Fen mwa d janvye, Senmak, Kap ayisyen, Tigwav, Gonayiv, manifestasyon kont gouvènman an okipe lari yo chak jou. Senmak, yo pwonmennen yon sèkèy, yo envite Janklod vin pran plas ladan l. Se te yon anbyans prèske foli nan kanaval. Kap ayisyen anonse yon grèv total pou 12 fevriye. Yon grèv ki te dwe dire douz jou. Depatman d Eta mande sitwayen ameriken yo evite vil Okay, Okap ak Gonayiv yo kalifye « zòn danje ». 29 janvye Ameriken koupe èd li.

Bri t ap kouri Divalye yo prale. Lannuit 30 janvye, sous ou ka fè konfyans deklare fanmi an sou wout ayewopò. Yo te koumanse site non moun pou yon gouvènman pwovizwa, pi fò ladan yo se te militè tankou jeneral Anri Nanfi (Henry Namphy), kolonèl Wilyam Regala (Williams Regala) epi yon sivil koni, mèt Jera Goug (Gérard Gourgue), prezidan « ligue haïtienne des droits de l'homme. » Nuit lan pase, pyès moun pa al dòmi, y ap tann radyo ak televizyon konfimen nouvèl li kouri kite sa. Nan dyaspora ayisyèn nan tou, menm bagay. Kòmansman sware 31 janvye, Janklod te konvoke tout depite yo nan yon reyinyon asanble nasyonal. Kapital la te inonde ak dlo lapli vyolan. Li te difisil pou reyini depite yo. Yo te rive nan chif 32. Yo anonse yo yon reyinyon estwòdinè ann asanble nasyonal pou yo vote yon amannman nan konstitisyon an sou jan pou yo dekrete eta d syèj. Finalman, yo òganize sesyon an okouran lanui pandan kout telefòn ap fèt tribò babò lavil la. Tout nuit lan limyè limen nan Chanm depite yo. A inè trant di maten, yo resevwa yon delegasyon depite nan palè a ki te vin rann kont sou pwogrè diskisyon yo. Gran maten, finalman, yo pase o vòt. Trant depite te an favè pwojè a, de te kont.

Yo te anonse yon deklarasyon enpòtan t ap pase nan radyo ak televizyon. Se sa ki te vin bay rimè yo plis fòs toujou prezidan an pral demisyone. Zanmi ak tout moun ki pwòch Divalye ap plede rele nan palè, men, Divalye, a dezè di maten, epuize, pa t pran apèl, li pase ofisye ki de sèvis la lòd reponn: « le président n'est pas là ». Menm bagay pou Michèl : « elle n'est pas là ». Bri kouri pi rèd, yo pati san moun pa konnen. Yo menm di gen yon avyon Air Haïti ki pati pou Barbade a inè di maten. Lè deklarasyon yo te tèlman ap tann nan, se te sou lalwa sou Eta d syèj. Gwo desepsyon. Men gen yon depèch ki difize sou tout medya yo ki eklate kòm yon bonm. Depatman d Eta anonse depa mesye dam yo. Larry Speakes, pòtpawòl Mezon Blanch lan, bay laprès nouvèl la pandan li te nan avyon prezidan an, Air Force One, ki t ap pral Houston. Nouvèl la vin jwenn mesye dam yo nan apatman yo nan palè a. Michèl fè yon kriz raj. Ak dekwa. Yon fo nouvèl ki soti nan biwo d près yon prezidan ameriken, sa ka chanje listwa. Nan kapital la tout bagay te fèmen. Anpil patwouy militè t ap sèkile. Popilasyon an te sanble ann eta d chòk. Makout yo touye moun ki te pare pou al piye, sa ki t ap fete. Ou te ka krenn pou rejim nan tout pati, pa pati sa a, tonbe nan yon frenezi vyolans, menm jan sa te konn fèt plizyè fwa sou Franswa Divalye. Men tou te gen kri ak grafiti « Viv lame! ». Militè yo pa t soud. Men, sa moun pa konnen an se ki jan fòs makout yo pral reyaji.

Se te yon senmenn dwòl.

CHAPIT 38

Ale a (7 fevriye 1986)

Dimanch 2 fevriye 1986, doktè Neville Gallimore, minis jamayiken Sekirite Sosyal ki te manm Palman an pandan lontan, debake ayewopò Maïs Gâté. Li te fè konesans Janklod Divalye ak Michèl epi an 1980 li te òganize yon vizit non ofisyèl pou Michèl Bennett Jamayik kote li te rankontre premye minis Edward Seaga ak madanm li, Mitz. Gallimore fè Michèl kado yon pè manman kabrit Nubie ki te soti nan fèm li Saint- Acre. Li te antann li trè byen ak sè Michèl la, Joanne Bennett Thiesfeld ki te okipe pòs asistant ekzekitif Janklod Divalye epi ki te akonpaye li pandan vizit li ann Ayiti. Gallimore te Miyami 31 janvye, lè Larry Speakes te fè vye anons li an: prezidan ayisyen an kite peyi a. Gallimore telephone ann Ayiti pou l di yo li gen entansyon vin vizite yo.

Dimanch sa a, li te kapab jwenn yon vòl Eastern Airlines pou Pòtoprens. Sa pa t fasil akoz kantite jounalis ki te vle vwàyaje tou. Yon Limousin palè a t ap tann li nan ayewopò a pou l mennen li nan otèl El Rancho. Li te gen yon konvèsasyon avèk anbasadè McManaway ki, bò kote pa li, te fèk soti nan yon rankont ak prezidan Divalye. Divalye te mande li esplikasyon sou sa ki te pase avèk Larry Speakes la. Anbasadè a te jis kapab repete li se te yon erè regretab e anbarasan. Apre sa yo mennen Gallimore nan palè a kote li te chita tande ak prezidan an pandan twa zè. Joanne, sè Michèl la te sèvi kòm entèprèt.

Minis jamayiken an deklare Janklod te sanble byen al.

« Mais moi, je suis médecin, je pouvais déceler qu'il y avait de la tension dans l'air et qu'il semblait lutter contre une certaine insécurité. Mais il faut dire qu'il arrivait à bien masquer tout cela »[96].

Doktè Gallimore prezante twa posiblite pou prezidan an : rete sou pouvwa a epi kraze opozisyon an, pati pi vit ke van oswa mete yon gouvènman pwvizwa epi pati apre sa. Gallimore kontinye :

« Il m'a dit que le pays était plein d'agitateurs qui semaient le trouble, que l'aide espérée n'était pas venue. Il blâmait tout le monde »[97].

Mwen reponn li pèp la pa atake l ak zam. Se baton ki te nan men manifestan yo. Yo konn fè bri men yo pa t òganize dèyè yon lidè. « Mais je lui fais remarquer que l'opinion enternationale n'accepterait pas le cœur léger que des gens se fassent tuer. Le président, finalement me remercia en me disant que mon analyse lui paraissait intéressante et qu'il allait y réfléchir. »[98]

Lendi maten sa a, Michèl, ak yon ansanm trè alamòd nan stil konbinezon spòtiv pou sote an parachit, te enstale sou volan klere yon Pajero Mitsubischi 4x4 tou nèf. Avèk Janklod Divalye kòm pasaje bò kote li, limenm tou nan yon konbinezon menm jan an men koulè po tane, li fè yon tou lavil la. L al vizite kèk

---

[96] Men mwen menm se medsen m ye, mwen te kapab dekouvri anpil tansyon nan atmosfè a epi li gan lè t ap lite kont yon sèten ensekirite. Men fòk mwen di tou, li rive kache sa byen kache.

[97] Li di mwen peyi a chaje ajitatè k ap simen latwoublay, èd li t ap tann nan pa vini. Li blamen tout moun.

[98] Mwen fè li remake opinyon entènasyonal la pa t ap gen kè pou l aksepte poutèt moun yo fè touye yo. Alafen, prezidan an di mwen mèsi pou analiz mwen an li twouve ki enteresan epi li pral reflechi sou sa.

gwo antepriz ki te pwofite lajès gouvènman an kòm kontra ak monopòl, kòlè t ap pete nan po li. Li t ap plenyen de engratitid sèten swadizan zanmi epi li konfye yon chèf antrepriz :

« Vous savez qu'un bon ami à nous a fait décrocher nos portraits le 31 janvier dès qu'il eut entendu la rumeur que nous étions partis »[99].

Pou moutre popilarite l rete entak, Janklod desann djip la nan Mache Fè a, l al pale ak machann yo. Alfonso Chardy, nan Miami Herald, ki t ap eseye verifye rimè te gen grèv nan komès la, rankontre gran konvwa 4x4 ak vwati. Chady reyisi glise kò li nan mitan kirye yo epi li poze prezidan an kesyon an patikilye sou ensidan Larry Speakes la. Janklod reponn li ak tout sanfwa li: « Comme vous pouvez le voir, je suis là et je resterai là », pandan Michèle kwochte sou bra dwat li. Devan yon pòs militè kote ki te gen yon gwoup jounalis li te pi kategorik toujou enpi li kritike seryezman gouvènman ameriken an dèske li anonse yo jete li, kifè tout jounalis etranje sa yo kouri vini.

Il deklare pa kesyon de fè eleksyon. Li pa t gen okenn entansyon renonse a prezidans a vi a. Li pa t santi ditou li mennase. Manifestasyon nan pwovens yo se te, dapre limenm, rezilta manipilasyon. Pou kantite viktim yo : « IL était difficile d'avancer un chiffre, on n'a pas de statistique fiable ». Li reponn avèk gran salitasyon lè machann yo rele « Divalye a vi! », pandan mesye dam prezidan yo t ap mache sou twotwa a y ap pale ak moun yo. Televizyon nasyonal pa manke yon vigil lè l ap anrejistre sèn lakontantman sa a pou bilten nouvèl di swa. Yo pa t konnen si sa te pral dènye fwa y ap bat bravo nan karyè yo.

---

[99] Ou konnen gen yon bon zanmi nou ki fè dekwoche foto nou 31 janvye kou li fin tande yo di nou pati a.

Kou yo rive nan palè a, yo konvoke minis ak konseye. Michèle pran devan pou l mande pou yo pote devan yon sesyon spesyal Konsèy Sekirite a deklarasyon Speakes la li jije inakseptab. Michèle pati ak yon bòt minis Salomon lè li demoutre sa pa nesesè piske Wachinton admèt li fè yon erè. Yon nòt pwotestasyon te ase nan ka sa a. Men Janklod Divalye pèsyade bagay sa a se yon konplo pou yo kwense l epi oblije li pati. Lendi sa a, li te gen yon dezyèm rankont avèk Gallimore. Fwa sa a Michèl te la. Limenm li te kategorik. Nan lasware anbasadè ameriken an ki te envite Gallimore vin dine lakay li konfye li ekip anbasad la repete zanmi ak pwòch Divalye pi bon chwa a se pati. Nan madi Gallimore pran avyon pou Jamayik. Michèl pa padone Gallimore poutèt li te vle konvenk yo pati alòske pèsonèlman li panse yo te ka rete.

Antretan, trankilman, pa vit tankou nan pwovens yo, diferan kouch sosyal nan kapital la koumanse manifeste mekontantman yo. Gen yon ensidan ki pase lopital la kote yo te mennen yon jennonm yo te bat anpil, yo mennen li, yo anchennen li nan kabann li. A katrè nan apre midi nèg sèvis sekrè yo vin chache l pou y al touye l. Se granmèsi yon entènis ki kanpe ankwa devan yo ki fè li rete vivan. Lopital la te plen moun ki blese, fanm, timoun. Jou sa a se te sis moun sèlman ki te nan mòg la, men moun yo t ap di kantite viktim yo plis pase sa. Gen gwoup ki t ap prepare drapo ble e wouj Papa Dòk te abandone pou drapo nwa e wouj la. Drapo ble e wouj la vin tounen banyè leve kanpe a.

Pesonn pa t konn ki jan Janklod t ap pral reyaji, alòske papa l pa t ezite asasinen vag apre vag, plizyè milye sitwayen, sitwayèn ak timoun piti. Negosyan yo an patikilye koumanse gen yon ti laperèz lè yo sonje masak sa yo. Sa 26 avril 1963 a pa egzanp. Bò kote moun ki revòlte yo moun pa t wè okenn lidè ki te kapab dirije lit la epi ki te kapab sèvi kòm referans. Òmdafè yo ki abitye ak dirijan otoritè, te mefyan devan libète demokratik yo jeneral Henry Nanphy pral takse de « banbòch demokratik ». Sa k te pi saj la se te pa bat kò, rete tann sa k pi bon k ap vini an san w pa bay tèt ou manti. Anpil moun te rete sou sa yo fè, y ap tann van k ap vante a, tandiske gwoup aktivis yo t ap enprime trak pou anonse yon grèv jeneral pou 12 fevriye, ki vle di mèkredi dè sann. Gouvènman an t ap mande si wi ou non li t ap fete kanaval.

Radyo nasyonal la te pran yon ton awogan, li t ap atake Ameriken ak Ayisyen li trete de apatrid, de trèt, epi li akize yo dèske y ap chache jete gouvènman konstitisyonèl la. Chak demi è radyo nasyonal repete ti fraz prezidan an, yon deklarasyon moun yo deteste : "Rèd kou ke makak".

Legliz katolik menm li gade silans. Jèn aktivis yo blamen legliz la ki abandone yo nan mitan lit la. Yo te pè pou Divalye pa reprann kontwòl bagay yo. Yo te pè pou repiblik Pòtoprens pa t abandone pwovens yo.

Leyogàn, yon karantèn kilomèt distans osidwès kapital la, te gen 5 moun mouri, 17 moun blese, ladan yo kèk timoun piti. Lè yo te pran nouvèl Divalye pati a, gen yon foul peyizan ki anvayi fèm kolonèl Samuel Jérémie an, yon divalyeris toupisan tout moun te pè, yo te fèk mete l alaretrèt. Jeremi te yon ansyen chofè palè a ki te vin ganyen konfyans fanmi Divalye a. Li te vin plizyè fwa milyonè. Jeremi mande sekou lame a. Finalman de djip ranpli milisyen ouvè kout zam sou moun yo nan zòn plantasyon Samuel Jérémie an. Janklod fè kòlè lè l pran nouvèl zak makout yo ak masak la. Pou bagay sa a pa kontinye fèt li pase lòd arete Jérémie.

Janklod Divalye devan diplomasi amerikèn twouve li nan yon sitiyasyon dwòl. Sa pou l fè si Etazini vle li pati? Nan madi gen yon deklarasyon Sekretè d Eta ameriken an George Schultz ki parèt nan nouvèl yo. Nan pwogram "Good Morning America" sou MBC, Schultz reponn yon kesyon kote yo mande li si gouvènman ameriken dakò pou yon chanjman gouvènman ann Ayiti, li reponn : « Ce qui intéresse le gouvernement américain, en Haïti, comme partout ailleurs, c'est qu'il y ait un gouvernement qui soit arrivé au pouvoir selon un processus démocratique ». Janklod reponn nayivman : «

Qu'est-ce que Schultz veut dire par là? » Pandan tan sa a, Organisation des États Américains resevwa yon rekèt senatè ameriken Dave Durenberger ki mande OEA voye twoup ann Ayiti al kontwole vyolans nan peyi sa a. Entèvansyon sa a reveye ann Ayiti krent entèvansyon amerikèn menm jan ak sa ki te fèt Grenade an 1983 a. Bò pa li, amiral T.K.Crow deklare gen inite naval amerikèn ak tout pòt avyon « America », ki deja ann eta d alèt, pou pwoteje sekirite sitwayen ameriken ki nan peyi d Ayiti.

Mèkredi 5 fevriye, yo konvoke minis Afè etranjè a Georges Salomon nan palè nasyonal la. San l pa bliye sa li te pran anba bouch Michèl

la, li rive ak lèt demisyon li sou li. Li jwenn Janklod ak Michèl Benèt nan sal a manje nan dezyèm etaj la, yo te transfòme l an katye jeneral. Michèle t ap resevwa kout telefòn epi li pase telefòn nan bay mari l. Pi fò nan apèl yo se kòmandan militè k ap fè rapò sou sitiyasyon an nan diferan distri ki sou kont yo menm jan yo te toujou fè sou Papa Dòk. Gen manm opozisyon an yo arete. Michèl pran telefòn nan l ap esplike te gen yon ensidan yon kote an pwovens. « Je ne leur ai jamais dit de tirer sur les gens ».

Prezidan an mande ki sans Salomon bay deklarasyon Schultz la. Salomon kontante l di gouvènman ameriken an abitye pale kon sa se politik li ki kon sa. Janklod Divalye mande Salomon mande anbasadè ameriken an yon kopi deklarasyon Schultz la. Kenz minit apre, McManaway bay kopi a ansanm ak entèpretasyon l. Ameriken yo ta kontan eleksyon yo fèt san sa Divalye dwe pati. Janklod Divalye konprann enpòtans deklarasyon Schultz la kounye a, li reponn tousuit

« Non! ». Li te twò ta, li te menm twò ta pou l òganize eleksyon. Menm 5 fevriye sa a, yo aprann gen twa peyi ewopeyen, Lagrès, Lasuis, Lespay ki refize bay Divalye yo azil.

Li te ta mèkredi sa a, lè Janklod Divalye fè minis Salomon konnen li deside pati. Men, li pa di ki lè ni ki kote. Salomon nan yon konvèsasyon avèk

McManaway diskite avèk li sou konsekans posib yon depa, san l pa di l si desizyon pran deja. Prezidan an kapab byen chanje lide epi souvan li pa bay repons tousuit, l ap tann li diskite ak Michèl apre sa li bay desizyon lelandemen. Pou kounye a, jan li bouke a, li manke somèy, li pa fouti analize yon sitiyasyon konplike kon sa epi jwenn yon solisyon. Ak sipè minis yo ki pati a ansanm ak sipè konseye yo, sèk moun ki ta ka ede l yo ratresi anpil. Kriz la deja depase l. Epoutan, menm jan pou maryaj li a an 1980, pa t gen lòt moun ke li ki te ka pran desizyon an.

Jedi 6 fevriye 1986, minis Salomon rive a dis è di maten nan palè. Janklod, yon sandwich nan men l ak yon vè ji, pran vitamin ak pilil pou yon maladi li te trape depi lontan. Li nye kategorikman bay otè a ke li konn pran kokayin oswa lòt kalite dwòg. Li menm di : « Je ne prends même pas de vitamines, et certainement pas de valium ». Salomon rann li kont moral li te ba anpil. « J'ai eu un choc, cette nuit ». Li mete rakonte sa k te pase. De makout kidnape sis mè ki t ap travay nan fwaye pou granmoun yo rele Sigueneau a, 25 kilomèt distans sid kapital la. Papa l te travay la lontan. Janklod te kontakte yon pè franse pou l gen enfòmasyon sou sa ki te pase a. Li voye de inite gad prezidansyèl la, al bare taptap la ki gen de makout yo ak sis relijyez ki prizonye yo. Li pale pèsonèlman ak pòs siveyans ki sou wout la, li pase yo lòd libere mè yo imedyatman. Sanble yo pèdi kontwòl sitiyasyon an alòske li te deja gen pou l sipòte lapenn ak reskonsablite plis pase 50 mò nan fen 2 mwa ajitasyon sa yo. Ak yon vwa kal epi trankil ki fè Salomon sezi, li di : « Je vais m'en aller ». Men ankèt la dekouvri pa t janm gen bagay kon sa. Pa t janm gen mè yo kidnape. Te gen yon lòt istwa toujou ki trakase l. Yon satelit ameriken ta detekte yon gwo fòs komin plen kadav. Jounalis etranje yo kouri al gade Ti Tanyen, yon gwo tèren vag bò wout nasyonal n0 1 an, 15 kilomèt distans nan nò Pòtoprens. De jounalis ta jwenn zo ak tèt mò. Istwa sa a parèt nan Washington Post. Ti Tanyen se yon kote fòs sekirite ak makout konn al jete kadav. Se te yon kote tou yo konn al jete kadav yo pa vin reklamen nan mòg lopital jeneral, yon bagay Janklod ganlè pa t konnen. De istwa sa yo ak tout lòt bri k ap kouri sou makout sadik k ap mache touye moun fè efè sou Janklod. Yo destabilize li.

Janklod Divalye mande Salomon envite de anbasadè yo, franse e ameriken nan palè a. Anbasadè franse a, Jean-François Michel rive an premye vè de zè apre midi. McManaway rive kèk minit apre. Janklod Divalye mande Michel azil politik an Frans, pou li ak 20 manm fanmi li. Yon demi è apre li mande McManaway ba li mwayen transpò pou l al an Frans. Ale vini sa yo pa pase inapèsi pou moun laprès yo. McManaway antre an kontak avèk Depatman d Eta kote ekip k ap okipe de kriz ayisyèn nan te ann atant. Manm anbasad Lafrans yo nan Wachintonn t ap travay ansanm ak kòlèg ameriken yo pou yo mete tout detay operasyon an yo opwen. A 7 è di swa, yo avèti Pòtoprens yo bay fe vè.

Pandan tan sa a, Salomon pou twazyèm fwa depi maten nan palè a raple Janklod Divalye li gen pou l nonmen yon nouvo gouvènman. Salomon di li se esansyèl si yo vle bagay yo pase byen. Kidonk ta nan apre midi Janklod chita devan tab travay li ak yon blòk papye jòn, fòma legal, li ekri non manm ki pral nan nouvo gouvènman an. Apre Nanphy ak Regala, li koumanse ezite, li ekri non kolonèl Max Vallès, jèn kòmandan Gad Prezidansyèl la, yon ekriven ki fè pyès teyat. Li ajoute non kolonèl Prosper Avril kòm konseye espesyal gouvènman an. Avril te pase près tout karyè militè li nan palè a. Li te konnen tout chèf yo nan twa inite konba yo, batayon Casernes, Léopards, Garde Présidentielle. Yo te mèt konte sou li pou kenbe kò sa yo ini. Michèl tonbe kriye. Apre fòmalite sa yo, Janklod akonpaye li, yo desan nan apatman yo epi yo pran CNN.

A 19 è 15 minit. yon mesaj non ofisyèl notifye yo yo delivre pèmi antre sou tèritwa fransè avèk viza pwovizwa pou fanmi Divalye. Kenz minit apre, Janklod Divalye voye rele jeneral Anri Nanfi li konfye li li gen lide pati. Namphy pa

329

bwonche. Michèl antre nan moman sa a, li fè yon brèf espoze sou Fondasyon l lan epi li remèt Nanfi yon rapò labank ki rekonèt li gen sou kredi li 3.8 milyon dola. Li gen espwa ak sa fondasyon l lan ap kontinye fonksyone. Finalman, lè l fin pale, li tonbe kriye. Nanfi ki te sanble touche di li dousman : « Pa kriye ti cheri ».

Janklod fè yon ekip televizyon nasyonal, estasyon limenm li te kreye a anrejistre yon mesaj d adye. Se Salomon ki te prepare tèks la. Pouvwa a donk te chanje mèt ofisyèlman, jan Konstitisyon 1985 lan te prevwa l la. Yo fè transfè a ak anpil diyite. Salomon konpare bagay la ak yon sèn adye pou yon timoun ki pral an vakans. Tout aktè yo yonn te konnen lòt. Pandan tout vi yo yo te fidèl sèvitè dinasti a. Sa ki te vin parèt yon sèl kou se lapèrèz tiran an ki vin viktim lapèrèz li t ap enpoze moun yo.

Minis Salomon te ale nan ministè Afè Etranjè yo pou l pran paspò ofisyèl yo. Michèl te deja gen pa li. Pou Janklod se te dezyèm fwa yo t ap ba li paspò ble peyi li. Pou foto yo, te gen plizyè milye men pou sikonstans lan, Salomon dekoupe yon sèn gwoup kote Janklod te la enpi li kole foto a sou paspò a avèk validite ki pa gen limit tan. Sipè minis yo, sipè konseye yo te pran wout Etazini. Jean Sambour te deja an Frans, li te kòmande yon kamyon flè pou l akeyi Michèl Benèt. Frantz Bennett ki pa t ka ale Ozetazini akoz demele li te ganyen poutèt trafik dwòg, dirije li Curaçao nan yon avyon ALM. Lòt moun nan jou apre yo ta pral depeche yo jwenn yon tè azil epi wout pou y al la.

Dènye vòl yo te prevwa jou sa a te fèk dekole nan ayewopò doktè François Duvalier debi sware 6 fevriye 1986. Chèf sekirite ayewopò a, majò Jòj Valsen (Georges Valcin) te resevwa lòd rete nan pòs li. Gen ranfò lame a ki rive epi yo tabli yon kòdon sekirite toutotou tèminal la ki pa t gen yon chat sou li. Yon gwoup jounalis etranje t al refijye jis devan gran baryè fè ki ouvè sou tamak ayewopò a. De sous diferan epi rimè ajans yo ak jounal yo te rive nan konklizyon ke moman an rive. Epòk Divalye a rive nan dènye bout li. Nuit sa a se te li ki t ap bon an. Yo ta fe vèy tout tan li nesesè pou yo ka temwen epi transmèt evennman an bay piblik yo a, toupatou nan monn nan pou laposterite.

A dizè telefòn sonnen kay William McIntosh (Tison). Se te majò Valsen ki te gen kesyon pou l poze konsènan ekleraj pis aterisaj la. Li esplike « Nous attendons un avion cargo tard dans la nuit ». A onzè trant, li rele toujou. Sou vwa li yo santi gen ijans. Yo te bezwen direktè tèminal la. Li te gen pou l vini tousuit. McIntosh te abite bò zòn Frè epi trajè pa wout Dèlma te riske. Yon jandam nève te tire, li touye yon jennonm ki te soti Kwadèboukè avèk fiyanse li, li t ap woule nan zòn ayewopò a. Avan li deplase, McIntosh rele nan telefòn pou l si demann lan valid pi ijan. Lè l rive fotograf yo ki te trè eksite sènen machin nan, yo te panse se ansyen prezidan 34 an an. Yon ti tan apre, yon Mercédes parèt, yon kamyon jòn chaje malèt Vuitton e Gucci t ap suiv li. Fotograf yo t ap goumen pou chak ti santimèt kare fenèt ki ka pèmèt yo idantifye pasaje ki nan vwati bèlin ble a. Sou syèj dèyè a te genyen Simòn Ovid Divalye (Simòn Ovide Duvalier), ak figi l vag, Mari Deniz (Marie-Denise) ak mari li Maryo Teya (Mario Théard). Teya te fache. Li desann machin nan an katastwòf, li pase nan mitan pil fotograf yo, li pouse yon kameramann televizyon. Li te minui sèt minit.

7 fevriye te fèk koumanse.

Li te minui edmi, yon djip ``wagonner`` ak yon vwati bèlin kite anbasad amerikèn nan l al pran avni Harry Truman. Yo woule ak tout vitès nan direksyon ayewopò Maïs Gâté. Te gen senk manm anbasad la nan vwati a, yo tout an teni sivil. Yo pa t pran plis ke dis minit pou yo te rive nan baryè metalik la kote jounalis yo t ap bonbade yo ak kesyon epi zeklè mayezyòm. Sa te pran yon ti tan pou konvenk jandam yo kite gwoup diplomat yo pase. Bout pou bout yo vin ak kle baryè a. Ameriken yo antre sou tamak la epi yo pran operasyon yo an men. Steve Dawkins pwoche kote McIntosh li salye l: « Je suis content que vous soyez là, McIntosh. » Manadjè ayewopò a mande l : Avez-vous besoin d'un mécanicien? - Non, je ne pense pas. On pourra se débrouiller.

Malgre tou McIntosh voye chache yon mekanisyen ayewopò a pou tou sa ki ka rive. Mekanisyen an pa t rete lwen men li te bezwen rasire l pou l kite kay li plen mennuit. Yon kontwolè vòl yon ti jan demeplè rele Majò Valsen depi tou a : « Major, il y a un Blanc en civil qui frappe à ma porte. Je peux voir sur mon écran de télévision. Je peux voir s'il est armé ». Men sa ofisye a reponn li : « Il vaut mieux le laisse entrer si vous ne voulez pas qu'il vous jette par la fenêtre ». « Le Blanc » an se te kòmandan John Kirk Calvin, yon pilòt de karyè. Li antre nan tou de kontwòl la, li pran telefòn nan pou l siyale anbasadè Clay E. McManaway tout moun la y ap tann. Nan anbasad la Colvin te ofisye d lyezon Gadkòt yo. Se li ki te okipe kenbe refijye bwa fouye yo jis nan kannal pou voye yo tounen.

Sèjan Archie Hickerson nan fòs ayeryèn amerikèn nan, atache nan anbasad la pou sekirite ayeryèn, poze yon siy « Suivez-moi » sou yon kamyon epi li chita bò kote kolonèl D. B. Wolf, atache defans nan anbasad la, yon veteran ki te pase ventan sèvis nan lame a. Yo fè yon sèten mizopwen operasyon an avèk majò Valsen epi Steve Dawkins. Nèg sa a menm ki te aprann kreyòl lè li te de sèvis Seychelles, li te ann Ayiti depi de zan. Yo tout te konnen, malgre tout plan, toujou gen yon bagay ou pa t atann ann Ayiti. Kidonk fòk ou te atann ou a sa.

Jèn, bèl, blond je ble, Barbara Leaf te nan premye tou sèvis li aletranje. Li te fèk fini yon peryòd sis mwa nan konsila a epi yo ba li yon lòt djòb sis mwa nan seksyon politik anbasad la. Yon travay ki pa tèlman pasyonan, sitou li te gen pou l rapatriye refijye bwa fouye yo lè yo kenbe yo nan lanmè a. Men kòm yonn nan atache politik yo nan anbasad la te gen pou l tounen Wachintonn, li te vin twouve li devan yon lòt travay : prepare rapò chak jou sou sitiyasyon mekontantman ak ajitasyon popilè k ap vale teren.

Limenm ak Steve Dawkins se yo de sèl ki te konn pale fransè ak kreyòl. An janvye fòk yo te prepare sètifikasyon Depatman d Eta a konsènan dwa moun ann Ayiti. Yo te voye l an misyon Tigwav pou l ankete apre rapò legliz katolik founi sou Volontè Sekirite Nasyonal VSN ak militè yo asasinen pwofesè ki anti divalyeris yo. Li te jwenn ase enfòmasyon pou l jistifye, mi janvye, yo sispann ede gouvènman Divalye a. Moun yo nan anbasad la te santi peyi a rive nan yon moman desizyon pou chanjman kote yo krenn Janklod Divalye kwochte kò li nan pouvwa a enpi angaje yon batay jeneral. Anbasad la t ap travay san rete. Pèsonèl la fòmen ekip, yonn ap leve lòt.

Nan kòmansman apre midi 6 fevriye 1986, anbasadè a t ap fini dejene li ansanm ak divès moun nan estaf li a lè a dezè li resevwa yon mesaj ijan palè nasyonal. Janklod Divalye bezwen l touswit. Dezè edmi apre, lè l tounen, anbasadè a fèmen kò li ak adjwen li, chèf seksyon politik la epi konsil jeneral la. Barbara te sipoze fini tou li a senk è apre midi, men li santi gen bagay enpòtan k ap pase, li pote l volontè pou li kontinye travay.

Dawkins di li : « Ce n'est pas une mauvaise idée », pandan yon poz nan yon seyans travay. Depi kèk tan, chak moun te gen yon ti valiz pare pou nenpòt ki ijans. Nan fen apre midi, Dawkins pase lòd boule oswa dekoupe papye ki gen pou disparèt yo jiskaske sa ki rete yo ap kapab detwi nan mwens pase in è. Leaf ak chèf seksyon politik la mete yo o travay imedyatman. Fòk yo te pare pou tout kòz.

Apre uit è di swa ak pousyè, Dawkins rele Leaf nan biwo li : « Nous avons un travail pour vous. Tenez, essayez ça. » Lè l fin di l sa li lonje pwòp manto pa li ba li. Manto a te twò gran. :

« Ne vous en faites pas. Vous allez partir cette nuit pour la France avec les Duvalier ».

Pandan kèk segond li panse se jwe l ap jwe. Se serye piske li mande twa militè ki t ap pral akonpaye l yo pou yo ale an sivil. Pou limenm, kòm konsèy li di li :

« Ne laissez Michèle Bennett vous snober en aucune façon. C'est une chipie riche couverte de bijoux. »

Pa kite Michèl Benèt blaze w menm, se yon vye fanm rich ki kouvri ak bijou.

Anbasadè a mande Barbara Leaf pou l gade sekrè absoli. Atache militè anbasad la moutre li chimen pou soti nan ayewopò a si bagay yo ta vin gate. Jounalis yo rekonèt Barbara Leaf ak cheve kout li yo, manto twò long li an kòm yonn nan senk nèg ki te nan de ti machin yo nan karavàn anbasad la. Se poutèt sa bri pral kouri chèf estasyon CIA a pati ak Janklod.

Byen bonè nan laswaré, gouvènman an te pran kèk mezi sekirite. Radyo ak televizyon Leta yo pase de kominike chak demi è : yonn soti nan ministè enteryè, lòt la soti nan ministè Jistis, pou yo raple peyi a ann eta d syèj. Lame a ak VSN yo resevwa lòd asire sekirite fanmi yo epi pwoteje lavi inosan yo. Te gen tansyon nan lè a. Ou tande tire tout kote, san dout pou anpeche moun yo al riske vi yo nan lari a. Souvni fo depa senmenn anvan an te kite yon gou anmè. Times te pale de enkonpetans flagran. Omwen gaf pòtpawòl Mezon Blanch lan te atire atansyon laprès tout kote nan monn nan sou Ayiti. Epi tou gaf sa yo transfere atansyon sou kriz la soti nan pwovens ale nan kapital la pandan l ap montre ata sistèm enfòmasyon premyè pisans nan monn nan kapab gen fay.

Apre minui mesaj kout zam yo nannuit lan te sispann depi yon semèn. Ant in è e de zè di maten, in è senkant egzakteman yon bwi nouvo pèse silans dwòl ki te vlope vil la. Yon kokenn Starlifter C-141 Fòs anlè ameriken yo plonje sou ayewopò a pou l ateri, li ranvèse motè yo ak yon gwondman epi yon sifleman ou te ka tande plizyè kilomèt distans. Plan an te vle pou avyon an al frennen nan dènye bout pis la epi tann la ak tibin li yo an mach le tan pou yo anbake pasaje yo epi pran vòl dirèk pou Lafrans, sou oseyan Atlantik. Yo te prevwa yon arè kèk minit sèlman, men kòm pasaje yo pa t ko rive, yo deside pwoche avyon an pi pre tèminal la epi retounen li pou kite ranp lan lib. Gwo aparèy militè a, anviwon 90 mèt distans ak gar la, an pozisyon dekolaj, avèk tibin li yo k ap mache. Gwonnman yo al fè eko jis nan mòn yo sou vil la ki trankil. Ekip ki t ap dirije operasyon an te gen gwo enkyetid. Steve Dawkins pran telefòn manadjè ayewopò a, Tison McIntosh, li alète anbasadè a:

« L'avion est là. Non, on n'a aucune nouvelle des passagers ». Avyon an te soti nan ayewopò Pop an Caroline di Nò epi li pa t ka rete lontan sou pis pou pran vòl la ak kat motè yo k ap mache. Nan avyon an te gen yon eskwad ak zam lou twoup sekirite Fòs anlè a ki pare pou tout kòz. Kolonèl Wolf ak kapitèn Vaisseau Colvin te gen revòlvè yo nan senti yo, plizyè zam long nan machin yo, men yo pa t ap reprezante anyen si bagay yo te gate. A twazè di maten anbasadè McManaway rete nan biwo l li rele minis Jòj Salomon lakay li Diquini, sou wout Kalfou pou l mete l okouran sitiyasyon an. Sa k kenbe moun yo toujou? Èske yo ta chanje lide?

Trèz minit apre, de machin, yon BMW ak yon Range Rover ble tou nèf dèyè li ap pwoche bò ayewopò a. Se te Owò Benèt (Aurore Bennett), bèlmè prezidan an, de pitit Michèl te fè nan premye maryaj li, Aliks Paskèt (Alix Pasquet), 11 an epi Paskal (Pascal), 9 an. Madan Benèt se te an jeneral tiyo ki pi dirèk pou rive nan zòrèy prezidan an, men nan sikonstans sila a, li pa rive jwenn palè a. Diran jounen an li te rive fè yon randevou ak nyès li Pegi (Peggy) ki estetisyèn. Mari li Ènès Benèt t ap okipe biznis li Nouyòk konsènan liy aviyasyon li Air Haïti. Li te nan Otèl St Régis avèk fanm deyò li. Paran Ènès yo, papa Georges ak maman Georges te nan katreven yo. Papa a te gen maladi Alzheimer, manman an te gen atrit rimatismal, li te gen kèk mwa sèlman pou l viv. Yo pa t konnen si Janklod te deside pati, epi lè l fin pati a, se granmèsi vwazen yo rive chape anba kòlè gwoup yo nan lari a ki t ap atake tout kay fanmi an yo.

Nan palè a, kolonèl Maks Valès (Max Vales), kòmandan Gad Prezidansyèl resevwa apèl Salomon epi li mete Divalye okouran. Avyon an te la. Li reponn minis lan epi li kalme l. Fe vè a te toujou valid. Minis lan avèti l « L'avion attend. Il ne peut pas rester plus longtemps ». Valès kalme li : on était sur le point de laisser le palais.Yo mete twa perimèt sekirite onivo Channmas, onivo griy palè a epi onivo apatman mesye dam prezidan an yo.

Vè minui, Janklod Divalye vizite zòn yo ak zanmi li Danyèl Siplis (Daniel Supplice). Se te yon espès pwomnad santimantal adye nan zòn yo kote eritye a pase tout vi li. Pandan l ap pase devan yon etajè, li pran yon liv, li fèyte li. Se te yon liv sou a grèk, an patikilye potri. Li fè zanmi ki te akonpaye l la kado l. Lè yo poze l kesyon sou sò lòt tablo yo, an patikilye tablo Hector Hypplyte yo, li souke tèt li. Non, yo pa gen dwa deplase yo, san sa, y a vin di li piye palè nasyonal la anvan l pati. An reyalite, fanmi an te ranmase yon koleksyon plis pase 400 tablo atis ki pi koni yo nan penti ayisyèn nan. Janklod kòmante ke obou d de mwa tansyon sa a yo e nuit twa zè somèy, li pèdi anpil nan pwa li an menm tan tou aparans jennonm gwo machwè a. Li te soti nan 240 liv pou l tonbe nan 180. Pi fò nan pantalon l yo te vin twò laj pou li.

Janklod fè malèt li pou kont li. De pitit li yo ki gen katran epi enn an t ap dòmi. Yon sèl kou li rann li kont li pa t gen lajan likid nan men l. Aliks Sineyas (Alix Cinéas) te okipe rezoud pwoblèm nan. Li te rele yon zanmi lonta n, Jeral Kaoli (Gérald Khawly),[100] yonn nan gwo komèsan Jakmèl yo epi li te antann li pou yo rankontre nan yon kwen ri pave ki pa lwen palè a. Sineyas (Cinéas) founi donk 80 000 dola an likid pou depans vwayaj la.

Li te dezè trant. Salomon resevwa yon dezyèm kout telefòn de anbasadè ameriken an. Se te menm mesaj la : avyon an pa t ka tann ankò. Anbasadè ameriken an te gen enkyetid akoz motè yo k ap mache epi gaz l ap boule. Salomon menm li te enkyete pou reyaksyon makout yo ak senp sòlda yo si l pa pati a. Li te enkyete akoz de dènye apèl yo nan palè a. Kouman mesye dam prezidan an yo pral fè pou yo soti nan kòridò fènwa nan redchose a, alòske tout moun yo gen Uzi. Sa pran yon sèl moun fou pou deklanche yon panik.

Yon dizèn ane apre Janklod Divalye konfye otè a li te konnen yon jou li t ap gen pou l rive devan yon desizyon kon sa.

« Personne, même pas ma mère n'était au courant. Car si ma décision avait été divulguée, je ne sais comment nous aurions laissé le palais. Dans toute l'histoire du pays, cela avait été la même chose : vous mourez au pouvoir, vous êtes assassiné, ou vous partez en exil. J'étais préoccupé de ce qui allait advenir du pays. Est-ce que l'armée allait pouvoir contrôler la situation? J'avais réuni tous les responsables. Je leur avais expliqué qu'à cause de la situation, je devais céder la place. Personne ne s'attendait à cela. Tous les officiers étaient en larmes, tous, sans exception. Ce n'étaient pas des larmes de crocodiles. A ce moment, c'était sincère. Quant à Cinéas, durant les dernières semaines, chaque après-midi, il avait les larmes aux yeux. Je l'ennuyais alors à la petite salle de garde, près du bureau. La dernière nuit, quand je formai le

---

[100]Gérald Khawly t ap dirije yon antrepriz ki fè anpil kòb: transpòte bwa yo koupe nan Forêt des Pins. Epòk la se divalyeris yo ki te gen monopòl kalite resous sa a. Kèk ane apre, 7 fevriye 2001, yon enkoni asasinen Gérald Khawly.

gouvernement, Michèle était déjà dans la voiture. Non, elle était dans l'ascenceur. Il nous a fallu une bonne demi-heure pour faire les cinq mètres qui séparaient l'ascenceur de la voiture. Tous les officiers pleuraient. Les miliciens du palais aussi. C'est seulement maintenant qu'ils se rendaient compte que j'allais partir. Je dis à Cinéas ainsi qu'à tous les membres du CNG combien je comptais sur eux pour protéger les vieux duvaliéristes et les membres de la milice. Je savais que ce ne serait pas facile. Vales et Avril étaient dans la voiture avec nous. » « Et Avril, il pleurait? » « Tout le monde a pleuré cette nuit-là. Je pris le volant et me dirigeai vers l'aéroport par la rue Nazon, préoccupé de ce qui allait arriver au pays. »

Li te minui pase lè Divalye anonse ofisye yo li deside pati. Moman an te byen chwazi pou redui o maksimòm ris derapaj, oubyen bò kote prezidan an, pou l chanje lide. Sèl faktè ralantisman nan egzekisyon plan depa a se te Michèl. Byennantandi li pa t moutre si l an kòlè kont administrasyon amerikèn nan, men li te pran tan li pou l prepare l pou l soti, li konnen trè byen enkyetid li kreye pou chak minit reta. Li te fache kont yo poutèt yo te fòse yo pati, men li òganize l pou l fè yo griji lè l pran tout tan sa a pou l ale.

Depi lontan Janklod aprann kache sa l santi. Li te enkyete pou sò twa gason ki te osèvis li depi plizyè ane epi ki te reyisi fòmen yon trio endispansab. Filip Pridòm (Philippe Prudhomme), fidèl sèvitè ki te suiv li depi jenn ti Divalye a te antre nan palè a a sizan. Li ta renmen pati avèk li. Janklod fè li konprann li pa sa kite pitit li yo dèyè. Li te dakò pou l rete. De lòt yo menm, Richa (Richard) te travay nan Cercle Bellevue anvan yo te anplwaye li nan palè a. Tiklou menm li konnen ki jan l ap debwouye l. An reyalite twa gason sa yo te okipe plizè koze, tanto sekretè, tanto kesye peyè ki okipe achte epi peye.

« Cmment pouvez-vous dormir dans de telles circonstances? » Se anbasadè McManamay ki di reskonsab laprès la sa, lè Jeffrey Life kage tèt li dèyè, li fèmen je li pandan y ap tann rès evennman yo nan biwo anbasadè a. An reyalite tann nan te entolerab. Epi si bagay yo te vire mal? Epi, si toupatou se vyolans. Kesyon sa a yo t ap poze nan anbasad la, Diquini kay Georges Salomon epi Washington kote ekip ki anchaje kriz ayisyèn nan ap konte minit. Si operasyon sa a te avòte ki sa tout jounalis sa yo ki nan baryè ayewopò a t ap di? Tansyon an t ap rive nan dènye bout li. Bagajis ki ape mete de ranje malèt yo nan avyon an di McIntosh lè l tounen :

« Il y a un tas de blancs à l'intérieur de la soute, bardés d'armes et de munitions et prêts à tirer ». Pasaje yo, Divalye ak lòt yo, te gen de zè reta. Li te gen lide fè yon tou nan palè a. Tout bagay te sanble trankil epi nòmal. McManaway te pran telefòn li pou l rele Salomon Diquini, men pandan l ap pale a, Divalye yo te sou wout pou ayewopò. Kapitèn de Vaisseau Colvin, nan tou de kontwol la siyale limyè li wè k ap pwoche. Li anonse ak yon gwo soupi soulajman « Les voilà! » Twa kamyon chaje bagay ak koli rive a twazè venntwa di maten. Kat minit apre, se te yon konvwa sèt vwati ak kamyon. Colvin desann tou a pou l sipèvize operasyon an epi enstale pasaje yo. Yo kite machin yo nan tèminal la epi pasaje yo te gen 90 mèt pou yo mache ak bagaj yo nan men yo.

Janklod te chwazi pran volan an limenm pou l ale nan ayewopò a, Non sèlman paske li renmen kondi, men se te pou li yon vwayaj tèlman espesyal, lè l konnen pètèt li pa p janm jwenn okazyon refè l. Kòm toujou li kondi vit epi kamyon dèyè l yo te gen difikilte pou yo swiv li. Twoupo fotograf yo te konnen yo gen kèk segond pou yo enskri yon imaj nan litwa, yon imaj ki ta gen pou l di tout bagay nèt. Limyè yo limen. Kamera televizyon yo koumanse wonwonnen. Fotograf yo fikse sou twazyèm vwati a, omoman li t ap travèse pòtay la, yo pran Michèl ki chita bò kote Jean-Claude sou volan BMW koulè ajan an. Michèl te gen yon tiban blan wot kouti, lèv li yo pentire, yo kenbe yon sigarèt ann ekilib; Anya t ap dòmi sou bra l, Janklod menm, enpasib, li te gen yon kostim ak kravat sonm. Fotograf yo te toutotou yo y ap chache fikse imaj istorik la. Kolonèl Valès ak kolonèl Avril te chita dèyè, figi yo di, yo ankadre François Nicolas, premye pitit la ki te gen katran. Machin nan rete sèk, wou yo kriye, pilòt gwo gwo avyon an akselere motè yo. Michèl Benèt dan sere ap modi repòtè yo ak fotograf yo, Anya toujou ap dòmi nan bra li. Lè mesye dam prezidan yo ak lòt pasaje yo desann machin nan, tout eskòt yo antoure yo, zam pwente sou deyò.

Janklod Divalye te desi poutèt anbasadè a pa t vini an pèsòn. Steve Dawkins vire gade l li di l : « C'est le moment ». Li fè yon jès, chemen an te ouvè pou antre nan bouch avyon an ki ouvè byen laj. Antre kote pou pase a se kolonèl David B. Wolf ak sèjan Archie Hickerson poste yonn an fas lòt, ki endike l. John Kirk Calvin, an prensip avèk detektè meto te dwe eseye fè l fonksyone lè chak moun ap pase devan l. Se yon bagay ki te difisil paske fanmi Janklod te antoure l, ofisye siperyè, Nanfi, Valès epi Avril te fòmen yon gwoup sere, non pa yon liy. Tout moun sa yo kounye a ap prese tout ansanm kòm si, ou pa janm konnen, a la dènyè minit yon bagay ka rive, yon esplozyon gaz nan mòflè yon machin pa egzanp ki ka kreye yon panik. Lè l rive nan ranp pou moute a, Michèl ki te toujou ak bebe a epi pitit li a ki kenbe jip li, te vin gen difikilte pou l moute. Kapitèn de Vaisseau Colvin ba li men pou l ede l moute ranp lan, li pouse men kòmandan an epi li rele « Ne me touchez pas! ».

Uit minit apre yo fin rive pasaje yo te nan avyon an. Woudi (Rudy), ti frè Michèl la, te pran devan tout moun, li moute eskalye a, Barbara Leaf fè l tounen al jwenn gwoup la le tan pou yo verifye idantite yo ak yon flach. Lis la te gen 22 pasaje plis 3 militè gaddikò. Michèl di Anri Nanfi orevwa, li anbrase l sou de bò figi l epi li mande l voye BMW prefere l la pou li. Apre sa li mande ann anglè si tout bagaj yo abò. Gen yon moman nan negosiyasyon yo Ameriken yo te mete kòm kondisyon limit « deux bagages par personne ». Li te refize aksepte kloz sa a, sa ki te riske bloke pwosesis negosiyasyon an. Finalman li gen gen d koz. An reyalite bagaj 25 moun ki t ap vwayaje yo pa t reprezante yon volim egzajere, le kontrè sa otorite Washington yo te krenn nan.

Tibin yo ki t ap soufle a te rive nan dènye bout yo lè avyon an woule sou pis la epi li vole nan lèzè. Li te egzakteman twazè karannsis.

Solèy 7 fevriye 1986 la te koumanse parèt.

Dinasti pè an fis la anfen sede renn pouvwa a apre 29 an malè sonm sou peyi a ak popilasyon an. Rido a tonbe anfen sou yonn nan peryòd pi frapan, biza, brital, yon rejim bout di nan Karayib la. Epi 22 zan apre Janklod Divalye fin pati konsekans britalite s a n   p a r è y sa kontinye twouble fonksyònman sosyete ayisyèn nan.

Janklod Divalye te chita pou kont li. Pa t gen hiblo.

« Durant tout le trajet, j'ai seulement avalé deux verres d'eau. C'est une maladie spéciale, disait mon père, la présidentialiste, qui a cet effet ». (Sou tout wout la mwen bwè de vè dlo sèlman. Papa m te di se yon maladi espesyal, prezidansyalis, kif è efè sa a.)

Fòk li te negosye pou yo enstale yon syèj bò kote l pou Michèl. Ekip la te trete Barbara Leaf kòm chèf gwoup la. Barbara vin jwenn Michèl, li pale avèk li an fransè, li reponn :

Je parle anglais, vous savez.

Yo te mete syèj an plastik olye syèj militè an filè. Manje a se te bagay konjle, sèvi nan bwat ki fèt pou sa an mous plastik avèk biskuit sale epi okenn bwason ki gen alkòl. Pa t gen moun k ap sèvi. Chak moun al sèvi tèt yo.

Apre inè vòl, chef sèvis sekirite fòs ayeryèn nan di Barbara: « Nous avons un problème ». (Nou gen yon pwoblèm) Li te remake twa militè yo te chwazi kòm gaddikò prezidan an, majò Philippe Biamby, lyetnan Jean-Thomas Cyprien epi soulyetnan M. Ravilus, te ame. Colvin, jan bagay yo te ye a, pa t kapab fè detektè a fonksyone nòmalman. « Il faut leur demander de nous remettre leurs armes ». Barbara Leaf pale de egzijans règleman Fòs ayeryèn yo ak Michèl. Michèl reponn se vre yo gen zam. Gaddikò yo te gen zam. « Demandez-leur de vous les remettre » (Fè yo remèt ou yo). Yo remèt yo. Yonn nan ofisye yo ki t ap pale ak sekirite a admèt gen lòt moun ki gen zam, an patikilye Janklod Divalye ki pa t janm kite revòlvè li.

« Pour lui c'est comme une paire de soulier. Il ne va nulle part sans ce revolver. » (Pou li se menm jan ak yon pè soulye, li pa deplase san revòlvè sa a). Moun sekirite yo mande Leaf yon dezyèm fwa pou l fè remèt lòt zam yo. Michèle ri yo « Oui, nous avons des armes ». Yo mande pou yo remèt zam yo anvan yo rive Pari. Kon sa yo ranmase yon demi douzèn revòlvè, ata yon ti revòlvè Michèl te genyen nan sakamen li. Tout zam yo te chaje. Yo enfòmen Depatman d Eta pa radyo.

Repons lan pou oken rezon yo pa dwe remèt pasaje yo zam yo. Yo fèt pou remèt otorite fransèz yo zam yo lè yo rive. Avyon an, akoz kesyon kabiran an, te oblije fè yon arè nan dènye bout ès Pòtoriko kote ki gen yonn nan pi gwo baz naval omonn yo rele l Roosevelt Road. Ti koloni ayisyèn nan nan Pòtoriko ki gen ladan etidyan, egzile, yo t ap suiv avèk emosyon depi kenz jou peripesi depa sa a. Epizòd fo depa a te kreye anpil desepsyon. Yo pa t sispann chanje nouvèl, rimè, zen. Nan apatman li depi Rio Piedras, kote li t ap anseye literati antiyèz depi ventan, pwofesè Janklod Baje (Jean-Claude Bajeux) t ap suiv evennman an, sitou radyo yo ak ajans près yo t ap mande tout tan konfimasyon ak kòmantè sou sa k ap pase. Pou l evite yo reze ak fo depa, li te mande yon zanmi fransè ki jounalis rele l kou avyon an pati epi di li si pasaje yo anbake. Se sa zanmi an fè san manke yon vigil. Gen yon sous nan gouvènman pòtoriken an tou ki te anonse nou avyon an gen pou l fè eskal nan baz naval ki pre Fajardo a. Efektivman yo tande gwondman avyon an ki travèse syèl San Juan nan. Li te pase a senkè di maten. Mil fwa egzile yo te reve moman sila a, kote , yon nouvèl kon sa te gen pou l vini : « Li mouri! Li pati! L ale! ». Pou nou atant lan te dire plis pase ventan epi bon nouvèl yo te ra. Poutan, maten sa a, pa t gen moun ki te anvi fete. O kontrè, pri fanmi yo, pèp ayisyen, peyi a peye, twò gran, moun pa sa konte chagren, soufrans, atant. Fòk yo te kontinye lit la epi òganize tounen an.

Nan mitan vwayaj la yo anonse ekipaj la pwen d aterisaj la se pa Pari men yon ayewopò ant Lyon epi Grenoble, ayewopò Saint Geoir. Michèl moutre yon sètèn kontraryete « Pourquoi pas Paris? ». Janklod pa di yon mo. Figi l rete byen vag kòm si li te ann eta d chòk. Li te kite Michèl fè tout aranjman yo, menm enstalasyon ti moun yo. Li te leve plizyè fwa pou li fè kèk pa oswa detann mis li yo. Gaddikò yo akonpaye l. Men li pa di yon mo. Madam Simone te chita sis ranje dèyè, enpasib limenm tou, wozè li nan dwèt li, po bouch li ap bat kòm si li t ap resite priyè. Lè yo mande li ki sa li vle bwè, li reponn an kreyòl tankou yon moun ki sanble pèdi. Atmosfè a pa t ge, sòf bò kote Benèt. Woudi te moutre li trè anime; o debi konvèsasyon an t ap mache kòm si se te yon vwayaj òdinè ann Ewòp. Men, rive yon sèten moman, fatig mete pye, somèy pran tout moun, sòf Janklod.

Yo te près rive Lyon. Manto ivè koumanse soti. Anpil manto vizon, menm pou timoun yo.   Ekipaj la te resevwa yon mesaj, avoka Divalye yo t ap tann ansanm ak yon mesye ki bay yon non kòd. Se te Frantz Merceron. Toulède te ka antre nan avyon an. Merceron bay Janklod yon gwo akolad. Te gen yon pakèt militè fransè ak manm sèvis sekirite an sivil, men okenn reprezantan gouvènman fransè a pa te la. Pasaje yo pran plas nan de otobis epi yo kondui yo nan de edifis administratif ki pi lwen tèminal ayeryen an. Yo remèt otorite fransèz yo zam yo, men yo refize pran yo. Kidonk yo tounen yo nan avyon an ki te kontinye jiska Francfort. Dwanye yo enspekte bagaj yo kòm sa dwa epi yo fouye tout pasaje yo, sof Janklod Divalye ak Michèl Benèt.

CHAPIT 39

Nèg Mawon an, yon veritab kastèt

A 7:15 di maten, twazè apre depa avyon an ki mennen ansyen prezidan ak fanmi li an Frans lan, *Radio National* difize mesaj adye pou pèp ayisyen an. Se te yon diskou konfòm ak litiji pawòl ofisyèl, alalimit, konfòm ak say o rele langdebwa a. Pou peyi a se te omwen konfimasyon depa prezidan an epi koze prezidan a vi a sispann.

> *« J'ai décidé de confier la destinée de la nation et le pouvoir aux forces armées. Les émeutes et l'agitation des trois derniers mois avaient levé dans notre pays le spectre d'une guerre civile. Après avoir longuement considéré la situation, je n'ai pas pu détecter des signes encourageant l'espoir qu'en restant au pouvoir, le cauchemar du sang versé épargnerait mon peuple. C'est pourquoi je suis prêt à entrer dans l'histoire la tête haute et la conscience claire. »* [101]

Steve Dawkkins ki t al nan anbasad la a katrè di maten t ap mande pandan l t ap woule sou Boulva Lasalin sou fwon lanmè a, kouman bagay yo pral pase. Pou lemoman vil la te plonje nan yon silans iltratèrès. Brigadye jeneral Anri Nanfi, avèk etamajò lame a, te pran bagay peyi a an men, li te enfòmen anbasad la menm si sitiyasyon an parèt frajil, li panse lame ap kapab kontwole l. Sa ki sèten, li pa t gen lame rebèl k ap antre nan site a. Lè diktati tonbe, sa toujou pwodui yon vid ki sanble fè tan an rete, men kochma yo kontinye boulvèse sa ki rete vivan yo ki dechire ant debòdman lajwa, kòlè ak swaf vanjans. Mouvman popilè a pa t gen chèf vizib. Se leve kanpe a ki te ba li inite ak fòs pou l akonpli sa tout moun te vle a, debarase ak Divalye yo. Men mouvman sa a te san direksyon, san tèt moun konnen. Li te riske fè peyi a tonbe nan tchouboum. Yon lòt bò nou pa t ap gen pwoblèm ak makout yo ak polis an sivil SD a. Avèk èd foul la yo ta kapab netralize yo fasilman paske yo pa gen sipò otorite santral la ankò. Makout ki koni yo, lame a te pwoteje yo epi yo pa t gen lòt chwa ke disparèt al kèk kote.

A setè diznèf di maten, senk manm CNG yo (Conseil National de Gouvernement), aliyen sou tèt eskalye santral palè a, resevwa yon salve 21 kout kanon. Yon Sali tou pou sètifye depa Divalye yo epi anonse yon lòt tan. Nan mitan gwoup la Anri Nanfi, bon vivan devan letènèl, deklare san souri, li pa gen okenn anbisyon politik. Foul la, toujou bon timoun, t ap danse sou twotwa a dèyè griyaj yo kote yo pa t ka vini pandan 29 an, branch bwa yo nan men yo, drapo ble e wouj yo vin tounen siy raliman pou leve kanpe a. Sèten aksyonè nan rejim nan ki pa t sove poul yo a tan, yo kouri dèyè yo, yo touye yo kou chen anba kou, kout wòch, dife.

Pandan jou yo apre depa a, foul yo rasanble nan simityè Pòtprens. Gason, fanm, timoun atake gwogwo tonm Franswa Divalye a ki pa t gen gadyen ankò a. Pa t rete anyen ankò nan moniman an. Fouy yo pa bay okenn rezilta. Pa t sanble gen okenn kadav ki te antere nan bagay sa a. Sou tèt krip la se sèlman yon chen

---

[101] « Mwen deside konfye fòs ame yo desten nasyon an ak pouvwa a. Kraze brize ak kraze kò pandan twa mwa ki sot pase yo te koumanse pran fòm gè sivil nan peyi a. Lè m pran kont tan m pou m konprann sa k ap pase a, mwen pa t jwenn okenn siy espwa si m rete nan pouvwa a, kochma beny san sa a pral fini pou pèp mwen an. Se poutèt sa mwen pare pou m antre nan listwa tèt wo, konsyans klè ».

mouri yon group ti gason te jete la. Kenz an apre lanmò li doktè misterye sa a reyisi mistifye moun k ap fè jouda yo. Èske yo ta melanje rès li ak sa ki rete nan ewo endepandans yo, nan moniman souvren ki anba tè a, mozole yo transfòme, pa pridans, an mize MUPANA, ki te koute plizyè milyon dola? Konstriksyon an se yon achitèk franse yo te bay fè li. Lè yo pa jwenn anyen, foul la al sou tonm paran ak fidèl Divalye, tonm Antonio Th. Kébreau yo rann reskonsab masak ki te fèt sou Bèlè ak Lasalin apre kou d Eta militè kont prezidan Daniel Fignolé a. Tonm Gracia Jacques tou ki te mouri ann avril 1985, senp sòlda ki vin jeneral, etènèl gaddikò François ak Jean-Claude Duvalier. Yo pase rès kadav li nan dife. Yon pè linèt epè yo swadizan jwenn nan dekonm yo bay yon fotograf Paris Match okazyon resòti yon foto François Duvalier avèk menm tip linèt sa a.

Nan foli detwi rès kadav yo, te genyen yon sòt de volonte pou frape epi netralize fòs malefik ki te anime yo a. Se te san dout sa ki esplike fasinasyon foul la pou moniman Mawon Enkoni an kote diran plizyè senmenn gwoup moun kirye defile, y ap rakonte de kalite istwa biza, enpi, ann aparans, sa zèv la ye a pa di yo anyen, kòm si tou sa ki touche Papa Dòk pèdi tout siyifikasyon li te ganyen anvan, pou li vin tounen kichoy ki gen maji, yon amilèt malefik, yon pyès nan zam gwo divinò a. Fòk nou di tou pou nou rete nan laverite, sou reyaksyon foul la, kòmantè dwòl nou te ka tande yo, deviyasyon istoriko estetik la se te travay, epi se pa temwen ki manke pou temwaye sou sa, yon ti gwoup moun k ap mennen, ki pran djòb rakonte mòd istwa sa yo, menm jan yo te fè pou moniman sou Bèlè a, yo te di se « madan Kolo ». Yo te vle fè kwè te gen kadav yo te depoze nan fondasyon yo.

Kanpay entoksikasyon sa a, evidaman, te fè achitèk-skiltè Albert Mangonès, otè moniman an sezi. Sa te desounen li, alòske yo te repwodui estati a enpe patou, anndan kou deyò peyi a, devan yon pwodiksyon atistik kòm referans ki gen rapò an menm tan ak souvnans trafik esklav krèvkè kòm senbòl yon volonte pou libere tèt ou yo pa sa bloke. Se kon sa tou pami sis zèv ki te gen pou ilistre, pou katriyèm anivèsè li, sis atik « Déclaration Universelle des Droits de l'homme », Nasyonzini, an 1989, te chwazi estati Nèg Mawon an ki fè chonje « Traite des esclaves »[102] epi abolisyon li. Nan sis zèv yo yo te chazi pami chedèv pi gran atis koni pou yo repwodui nan yon seri tenm espesyal, se sèl atis « le Nègre Marron » an ki te vivan toujou. Men, isi, yon ti gwoup tètcho te pase tan yo ap manipile foul moun ki vin gade yo ak sa ki sou plas yo pou fè yo wè ladan l sous pouvwa majik yon prezidan bòkò ki dejwe tout konplo yo fè pou jete l.

Movèz konpreyansyon sa a, ou te ka wè li byen klè nan konpòtman ak pawòl bann kirye yo ki pa t sispann antoure moniman an. Devan de tòn bwonz eskilte Mawon Sendomeng lan ki gen nan cheviy li yon bout chenn kase, relik otantik yo jwenn nan yon ansyèn plantasyon, epi l ap soufle nan yon po lanbi apèl a larezistans e a lalibète, gwoup dechoukè parèt yonn apre lòt, y ap chache nan tout ti kwen, siy yon monn majik ki gen rapò ak prezidan an ki mouri a. Chenn nan disparèt.

Yo kase manchèt ki te nan men Nèg Mawon an. Moun yo te sanble refize wè nan esklav anonim sa a, k ap soufle nan po lanbi a, yon chantiyon esklav ki te refijye nan mòn yo pou yo goumen jis sa kaba pandan trèz ane gè Endepandans (1791-1804) e menm apre sa pou yo ka viv lib sou bout tè sa a kote yo tèlman soufri a. Moun yo te plis branche sou detay ki te nan orijin istwa biza yo tòdye, rèv debride tankou egzistans yon tonèl ki soti nan moniman l ak nan palè a, ou ankò yon twou nwa, wout mistè ki mete w an kontak ak espri malen yo, alòske se yon pati nan apareyaj ki founi gaz pwopàn flanbo ki fè pati moniman an. Yo te menm pale bagay difòm ki konn parèt nan twou nwa a, yon « baka », gadyen sanntyè majik la.

---

[102] Komès esklav

Tout bagay sa yo te sèvi pou esplike tout tan sa a yon fanmi pran pouvwa a, li reyisi kranponnen kò li pandan 28 an, kont tout prensip ki di sa yon Leta de dwa ye epi o non yon pouvwa k ap simaye dèy san rete. Pouvwa sa a jwenn fòs nan maji, prèv la se lepe Danbala a yon sèpan vlope a. Depi 6 desanm 1958 li te kwoke sou miray an pyè ki antoure moniman an. Limenm tou li disparèt nan operasyon dechoukay la e menm jan ak chenn esklav ki libere a, menm jan ak moso nan manchèt li a. Yo di gen gwo koulèv ki ta parèt epi yo ta jwenn zo tèt moun la. Kidonk se te yon konpetisyon ant de monn : imajinè enfatigab sòsèlri a ideyològ ap manipile a, epi jefò kreyasyon estetik kòm sipò ak espresyon memwa yon pèp. Epi, se pa premye fwa, lwen de la, nan istwa imèn, mòd deriv sa yo kèk ajitatè ideyoloji soule pouse foul yo al detwi ak raj chedèv patrimwàn nasyonal epi mondyal ki disparèt nan twou nwa listwa; epi yo bliye baz diktati yo se laperèz, laterè, silans plizyè milye viktim ann absans tout règ pou respekte dwa moun.

Plak an bwonz lan ki te gen enskripsyon ki defini nati moniman Nèg Mawon an disparèt tou, yo rache l nan sòk la. Yo trennen l, mekonesab, endechifrab, apre mil kou e mil sakad, jis nan griy palè a. Men sa li te di :

> *« Ce monument dédié aujourd'hui à la mémoire du Marron de Saint-Domingue est l'aboutissement d'un rêve longtemps caressé, longtemps avant que je devienne Président de la République, parce qu'aucun Chef d'État n'a jamais encore pensé à honorer le sublime Inconnu dont le combat pendant trois siècles a préparé le chemin à suivre par ces combattants vaillants et glorieux qui ont forgé cette patrie éternelle qui jamais ne sera soumise à quiconque. » Dr François Duvalier Président à vie de la République, 22 septembre 1967.*[103]

Dat inogirasyon moniman an ki endike la a se 22 septanm 1967.

Estati Nèg Mawon an, zèv achitèk Albè Mangonèz; yo te inogire li
26 novanm 1968

An reyalite, moniman an fini epi li inogire 6 desanm 1968, ki vle di 15 mwa apre. Nan orijin inisyativ sa a, te gen yon vizit Jera Domèk (Gérard Daumec), yon jenn powèt ki te vin entim ak fanmi Divalye epi ki t ap jwe wòl sekretè prezidan an. Li rann achitèk Albert Mangonès vizit nan premye mwa 1967 yo, li di l :

---

[103]Moniman sila a nou dedye jodya bay memwa Nèg Mawon Enkoni Sendomeng lan se rezilta yon rèv m ap karese lontan anvan m vin prezidan Larepiblik, paske okenn chèf d Eta pa ko janm chonje onore siblim Enkoni an ki te prepare nan goumen pandan twa syèk chemen konbatan vanyan e glorye ki te fòje patri etènèl sila a ki pap janm pliye devan pesonn ankò. Doktè Franswa Divalye, prezidan a vi Larepiblik, 22 septanm 1967

« Tonton, se référant à Duvalier, n'a qu'une chose en tête ces jours-ci, il voudrait une statue du Nègre Marron. Il voudrait que la statue soit au centre d'un espace aménagé sur la place du palais. Cela va obliger sans dout à faire bouger la statue de Toussaint Louverture. Il voudrait que le monument soit inauguré le 22 septembre 1968, le 11e anniversaire de sa prise du pouvoir. »[104]

Mangonès t ap prepare l pou l pati Ozetazini al asire yon semès ansèyman nan inivèsite Ilinwa sid. Achitèk la reponn l ap pote plan pak la avèk li epi l a travay ak etidyan l yo sou pwojè a, an sipozan evidaman li jwenn viza d sòti nan peyi a Divalye pèsonèlman bay avèk èd sekretè pèsonèl li madan Francesca Saint-Victor. Domèk fè Mangonès konnen Divalye vle pou estati a se kopi yon penti yo pa konn otè li ki reprezante mawon an ak yon chenn kase nan cheviy li ak yon flanbo li leve byen wo. Mangonès menm li te etidyan ann achitekti, nan ane 40 yo, nan Cornell University, li te travay nan yon seri eskis ak desen ki moutre yon esklav jeyan, tòs ni, ki t ap fè sonnen yon po lanbi tankou klewon, pou l fè yo leve kanpe kont kolon frasè yo.

Alafen semès li pase ap anseye ann Ilinwa a, li tounen nan peyi a pou l jwenn fanmi Divalye a an plen nan yon dram. Mari Deniz, premye pitit fi Divalye a, k ap batay pou l sove mari li kolonèl Maks Dominik yo manke egzekite ak 19 lòt kanmarad ofisye. Mesye dam yo te oblije pati ann egzil Pari. Yo egzekite 19 ofisye yo Fòdimanch nan yon senaryo prezidan an dirije an pèsòn.

---

[104] An palan de Divalye, li di : « Tonton gen yon sèl lide nan tèt li sèjousi, li bezwen yon stati Nèg Mawon an. Li bezwen yo mete stati nèg Mawon an nan mitan yon espas yo prepare pou sa sou plas palè a. San dout sa pral oblije fè yo deplase stati Tousen Louvèti a. Li ta vle yo inogire moniman an 22 septanm 1968,».

Jera Domèk (Gérard Daumec), ti powèt ki vin yonn nan moun ki pi pre pouvwa a, anonse Mangonès, se limenm Mangonès k ap reskonsab pwojè a nèt, enpi, li gen kat mwa pou li fini l. Achitèk la pwoteste ak tout fòs li kont dèle a; li fè l remake se pa yon cha l ap konstwi pou kanaval ni yon ak de triyonf nan antre yon vil. Men li mobilize biwo li imedyatman epi nan yon semèn, yon modèl pwojè a te pare. Lè Domèk wè l li pa kache di jan l kontan. Li deklare **« Ca va plaire à Tonton ».** Lelandemen apre midi yon machin palè a vin chache Mangonès nan biwo li.

Se te o mwad me. Lè yo soti nan sal d atant lan nan redchose a, yo kondi Mangonès sèl nan biwo prezidan an. Lè pòt la fèmen dèyè vizitè a, li retwouve li nan yon zòn sonm, epi lè zye l fin abitye li distenge devan biwo li fòm figi yon nonm zepòl tonban, san vès, san kravat, ak yon kaskèt bò l yo tire jis bò zòrèy li. Se te Divalye. Près ann eta d chòk, Mangonès wè tèt Divalye vire lejèman epi yon zeklè limyè revele vè linèt li yo ki epè. Li gade achitèk la dirèkteman. Pou l esplike kouman li wè travay yo mande l fè a, li di : « Ekselans ». Lè sa a Domèk parèt an silans epi li chita bò kote prezidan an. Achitèk la kontinye fè ekspoze li sou diferant faz nan pwodiksyon yon estati an bwonz. Lè l fini, gen yon silans simityè. Finalman tankou granmoun ki bouke, Divalye detire kò li epi li leve dousman. Limyè a klere linèt li epi li vire tèt li. Li mamonnen apèn si w tande l : « C'est très bien. Je ne m'attendais pas à cela ».

Domèk reyaji menm moman an : "Ah! Excellence!" Li vire gade atis la, « Le président demande si cela pourrait être prêt en septembre »[105].

> *« Non, c'est malheureusement impossible, Excellence. »*
>
> *« Malgré la vénération que vous avez pour le personnage, pour la statue, pour le site à aménager, je ne peux pas courir*

le risque de bâcler le travail qui sera exposé en face du palais au cœur de la cité et le processus pour couler une statue de cette taille va prendre pas mal de temps. »[106] « Est-ce qu'on ne pourrait pas utiliser du béton? »[107] « C'est possible, mais ce serait accepter à l'avance, un type de travail à bon marché, indigne du sujet, indigne du cadre qui l'entoure, le palais national, et ce serait quelque chose qu'on pourrait aisément détruire. »[108]

Domèk, pèplèks, li t ap tann prezidan an di yon pawòl. Anfen, li reponn, yon « oui » ki sonnen nan nen. Dousman kounye a Papa Dòk kanpe epi l ap trennen pye l, li soti nan biwo l, l al nan lòt pyès ki sou kote l la, se te refij li. Domèk fè Mangonès yon siyon pou l swiv menm chemen an. Madan Senviktò sispann tape sou machin li an, li enfòmen Mangonès prezidan an kontan pwojè a jan li prezante l la.

Ti biwo Divalye a se te veritab kafanawòm avèk klasè metalik, machin a ekri, papye toupatou, chèz baldaken epòk Dimasè Estime (1946-1950). Divalye kòm minis travay te fè pati kabinè a lè militè yo te jete Estime pou yo bay jeneral Pòl Ejèn Maglwa plas la. Te gen yon ti kabann an fè Papa Dòk te konn itilize souvan nan peryòd kriz yo. Mangones poze makèt la sou yon klasè metalik epi li tande vwa wannen an ki di l dakò : « Oui, là! »Yon sèvè an

---

[105]Prezidan an mande si l ap pare pou septanm

[106]Non, li malerezman enposib, ekselans. Malgre respè ou genyen pou pèsonaj la, pou stati a, pou sit pou amenaje a, mwen pa sa pran ris fè yon travay ki pa byen fini, ki pral espoze an fas palè a, nan kè
vil la, epi teknik pou koule yon stati ki gen tay sa a ap pran bon valè tan.

[107]Nou pa ta kapab itilize beton?

[108]Se posib men se ta aksepte davans yon tip de travay bon mache, ki pa kadre ak sijè a, ni ak kad la, palè nasyonal; epi se ta yon bagay yo ka detwi fasilman.

jakèt blanch sèvi prezidan an yon pla lejè. Prezidan an sispann manje pou l pase madan Saint-Victor enstriksyon :

« Il faut faire attention à ce que personne ne touche à cette maquette ».

« Ne vous inquiéter pas excellence je vais y veiller personnellement. C'est exactement quelque chose de ce genre que j'espérais, Excellence. Mais je sais ce qu'ils vont dire : que c'est un wanga. »

Papa Dòk apwouve ak tèt li, « Oui, en effet, c'est ce qu'ils vont dire ».

Albert Mangones, nuit sa a, tounen lakay li Matisan, tèrifye.

> *« Qu'est-ce que nous avons fait de notre pays pour qu'il soit entre les mains d'un président dont la santé risque de flancher à tout moment, de ce bizarre petit poète et d'une dactylographe? »*

Yon senmenn apre, achitèk skiltè a te tounen nan palè a pou l koumanse diskisyon yo sou detay pratik yo, an patikilye bidjè ak òganizasyon travo yo. Menm jan ak lòt fwa a, li te fè nuit. Men, sipriz, se pa t menm moun nan. Fwa sa a, zòn nan te byen eklere. Biwo a te nan lòd pafè et moun ki te dèyè biwo a te sanble an fòm, li byen abiye, ak vès, kravat epi li akeyi atis la ak yon vwa fò, li an penpan. Li peze sonèt la pou l rele madan Saint-Victor.

Lè l vini, li mande li

> **« Bon, comment allons-nous procéder pour l'argent du projet? » « Oh! Excellence, on trouvera l'argent, on trouvera... »**

Divalye wete tousuit pwopozisyon atis la pou l siyen yon kontra. Pwojè a te gen pou l koute nan 15 000 dola kon sa. Se biwo laprezidans ki ta pran depans yo sou kont li. Apre sa diskisyon yo dewoule sou tèks k ap akonpaye estati a epi anviwònman li. Divalye t ap mande si yo pa ta fè yon sitasyon ki soti nan woman Jacques Roumain an, Gouverneurs de la rosée, li pran yon kopi nan tiwa biwo li. Roumain te fondatè Parti Communiste Haïtien an 1932 epi li peye odas sa a ak 32 mwa prizon. Li te fondatè Bureau d'ethnologie tou. Se te yon kouzen jèmen Mangonès epi de kouzen yo te trè pwòch yonn ak lòt. Ann apre vin gen yon akò ki fèt sou yon tèks labib.

Lè Mangonès kite palè a, Divalye t ap prepare l pou l resevwa plizyè fil vizitè, pwobableman li t ap nan biwo li jiska dezè di maten. Li te konnen eta sante prezidan an ki tanto wo tanto ba se akoz eta avanse dyabèt la ki oblije l pran regilyèman kèk dòz ensilin. Li te konnen tou Papa Dòk se yon michan komedyen ki sèvi ak aparans fizik li pou l dewoute antouray li.

Yo pa t touche estati Tousen Louvèti a ki rete nan plas li. Yo te enstale Nèg Mawon an nan yon espas pre Katye jeneral lapolis la. Yon espas sifizan pou Mangones ki te konstwi Théâtre de Verdure en trois semèn lè espozisyon entènasyonal 1949 la, egzèse talan dekoratè li. Moniman an te pare pou inogirasyon ki te dwe fèt le 22 septanm 1968 la, men Divalye te pito tann dat 6 desanm 1968, 466e anivèsè twa karavèl Christophe Colomb yo pou l devwale estati a ofisyèlman. De tòn bwonz Mawon Enkoni an koule nèt nan atelye Ecole des Beau-Arts pwofesè Montagutelli te enstale a te kanpe drèt devan yon mi an pyè semisikilè. Flanbo a gaz pwopàn alimante a t ap klere kò miskle esklav la k ap bay reflè pandan l ap sonnen ak tout fòs li lanbi libète a. Sou plak d asye a yo te enskri tèks yo te pran nan Premye Liv Makabe yo :

« Il étendit le renom de son peuple, endossa la cuirasse comme un géant et saignit ses armes de guerre. Il engagea mainte bataille, protégeant le camp par son épée, rival du lion dans ses hauts faits, pareil au lionceau rugissant sur sa proie. Il fit la chasse aux mécréants qu'il dépistait et livra au feu les erturbateurs de son peuple. Les mécréants furent abattus par la terreur qu'il inspirait, tous les ouvriers d'iniquité furent Bouleversés, et la libération dans sa main fut menée à bon terme. Il causa d'amers déboires à plus d'un roi réjouit Jacob par ses actions, et sa mémoire sera en bénédiction à jamais. »

Premier Livre des Maccabées, 3, 3-7 : Eloge de Judas, appelé Macchabée
(166-160 av. J.C.), fils de Mattathias, (Trad. Bible de Jérusalem)

Inogirasyon moniman Nèg Mawon an 6 desanm 1968 reprezante yon kastèt pami tout kastèt ki jalonnen istwa desan kat ane endepandans d Ayiti a. Nèg ki te enstale ak gwo ponyèt yon machin represyon ki t ap pral dire dizuit an, ki enstale yon diktati ki pi retwograd, anakwonik nan istwa Karayib la, t ap inogire yon zèv k ap sonnen apèl alarezistans e alalibète, se yon paradòks ki ilistre yon lòt fwa ankò sa Jan Prays Mas rele « le bovarysme de la société haïtienne ».

Touris sa a pa egziste nan dosye nou yo

Lapolis fransèz t ap gide yon karavàn kat limouzin Mercedes-Benz, imatrikile an Swis, soti nan ayewopò Saint-Geoir avèk Janklod Divalye, fanmi li, eskòt militè li, yo tout plizoumwen ann eta d chòk, avèk fatig vwayaj la, chanjman klima ak fizo orè a. Yo rantre sou yon wout ki kouvri ak nèj pou y al sou lak Annecy, 75 kilomèt distans ak kote yo prale a. Yo t ap tann yo nan ansyen abeyi Pè Benedikten yo Hautecombe, yo transfòmen l ann otèl « l'Abbaye ». 42 chanm yo te a dispozisyon 23 pasaje ki te nan avyon an. Pa lwen, nan sòti Pontarlier, sou fwontyè Jura ak Lasuis, Toussaint Louverture te mouri 17 avril 1803, obout yon sèl ivè anndan mi glase Fort-de-Joux. An 1984, gouvènman fransè te finalman retounen sann « senbolik » Toussaint. Janklod Divalye di otè a :

« Je le leur ai demandé, c'est le héros de l'Indépendance que j'admire le plus ».

Pandan ke ann Ayiti y ap diskite fèm de absans kadav nan tonbo François Duvalier, nan simityè Pòtoprens lan, dwanye fransè yo te kategorik, bò pa yo. Yo pa t jwenn okenn koli kon sa nan bagaj fanmi prezidansyèl la oubien moun ki pwoch yo. Lalwa fransèz fòmèl : enpòtasyon rès moun strikteman entèdi. Nan yon gwo malèt yo te sèlman jwenn bijou, kouvè ann ajan ak penti, pa menm gwo sòm lajan, dapre sa Michel Abbal, administratè nan « Secrétariat d'État des Finances et de l'Économie deklare san lòt detay. Mesye dam prezidan an yo te fèmen kò yo nan suit « Prière » ansyen monastè benedikten an, Richard Nixon te ladan l yon lè. Yon kolonn jounalis te anvayi otèl la 85 polisye t ap siveye. Yo soti desi. Nan ansyen selil mwàn yo yo te enstale televizyon pou yo. Koutizan ki te konn antoure diktatè a pandan 14 an, obeyi mwenn ti jès li, yo pa t la ankò. A 34 an Eritye Divalye a te koumanse yon egzil ki ta kapab long epi di.

Otè a ap entèvyouwe Janklod Divalye nan lòbi otèl Bristòl nan Pari an me 1997.

Otorite fransèz yo te deja koumanse poze tèt yo kesyon epi yo t ap resevwa anpil kesyon tou. Gen yon gwo fonksyonè Quai d'Orsay ki deklare « On ne va quand même pas nous laisser le bébé sur les bras! » Washington te bouche zòrèy li. « La Maison Blanche et le Département d'État » te jwe sou diskresyon. Èske Etazini te jwe yon wòl nan evennman ki te kondi nan desizyon depa a? Èske yo t ap pral reprann èd pou nouvo gouvènman an?

Janklod Divalye nan apatman li Pari ap fèyte liv Bèna Didrich ak Al Bèt la (Bernard Diederich et Al Burt), *Papa Doc et les tonton-Macoutes.* Li siyale otè a yon erè li fè nan liv la.

Reagan reponn yon jounalis ki te poze de kesyon sa yo :

> *« Well, nous avons maintenant à décider ce que nous allons faire. Nous espérons pouvoir aider dans la mesure où le gouvernement intérimaire se décide à instaurer la démocratie en Haïti. Quant au départ, c'est certain que nous avons fourni un avion pour amener en France l'ex-président ».*

« Mais Monsieur le Président, vous lui avez sans doute conseillé de s'en aller? » « Non, ce n'est pas le cas. Il n'a jamais demandé des conseils concernant ce sujet ».

Yo te pase Gadkòt amerikan yo lòd pou yo bare wout la pou fè tout moun ki ta eseye atenn kot amerikèn yo tounen lakay yo. Premye mari Michèl Benèt la, Paskèt ak yon zanmi t al nan Club Med, pre Senmak, de la yo file pou Jamayik nan yon vedèt rapid. Gen zanmi prezidan an ki te itilize ti kago pou yo pati tandiske gen lòt ki òganize yo pou yo pran avyon diskrètman oswa yo travèse an Repiblik dominikèn a pye oubyen nan machin. Gen lòt ki kache kèk kote, yo fè kouri bri yo pati epi yo rete tann vag dechoukay la fini. Lame a te gen pwòp moun pa li l ap pwoteje, tankou madan Maks Adòlf (Max Adolphe), kòmandan makout Fòdimanch ki te kache Kazèn Desalin jiskaske li te ka pati Kanada san bri, degize an mè.

Selebrasyon depa Divalye yo te aji tou sou yon aktivite lidik ki transfòmen lari a ann avansèn teyat kote chak gwoup t ap egzèse talan li ak rezèv gwo mo li. Gonayiv te deja bay an novanm 1985 seyans pantomim li chak jou. Kap Ayisyen te rejwenn yon tradisyon ki remoute plizyè syèk tandiske Pòtoprens, nan Institut Français, Frédéric Surpris, otè epi aktè komik mete sou sèn yon koup prezidansyèl sou tit « jeu de bien » (defòmasyon « gens de bien »). Se pa etonan Jean-Bertrand Aristide, an 1990, nan tounen elektoral li nan Nò, lè l rive o Bòy, li pa fè ni de ni twa, li antone yon refren ki te gen anpil siksè nan radyo : « Michèl Benèt, I am sorry for you ». Men vye ansyen divalyris yo te bay kèk siy satisfaksyon anmè lè y ap gade destriksyon ak piyay dechoukay la kòm si, pou yo, yon sèten gwoup te vòlò pouvwa yo a.

Mesye dam prezidan yo anndan otèl « L'Abaye » te okouran sa k ap pase nan rele souvan nan telefòn. Yo aprann gen yon gwoup ofisye ki piye ranch Kwadèboukè a ki klotire espedisyon yo a nan mete dife nan yonn nan batiman prensipal yo. Menm bagay la tou nan vila plaj Carriès la, yo apèsevwa ofisye an chaj la k ap kondi yon kamyon plen mèb. Nan La Découverte, sou tèt mòn Kenskoff yo, kote yo te koumanse konstriksyon yon vila ki dominen "le Massif de la Selle", se sèlman bout fè ak pan beton demoli. Vila Petit

Rocher nan Fermat ki pou Gilbert Bigio a, te pran kou tou anba men piyajè yo. Tout byen imèb fanmi an te sou sekès menm jan ak yon koleksyon 240 penti. Sa k pi grav la se rimè sou lajan yo detounen pandan 29 an nan pouvwa a. Chif yo t ap balanse ant 200 e 800 milyon dola. Gen ajans gouvènman an ki fè tantativ pou idantifye byen yo aletranje, an patikilye, kont bankè yo. Liv klasik Alain Turnier a sou sijè a : « Quand la nation demande des comptes » ki parèt an 1987 trè tris pou desten tantativ pèp ayisyen an nan sans sa a. Nan tout ka yo, ankèt mennen san jamè jwenn rezilta.

Janklod Divalye, nan dènye mwa li yo o pouvwa a, te gen ensomni akoz twòp sousi men tou akoz obsesyon yo ka desann li sanzatann. Tòti psikolojik sa a te vin rann li deplizanpli fèmen. Menm lè madanm li eseye mande l « Tonton, à quoi penses-tu? » Tout repons li se gade li gade l an silans. Jounalis ewopeyen yo, nan kesyon yo ak kòmantè yo pa t gen okenn pitye pou mesye dam sa yo ki soti nan peyi ki pi pòv sou tè a epi y ap depanse san konte kòm kèk nouvo vedèt « Jet set ». Men reyalite a te koumanse kraze senaryo dore televizyon an. Paregzanp Janklod te pral aprann fidèl sèvitè ki te okipe li tout vi li, Prudhomme, yon bòfrè li te asasinen li pa vanjans poutèt li te asasinen sè li. Prudkome te toujou an papa ak Janklod. Janklod Duvalye te toujou fèmen kò li nan yon chanm nan otèl la epi fanmi li ki pi pre te wè li, pou premye fwa, ap kriye, alòske yo te toujou fè li yon repitasyon nèg ensansib, endiferan.

Michèl Benèt wè yon etap senk an k ap fini ki te voye l moute kòm premyè dam de la Repiblik epi sa te sèvi li kòm sant pouvwa, liks epi sediksyon. Kounye a, a 37 an, li antre nan klib magazin People rele « Klib ansyen fanm dragon ». Yo pa t itilize lòt modèl ke Ismèlda Markòs, madanm diktatè Filipin nan. Se te yon gwoup fanm ki pwofite de bote yo pou yo rive marye nan sèk richès ak pouvwa epi yo pwofite de enfliyans yo pou yo bati yon pouvwa pou tèt pa yo; ak sa, yo rive menm eklipse mari yo pafwa, dispoze menm jan ak dragon yo de grif mons, sa k ap krache dife ak lafimen epi ki okazyonèlman vin vyolan epi yo bon pou pè.

Kounye a se yon vwayaj ann egzil ki kòmanse, yon vwayaj ki pa gen anyen ki envante epi ki gen yon anksyete pèmanant. Anksyete sa a te soti nan yon sitiyasyon patikilyèman enkonfòtab, otorite yo ki refize aksepte prezans vizitè sa yo ki klèrman jenan. Gouvènman fransè a a travè Lean- Loup Reverdier, pòtpawòl ministè enteryè te anonse Janklod Divalye gen yon paspò diplomatik ak yon viza touris valab pou ui jou sèlman. Gen plizyè pèsonalite nan gouvènman sosyalis franse a ki pa jennen yo pou yo mande pou Divalye yo chache refij lòt kote. Divalye te pe bouch li, li te konte sou talan ak relasyon avoka li Sauveur Vaisse pou li gen batay la.

Ofisyèl franse yo te kache dèyè yon fòmil yo te esprime ofisyèlman :

« En liaison avec les États-Unis, la France avait décidé d'accepter temporairement Mr Duvalier afin d'éviter des luttes violentes et de faciliter ainsi la transition à une démocratie que le peuple haïtien désire ».

Ofisyèl yo menm nan gouvènman sosyalis la yo te konsidere prezans Divalye yo kòm yon anbarasman, kòm rezilta yon erè diplomatik. Lè yo konsidere eleksyon mwadmas yo ki pa lwen, yo pa t vle bay enpresyon yo resevwa kòm refijye yonn nan diktatè yo pi remake nan monn nan. Se pou Divalye ak zanmi l yo ale yon lòt kote! Laurent Fabius ki t ap pale ak laprès pandan yon poz nan kanpay elektoral li deklare : « Leur sort ne relevait pas de la responsabilité de la France ». Li di toujou, gouvènman franse a te toujou kondane diktati Divalye yo, yo te aksepte prezans yo pou yon bout tan jis pou evite yon beny san. Pati kominis franse a menm li pa te nan bèl literati : « La présence des Duvalier sur le sol francais était une honte ». (Prezans Divalye an Frans se yon wonte)

Pandan tan sa a kantite peyi ki refize aksepte bay Divalye yo refij pa sispann ogmante. Yon ofisyèl peyi Gabon deklare : « Personne ne veut être considéré comme une poubelle à   dictateurs ». Tansyon ant Pari ak Wachintonn ap moute pi plis. Se lè sa a pandan wikenn 16 fevriye a, yon lòd depòtasyon soti. Vandredi 14, yo te fè rezèvasyon nan vòl dimanch swa nan Air-France Pari Nouyòk. Sauveur Vaisse rann desizyon an piblik samdi 15 diran jounen an. Gouvènman Reagan nan baze l sou lwa ki egziste yo pou l refize kareman. Yo pa gen dwa kite yon vwayajè san viza antre sou tèritwa amériken an. Nan ka sa a sitou, fòk yo konsidere pwoblèm sekirite a, ak kantite Ayisyen ki Ozetazini. Yon lòt kote li riske tonbe anba trete ekstradisyon ki egziste ant Ayiti e Etazini. Kidonk Divalye te yon etranje endezirab epi ki pa gen dokiman legal ki nesesè yo.

De jou anvan, avoka Sauveur Vaisse te voye yon lèt bay reskonsab biwo rejyonal Haute-Savoie pou l mande anrejistre Divalye ak fanmi li kòm refijye politik. Prezidan François Mitterand reyaji ak tout fòs pou l di azil politik se pou moun ki fui peyi yo pou sove vi yo ak libète yo. Epi li di :   « Je ne sais pas si cette personne est le meilleur symbole des droits de l'homme dans le   monde. » Premye minis Laurent Fabius deklare samdi gen yon lèt Roland Dumas, minis Afè Etranjè voye bay Georges Shultz epi ki souliyen Lafrans te aksepte Divalye yo pou yon bout tan sèlman epi se nòmal si li pa jwenn okenn peyi ki vle resevwa li, se Etazini ki pou resevwa li. « La France ne concédait l'asile qu'aux personnes persécutées et non aux persécuteurs. Ce qui était temporaire ne devrait pas devenir permanent », se kon sa Fabius fini. Ak eleksyon yo k ap pwoche byen vit la, pati sosyalis la pa t gen okenn enterè pou l sanble sa k ap apiye yon diktatè oswa pou yo akize li li gen yon diplomasi enkonpetan. Lè sa a Divalye ouvè bouch li. Li reponn jounal Le Figaro li te aksepte kite Ayiti « seulement si je pouvais aller dans un pays, dans le seul pays où je pourrais me sentir dans une atmosphère suffisamment paisible. Je ne voudrais pas que la confiance que j'ai mise dans un pays comme la France soit trahie ». Lavèy jou pou l te pati a li te resevwa vizit yon ofisyèl fransè ki te pwopoze li aksepte refijye li Liberia. Li te refize paske li pa konnen si Monrovia te ka asire sekirite li ak sekirite fanmi li. Chak bò nan Atlantik la, y ap ponpe atik k ap fè gwo diskisyon sou sò ansyen diktatè yo. Paul Lewis nan New York Times 16 fevriye afimen Divalye vle atire senpati piblik la lè li pretann li vle fè refòm demokratik epi li te vle òganize pati li pou l pa lakòz okenn dezòd. Divalye afimen administrasyon Reagan pa t mande li anyen, li pa t ofri li anyen ni li pa t pwomèt li anyen pou l ka pati. Gen lòt atik toujou nan New York Times, paregzanp yon editoryal ki gen tit : « Où devons-nous décharger les dictateurs? » Washington Post menm li mande « Que faut-il faire de Baby Doc? » Yon lòt kolonn klotire ak kesyon sa a : « Pourquoi devrait-on épargner aux dictateurs de droite comme de gauche les sanctions qu'ils ont si richement méritées? » Pou l reponn editoryal Miami Herald la « Pas de place pour les tyrans », avoka Eugène Fidell plede nan New York Times pou òganizasyon pwosesis ak garanti pou rann pi fasil pou diktatè yo desizyon pou yo abandone.

Lè « Bureau pour Réfugié et Expatriés » te deklare Janklod pa kalifye pou tit refijye, avoka li fè apèl kont desizyon sa a. 20 fevriye Sauveur Vaisse te souliye Divalye gen dwa jwenn yon rejim nòmal yo bay vwayajè etranje epi kòm nenpòt ki touris, li te ka rete twa mwa an Frans. Vaisse dekri sitiyasyon Divalye tankou yon prizonye kote li ye a ki koute li 17 000 dola pa jou. Jean Tiffenat, pwopriyetè otèl l'Abbaye depoze yon plent nan Kou d Apèl Annecy pou l mande gouvènman an òganize l pou gwoup Divalye a kite otèl la paske prezans yo ap wuinen antrepriz la. Nan yon entèvyou tou kout Janklod Divalye akize ofisyèl franse yo dèske yo maltrete l epi limenm ak madanm li yo santi « y ap veye yo tout tan, y ap espyone yo, y ap pouchase yo ». Gen yon wo fonksyonè franse ki esplike 85 polisye ki t ap siveye otèl la yo te la pou sekirite Divalye pou menm sa ki te rive Anastasio Somoza 17 septanm 1980 nan Asuncion, Paraguay a, pa rive li. Se poutèt sa Divalye pa t resevwa lòt vizitè ke bankye suis li yo epi avoka li.

7 mas « Cour d'Appel d'Annecy » déklare li pa gen konpetans pou l fòse gouvènman franse a deplase Divalye yo, men yo menm pou kont pa yo koumanse leve logodyo yo epi yo kite otèl la pandan lanui kote moun pa wè moun lè yo fin peye fakti a ki moute yon demi milyon dola. Sizè apre, yo te an Provence, nan Vila La Tourillière, 15 kilomèt distans ak Cannes. Vila 10 chanm ak pisin epi tenis, se te pou yon Olandè epi li te sou franj sid mòn Grasse yo, kapital endistri pafen. Kèk santèn manifestan t ap rele « La France n'est pas un dépotoir à l'usage des USA ». Deplasman mesye dam yo te rete nan limit rejyon Grasse. Men ofisyèlman non touris sa a pa figire nan okenn dosye.

Li pa t anrejistre okenn kote epi li pa t gen okenn pwotokòl legal moun konnen.

Ayiti te fè kèk tantativ pou l òganize pousuit legal. Yon anons CNG (Conseil National de Gouvernement) ki fèt 27 fevriye deklare enstans sa a te pare pou li mande ekstradisyon ansyen prezidan an. Mèt Gérard Gourgue ki t ap pral demisyone kèk jou apre kòm minis jistis fè remake rekèt la pa sa fòmalize toutotan yo pa konnen peyi rezidans li. Yon kabinè avoka Nouyòk, yon lòt Pari t ap mennen ankèt pou yo chache lokalize byen fanmi an aletranje, byen mèb, byen imèb, pandan yon komisyon Bank Nasyonal t ap depouye dokiman kontab ki revele sistèm sifonay byen piblik yo anplwaye nan administrasyon finans pou alimante fòtin fanmi an. Operasyon sa yo kanpe nan wout.

Laprès kontinye ranseye piblik la sou vi mesye dam yo nan refij yo nan Rivyera a. Miami Herald parèt ak yon atik Steve Twomey 6 me 1986. An wetan tenis, konvèsasyon nan telefòn, lekti jounal, epi detanzantan kèk ti soti Cannes an chat pent, se te yon vi moun ki nan kouvan. Janklod te sanble ap devlope yon depresyon nan reflechi sou sa vi li te ye epi desizyon li te pran yo. Sauveur Vaisse yon moun ki abitye ak fanmi an depi ane 1968 yo, depi Janklod te gen 16 an, deklare li t ap kalkile anpil sou sa li te fè, sou sa ki te kapab fèt. Epi Vaisse, nan yon chita pale deklare : « Le pays lui manquait ». Avoka a kontinye pou l di, « li regrèt yo te fòse l jwe wòl li te jwe a ». Vaisse admèt mesye dam yo te panse kesyon egzil la ki te gen pou l vini kanmenm nan. Chato Téméricourt yo te achte a se yon prèv. Lè Vaisse t ap bay entèvyou sa a, twa mwa apre rive yo an Frans, plis pase kenz peyi te refize bay Divalye yo azil. Nan yon ti deklarasyon tou kout Janklod fè Miami Herald 6 me 1986, Janklod afimen :

« Je n'ai commis aucun crime. Je ne pense pas avoir encouru la haine du peuple haïtien. Quant aux erreurs que peut-être j'ai faites, ce n'est pas moi à le dire. L'histoire le jugera. »

Men, sa ki te ka pi difisil pou Janklod Divalye wè, sèke nan sèten ka tankou pa l la, vwa listwa pase pa jijman nan tribinal.

CHAPIT 41

Yon jistis ki chita sou mannigèt moun pa Yo fò nan similak

Mais alors une fois dans l'espace d'une vie
Cette vague de fond si lontemps espérée
De justice peut s'élever et l'histoire avec l'espoir peut enfin rimer

Seamus Heaney : A Troyes, le temps de la Cure.

Madi 15 jiyè 1986 sa a, sòlda batayon Kazèn Desalin ak zam lou, kas ann asye, jilè parbal lame amerikèn, akonpaye Lik Dezi (Luck Désyr) ki t ap moute gwo eskalye an pyè Palè d Jistis la. Li t ap pral dizè di maten. Dézi, an kostim ble klè, chemiz blanch amidone, yon badin nwa nan men l, te gen difikilte pou l moute mach yo. Lè l te rive, soti nan prizon kote yo te fèmen li apre tantativ manke a, 26 fevriye 1986, pou l te sove nan yon avyon ki t ap pral Pòtoriko, li te parèt pi granmoun pase 61 an l lan.

Se te nan yon anbyans wot tansyon Dezi te rive nan Palè d Jistis la. Estati 2 (de) lyon dore yo te fè repenn nan te endike byen klè. Foul la te cho pou l konnen yonn nan makout yo pi pè nan diktati Divalye yo ki te travèse 25 an an yo ap fè menm travay la : trake moun, tòtire, touye. Pwose sa a, se te premye pwose kote moun te ka tande temwen sou sèman dekri kèk moman aktivite makab sa yo ki te dire plis pase yon ka nan yon syèk.

Nan ka sa a, yo t ap pale de disparisyon, 5 out 1965, pwofesè Janjak Desalin Anbwaz (Jean-Jacques Dessalines Ambroise) ak madanm li Lisèt (Lucette) ki te ansent. Anba pwojektè televizyon nasyonal, sal Palè d Jistis la te tounen yon veritab sona ak foul trese sa a jis nan fenèt yo, jis nan pòt yo, yo pa t vle pèdi yon pwèlyèm nan litani zak sadik akize cheve blan an te konn kòmande yo. Li te ranfonse nan stal li yon dividal sòlda ame t ap siveye a. Yo pa t fouti kontwole emosyon ak kòlè moun yo tandis ke akize a t ap plede deklare li inosan, pwoklame li se yon senp konseye biblik madan Franswa Divalye epi li te niye li pa janm patisipe nan sèn sanglan temwen yo ap pale a.

Premye temwen an se te Emanyèl Anbwaz (Emmanuel Ambroise), alias Manno, yon komèsan 74 an, gran frè nèg yo disparèt la. Li rakonte kouman limenm, Lik Dezi te arete l epi maltrete l. Ajan an sivil trennen l devan Dezi nan Palè Nasyonal. Mouche mete sou biwo a, e p i li di li « Je peux vous tuer comme je veux ». Dezi mete frape l ak yon baton sou tout tèt li. Yo mete l deyò nan sal la, bade san. Yo lage l san li pa janm konnen pou ki rezon yo trete l kon sa. Kòmantè Manno Anbwaz, « se pwobableman paske mwen se yon moun ki endepandan ».

Li fè chonje souvni tifrè li a, sa ki pi piti nan fanmi an, yon pwofesè moun respekte pou lonekte l ak vitès li, « kalite ki ne pouvaient lui attirer que des ennuis avec les gens de Duvalier ». Temwen an te klase moun sa yo an de gwoup, sa ki te ralye yo paske yo pè epi sa ki te jwenn ladan mwayen satisfè ensten sadik yo. Li te klase Dezi nan dezyèm gwoup la epi pou l fini li kalifye l de   « fatra », avoka akize a, Léonce Dupiton, pwoteste kont mo a. Manno reponn li « Je retire ce mot pour lui ajouter un adjectif : une pourriture de fatras! »

Alix Ambroise te yon kouzen ki te travay ann Afrik. Li rakonte li te tounen an vakans, pou ane a, ann out 1965. 5 out, yo te arete l kay kouzen li yo epi li wè ak je l kouman yo kilbite madanm nan tou ansent nan eskalye a epi kouman li te fòse Janjak antre nan kòf ti machin nan ki mennen tout moun lapolis. Yo te fèmen Aliks nan yon ti selil fènwa. Vè pi ta yo jete nan selil la yon bagay ki fè menm bri ak yon sak kokoye. Se te kò kouzen li yo te sot kraze, li te ann agoni epi menm nuit lan yo vin pran li nan selil la, depi lè a li disparèt, menm bagay tou pou madanm li Lucette Lafontant. Yo lage Aliks lelandemen epi majò Tassy ki te travay ak Dezi di li an derizyon : « Jean-Jacques doit être en train de voyager loin, probablement il traverse en ce moment l'Atlantique ».

Aliks temwayen kouzen l lan te anm « Union des Maîtres de l'Enseignement Secondaire (UNMES » Divalye te disoud li an 1959. Li te sipliye Janjak plizyè fwa pou li kite peyi a, men li toujou reponn : « Ceci est mon pays et personne ne m'obligera à l'abandonner ». Avoka ki t ap pouswiv ka a, Mèt André Chérilus di akize a :

« Vous irez en prison. Ce sera pour votre propre protection, car si on vous relâchait maintenant, je ne pense pas que vous arriveriez au coin de la rue ».

Yon chofè taksi ki gen cheve blan te chita bò kote otè a. Li rakonte li an 1964, Dezi te arete li, bat li paske li t ap plede gade li. Apre 18 è seyans, 12 manm jiri yo deklare akize a koupab « arestasyon ilegal, kidnape moun, matirize moun epi asasinen moun ». Foul la rele « Asasen! » Antoine Jean-Charles, jij ki te prezide jijman an enpoze pèn de mò plis domaj epi enterè ki moute 4,4 milyon dola. Pa senk kòb pa p peye.

An reyalite Lik Dezi te près fin reyisi sove. 25 fevriye 1986, dat CNG a te fikse pou retabli drapo ble e wouj la kòm drapo nasyonal. Lik Dezi ak madanm li, toulede te gen viza ameriken, yo te pare pou yo pran vòl Air France pou San Juan, Pòtoriko. Gen yon moun ki rekonèt li, pwobableman yon anplwaye liy aviyasyon an. Radyo Metwopòl resevwa yon apèl ki mobilize kèk santèn moun ki kouri nan ayewopò a, y al pwoteste rele anmwe kont bouwo sa a ki simen kont dèy nan fanmi yo epi k ap sove a. Pilòt liy lan deklare li pa sa anbake yon moun konpwometan kon sa nan avyon an. Bout pou bout lapolis reyaji, li tounen avèk li l al mete l nan prizon prensipal la; kon sa yo sove vi li.

Kèk mwa apre jijman an ap fèt. Sa te bay asistans lan, peyi a tout antye, pèp ayisyen an okazyon jete yon koudèy nan sal kote yo tòtire moun nan, tande sa ki te konn pase, wè sovaj yo k ap opere. Moun yo te kapab koute anrejistreman seyans tòti yo akize a t ap dirije. Yo te dekouvri bann anrejistre yo kay Lik Dezi anwo Lali, lè foul la t al anvayi kay la pou yo piye l. Nan yon silans epè yo t ap koute premye riban an. Akize a tou kout, grizonan, figi l masif dèyè linèt moun myòp, li te ka tande pwòp vwa li k ap soti nan wo palè yo, k ap bay yonn nan asistan bouwo l yo lòd : « Cassez-lui les doigts!» « Plus fort! Plus fort! » pandan moun y ap tòtire a ap dyaye. Jounalis près etranje yo ki t ap tande sekans sa yo, kri viktim yo, lòd bouwo yo t ap pase ak yon plezi sadik, te boulvèse.

3 me 1986, kèk manm fanmi Estime te akonpaye Ektò Estime (Hector Estimé), yonn nan kouzen prezidan Estimé yo (1946-1950) nan ministè Jistis pou l depoze ofisyèlman yon plent epi fè fikse dat pwosè kont moun ki te touye frè li epi kouzen li an.

« Je n'ai pas peur, déclare Hector aux journalistes, un agronome de 58 ans. Je réclame justice, pas seulement pour moi, mais pour tous ceux qui ont souffert le pire de la part de ces gens-là ».

Lionnel Estimé, pitit prezidan Estimé deklare :

« Comme vous le voyez, ce sont des membres de la famille du président Estimé qui déposent cette plainte contre les membres du régime Duvalier. Papa

Doc avait utilisé notre nom pour arriver au pouvoir, nous l'avons soutenu mais quand nous avons découvert qui il était en réalité, nous nous sommes éloignés. Duvalier voyait en Rameau un rival ».

Yo fikse dat 18 jiyè 1986 pou pwose kont Lik Dezi ak senk lòt moun pou arestasyon ak tòti prezidan chanm depite yo, Rameau Estimé ak kouzen li Wiltern Estimé. Hector Estimé ki t ap travay Nouyòk kòm eskòt pasyan nan lopital Memorial Sloan Kettering te enkriminen an plis Lik Dezi, ansyen chèf polis la, Jean B. Valmé, kolonèl Albert Pierre, kapitèn Raymond Cabrol, kapitèn Emmanuel Orcel epi Lionel Wooley, alyas Tije, gwo makout devan Letènèl. Jijman an pa janm fèt. Yo pa janm entèpele senk lòt yo.

Hector Estimé ki te gen 58 an, te rive siviv apre seyans tòti Palè Nasyonal yo epi mizè Fòdimanch yo. Li te nan sal la nan tribinal la lè yo t ap koute anrejistreman yo. Estimé te tounen sot ann egzil pou l vin temwaye nan jijman an. Li rakonte 2 semèn li te pase Kazèn Desalin epi nan yon pyès redchose Palè a kote Lik Dezi t ap pratike metye bouwo tòsyonè li. Hector rakonte kouman yo te « Djake » yo, ki vle di yo mare yo an boul nan yon ba ki pase nan ponyèt yo epi nan jenou, yo pandye l nan yon kab ki soti nan plafon an, limenm, frè li Rameau epi Wiltern t ap ankese kout baton kou grenn lapli. Chak fwa yo pa t reponn yon kesyon se kout baton ki t ap redouble toujou.

Hector Estimé te agwonòm epi kouzen prezidan Dumarsais Estimé. Liyonèl Woolley, Tije, yon makout rekoni, te arete l lakay li 21 jen 1975 epi li te mennen li nan Kazèn Desalin. Frè li Rameau ak kouzen yo Wiltern te deja la. De dènye nèg sa yo, yo te konsidere yo kòm Divalyeris rasi. Rameau ki te depite te sèvi Divalye kòm minis Jistis. Wiltern te la akòz rapò li genyen ak Rameau. Twa Estimé sa yo, malgre lyen yo genyen ak prezidan Estimé, malgre pòs yo te okipe, yo te trete yo kòm vilgè kriminèl. Sa k pi piti a, Rameau, se li ki plonje an premye. Lè yo te voye touletwa al jete

Fòdimanch, Rameau pa t ka mache ankò. Li mouri 12 me 1976, yo te tèlman matirize l, li pa t ka sipòte ankò. Obout 6 mwa, maladi pote Wiltern ale.

Lè yo lage Hector 24 novanm 1976 nan amnisti Nwèl, li te tounen zo ak po. Pwa li te pase de 198 liv a 90. Li te tèlman fèb li pa t fouti mache. Tout dan li yo te tonbe. Malgretou li te kapab la pou l temwaye sa li te sibi, an prezans yon foul moun ki te kwense an silans nan tribinal la.

Fanmi agwonòm Max Vieux te pèdi de pitit gason, Didier ak Paulo, yo disparèt 26 avril 1963, jou atanta kont Janklod Divalye devan kolèj Bird la, pandan yo t ap pral benyen nan lanmè. Gen temwayaj menm jan ki fè konnen yo touye yo nan kan Lamanten an menm tan avèk Hector Ryobé epi yon lòt jennonm yo rele William Théodore, alias Tiwil. Menm temwayaj yo deziyen majò ad honorem Franck Romain kòm otè disparisyon sa yo.

Lè fanmi an te vle al fè plent, milltè yo te tèlman ba yo presyon, yo tèlman fè yo menas, yo te vin deside kite sa. Milltè yo fè yon sèl pou yo pwoteje parèy yo.Te gen yon pwovèb nan lame d Ayiti ki di « Il ne faut jamais donner raison à un civil contre un militaire. » (Pa janm ba yon sivil rezon sou yon milltè)

Sèl akize ki te gen inifòm milltè, se te Samuel Jérémie. Li te yon senp sòlda ki vin chofè Franswa Divalye apre sa chofè Janklod. Yo te akize l pou de moun ki te mouri epi pou movèz konduit antan ke milltè. Pandan swadizan karyè milltè li a, li te antre nan biznis epi li te nan tout kalite trafik enfliyans. Li moute grad jiskaske li rive kolonèl. Li te vin trè rich. Li te gen 52 zan lè sa a. Ofisye lame « regilyè » yo te konsidere l kòm yon woulibè ki vin anbarase yo.

Yon senmenn anvan Bebe Dòk pati, Jeremi (Jérémie) ki te gen yon gwo pwopriyete nan zòn Leyogàn, te rele zanmi makout li yo vin sekouri 1 paske popilasyon an te mennase y ap piye fèm li an. Plizyè machin chaje makout kouri vini, yo ouvè kout zam sou gwoup moun ki te devan pòtal la. Yo touye senk moun, yo blese 17. Yon adjidan nan lame a temwaye li wè Jeremi touye yon timoun uit an ak yon kou sou tèt. Akize a pwoteste : « Comment pourrais-je avoir tué un enfant? A Léogane on m'appelle papa Jere! » Jeremi ki, kèk ane apre, te vin rete North Miami Beach deklare bay otè a Janklod te pase lapolis lòd konfiske tout zam li yo « il m'a laissé sans défense ». Li fè sèman li te prezan men li pa t patisipe nan fiziyad la. Alafen, yo kondane Jeremi dèske li te touye yon moun kèk ane oparavan ak kout baton. Yo kondane l pou kenz an prizon pou krim sa a.

Lè koudeta 1991 kont prezidan Aristid la, yon jandam te ouvè selil li a epi li di l li mèt ale. Yon kamyon lame depoze l lakay li. Li deside pati aletranje. Li travèse fwontyè dominikèn nan imedyatman, apre sa l al abite nan sid Florid.

Dènye Divalyeris enpòtan yo jije se te yon edikatè tout moun konnen, Edwa K. Pòl (Édouard C. Paul). Li te direktè ONAAC (Office National d'Alphabétisation et d'Action communautaire) pandan kèk ane. Se te yon anti kominis fawouch. Yo te akize l li fè konplo pou l touye yon manm ONAAC ki rele Pyè Deni (Pierre Denis). Yo te di Edwa Pòl se moun pa Divalye epi an 1969, alòske yo t ap trake kominis anba lalwa 29 avril 1968, li ta pèsiyade Divalye disoud ONAAC ki dapre limenm te enfiltre ak kominis. Yo akize li se limenm ki te denonse Pyè Deni, direktè biwo ONAAC Okay la. Li pran yon pretèks kèlkonk pou l te fè Deni vini Pòtoprens kote yo arete l, maltrete l, disparèt li san li pa kite tras. Yo te deklare Edwa C. Pòl koupab, yo ba li yon pèn twazan prizon. Albè Pyè, alyas Tiboule ki te nan kache, reyisi kite peyi a nan yon dyèt li te lwe pou mennen l o Brizil. Sa te soulve endiyasyon jeneral. Gen moun ki kwè se travay CIA. Tiboule mouri kèk ane apre o Brezil. Gen de lòt pèsonaj enpòtan nan represyon an, kolonèl Frank Women (Frank Romain) epi chèf makout Petyonvil la, Pòl Veriken (Paul Vericain). Yo te arete yo, men yo te lage yo kèk tan apre paske gouvènman militè a di:

« personne n'avait déposé une plainte contre eux. ». Toujou menm pawòl la tout tan. Yo fò nan fè similak.

Epi pa t gen anyen ankò. Ankèt yo mennen sou fòtin Divalye yo ak akolit yo pa t rive nan okenn dispozisyon serye, pa menm devwale yo pa devwale bay piblik la kouman yo fè vin rich kon sa. Militè CNG yo te òganize yo pou yo ofri kèk ka pouvi ke se pa manm lame a.

Menm dechoukay pwopriyete yo se militè ki t ap endike adwatman kilès pou yo chwazi apre sa pou yo separe antre yo, tandiske y ap bese kòlè lari a ak yon jistis kou l cho l kuit, ak kawotchou limen nan kou moun.

Gwo chèf militè yo te fè alèji ata ak lide demokrasi a. Pandan ventan ki t ap pral vini yo, gwo jefò pou òganizasyon yon eta de dwa, t ap depafini, vag pa vag, kont tout moun ki pa t sa riske revelasyon oswa sanksyon. Militè yo pa ezite bloke eleksyon yo nan san, 29 navanm
1987. Ventan apre, tranzisyon demokratik la toujou nan wout, san pale de devlopman peyi a. Lajistis toujou ap tann.

Gouvènman militè yo t ap dirije a libere Lik Dezi ann apre sou pretèks li malad, enpi li mouri de vyeyès kèk tan apre. Eloyis Mèt (Éloïs Maître), trakè, tòtirè, tiyè d moun, mouri nan kabann li, a santan.

EPILÒG

Obsesyon pran pouvwa rive nan dènye bout li (1990-1991)

Senk an apre, samdi 6 jiyè 1990, doktè Woje Lafontan (Roger Lafontant) ki gen 55 an, desann yon avyon ki soti Santo-Domingo nan ayewopò Pòtoprens. Gouvènman kanadyen te wete pèmi rezidans li, li t al refijye an Repibik dominikèn. Li tounen ann Ayiti pou li vin reprann chemen anbisyon politik li yo te trase pou l rive prezidan la Repiblik. Malgre minis enteryè a te pase lòd arete li nan ayewopò a, yon gwoup ofisye nan lame a ak kèk makout akeyi li an ewo epi rapidman yo mennen l lavil la. Se Divalye pèsonèlman ki te ba li lajan pou fasilite tounen li ann Ayiti. Yo di li te mande 400 000 dola pou divòs Janklod Divalye ak Michèl Benèt. Janklod di otè a an reyalite se te yon kantite lajan pi piti pase sa.

Lafontan pwouve ki jan li gen asirans ak odas lè li deklare li tounen nan peyi a pou li rete, si pou l pati se nan yon sèkèy. Pa lontan apre, komisè gouvènman an voye yon manda amne kont Lafontan pou li reponn akizasyon wot trayizon. Yo te sispèk l ap konplote pou li jete prezidan pwovizwa a, Èta Paskal Twouyo (Ertha Pascal Trouillot). Avoka Lafontan yo konteste fason yo emèt manda a; jij la ba yo rezon. Prezidan Ertha Trouillot revoke jij la. Avoka Lafontan yo ale ann apèl. Afè a rete la.

Antoure ak gad sekirite ak gwo zam lou, Lafontan ak Divalyye zam a la men. CBD

Yon mwa apre li te fin tounen, Lafontan òganize yon mach lavil la. Yon santèn moun sèlman ki te patisipe. Yo voye gwo jouman ak gwo betiz pou moun k ap pase nan machin k ap rele   « Viv Lafontan! » le Petit Samedi Soir ki te mete l bò kote Lafontan an te pale de   « printemps macoute ». Prentan sa a te kout. Lafontan fè kanpay nan peyi a ak kèk ofisye nan lame a ki te akonpaye l. Li distribiye mayo ak lajan. Kanpay la fini ak yon kongrè nan Nayklib Vertallis a nan nò kapital la. Ansyen bawon divalyeris yo te la. Lafontan rive nan yon Mercédes koulè ajan epi li t ap paweze nan mitan foul la pou l deklare li kandida pou plas prezidan pou « Union pour la Réconciliation Nationale » (URN) nan eleksyon ki pral fèt 16 desanm 1990 yo.

Pwogram li senp : Voye santèn milye peyizan ki vini lavil yo tounen kote yo te soti a epi mete yo nan travay. Pou atik 291 Konstitisyon an ki defann kandidati makout pandan 10 an, li fin pran chenn pandan inè; li trete atik la dyabolik. Li pwomèt si Konsèy elektoral la refize kandidati li, l ap envoke dife nan syèl la pou Konsèy la al griye nan lanfè. Kòm de rezon, yo refize kandidati li yon 17 oktòb poutèt yon detay teknik : li pa t gen ak de nesans. Nan eleksyon yo se ti pè katolik la Jan Bètran Aristid (Jean-Bertrand Aristide) ki pase nan premye tou ak 67%. Lafontan sèmante Aristid pa p antre nan palè a. 6 janvye 1991 pandan lanui Lafontan pran prezidant Èta Twouyo ann otaj lakay li epi li mennen li nan palè a. Pandan nuit lan, Lafontan, nan mitan yon ti gwoup patizan, pwoklamen tèt li prezidan. Prezidans sa a dire kèk èdtan. Reyaksyon pèp la te ekstwòdinè. Pandan nuit lan ou te ka tande plizyè milye moun ki soti tout kote yo vin nan palè nasyonal la pandan yo mete barikad nan dènye katye nan kapital la. Gran maten, Pòtoprens te kouvri anba nyaj epè lafimen gri. Foul la te sèke palè a jouk li jou. Lafontan rann tèt li bay lame a. Foul la fin dechennen nan tout vil la kont makout yo, divalyeris yo epi tout moun yo sispèk ki patizan Lafontan. Yo boule rapyetè ansyèn katedral la ki te gen chapant an bwa presye, ki te la depi tan lakoloni. Yo piye epi yo boule rezidans Nons lan sou tèt mòn Kalvè a. Ofisyèlman te gen 80 moun mouri; anpil ladan yo boule vif.

29 jiyè 1991, jou fèt makout yo (VSN) sou reny Divalye, yo deklare Lafontan ak 22 konpayèl li koupab konplo pou jete gouvènman an. Kòm Konstitisyon an te siprime pèn de mò, yo kondane Lafontan ak 17 lòt konplis nan prizon a vi ak travo fòse. Se te yon pwose maraton 24 è radyo ak

televizyon te transmè, ak yon foul moun ki sèke syèj tribinal la. Nan lannuit 30 sektanm 1991, omoman militè yo deklanche kou d Eta kont prezidan Aristid la, yo tire Lafontan nan selil li, li mouri. Samyèl Jeremi (Samuel Jérémie) ki te nan yon selil akote selil Lafontan an di otè a li pa konnen moun ki te vin egzekite l yo. Li sèlman tande Lafontan ki kriye : « Qu'est-ce que je vous ai fait? » Depatman d Eta an 1992, nan yon rapò anyèl sou sitiyasyon dwa moun nan monn nan, mete reskonsablite zak sa a sou do Aristid, epi se yon tès verite yo fè kapitèn Stagne Doura sibi ki ta konfimen sa. Selon kòmannman lame d Ayiti yo touye Lafontan nan selil li nan prizon an lannuit kou d Eta a, 29-30 septanm 1991, sou lòd prezidan Aristid. Nan yon rapò ki siyen, Katye Jeneral Lame a pibliye, kapitèn Doura, kòmandan Penitansye nasyonal esplike kouman Aristid menase l ak prizon a vi si l pa t obeyi lòd limenm, prezidan an te pase l la. Tèks kòmandman militè a presize yonn nan gadyen prizon yo, sòlda Léus Sincère, ki te gen misyon sa a epi li egzekite Lafontan. Sòlda sila a te pran anbasad Venezuela apre sa kote li te jwenn azil politik. Doura menm, gouvènman militè jeneral Cédras la te mete li nan prizon. Apre sa yo vin lage li, li refijye Ozetazini. Gen yon ofisyèl nan anbasad amerikèn ki te de sèvis nan Pòtoprens lè evennman an pase a, li afimen te gen prèv ki konfimen istwa Doura rakonte a kòmkwa li te aji pou l obeyi yon lòd fòmèl prezidan Janbètran Aristid te pase li pou l egzekite Lafontan.

Lè otè a vizite Penitansye a kèk mwa apre, li te ka remake kèk gwo tach san sou matla a epi kostim koulè sonm Roger Lafontan te gen lide mete pou l prete sèman kòm prezidan Repiblik d Ayiti te pandye sou mi an.

Li difisil pou di si te gen anpil moun ki regrèt disparisyon li.

EPILÒG POU KLOTIRE

Sa ki te pase pa p janm mouri

« La Suisse, vendredi dernier, a pris une décision énergique concernant des fonds déposés dans des comptes bancaires suisses par des anciens gouvernants qui seraient le résultat de détournements illicites. Le gouvernement suisse a pris des mesures pour que ces fonds soient hors d'atteinte en attendant les résultats des enquêtes. C'est ainsi, par exemple, qu'une valeur de l'ordre de 7,5 millions de francs suisses déposés sous le nom de l'ex-président d'Haïti, Jean-Claude Duvalier, a été gelée » (Agence Reuters, Zurich, 14 juin 2002)

Vandredi dènye, Lasuis pran yon desizyon fèm sou fon (byen) ansyen dirijan yo depoze sou kont yo nan bank suis. Valè byen sa yo ki ta rezilta detounman, yon bagay ilegal. Gouvènman suis pran desizyon sa yo pou pyès moun pa gen aksè nan kont sa yo ann atandan rezilta ankèt yo. Se kon sa paregzanp, yo te rive bloke yon montan 7,5 milyon fran suis ki te depoze sou non ansyen prezidan Ayiti a, Janklod Divalye. (Agence Reuters, Zurich, 14 jen 2002).

> « Le blocage exceptionnel du Conseil Fédéral (Conseil des ministres), décidé en août 2007 avec échéance à la fin août 2008 a été levé et remplacé par un blocage de l'OFJ en référence à la loi fédérale sur l'entraide internationale en matière pénale (EIMP) : De par cette décision, les Duvalier ont jusqu'à fin septembre 2008 pour prouver l'origine légale des fonds bloqués. Faute de quoi, les fonds seront confisqués puis restitués à l'État haïtien ». (Nouvelles en date du 29 juillet 2008).

> (Blokaj espesyal sa a Konsèy Federal la (Konsèy minis yo) deside ann out 2007 k ap echi ann out 2008, yo leve l, epi yo ranplase l ak yon blokaj OFJ selon lalwa federal sou antrèd entènasyonal nan matyè penal (EIMP) : Ak desizyon sa a, Divalye yo gen jiska fen sektanm 2008 pou yo pwouve orijin legal fon yo bloke yo. San sa, y ap sezi byen yo pou yo voye yo tounen bay Leta Ayisyen.) (Nouvèl, 29 jiyè 2008).

Desizyon sa yo kabinè suis la pran ki kouri sou plis pase 7 ane, sou rekèt yon kolektif asosiyasyon suis, se prèv, pami lòt inisiyativ yo te pran nan divès lòt peyi kont ansyen dirijan diktatè dwèt long siperyè, yon chanjman nan relasyon entènasyonal yo pou aji kont moun ki pwofite de fonksyon yo pou yo kòche pèp yo te sipoze sèvi yo. Dezòmè, moun ki vle konsève abitid dechèpiye Leta predatè (devastè) yo, y ap fè li, men yo konnen yo kouri sèten ris epi y ap jwenn de mwenzanmwen peyi sitirè pou ansyen dirijan dwèt long siperyè epi/oswa vyolatè dwa moun. Koze sa a pran yon dimansyon dramatik lè se peyi tankou Ayiti, k ap viv nan mizè. Popilasyon ayisyèn nan ki vin 20 fwa plis nan espas desan zan endepandans, li soti nan 500, 000 abitan pou l rive 9,5 milyon an 2008. Sa vin rann kondisyon d vi yo pi grav, enpi li vin pi difisil pou soti ladan. La a, nou pa sa neglije pwa pase a. Jan William Faulkner te ekri l la : « Le passé jamais ne meurt. Il n'est même pas passé ». Sa ki pase pa janm mouri. Li pa menm pase.

Rive Franswa Divalye, « Papa Dòk » rive sou pouvwa a, pou malè Ayiti, sa te fèt nan kondisyon ki bay maltèt: tantativ maladwat Jeneral Maglwa pou li ranplase pwòp tèt li, rankin Divalye ak gwoup li a akimile poutèt koudeta kont Estime a an 1950, fristrasyon li akimile onon laras ak laklas, dezòd ki akimile diran 9 mwa kanpay elektoral sou kat gouvènman, ladan yo, yonn kolejyal, yonn militè, pasyon patizan chak kandida, de ladan yo elimine anvan eleksyon yo, se tou sa ki make chemen abityèl, repete okouran 200 zan istwa pou plante yon rejim ki chita sou gwo ponyèt. Fwa sa a, sistèm gwo ponyèt la se laterè sanginè, san mèsi, san limit ki tabli l epi li dire ventnèf an.

Lè li pran pouvwa a an 1971, a 19 an, Janklod Divalye, pran eritay yon sistèm pouvwa papa l mete kanpe, limenm li rele l "la Machine", men san estrikti politik papa a ak figi di efreyan l lan. Li pa t oblije goumen pou pouvwa sa a ni sakrifye lavi menm kantite moun sa yo. Vye ansyen dinozò rejim nan ki jalouze chans li ak jenès li, yo te wete yo nan jwèt poutèt yo vin ankonbran swa akoz krim yo te komèt yo, swa akoz enkonpetans yo; yo t ap tann avèk enpasyans gaf ti diktatè gwo vant, pa entèlijan an, mennen li nan katchouboumbe. Men sa pa t rive fèt, pètèt paske dènye estremite represyon an, dezè li kreye a, pwolonje diktati a otomatikman pandan kenz an, tout pandan movèz efè li yo sou sosyete ayisyèn nan ap vin pi grav vizavi Leta dechèpiyè a epi egzòd pèp ayisyen an.

Sanble moun te ka salye an fevriye 1986 kè kontan yon mouvman demokratik kote ou te ka jwenn melanje ansanm sa ki te rete vivan yo nan trant an lit la. Moun te ka wè legliz yo ki reveye, k ap fè konsiderasyon etik epi ki fè li sousi pou pòv yo. Moun te ka salye enfliyans mesaj konsènan dwa moun yo. Yo te menm pale de posiblite ke anfen enstitisyon militè a refè kòd lekti li de istwa a. Enpi, pètèt apre yon novisya tèrib kon sa, pèp ayisyen an ta rive arebò dlo a kote anfen lòd ak larezon pran plas yo, kote yo respekte lalwa, kote moun respekte dwa lòt moun.

Otè liv sa a, nan travay li kòm jounalis nan kè evennman yo depi plis pase senkant an, te kwè li nesesè pou poze eritye a kesyon epi sa te ka pèmèt li founi kèk repons. Gen moun nan divès kan, pafwa menm nan kan opoze, ki pa t fin kwè nan yon jefò kon sa yo te kalifye de pèt de tan lè w konsidere lespri bòne epi koridò Janklod Divalye. Èske se vre li pa t entèlijan? Epi, èske se pa vre tirani an kite dèyè l yon kantite viktim nou pa sa fin konte, pi fò ladan yo antere sèten kote moun pa fouti idantifye. Eritaj tirani sa a se yon pwazon chak moun ap respire epi nan lakontantman li oubyen nan dezespwa li, foul la vin kapab akeyi nenpòt kèl pwofèt, nenpòt kèl blofè. Tirani an se yonn, mizè a se yon lòt. Konbe pwofèt, konbe refòmatè ki vin tounen tiran, ki deside finalman swiv egzanp sa ki te vin rich poutèt yo te kwè yo se bondye oswa yo te fè kwè yo se bondye, yo vire do bay pòv yo, bay sa yo t ap peze souse yo, kòm si se te yon fatalite tris.

Liv sila a se pa sèlman yon swit sa ki te pibliye an 1968 la, ak kolaborasyon Al Burt, Papa Dòk. Moun kapab wè ladan pètèt yon ka istorik kote yon nasyon divize, tounen yon egzanp echèk ak fayit, obsèvatè yo konsidere kòm yon vòlkan k ap prepare pwochenn eklatman li nenpòt kèl moman, an reyalite yon veritab bonm a retademan. Moun kapab dekouvri ladan l tou pwa yon eritay, premye epi dènye viktim nan se eritye a menm menm, menm si li refize admèt sa.

Se te yon djòb difisil. Yon zanmi m, yon ekriven ayisyen, te di mwen kareman :

« Pourquoi perdez-vous tant de temps et d'énergie pour prouver ce que nous savons, que Jean-Claude Duvalier n'était pas très fortiche, et, de toute façon, s'est mis à la tête d'une dictature sachant la place qu'y occupent nécessairement torture et tuerie. En plus de cela, il est responsable d'avoir siphonné des millions de dollars appartenant au peuple haïtien, le peuple le plus pauvre des Amériques. »[109]

Pandan ven dènye ane yo, mwen fè rechèch, mwen reflechi sou vi ak aksyon « Bebe Dòk » inikman pou m pwouve anpil nan pòtre pèp ayisyen an tire de prezidan pou lavi a, yo vre. Se pa t yon pèt de tan piske istwa sa a peryòd ki pi long lan epi dezyèm peryòd diktati divalyeris la, 1971-1986, pèmèt mwen dekouvri liy eklatman sibit peryòd vòlkanik ki te ka esploze lè yon diktati kon sa vin tonbe.

Moun panse yon diktati kon sa, sanginè, bòne pa kite anpil bagay nan peyi a ak enstitisyon yo. Yo te entèdi pati politik yo. Yo te fè sistèm jistis la tounen yon branch dosil ki sou zòd rejim nan. Sitou, vid politik ki vin genyen apre depa

---

[109] « Pouki w ap pèdi tout tan sa a, tout enèji sa yo pou pwouve sa nou konnen ? Janklod pa fin twò tèm, epi de tout fason li mete li nan tèt yon diktati li konnen ki plas matirize moun ak touye moun okipe nesesèman ladan l. An plis de sa se li ki reskonsab yo sifonnen yon pakèt milyon dola pèp ayisyen an, pèp ki pi pòv nan Amerik yo. »

a, vin fè yon bann moun ki gen maladi pouvwa plonje tout ansanm sou pouvwa a, ki lakòz plizyè milye moun viktim ankò. Vid politik la ouvri tout suit apeti militè neyodivalyeris yo, gad pretoryèn Papa Dòk la. Militè sa yo Washington ede epi entoksike kòmanse pa detwi nan san premye chans pèp ayisyen an te genyen pou l vote nan yon eleksyon demokratik, 29 novanm 1987. Se te jis yon kòmansman. Te vin gen yon kanpay pou egzèse jistis popilè altènatif ki sèvi ak dife nan kawotchou, yon swadizan pwofèt te di « li santi pi bon pase woz ». Li te vin enposib pou lajistis fonksyone, fè jijman epi fikse pèn pou mechan yo. Pakèt krim diktati a ki pa t jwenn pinisyon te rejwenn pa lòt krim, pi fò ladan yo fèt ak sanfwa nan lari a, gwo lajounen. Ventan apre depa Eritye a, lajistis pa kapab envite sitwayen yo vin asiste nan tribinal yo deba yon demokrasi ann aksyon. Ti jennonm diznevan ki vin prezidan pou lavi a, pwobableman li pa t yon move zwazo. Men limenm tou li te prizonye, piske li te rete nan palè a depi li te gen sizan. Men, li pa t gen preparasyon pou l pran reskonsablite sa yo, reskonsablite chèf d Eta. Yo sèvi avèk li, yo abize li san li pa menm rann li kont. Yo te pwograme li kòm figiran nan yon pyès li pa menm soupsonnen ni kòmansman li ni fen l. Desizyon li te dwe prese pran an, se te siprime prezidans pou lavi a. Men gan lè li pa t ka fè sa, sa pa t menm pase nan tèt li. Pi rèd jiska mentnan li pa sanble reyalize ki reskonsablite li te pran pandan kenzan nan administrasyon peyi a, milyon dola sa yo yo sifonnen voye nan bank etranje, milye viktim sa yo ki soufri, ki disparèt san yon tonm ou ka idantifye.

Kenzan apre li pa sanble reyalize reskonsablite li daprezavwa li siyen ak lòt yo malè tout yon pèp.

Bernard Diederich

PÒSKRIPTÒM (Yon dènye koze)

Jean-Claude Bajeux

Blokaj Lajistis Yon sistèm enpinite

Dènye chapit liv Bernard Diederich la, chapit 41 an Une justice sélective ou l'art du faux-semblant moutre nou byen klè feblès sistèm jistis ayisyen an, pandan ventan ki vin apre ventnèf ane diktati Divalye yo. Demann jistis pa t janm fò kon sa, e se krim san yo vèse yo, moun yo disparèt yo, moun yo matirize yo, kantite kòb Leta ki fè wout kwochi yo ki rive plizyè santèn milyon dola.

Sistèm jistis ayisyen an ki paralize a, li gen sous li yo analize nan anpil rapò, pandan tout ven dènye ane sa yo. Ti kal envestisman Leta fè nan domèn nan esplike an pati absans aktivite ak rezilta. Laperèz ak kòripsyon fè efè pa yo. Men li enpòtan pou n endike de lòt faktè, paske si yo pa kontwole yo, pa p gen okenn chans pou okenn gouvènman mennen peyi a nan chimen devlopman (sa yo pa jennen alèkile pou yo rele «la réduction de la pauvreté » a).

Bouklaj jistis la vin tounen yon sistèm pyès metrès li se egzistans yon enpinite resipwòk garanti pou delenkan, sa k ap vyole dwa moun yo, vi yo, kò yo epi sa ki detounen lajan Leta yo. Nou jwenn sistèm sila a nan desansenkant an egzistans Leta ayisyen an. Sa ki etonan se pa pèsistans delenkans lan. Sa ki etonan se jwèt enpinite a kote chak moun jwenn yon lòt moun ki kouvri vyolasyon yo ak detounman yo epi anpeche yo jije l. Se yon chenn ki gen may sere sere, odsi klivaj politiko ideyolojik; yon sistèm sekirite resipwòk (lenzalòt).

Men, sa ki pi etonan toujou se patisipasyon aktè entènasyonal yo nan jwèt sa a, ke l se gouvènman oswa enstitisyon espesyalize. Gen divès rezon ki esplike kè sansib ou konplisite sa a. Yo pa vle bagay yo gaye. Yo pa gen tan pou sa. Yo pa t vini pou sa. Oubyen ankò gen yon sèten womantis konsènan mouvman ki vle pou yo popilis ou gochis. Oubyen ankò èske pase sa a vo lapèn pou moun chonje li, san konte kèk ti anba anba patènèlman rasis. Malgretou, depi Nuremberg, dwa entènasyonal la sou sijè sa a pa sispann vin pi presi, pi devlope, li vin rann posib paregzanp, sanksyone yon Pinochè oubyen yon Kal Telò (Carles Taylor).

Nan kè pwoblèm nan nou ka dekouvri kichòy ki sanble makònen ak politik, yon kapasite pou eskize chwa delenkans kòm faktè nesesè pou yon mouvman istorik reyisi. Kidonk vin gen yon ponsaj dualite ant byen e mal. Yon kousikui konsyans moral la, kòm si an patan de moman sa a, yon nouvo monn ofri tèt li bay aktè yo, yon monn kote limit moral la enpoze yo disparèt, yon monn kote trezò yo pwomèt delenkans lan, lò ak san dominen. Nan mete konsyans etik sa a ant parantèz, reskonsablite pèsonèl evakue. Pa kesyon pou yo rann kont. Yo deja ap viv nan yon lòt monn y ap viv depi kounye a nan eklatman nòm yo epi sèk la ki vin pi zele. Se la nou vin jwenn ensansibilite sa a, koterizasyon sa a otè Le Prix du Sang ak l'Héritier a note kay aktè prensipal wwayòm monn nan kote k pa gen ni jou ni nuit, ni fo ni vrè, ni wi ni non, inikman anvi pouvwa.

JeanClaude Bajeux, 30 sektanm 2008

ANÈKS 1

KÒRIPSYON KI BAY KÈ PLEN

Sifonaj byen Leta yo pou byennèt chèf Leta a, fanmi li ak konplis yo.

Kou Divalye enstale nan Palè Nasyonal la, Kleman Babo prezante moun ki vin kote li kat vizit li ki deziyen l kòm « Chèf polis sekrèt » nouvo gouvènman an. Tousuit yo gen tan poze lapat sou tout resous Leta yo, an patikilye sou òganis otonòm yo epi antrepriz k ap manipile pwodui estratejik yo ak pwodui alimantè yo : esans, siman, farin, tabak, sik, alimèt, tout anba chapo « Régie autonome du Tabac ». Yo pa fè okenn etid sou montan global resous Leta, Divalye yo, fanmi yo, konplis yo drennen pandan 29 an detounman sistematik lajan pèp ayisyen an. Ni òganis espesyalize yo, ni chèchè yo pa jwenn opòtinite depouye achiv Bank Nasyonal, Ministè Finans, Palè Nasyonal, Lame d Ayiti ak "Régie du Tabac" pou yo fè yon kont global valè lajan ki depanse oswa ki ranmase nan kont patikilye, ann Ayiti ou aletranje pandan tyè syèk sa a. Sifonaj lajan an te metodik, san rete, epi nan dènye ane yo menm li te pèmèt sèk pouvwa a mennen yon tren d vi liks ak depans san kontwòl.

De tout fason pale de detounman fon piblik yo, de izaj abizif byen sosyal yo, d Eta delenkan ou vwayou, de rejim predatè, dechèpiyè, de kleptokrasi (metye vòlò), sa pa deranje pyès moun piske nasyon an sanble rekonèt chèf Leta a se pwopriyetè peyi a ak byen ki gen ladan li, menm jan ak yon pèsonaj wayal nan tan Larenesans, menm jan yon chèf mafia se pwopriyetè fanmi yo ak timoun yo. Estimasyon nou genyen yo bay yon lide byen kout sou peryòd kout delenkans lan etan done jefò ki fèt pou fè moun vin klè sou sijè a apre 1986, gouvènman militè ki vin apre yo sabote yo. Nou pa gen lòt chwa pase al gade sipozisyon sèten òganis ki te estimen fòtin eritye yo te fè, apre 1986, kichoy ant 400 e 800 milyon dola.

Nou pral bay sèlman kèk ekstrè rapò administrasyon ayisyèn nan ki te kapab fèt malgretou, men ki malgre yon ofansiv madam Agnant te deklanche an 1999, abouti a arestasyon e anprizònman. Men aksyon jidisyè sa yo ki te gen iregilarite legal, pa t gen suit an jistis.

N ap bay kat ekstrè jefò jistis ayisyèn nan fè ki mouri nan ze, ki konfimen konstatasyon yon otè ki degoute fè nan « Quand la Nation demande des comptes ». Parayè n ap kapab li travay Barose epi yon travay kolosal malerezman repetitif e anbwouye, Leslie Péan fè an 4 volim sou « La corruption dans la République d'Haïti ». Al gade tòm 4 la sitou.

1.- EXTRAIT DU RAPPORT DE FRANÇOIS SAINT-FLEUR

MINISTRE DE LA JUSTICE.

RÉPUBLIQUE D'HAÏTI

PORT-AU-PRINCE 16 JANVIER 1987

Je soussigné, François St-Fleur, certifie et atteste ce qui suit :

1. Je suis l'actuel ministre de la Justice de la République d'Haïti. Je soumets cette attestation pour appuyer la requête de la République d'Haïti (la ``République``) qui a entamé un procès, contre les personnes suivantes pour détournement des fonds de la République :

   a) Jean-Claude Duvalier pour la somme de $120, 574,575.
   b) Michèle B. Duvalier, pour la somme de $94, 603,083.
   c) Madame François Duvalier (aussi nommée Simone Ovide Duvalier) pour la somme de $2, 049,241
   d) Nicole Duvalier pour la somme de $3, 223,468.
   e) Simone Duvalier pour la somme de $437,921.
   f) Marie-Denise Duvalier pour la somme de $1, 119,163.
   g) Jean Sambour pour la somme de $109, 123,503.
   h) Frantz Merceron pour la somme de $59, 870,876.
   i) Auguste Douyon pour la somme de 1$120, 010,697.

2. Comme nous le verrons plus loin, dans les attestations annexées à la présente et dans le supplément Documentaire, la République a établi que ces individus ont détourné les fonds du Trésor Public. La présente attestation est complétée par des attestations additionnelles illustrant ces actes de détournements.

Anèks A
JEAN-CLAUDE DUVALIER

Comptes Non-Budgétaires	$70, 740,136
Régie du tabac	29, 270,142
Loterie	1, 691,480
OAVCT (Assurance V.hicules)	856,600
CCJH	2,194,950
Minoterie	4,492,730
Impôts	6, 145,531
Institutions diverses	2, 696,772
BNC (Banque Nationale de crédit)	2, 386,234
Total	**$120, 574,575**

Anèks B

MICHÈLE BENNETT DUVALIER

Comptes Non-Budgétaires	$61, 667,815
Régie du tabac	17, 563,532
Loterie	1, 602,480
OAVCT	695,600
CCJH	2, 194,950
Minoterie	4, 402.730
Impôt	1, 728,670
Institutions diverses	2, 361,072
BNC	2, 386,234
Total	**$94, 603,083**

François Saint-Fleur, Ministre de la Justice

II.- DÉCLARATION DE LESLIE DELATOUR
MINISTRE DES FINANCES
ET DE L'ÉCONOMIE NATIONALE

RÉPUBLIQUE D'HAÏTI
PORT-AU-PRINCE, 16 JANVIER 1987

En ma qualité de Ministre de l'éEconomie et des Finances de la République d'Haïti, je soussigné, Leslie DELATOUR, certifie et atteste ce qui suit au sujet des détournements des fonds effectués par les suivants: Michèle Duvalier, Mme François Duvalier, Marie-Denise Duvalier, Frantz Merceron, Jean Sambour et Auguste Douyon.

Ces détournements perpétrés au détriment de l'État haïtien étaient facilités par la création et le maintien de compte ``extra-budgétaires à la disposition des Duvalier et de leurs complices. Les investigations en cours ont établi à ce jour que les sus-mentionnés se sont appropriés (sic) frauduleusement un montant de $70 millions par le truchement de ces comptes ``extra-budgétaires``.

UNASPECT DU STRATAGÈME UTILISÉ PAR LES DUVALIER :
LES COMPTES EXTRA- BUDGÉTAIRES

2. Tout au moins à partir de l'année 1975, Jean-Claude Duvalier mit sur pied un système en vertu duqquel des comptes extra-budgétaires ont été créés et alimentés par des fonds du Trésor Public et des revenus d'institutions publiques. Le tirage et l'utilisation des fonds de ces comptes échappaient au contr,ole et à la supervision de l'office du Budget de la République.

3. Jean-Claude Duvalier exercera un contrôle absolu sur les fonds déposés à ces ``comptes extra-budgétaires``. Il utilisa son pouvoir pour transférer, ``Par instructions de son Excellence, le Président À Vie``, un montant totalisant plus de $70 millions à son bénéfice personnel, à celui de sa famille, de ces complices et des principaux pourvoyeurs de bijoux, vêtements, articles de luxe en général, et de bateaux de course.

4. De fait, chacun des organismes gouvernementaux générateurs de recettes était forcé de transférer la mageure partie de leurs profits ou revenus à ces comptes extra-budgétaires. Comme établi, par exemple, dans les attestations de Vulcain et de Beauplan, la Minoterie d'Haïti et la Régie du Tabac étaient requises de déposer leurs ``bénéfices nets`` dans ces comptes.

5. L'étendue de cette conspiration a été sans égale. Le système mis en place comprenait entre autre : a) Carnet de chèques privé pour tirage sur les comptes extra-budgétaires; Jean-Claude Duvalier détenait des carnets de ch`ques qu'il utilisait personnellement pour tirer de l'argent des comptes extra-budgétaires. Ces chèques étaient émis à son ordre, à l'ordre de ``cash`` et à l'ordre d'amis et complice. Plusieurs de ces chèques atteignaient une valeur une valeur aussi élevée que $200, 000.

b) Chèques Émis à l'ordre d'Entités Fictives Dénommées ``Œuvres Sociales`` Jean-Claude Duvalier, Michèle Duvalier et Madame François Duvalier ont disposé régulièrement des fonds déposés dans les comptes extra-budgétaires sous rubrique ``Œuvres Sociales, les Duvalier endossaient régulièrement les chèques émis à cet effet et les encaissaient à leurs propres fins, souvent pour s'acheter des chèques sur l'étranger.

c) Chèques Établis à l'ordre d'Institutions Présumées Philanthropiques;
   Afin de dissimuler leur conspiration, les Duvalier eurent aussi recours à des organisations philanthropiques telles que l'hôpital de Bon Repos, à Port-au-Prince. Chaque mois, régulièrement, Michèle Duvalier tirait $70, 000 du compte de l'hôpital et transférait cette somme à son compte privé N0 6251.

ANALYSE DES TRANSFERTS FRAUDULEUX DE FONDS
A PARTIR DES COMPTES EXTRA-BUDGÉTAIRES

Détournement de fonds à travers des comptes extra-budgétaires administrés à Banque de la République d'Haïti.

6.- Ce système de commmptes extra-budgétaires a été établi par les Duvalier, père et fils, qui plaçaient aux postes-clfs à la Banque de la République d'Haïti, les personnes de confiance qui acceptaient de collaborer avec eux. Ces différents comptes étaient désignés comme suit :

Comptes	Désignation
382-G	Défense Nationale #1
480-G	Compte d'Urgence #1
496-G	Compte d'Urgence #2
539-G	Compte d'Urgence #3
656-G	Compte Spécial d'Att. Dép.Urgence
903-G	Compte Spéc. Défense Nationale
915-G	Section Véhicules Palais National
1147-G	Fonds Ordinaires

7.-En déniant un contrôle officiel au service central de la trésorerie, les Duvalier avaient une mainmise totale sur une partie considérable des recettes de l'État et pouvaient les détourner en leur faveur par le truchement de ces comptes bancaires frauduleux. Ces prélèvements étaient effectués au moyen d'avis de débit portant la mention : ``Svt.Instr.Prés. à vie`` (Suivant Instruction du Président à vie).

Un exemple suit : Nous avons pu regrouper des avis de débit et des chèques écrits de la main de Duvalier sur ces comptes qui apparaissent en Annexe A. Ces différents avis sont classés suivant les bénéficiaires.

8.- Le dossier examiné jusqu'ici établit que Jean-Claude Duvalier ordonna des transferts estimés à $39 millions en sa faveur et en celle de ses parents, amis et fournisseurs. Les transactions sus-mentionnées se résument comme suit :

Transfert s par ordre de Jean-Claude Duvalier à :

Jean-Claude Duvalier	$ 15, 448,180.00
Michèle B. Duvalier	$ 10, 391,402.00
Membres de la famille	$ 2, 041,263.00
Complices politiques	$ 5, 635,158.00
Total	**$ 33, 516,003.00**

Conclusion

On est embarrassé pour trouver un qualificatif précis à ce crime commis par les Duvalier contre toute une nation. Cette odieuse conspiration a systématiquement drainé les coffres de l'État et laissé le peuple haïtien dans une misère noire et presque sans espoir d'un lendemain meilleur.

A titre d'exemple, nous avons choisi au hasard le bilan de tansferts frauduleux d'argent opérés pendant un mois – décembre 1985. Ces virements de fonds, en un mois, totalisaient $ 1, 045,210.

Il est évident que les Duvalier ont sans pitié vidé les coffres de l'État à leur profit, tant par des transferts directs de fonds que par le truchement de comptes fictifs qui ne servaient en réalité qu'à dissimuler l'ampleur du pillage. Ils se sont accaparés (sic) ainsi, rien que pour ce mois de décembre 1985, d'un montant plus de 3,000 fois le revenu annuel moyen de l'Haïtien.

Leslie Delatour
Ministre des Finances et de l'Économie Nationale.

III.-ATTESTATION DE EDDY AVIN
RÉPUBLIQUE D'HAÏTI

PORT-AU-PRINCE, 16 JANVIER 1987

Je soussigné, EDDY AVIN, certifie et atteste ce qui suit :

1. Je suis l'actuel assistant Directeur Général du Département du Trésor de la Réublique d'Haïti. Cette attestation est une analyse détaillée des provisions prévues par le budget national en vue de l'allocation d'un salaire à Jean-Claude Duvalier.

LES PROVISIONS BUDGÉTAIRES DE LA PRÉSIDENCE

Année	Appropriation Présidentielle
1980-1981	$809, 904
1981-1982	$1,055,013
1982-1983	$1, 160,880
1983-1984	$2, 428,470
1984-1985	$2, 441,712

2. Le budget de la République d'Haïti contient des provisions détaillées en vue de l'allocation d'une somme substantielle au président de la République et au personnel présidentiel. Les dépenses relevant directement du fonctionnement de la présidence sont réparties dans le relevé qui suit; il comprend outre les salaires du président, les dépenses couvrant ses véhicules, ses frais de transports, de fonctionnement de son bureau, de ses supposés ``Oeuvres Sociales`` et aussi ses dépenses diverses et imprévues. La copie d'une portion du budget annuel de la République d'Haïti des périodes septembre 1980 à septembre 1985 où figurent ces allocations est insérée dans le Supplément Documentaire, Volume VII et Étiquette 1.

DUVALIER REÇUT
LES ALLOCATIONS PRÉSIDENTIELLES

3. J'ai procédé à un examen minutieux des dossiers du Département du Trésor pour les périodes septembre 1980 à septembre 1985. Nous n'avons pas déterminé que les allocations présidentielles étaient remises à Jean-Claude Duvalier révulièrement sous forrme de chèques qu'il encaissait et dont il disposait à sa guise. Virtuellement chacune de ces allocations était versée à Jean-Claude Duvalier en personne.

4. Par exemple, selon les provisions du budget national, les valeurs suivantes ont été versées au salaire de Jean-Claude Duvalier :

1980-1981	$24, 000	1983-1984	$24, 000
1981-1982	$24, 000	1984-1985	$42, 000
1982-1983	$24, 000		

5. Le budget présidentiel de la République d'Haïti avait aussi prévu pour Jean-Claude Duvalier une rubrique intitulée ``Assistance Sociale`` à laquelle une somme considérable était affectée. Ces versements sont répartis comme suit :

1980-1981 $86, 000

1981-1982 $86,400

1982-1983 $120, 000

1983-1984 $120, 000

1984-1985 $120, 000

6. Le budget présidentiel de la République d'Haïti prévoyait aussi une allocation sous la rubrique

``Sans justification``.

1980-1981 $291, 588

1981-1982 $549, 744

1982-1983	$636, 000
1983-1984	$1, 872,389
1984-1985	$1, 872,312

CONCLUSION

7. En définitive, l'analyse du budget de la République d'Haïti révèle l'allocation d'une somme substantielle en vue de couvrir les dépenses officielles découlant des fonctions présidentielles. Comme nous l'avons démontré, et comme il apparaît dans les annexes du Document supplémentaire, les allocations furent toujours payées et en bien des cas, elles furent payées personnellement à Jean-Claude Duvalier.

EDDY AVIN

Assistant Directeur Général du Département du Trésor

IV.- EXTRAIT DE L'ORDONNANCE
DU 13 DÉCEMBRE 1999
DE ME PIERRE JOSIARD AGNANT,
JUGE D'INSTRUCTION
AU TRIBUNAL DE PREMIÈRE INSTANCE
DE PORT-AU-PRINCE

Attendu que l'État haïtien a exposé que ``la République d'Haïti a été dirigé pendant près de trente ans par des affairistes qui ont mis le pays en coupe réglée pour s'enrichir illicitement au détriment du trésor public et se sont ainsi rendus coupables de nombreuses infractions.

Attendu que l'action publiqsue a été mise en mouvement contre les sus-nommés, un mandat d'arrêt a été décerné contre eux.

Attendu que, dans sa position en date du 7 février 1987, au cabinet d'instruction, Monsieur Leslie Delatour, alors ministre des finances, a déclaré que Jean-Claude Duvalier et les membres de sa famille ainsi que leurs complices se sont appropriés de (sic) plus de trente-neuf millions de dollars américains par le truchement de comptes extra-budgétaires;

Attendu que l'investigation sérieuse menée par le ministre des finances au sujet de ce détournement scandaleux à des fins personnelles de ces comptes extra-judiciaires a permis d'identifier nommément les identités, institutions et individus en faveur desquels d'importantes sommes d'argent ont été décaissées, qu'il y a indice pertinents pour poursuivre l'action répressive contre les sus-nommés, qu'il y a lieu à suivre.

DISONS DÉCLARONS … qu'il y a lieu à suivre contre les nommés Jean-Claude Duvalier,
Frrantz Merceron pour concussion et corruption de fonctionnaires publics;
La dame Michèle B. Duvalier pour corruption de fonctionnaires publics et complicité de concussion;

Les nommés Alexandre PAUL, Augusfte DOUYON, Jean-Robert ESTIMÉ, Albert PIERRE, Georges DENENCOURT, Jean-Marie CHANOINE et Jean SAMBOUR pour concussion; vu qu'il y a indices suffisants susceptibles de justifier leur responsabilité, les renvoyons en conséquence, par devant le TRIBUNAL criminel siégeant sans assistance de jury pour y être jugés conformément à la loi;

ORDONNONS qu'ils soient pris en corps et écroués au Pénitencier National soient ensemble la présente ordonnance transmise au Commissaire du Gouvernement près le Tribunal de première Instance de Port-au-Prince, en notre chambre d'instruction sise au Plais de Justice de cette Ville, ce jourd'hui 13 décembre 1999, avec l'assistance de notre greffier James SAINT-JEAN;

IL EST ORDONNÉ à tous huissiers, sur ce requis, de mettre la présente ordonnance à exécution, aux officiers du Ministère public près les Tribunaux civils d'y tenir la main, à tous commandants etautres officiers dee la force publique d'y prèter main forte lorsqu'ils en seront légalement requis;

EN FOI DE QUOI, la minute de la présente ordonnance a été signée de juge et du greffier susdits

Notede l'éditeur : pas de signature.

LE RELIQUAT DES FONDS DUVALIER
DANS LES BANQUES SUISSES

Le reliquat de 7 millions de francs suisses des fonds Duvalier se trouvant dans des banques suisses est l'objet, depuis plusieurs années, de l'attention des autorités suisses en vue de décider à qui les remettre. Voici le dernier épisode de cette affaire :

COMMUNIQUÉ DE PRESSE

Le 23 mai 2008, la République d'Haïti a présenté à l'Office Fédéral de la justice (OFJ) une demande d'entraide complétant une requète de 1986 tendant à la remise des avoirs déposés en Suisse par Jean-Claude Duvalier (président de la République d'Haïti entre 1971 et 1986) et ses proches. Selon cette demande, Jean-Claude Duvalier et ses complices font l'objet d'une procédure pénale en Haïti. Il leur est reproché notamment d'avoir formé une organisation criminelle vouée au pillage systématique des caisses de l'État à leur profit, et d'avoir placé les fonds ainsi détournés à l'étranger.. Le 11 février 2009, l'OFJ a ordonné la remise à la République d'Haïti de la somme d'environ CHF 7'000'000 détenue aupr`s d'une banque suisse par Jean-Claude Duvalier et ses proches.

Le 18 mars 2009, une fondation de droit liechtensteinois a recouru devant le Tribunal fédéral (TPF) contre cette décision de l'OFJ. A IIe Cour des plaintes du TPF a rejeté ce recours par arrêt du 12 août 2009 (RR.2009.94). En résumé, elle a considéré que la structure mise en place par Jean-laude Duvalier et ses proches consistant à user du pouvoir absolu du Chef de l'État afin de faire régner un climat de terreur en Haï et de procurer à ses membres des revenus considérables par le détournement systématique des fonds publics devait être qualifiée en droit suisse d'organisation criminelle au sens de l'art. 260ter ch,I CP. Faute pour la titulairedu compte visé d'avoir pu apporter la preuve que les fonds saisis n'étaient pas d'origine criminelle, la Cour a conclu que ces fonds devaient être remis en vue de confiscation à l'État requérant. Cette décision est susceptible de recours au TF dans les dix jours à compter de sa notification.

Bellinzone, le 13 août 2009

ANNEXE 2
LA MACHINE DE MORT

Le réseau de terreur et de mort imposé au peuple haïtien reposait sur l'organisation para-légale de groupes de Volontaires de la Sécurité Nationale (VSN), connus sous le nom de ``Tontons-Macoutes`` disséminés sur tout le territoire, avec droit de vie et de mort. Une partie des prisonniers se retrouvaient dans le camp d'extermination lente connu sous le nom de Fort-Dimanche, dans la banlieue nord de Port-au-Prince. Leur activité échappait complètement à toute intrusion du système de justice. Il faut ajouter à cela le fonctionnement aux Casernes Dessalines d'un département spécial chargé d'obtenir, par la torture, des renseignements. Ce département fut officialisé dans une loi qui prétendait donner une assise légale à la chasse aux ``communistes``. Cette loi représente un monument de négation de tous les droits de la personne humaine. Elle a été spécifiquement abrogée par la Constitution haïtienne du 28 mars 1987.

En voici le texte (sans les ``considérant``)

Approuvée à l'unanimité par la Chambre des Députés et promulguée par le gouvernement de François Duvalier.

LOI ANTICOMMUNISTE

Aricle I.- ``Sont déclarés crimes contre la sûreté de l'État, les activités communistes sous quelque forme que ce soit :

Toute propagation des doctrines communistes ou anarchistes, par conférences, discours, causeries, lectures, réunions publiques ou privées; par tracts, placards, périodiques, revues, journaux, brochures, livres, images, toutes correspondances écrites ou verbales avec des associations, soit locales, soit .trangères ou avec des personnes qui s'adonnent à la diffusion des idées communistes ou anarchistes, de même que le fait de recevoir, de recueillir ou de fournir des fonds destinés directement ou indirectement à la propagations desdites idées.

Article 2.- Seront déclarés coupables des mêmes crimes tous ceux qui, à un titre quelconque : libraires, propriétaires ou gérants d'imprimerie, propriétaire, gérants ou locataires de salles de spectacle publiques ou privées; propriétaires, locateurs ou locataires de maisons d'habitation; ministres du culte, ministres prédicateurs, professeurs, instituteurs etc., auront suggéré ou facilité leur exécution, hébergé ou prêté assistance à leurs auteurs.

Article 3.- Ls individus poursuivis conformément aux articles 1 et 2 de la loi résente seront jugés par une cour martiale ou militaire permanente.

Article 4.- Seront punis de la peine de mort les auteurs et complices des crimes ci-dessuuuuus prévus, leurs bien meubles et immeubles seront confisqdués et vendus au profit de l'État.

Article 5.- Tout individu surpris en flagrant délit d'activités anarchistes ou terroristes est déclaré hors-la-loi.

Article 6.- La présente loi abroge toutes lois ou dispositions de lois, tous décret-lois ou dispositions de décrets-lois qui lui sont contraires et sera exécutée à la diligence des Secrétaires d'État de l'Intérieur et de la Défense Nationale et de la Justice, chacun en ce qui le concerne.

Donné à la Chambre législative le 28 avril 1969

Donné au PalaisNational le 29 avril 1969

Dr François Duvalier

Moniteur No 44, 30 avril 1969

Bebe Dòk tounen ann Ayiti

Dimanch 16 janvye 2011, Janklod Divalye, Bebe Dòk, rive Pòtoprens sanzatann. L'ap konte pa pou l debake nan yon avyon ki soti Pari epi ki te fè eskal Gwadloup. Se fen yon ekzil 25 ane ki long. Men se pa tout moun ki te sezi, paske konpayèl ansyen diktatè a, Véwonik (Èmans) Wa, te fè yon bon travay preparsyon sou teren an pou li rann retou a posib.

Li te pwofite yon desizyon prezidan Rene Preval te pran an fen d kont anvan eleksyon 20 mas 2011 yo pou li pèmèt non sèlman Divalye tounen nan peyi a, men tou ansyen prezidan Jan Bètran Aristid ki te gen pou li rive soti ann Afrik di Sid ak fanmi li nan yon djèt li te lwe, apre setan egzil. Yo te panse de nèg sa yo ki tounen an sa te ka gate eleksyon yo, men sa pa te fèt. Dezyèm tou eleksyon pou plas prezidan an fèt jan sa te prevwa 20 mas epi li konfimen san grate tèt popilarite yon chantè mizisyen Petyonvil, Michel Mateli. Yon lòt fwa ankò pèp ayisyen mete espwa li nan chanjman. Janklod Divalye menm li jwenn konvokasyon Depatman Lajistis. Li te menm ale lopital pou yon egzamen. Li menm ak zanmi l yo ki te gen yon eskòt sis manm Polis Nasyonal la, yo pa te pran tan pou fè moun rekonèt yo nan pi gran restoran ak naytklib yo ann Ayiti. Egzile sila ki pa te gen gwo mwayen nan Pari a, kounye a li vin rezide nan sektè pi chik nan Petyonvil k ap dominen etalay dekonb yo nan Pòtoprens. Otorite yo nan sistèm jistis entènasyonal yo te sezi wè rejim libète yo bay ansyen diktatè a. Etan li an Suis, Navi Pillay, ho komisè pou dwa moun nan Nasyonzini fè yon deklarasyon pou l fè chonje obligasyon ki ganyen pou pouswiv an jistis vyolasyon dwa moun kèlkeswa tan ki pase sou li. Yo te depoze plent bò kote otorite jidisyè yo nan Pòtoprens; gen yon jij ki te gen manda pou li fin fè ankèt anvan fen avril sou sa yo pretann yo epi pran desizyon voye li tribinal pou yo jije li si nesesè. An menm tan tou gen yon lwa an vigè an Suis ki bay Leta ayisyen posiblite reklamen yon 7,8 milyon dola ki te rete toujou nan bank yo an Suis.

LI VIN MOURI ANN AYITI

Pou Janklod Divalye, te gen yon fòmalite vizit nan tribinal e menm vizit senpati nan lopital. San pèdi tan li vin tounen pèsonaj piblik yo plis wè nan restoran chik ak nayklib yo nan elit la ann Ayiti. Nèg ki te pòv nan Pari a vin tounen yon sèl nuit rezidan byennere nan frechè mòn yo k ap dominen dekonb tranbleman d tè a yo nan Pòtoprens. Sistèm jistis aletranje yo te vekse pou libète yo bay ansyen diktatè a. Navi Pillay, Ho Komisè pou Dwa Moun nan Nasyonzini deklare vyolasyon dwa imen yo pretann Divalye te komèt yo pa gen dat espirasyon epi Ayiti oblije jije li. Yo ranpli fòmalite legal lè Divalye fin tounen, men yon jij ayisyen pa te mete kòz la an priyorite ni fè ankèt sou sa yo pretann yo pou yo ka pouswiv li lajistis. Nan yon reyinyon ki fèt Pòtoprens avoka Divalye yo te sabote li fizikman. An 2012 yon jij deside dat abi sou dwa imen yo espire men yo ka toujou jije li pou detounman fon piblik Leta.

12 janvye 2012 yo te wè li k ap kondi yon SUV blanch nan yon seremoni komemorasyon gouvènman an te fè sou tranbleman d tè a sou yon sit kote ki te genyen fòs komen pou kèk nan 300 000 viktim yo. Se menm kote sa tou anpil victim diktati Divalye a yo te simaye. Yo te envite li kòm ansyen chèf d Eta epi li te chita pami lòt gwo zotobre yo. Bebe Dòk t ap bay envite yo lanmen, pami yo te gen ansyen prezidan Bil Klintonn. Ayisyen ki te viktim 30 an diktati a te an kòlè.

An menm tan tou yo te pase yon lwa an Swis pou pèmèt gouvènman ayisyen an reklamen yon fon 7 milyon dola Divalye te depoze nan bank yo epi yo kwè sa soti nan zak kriminèl. Fanm k ap jere Bebe dòk la, mennaj li, mètrès li, Vewonik Wa te espere l ap jwenn dènye milyon Divalye yo an Swis pou li mennen kanpay retou politik la, li pa p kontan li liv mwen an.

Trennen moun lajistis, oswa lè se ansyen dirijan Leta se bagay ki toujou konplike, sou plan legal epi sou plan politik. Men li posib. Tanzantan yo jije ansyen diktatè yo ki te vyole dwa moun yo epi yo kondane yo kòm koupab anpil kote nan peyi etranje yo.

Men ann Ayiti kote sistèm jistis la an feblès, eritay ane diktati yo, mennen ansyen prezidan Janklod Divalye ``Bebe Dòk`` lajistis pou krim yo pretann di li reskonsab tankou matirize moun, touye yo, disparèt yo pandan li te o pouvwa a, se yon bagay ou ka wè ki patikilyèman difisil.

Otorite ayisyèn yo pa te moutre sa enterese yo anpil pou yo fè Divalye rann kont pou zak li yo. An reyalite, prezidan Michèl Mateli, nan kèk deklarasyon piblik gen tandans padone zanmi li Janklod ki te patisipe nan evennman piblik yo, malgre li te an rezidans siveye pandan y ap mennen ankèt sou zak yo repwoche l yo. Li te gen yon paspò diplomatik nan men li, yon siy an plis ki moutre gen lòt pouvwa toujou nan Leta a k ap garanti enpinite ansyen diktatè a. E sa malgre se yon bagay ki parèt ase klè pou yo pouswiv Divalye pou arestasyon abitrè, anprizònman, matirize moun, touye moun san rete, disparèt moun, se sa ki t ap fèt sou gouvènman l lan.

Frères, Samdi 4 oktòb 2014 nan maten, Prezidan Michèl J. Mateli anonse lanmò Janklod Divalye sou ``Twitter``. Li mouri a 63 zan. Kòz lanmò a se te kriz kè, dapre deklarasyon avoka li.

www.ingramcontent.com/pod-product-compliance
Lightning Source LLC
Chambersburg PA
CBHW051943280526
45789CB00009B/3158